本书受浙江省哲学社会科学规划后期资助课题（编号：15HQZZ024）、浙江师范大学马克思主义理论学科资助

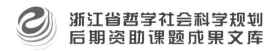
浙江省哲学社会科学规划
后期资助课题成果文库

从义乌市场透视全球化时代的海外华商网络

Congyiwu Shichang Toushi Quanqiuhua
Shidai De Haiwai Huashang Wangluo

陈肖英　著

中国社会科学出版社

图书在版编目(CIP)数据

从义乌市场透视全球化时代的海外华商网络／陈肖英著.—北京：
中国社会科学出版社，2018.2
（浙江省哲学社会科学规划后期资助课题成果文库）
ISBN 978 - 7 - 5203 - 0758 - 1

Ⅰ.①从… Ⅱ.①陈… Ⅲ.①个体经营 - 研究 - 义乌②华人经济 -
企业经营管理 - 研究 Ⅳ.①F279.243②F272.3

中国版本图书馆 CIP 数据核字（2017）第 174023 号

出 版 人 赵剑英
责任编辑 宫京蕾
责任校对 秦 婵
责任印制 李寡寡

出 版 中国社会科学出版社
社 址 北京鼓楼西大街甲 158 号
邮 编 100720
网 址 http：//www.csspw.cn
发 行 部 010 - 84083685
门 市 部 010 - 84029450
经 销 新华书店及其他书店

印刷装订 北京君升印刷有限公司
版 次 2018 年 2 月第 1 版
印 次 2018 年 2 月第 1 次印刷

开 本 710×1000 1/16
印 张 20.75
插 页 2
字 数 345 千字
定 价 85.00 元

序　言

涉足海外华人社会研究 30 余年，近年来感触最深的当数进入 21 世纪后如异军突起之海外华人商城经济。似乎就在一转眼之间，一座座聚集数百乃至上千商铺的华人商城就骤然拔地而起。在古老的欧洲大陆，从巴黎、罗马、马德里到布达佩斯、布加勒斯特、莫斯科，在这一座座享誉全球的东西欧名城地界内，均可见一个乃至数个成规模、上档次、有影响的"华人商城"或"华人商贸聚集区"。在地球另一侧的非洲大陆，以南非首都约翰内斯堡为代表，数座大规模的华人商城同样前所未有地成为该国乃至全非洲无论客流或物流均名列前茅的商贸鼎盛区。在南美大国阿根廷，华商开设的数以万计的大小超市遍布大城小镇，多方位融入当地百姓的日常生活。由此，以华人商城为平台，以当代中国新移民为主构成的华商经贸网络为通衢，海量"中国制造"蜂拥而入各国寻常百姓家，成为提升当地普通民众生活品质的重要源泉。

研究当代海外华人社会，不能不关注以华人商城经济为标志的华商经济。从欧洲到非洲，在调研海外华人商城经济的旅途中，每当我询问那些华人进口商"主要从哪进货"时，最常得到的回答就是"义乌"，而且，我还不时会听到受访华商津津乐道于源自"义乌"之价廉物美的小商品如何成就了他们在海外的商贸大业。正是伴随着对当代迅速崛起之海外华人商城经济之研究，我开始关注"义乌"，因而也就希望了解义乌。

2008 年，我第一次踏足义乌。虽然在那之前我已无数次依访谈对象的描述想象过义乌，但是，当我真正走入义乌时，这个高居世界榜首之小商品城占地之广，规模之大，货品之多，人流之盛，仍然令我大为震撼！我惊奇地发现：不仅在国外常见的所有中国商品在此均无一不见，而且，那些不同国家的"洋特产"，竟然也在此地的商品货架上一一展示。更有甚者，所有商品的批发价不仅低得令人咋舌，还提供全球递送服务！记得当时我的第一反应就是：看来今后出国前只要到义乌"一游"，那么，无论是需要送外国朋友的中国"土货"，或是计划回国后送国内朋友的外国"洋货"，均可在此一站搞定！也就是从那时起，我意识到义乌市场完全可以成为剖析当代海外华商经济的一个绝好切入点。然而，由于种种原因，如此设想只是停留在我的思考中。

2010 年，来自浙江师大的陈肖英进入厦门大学人类学博士专业学习，加入了由我指导的华侨华人研究团队。当我和她商量其博士论文选题时，曾经盘旋于我脑海多时的"义乌"正式进入了我们的讨论范畴。我欣喜地发现，陈肖英任教的浙江师大所在地金华紧邻义乌，使她可以享有调研上的地利之便，而且，祖籍就在浙江嵊州的陈肖英还清楚记得童年时在老家乡间听闻义乌货郎一边摇着拨浪鼓一边吆喝"换糖换鸡毛"的情景，并心存温馨，这又使她对义乌具有情感上的亲近感。由此，以义乌市场为切入点，探讨全球化时代海外华商经济模式与特点的构想，伴随着我们的讨论一步步地明晰化，并最终确定为陈肖英博士课题研究的主旨。

寒去暑来。陈肖英从 2010 年以历史学基础转型进入人类学专业学习，到 2013 年顺利通过以《从义乌市场透视全球化时代的海外华商网络》为题的博士论文答辩喜获博士学位；从一次次进入义乌、青田侨乡进行实地调研，到远赴南非华商市场考察访谈，负笈荷兰访学进修，作为导师，我欣喜地看到陈肖英在研究中磨练，在求学中成长。眼下这部洋洋 30 余万字的专著，就是陈肖英在博士论文基础上进一步修改打磨而成的心血之作，着实可喜可贺！

虽然当年在批阅陈肖英的博士论文时，我已多次读过此作之初稿、修改稿，但当陈肖英希望我为其即将付梓的新书作序时，我再一次认真地重读此书，并重温昔日与自己的学生共同走过的研究历程。掩卷而思，愿以如下感悟和各位读者分享。

近年来关于海外华商经济的研究业已成为华侨华人研究学界的一大热点。诚如此书前言所示，相关研究"既有关注于海外华商与中国及侨乡经济发展的关系，海外华商对区域经济一体化的促进作用，又有从国别、地域的角度研究海外华商的经济状况，也有从华商网络、华商跨国主义等角度开展的研究"，而且，就中关于海外华商网络的研究，更是海外华商研究的重中之重。虽然本书关注的要点，亦为近十多年来席卷全球的华商经济大潮，本书所着意探讨的，亦为全球化时代海外华商构建、拓展族群网络的机制、模式和策略，但是，概而言之，作者陈肖英基于扎实田野调查而在学理阐释中彰显的如下三个要点，依旧值得学界同仁关注。

其一，以点带面。作者将"义乌"或曰闻名于世之"义乌小商品市场"作为整个研究的原点，由此出发去探讨遍及全球的华商网络。作者指出，"义乌"作为多重"中心"交汇处的特殊地位使之成为华商网络研究的最佳切入点，因为，义乌乃是国内外商品的集散中心，国内外商人的汇聚中心，"中国制造"输往全球的物流中心（近年来又正在发展成世界各地精品名品输入中国的物流中心），全球资金的汇兑流通中心，同时也是全球商业信息的交换中心。而且，义乌市场发布的"义乌·中国小商品指数"具有特定的信息发散功能，是全球日用消费品生产贸易价格变动的"风向标"和"晴雨表"。在此基础上，作者详实地勾勒出以义乌市场为中心原点的华商网络如何将相关产业链的生产、运输、销售等各个环节有机衔接，将产地市场、口岸市场及销售市场等各个市场体系无缝关联，形成了一个层层对接、相互咬合的大系统。产自中国不同地区的大小商品，正是经由义乌市场的特殊展示、中介功能，连接上遍布全球的商贸网络，得以迅速地走向全世界。作者成功地以点带面，描绘出一幅充满勃勃生机的全球化时代海外华商网络的运作图。

其二，以简御繁。海外华商建立的新老企业林林总总，海外华商在不同政治经济环境中形成的经营谋略千头万绪。仅就华人商城的形成、发展、影响而言，无论是法国巴黎的"中国商城（CIFA）"，南非约翰内斯堡的"中国商贸城"，阿联酋迪拜的"龙城"，还是罗马尼亚布加勒斯特的"红龙市场"，无一不足以构成一个可以独立成篇的博士研究课题。因此，基于有限的时间和精力，作者不是、也不可能逐一追踪、探索各个华人商城，而是抓住"义乌模式"之海外"克隆"这一关节点深入剖析，令人信服地刻画出众多海外中国商城的共同特征，即它们如何以"族群聚集区经济"模式开展"中国制造"的批发、零售贸易，构建起中国商品在移居国的销售网络，实现华商在不同政治经济环境中的本土化。在此基础上，作者还进一步从海外华商群体及其构建的华商网络，反观中国融入全球化的方式、进程、意义及社会影响，探讨全球化的华商及华商网络与中国的全球化之间的关系，终达以简御繁、事半功倍之效。

其三，以实写虚。作者认为，对华商经贸活动的成功产生较大影响的华商网络，具有现实性的、物理性的根基，而绝不仅仅是基于文化传统之上或经由移民的扩散而形成的平面化的虚拟网络。作者强调，因为华商网络本身是一个跨越地理、社会和文化边界的存在，因此应当"从空间角度研究华商网络"，它要求我们摆脱以国家和地域为单位的传统的研究取向，去关注华商的跨国经贸活动在空间上所呈现出的特点。作者既剖析基于血缘、地缘、业缘关系之上的社会关系如何构成族群互动空间，也形象地建构出一个类似钻石状的"四重结构模型"，探析位于世界不同地区的实实在在的产地市场、义乌市场、口岸市场及海外中国商城，如何在全球化的经济大潮中在制度和结构的意义上连成一体，如此以实写虚，得以推演出海外华商网络空间结构构建的路径和模型。

　　总之，此书从义乌市场出发，对当代海外华商经贸网络的形成与运作进行了有益的探索，值得称道！自 2001 年中国正式加入 WTO 从而进一步扫清中国走入世界市场之制度性障碍以来，短短十多年间，中国即高速崛起为全球首屈一指的经贸大国，世人无不为此惊叹！当我们笑谈中国从加入世界经贸大潮中获得的巨大成就与红利时，切不可忘记数以百万计的以中国新移民为主的海外华商为此铺桥修路所做出的特殊贡献！窃以为，这亦是陈肖英博士这部专著提醒读者们务必深思的又一大要旨！

　　是为序。

（作者系厦门大学公共事务学院教授、博士生导师，暨南大学华侨华人研究院特聘教授，国务院侨务办公室专家咨询委员，中国华侨历史学会副会长）

2017 年 1 月 5 日于厦门大学

目　　录

绪　　论

　　近几十年来，有关海外华商网络的研究成果之丰富、研究时间跨度之长，无疑成为海外华商研究中的热门主题之一。20世纪60年代中期以来，新加坡、中国香港、中国台湾等东亚新兴工业化经济体"经济奇迹"的出现和海外华人企业的成功，带动了20世纪90年代学术界对海外华商网络的第一波研究热潮。进入21世纪以来，随着中国加入世界贸易组织及中国与东盟经济全面合作新阶段的开始，海外华商网络再次成为学术界的关注热点。

　　目前既有的海外华商网络研究成果中，多集中于对东南亚华商网络的研究。毋庸置疑，当代世界华商的经贸网络主要是以东南亚华商网络为基础而发展、扩大起来的。这一方面是因为移居在东南亚各国的华人占了海外华人总数的80%左右；另一方面也因为东南亚华商网络发展历史久远，形成于15世纪初，发展于17—18世纪，经过几百年的代际更替，加上东南亚华人商业网络较早地被卷入经济全球化的浪潮，华商网络更趋完善、成熟，华商的实力也非同一般，并逐渐在当地经济社会中扮演重要的角色，因而引发众多学者开始关注其商业发展的动力、进程以及特征等。然而，现实世界中存在的华商网络，并不只局限于有久远历史延续性的东南亚地域。一个不可忽视却往往被有意无意忽视的事实是，20世纪70年代末之后出国的部分中国新移民借助于中国的改革开放、制造业的发展及以义乌小商品市场为代表的专业商品市场的繁荣，成为中国商品跨国贸易最早的也是最努力的开拓者，成为中国经济融入全球经济体系的"桥梁"。然而目前学术界对这些从事义乌小商品等中国商品贸易的新一代的海外华商及其构建的华商网络的研究屈指可数。

　　本研究以义乌小商品市场为研究切入点，深入南非约翰内斯堡、浙江义乌和青田三地开展田野调查，从社会人类学的视角，运用深度访谈法、参与观察法和问卷调查法等研究方法，梳理义乌市场、海外华商及其所构建的商业网络的发展脉络，探析从事义乌小商品等中国商品贸易的海外华商在华商网络构建中运用的机制、模式及策略，并探讨世界上远隔重洋的不同地区是如何在全球化的经济大潮中在制度和结构的意义上连成一体。

以下主要阐述本研究的研究背景，田野地点及研究方法，文献综述，研究意义及研究框架。

第一节　研究背景

一　选题缘起

从义乌市场透视全球化时代的海外华商网络作为本书的研究对象，主要基于以下三个原因的考量。

其一，基于既有的义乌小商品市场研究中海外华商群体及华商网络研究的缺失现状。

义乌，既不靠海，也不沿边，资源贫乏，几乎没有工业可言，甚至交通也不算方便的一个浙中小县城，历经三百多年的"鸡毛换糖"原始交易、三十年的小商品市场发展，却办出了世界最大的小商品集散中心，创造了用市场将中国和世界连在一起的传奇。正因如此，义乌研究也成为国内外来自不同专业领域学者的研究热点。总体来说，既有的研究，大多集中于从经济、市场、物流等角度研究义乌市场的构成要素及发展历程，从传统文化角度研究义乌市场的发展底蕴，以及从管理学角度研究政府与市场的关系等等，涌现出了大量有创新、有特色、有深度的研究成果。然而，既有的研究大多立足于义乌市场看义乌，而较少有学者立足于义乌市场去研究全球化时代背景下将义乌小商品带向全球各国的海外华商群体及其构建的海外华商网络的作用。事实上是，在义乌市场从80年代初的"马路市场"、"草帽市场"逐步发展成现今闻名全球的国际商贸城的过程中，遍布世界各国的海外华商及其所构建的商业网络对于义乌小商品等"中国制造"走向世界起到了难以估量的作用，构建起了中国商品走向全球的桥梁，因而值得我们对此作专题性的、深入的研究。

目前还难以看到从事中国商品贸易的华商群体构建的华商网络的研究，对于活跃于义乌市场上的海外华商也基本停留于报纸杂志、网络等的新闻式报道，而少有学术性的研究成果。从国内既有的学术专著方面来说，陆立军（2006）撰写的《义乌商圈》一书，在论及"义乌商圈"的国际化分工协作网络时简单地提及了华侨华人的作用，如义乌商人在韩国、迪拜开拓市场的两个事例。① 从学术论文方面而言，目前能查阅到的海内外的相关研究也屈指可数。浙江省侨办王晓峰等人（2011）撰写的关于"义乌侨商"的调查报告②，着重于宏观地论述"义乌侨商"的基本情况、在义乌市场发展中的作用、经营中遇到的问题等。因为这只是一份对策性的调研报告，难以全面地剖析这个群体的全貌。

其二，基于海外华商及海外华商网络研究的现状。

散布于世界各国数以千万计的海外华商，是我国的独特资源，是当前我国进行社会主义现代化建设、经济转型及提升国家软实力可以借助的有生力量。在目前的海外华商研究中，既有关注于海外华商与中国及侨乡经济发展的关系，海外华商对区域经济一体化的促进作用，又有从国别、地域的角度研究海外华商的经济状况，也有从华商网络、华商跨国主义等角度开展的研究。其中，在西方人眼里看似落后却卓有成效、神秘而不可捉摸的海外华商网络，成为近二十年来海内外学术界海外华商研究中的一个热门主题，众多的研究都试图解释海外华商在亚洲经济成长中的重要角色。然而，既有的海内外学者对海外华商、海外华商网络的研究，大多集中于探讨拥有长远发展历史的、东南亚地域范围的海外华商及海外华商网络，而极少有学者关注 20 世纪 70 年代末之后出国的、从事国际贸易及相关产业的海外华商及其构建的商业网络。传统意义上的东南亚华商与改革开放后出国的中国新移民中涌现出来的从事中国商品贸易的海外华商群体显然存在着差异、区别，其构建的华商网络也存在着不同。

有少数海内外学者关注到了从事中国商品贸易的海外华商。就专著而言，李明欢（2002）的《欧洲华侨华人史》是国内学界较早、较为全面地涉及从事中国商品贸易的欧洲华侨华人的专著。作者在研究东欧移民潮、西欧及南欧移民经济等内容时，以较为翔实的资料以及田野调查作基

---

① 陆立军等：《义乌商圈》，浙江人民出版社 2006 年版，第 59—60 页。

② 王晓峰、杨金坤、陈楠烈：《义乌侨商与中国小商品城——关于"义乌侨商"的调查报告》，《浙江社会科学》2011 年第 1 期。此调查报告把"义乌侨商"界定为"与义乌市有长期国际贸易关系的海外华侨华人"。

础展示了从事中国商品贸易的华侨华人情况。[①] 匈牙利学者聂保真（Pál Nyíri，1999）较早对匈牙利中国新移民图景的转变、社区建构、华人社团等开展研究[②]，又于 2007 年撰写了《东欧和俄罗斯的华人：跨国时代的中间人少数族群》一书，从人类学的视角考察了涌入俄罗斯和东欧的中国移民潮的兴起、变迁、族群经济、跨国实践和政治等，并指出俄罗斯和东欧的中国新移民实际上是一个跨国的中间人少数族群。[③] 在学术论文方面，国内学者的相关研究只查阅到李明欢（2013）的《欧洲华人商城经济研究》一文。该文可以说是国内研究从事中国商品贸易的海外华商的第一篇学术性论文，追溯了欧洲华人商城经济形成及拓展的历史进程、社会成因，梳理了华人商城的不同类型、主要特性，探讨了欧洲华人经济在新形势下面临的问题与挑战。[④] 但因篇幅所限，该文也只是宏观性的论述。在海外学者的相关研究中，有三篇学术性论文值得一提。其一，拉勒比（Rachel Laribee，2008）研究了从事中国商品贸易的南非华商开设的"中国店"（China shop）现象，揭示了华商内部的激烈竞争以及华人新移民如何影响了南非的供求链，并指出华商的竞争都是基于个人主义之上的竞争。[⑤] 其二，豪根等（Heidi Ostbo Haugen，2005）研究了在非洲佛得角（Cape Verde）从事义乌小商品贸易的中国"百货店"的流动性特征。[⑥] 其三，多布勒（Gregor Dobler，2008）以在纳米比亚北部小镇 Oshikango 经商的华商为切入点，研究了商品的流动和贸易网络的构建。[⑦] 上述海内外的学术成果为本研究提供了重要的参考，但因其专注于海外华商的地域性、概略性研究或某一侧面的研究，而难以反映海外华商及其构建的华商

---

① 李明欢：《欧洲华侨华人史》，中国华侨出版社 2002 年版。

② Pál Nyíri，*New Chinese Migrants in Europe：The Case of the Chinese Community in Hungary*，Aldershot：Ashgate Publishing Ltd.，1999.

③ Pál Nyíri，*Chinese in Eastern Europe and Russia：A Middleman Minority in a Transnational Era*，London：Routledge，2007.

④ 李明欢：《欧洲华人商城经济研究》，《世界民族》2013 年第 3 期。

⑤ Rachel Laribee，"The China Shop Phenomenon：Trade Supply within the Chinese Diaspora in South Africa"，*Africa Spectrum*，Vol. 43，No. 3，2008，pp. 353 – 370.

⑥ Heidi Ostbo Haugen and Jorgen Carling，"Edge of the Chinese Diaspora：the Surge of Baihuo Business in an African City"，*Ethnic and Racial Studies*，Vol. 28，Iss. 4，2005，pp. 639 – 662.

⑦ Gregor Dobler，"From Scotch Whisky to Chinese Sneakers：International Commodity Flows and New Trade Networks in Oshikango，Namibia"，*Africa*，Vol. 78，No. 3，2008，p. 425.

网络的详细情况，亟待深入的研究成果。

　　除了对从事义乌小商品等中国商品贸易的海外华商及华商网络研究的缺失之外，华商网络的既有研究多集中于历史学、经济学、社会学方面的成果，而少有从人类学视角所做的研究。例如，部分学者从经济学的角度进行量化研究（滨下武志，1997、1999；James E. Rauch，2002；蒙英华，2008、2009；綦建红，2008；赵永亮，2009、2012；贺书锋，2010 等）；部分学者从历史学角度对华商网络的演变进行历时性的研究（戴一峰，2002；刘权，2003；余彬，2006 等）；也有部分学者对华商网络的功能、作用等做学理性、功能性的探讨（林其锬，1995；龙登高，1998；廖小健，2000；范爱军，2003；徐义雄，2004；谭天星，2005；罗亚泓，2006；王勤，2009；蒙英华，2009 等）。对此，本章将在第三节中进行详细的文献梳理。

　　其三，我与义乌的独特情缘也成为我开展这一研究的兴趣激发点之一。

　　说起义乌，对于出生于 20 世纪 70 年代中期的我来说，还有一种特别的亲切感。在童年的记忆中，印象较深刻的片断之一是：挑着小商品货担的义乌货郎一边摇着拨浪鼓一边喊着"换糖换鸡毛"的吆喝声的情景。在那个生活用品匮乏的年代，货郎进入穷乡僻壤是很受农村民众欢迎的事情。每次货郎进村，后面总会跟着一大群目不转睛地盯着货郎担上琳琅满目商品的孩子。① 当时，货担上的货主要是针线、纽扣、火柴、鸡毛掸、板刷、头发网罩等日常生活用品以及义乌土制的麦芽糖。孩子们总会积极地帮助父母翻出家里长久积累起来的牙膏壳、晒干的鸡肫皮或鸡毛、鸭毛、鹅毛等，因为这些废旧东西可以换到难得吃到的糖（我们当地土话叫"笃笃糖"）。货郎（义乌当地人称为"敲糖佬"②）依据我们拿去交换的东西，进行折价，然后用小榔头"笃笃笃"地敲击小铁铲，在大大的糖

────────────

　　① 我出生于浙江省嵊州市（以前叫嵊县）的农村。据老家父辈回忆，当时这些货郎的穿着有些特别，都穿手工织的腰织布做成的上衣，白色的为多，白色中带条子颜色的少。在我们那里人看来，这种衣服是 60 年代的人穿的，是过时的衣服。

　　② 陈元金主编：《金华地区风俗志（下）义乌风俗简志》，浙江省金华地区群众艺术馆 1984 年版，第 164 页。据载，敲糖佬销售的糖品分两种：一种是以现金交易的糖，用米、粟、麦芽制成饴糖，再加红糖、花生、芝麻，制成花式糖；另一种是换货糖，是大作糖或红白糖加薄荷糖制成糖块糖粒。

饼上敲下糖块，用杆秤称出相当的分量，这样就算是完成了"物物交换"的过程。当不想换糖时，鸡毛等废旧东西也可以被折算成货币换取货郎担上的小商品。也就是在那个时候，我们一边吃着甘甜的、常常要粘牙齿的糖，一边从大人们的聊天中，隐隐约约地知道我们县附近有个叫"东阳义乌"的地方①，这些手里摇着拨浪鼓、肩上挑着货郎担的人，就是义乌人。义乌货郎成为我童年记忆中的美好片段，这些人也成为义乌小商品市场初兴的主要推动者。

二　研究对象

本书以义乌小商品市场为切入点，运用人类学的深度访谈、参与观察、问卷调查等研究方法，探析全球化时代背景下从事义乌小商品等中国商品跨国贸易的海外华商及其华商网络的构建、拓展机理和策略。全球化时代背景下的义乌小商品市场、海外华商及海外华商网络是本研究的主要研究对象。

（一）义乌小商品市场

义乌小商品市场是本研究的立足点。义乌是一个因小商品市场的兴起而闻名于世的城市。义乌地处浙江省中部，东临东阳，南界永康、武义，西连金华、兰溪，北接诸暨、浦江。义乌市境内东、南、北三面环山，南北长而东西窄，处于金衢盆地东部。

义乌历史悠久。秦王政（始皇帝）25 年（公元前 222 年）置乌伤县，属会稽郡。② 新莽时（公元 9 年）改县名乌孝。东汉建武初复称乌伤，属会稽郡西部都尉治。初平三年（192 年）分割西部辖境，设置长山县（今金华、兰溪）。三国吴赤乌八年（245 年）分南境，置永康县。宝鼎元年（266 年），分会稽郡西部设东阳郡（郡治长山，即今金华市区），乌伤县属东阳郡管辖。历经晋和南朝的宋、齐两朝 270 多年，隶属关系不变。梁、陈两朝（503—589 年），东阳郡改称金华郡，乌伤县仍隶属之。隋朝开皇九年（589 年），废吴宁县，分五乡入乌伤县。十三年（593 年），分

---

① 我们当地的村民都习惯把义乌跟东阳连起来叫，而且把东阳放在义乌前面，大概是东阳离我们较近，义乌稍远的缘故吧！

② 义乌县志编纂委员会编：《义乌县志》，浙江人民出版社 1987 年版，第 1 页。传说秦时有个颜乌，事亲至孝，父死后负土筑坟，一群乌鸦衔土相助，结果乌鸦嘴喙皆伤，故称乌伤县。

割吴州置婺州。大业三年（607 年），州复为东阳郡。

唐朝武德四年（621 年），东阳郡改称婺州，乌伤县划出置稠州。六年（623 年），稠州分置乌孝、华川二县。武德七年（624 年）废稠州，合乌孝、华川两县为一县，始称"义乌"，隶属婺州，这是县名义乌之始。唐垂拱二年（686 年），划出县东面废吴宁时并入的五乡，重置东阳县。天宝十三年（754 年），又将县境北部及兰溪、富阳部分土地析出，另立浦阳县（今浦江县）。五代十国至两宋，义乌县均属婺州。元代，义乌隶属浙东宣慰司婺州路总管府。元至正十八年（1358 年），朱元璋部攻取婺州，义乌县归附，婺州路一度改置宁越府。至正二十年（1360 年），朱元璋改宁越府为金华府，义乌隶属金华府，一直沿用至清。

清承明制，义乌隶属关系不变。民国初，撤销府一级建制，义乌县直属于省。民国三年（1914 年），废府制代以道制，置金华道，下辖义乌。1927 年，行政区划废道制改为省、县两级制，废金华道，义乌县直属浙江省。1935 年，省县两级之间设行政督察专员公署，义乌县划归第四区（公署初驻兰溪、继驻金华）；1947 年，属第五区（公署驻衢州）；1948 年 4 月，属第三区（公署驻金华）；同年 7 月，属第八区（公署驻义乌县）。

新中国成立后，设金华地区行政公署，义乌属金华专区。1959 年浦江并入义乌，1967 年仍分出。从 1985 年 7 月起，义乌属金华市。1988 年撤销义乌县，设立义乌市（县级）。①

在长达 2000 多年的历史上，义乌一直是一个以农耕为主的农业县，也是一个资源贫乏的地区，"六山一水三分田"，使这个诞生过骆宾王、宗泽、朱丹溪等不少文化名人的古城一直笼罩在贫穷的阴影中。然而，穷则思变，义乌人凭借着不屈不挠的吃苦精神，创造了手摇拨浪鼓、肩挑货郎担的"鸡毛换糖"的谋生方式。早在清乾隆时，义乌县就有农民于每年冬春农闲季节，肩挑"糖担"，手摇拨浪鼓，用土产红糖熬制成糖饼或生姜糖粒，去外地串村走巷，上门换取禽畜毛、旧衣破鞋、废铜烂铁等，博取微利。清咸丰、同治年间，糖担货色增售妇女所需针线脂粉、鬏网木梳等小商品。

---

① 上述文献参见义乌县志编纂委员会编《义乌县志》，浙江人民出版社 1987 年版，第 1—2 页、第 15 页。

抗日战争前夕，义乌县操此业者增至近万，发展成为独特性行业——敲糖帮。糖担换回的禽毛，分类剔选，公鸡三把毛（红鸡毛）和猪鬃，外销换汇；羽毛下脚，用以肥田；废铜烂铁，破布棕片，回销厂坊作工业原料。① 新中国成立前，义乌县因受战争破坏、通货恶性膨胀影响，很多人破产失业，沦为小商小贩。加上数百年来形成的习俗：农忙务农，农闲务商，外出敲糖换鸡毛的季节性商贩人数约占全县人口总数的 5% 以上。②

新中国成立后，农村劳动力被固定在土地上经营耕作。社会主义改造运动后，个体商业不复存在。"文革"期间，工商业登记停止，个体商业被否定，"敲糖换鸡毛"更被视为"资本主义复辟"而遭受批判。然而，义乌人"鸡毛换糖"谋生方式的代际相传，并未因政治运动而灭绝，反而成为改革开放之后义乌小商品市场初兴乃至繁荣的传统底蕴。

"文革"后，义乌县对于个体商业的政策适当放开，由工商行政管理部门酌情发放临时许可证。义乌县百货公司对每份许可证批发供应部分小商品，但又有总金额不能超过 50 元的限制。不少农民想方设法去浙江省内外各大中城市寻找玩具、纽扣、尼龙袜等小商品供自己外出"鸡毛换糖"经营所需，多余的带至集市转让或出售；加上本地生产的板刷、尼龙线编织物等小商品，小商品市场的定期、公开、不间断交易就成为当时最为迫切的需要。1979 年年初，来自廿三里、福田两乡的 10 多副敲糖担在稠城镇县前街设摊，出售针头线脑、纽扣、塑料玩具、板刷、鸡毛帚等产品，获利颇丰。仅半年时间，在县前街设摊的增至 100 多户。1980 年，根据中共中央〔1980〕75 号文件精神，义乌县恢复颁发鸡毛换糖的临时许可证登记，当时共计发放许可证 7000 余份。③ 此后，个体商户呈现出上升之势。1980 年，摊贩从县前街移至北门街摆摊经营。1982 年上半年，市场从北门街移至湖清门街，继而向新马路北段延伸；摊位由 1980 年的 124 个增至 320 个，经营方式也转为以批发为主。但由于受"文革"中"左"的思想影响，义乌县政府相关部门一开始就对小商品市场采取了"劝、堵、赶"的办法。1982 年 8 月 25 日，义乌县委、县政府经过广泛的调查研究，顶着压力和风险，大胆而实事求是地作出"四个允许"：允

---

① 义乌县志编纂委员会编：《义乌县志》，浙江人民出版社 1987 年版，第 272 页。

② 同上书，第 271 页。

③ 同上书，第 272—273 页。

许农民经商、允许从事长途贩运、允许开放城乡市场、允许多渠道竞争①，并于同年 9 月 5 日开始，正式开放稠城镇湖清门小百货市场。② 市场的发展，带动了社队企业特别是家庭工业的发展。1984 年 10 月，义乌县委、县政府抓住这一可喜的势头，审时度势，提出了"兴商建县"的发展战略。自此开始，义乌市场以其独特的政策优势，逐渐聚集了来自全国各地的小商品以及商人，办起了全国最大的小商品市场。在随后的 30 年时间里，既不靠海也不沿边、资源贫乏、几乎没有工业可言的义乌小县城，完成了从农业县到万商云集城市、从名不见经传到闻名海内外的历史巨变，创造了用市场将中国和世界连在一起的传奇。

在义乌市场建立以来的 30 多年时间里，义乌市场不断创造出经济"奇迹"。自 1992 年以来，义乌小商品城的成交额已经连续 21 年位居全国专业市场榜首。③ 2005 年，义乌市场被联合国、世界银行等确认为全球最大的小商品市场。2006 年，中共浙江省委、省政府总结"义乌发展经验"，成为新时期浙江发展的一种新模式。2008 年，义乌被列为全国改革开放 18 个典型地区之一。2011 年，义乌国际贸易综合改革试点获批，成为继上海浦东新区、天津滨海新区等之后的第十个国家级综合改革试验区。2012 年，义乌市进出口总额 93.47 亿美元，同比增长 136.7%，出口90.05 亿美元，同比增长 150.3%，其中"市场采购"出口额 49.15 亿美元，占同期全市出口总额的 54.58%。④ 2012 年，义乌市场外向度达 55%以上，商品出口到 219 个国家和地区，日均出口 1700 标箱。⑤

在义乌市场国际化进程的不断推进过程中，在大量国内外商品集聚义乌的同时，义乌也吸引了来自海内外的大量客商，成为一个暂住人口突破百万的"超级县"。截至 2012 年年底，义乌市户籍人口 75.33 万人，暂住人口 137.77 万人，常住人口 75.3 万人。⑥ 在义乌由农业穷县、人口小县

---

① 义乌县志编纂委员会编：《义乌县志》，浙江人民出版社 1987 年版，第 17 页。

② 浙江省政协文史资料委员会编：《小商品 大市场——义乌中国小商品城创业者回忆》（浙江文史资料第 60 辑），浙江人民出版社 1997 年版，第 41 页。

③ 义乌市地方志编纂委员会、《义乌年鉴》编辑部编：《义乌年鉴 2012》，上海人民出版社 2012 年版，第 162 页。

④ 义乌市志（年鉴）编辑部编：《义乌年鉴 2013》，上海人民出版社 2013 年版，第 176 页。

⑤ 同上书，第 182 页。

⑥ 同上书，第 47 页。

到今天的经济强市、人口大市的这一历史性巨变中，离不开义乌传统文化中的"拨浪鼓精神"的熏染，离不开有为政府"以人为本、敢为人先"的服务理念，离不开高达义乌本地人口两倍之多的外来建设者①的努力，也离不开分布于世界各地往来于义乌与移居国之间从事中国商品贸易的海外华商及其构建的跨国商业网络所起的"桥梁"作用。

（二）海外华商及海外华商网络

海外华商是海外华商网络构建、拓建的主体。"海外华商网络"概念由"海外华商"和"网络"两个词汇构成。

"华商"、"海外华商"、"境外华商"等概念常常被学术界混合运用，实际上这些概念之间存在着差异。其中，"华商"概念所指涉的范围最广，包括了"海外华商"、"境外华商"。大体上说，"华商"概念有三种含义。一是广义的华商，指具有中国文化传统的华商企业投资者和经营者，包括中国内地、港澳台地区以及遍布世界各地的华商。如郝时远（2009）等学者认为华商大致包括中国（含港澳台）华商、东南亚各国华商及世界其他地区的华商，②"世界华商大会"就是以此范围界定的，该组织的参与者主要是来自上述三部分的华商；再如郭招金等认为，华商一般指具有中国国籍或华裔血统、活跃在世界经济舞台上的商人群体，包括港澳商人、台湾商人以及遍布世界各地的华侨华人中从事商业活动者，以及从中国大陆走出去正活跃在国际经济舞台上的中国大陆商人。③ 二是狭义的华商，指具有中国文化传统的中国海外移民及其后裔中的企业投资者与经营者，不包括中国内地和港澳台的投资者和经营者，即通常所说的"海外华商"。三是介于上述两者之间的，指中国大陆地区之外的华商，即港澳台同胞和海外华人华侨的企业投资者和经营者，不包括中国内地企业的投资者与经营者，但包括在中国内地创办"三资企业"的港澳台胞和海外华人华侨，即所谓的"境外华商"。本书所研究的华商，为第二种意义上的华商，即"海外华商"，在书中有时略称为"华商"，详细界定

---

① 义乌政府率先将人数庞大的外来打工者称为"外来建设者"，现在常被称为"新义乌人"。

② 郝时远主编：《世界华商经济年鉴 2007—2008》，世界华商经济年鉴杂志社 2009 年版，"编辑说明"。

③ 郭招金、陈建、蔺安稳：《世界侨商的现状与发展趋势》，国务院侨务办公室政策法规司编《国务院侨办课题研究成果集萃 2009—2010 年（中册）》，第 885 页。

参见"概念界定"部分。本研究的华商所从事的经济活动主要限定于从事与义乌小商品等中国商品的跨国贸易以及与国际贸易相关产业如国际货代等经济活动。

"网络"概念，不同的学科乃至不同的学者有不同的定义，可谓五花八门。网络实际上与群体有关。个人属于某一群体，是通过网络，通过实际上可以理解成面对面的相互交往而在长时间中逐渐形成并确定的。何梦笔（1996）认为，所有关于网络的定义，包括那些含糊的定义，具有一个共同的特征，即"网络是某种在时间流程内相对稳定的人与人之间相互关系的模式。它是在一定的个人总体中，所有可以想象的人与人之间关系的子集，该子集是依据对总体成员的特定行为假定而确定的"。① 彼得·迪肯（2007）对网络的定义是：将"角色"或"机构"（企业、国家、个体、社会组织等）联系起来形成不同组织和空间尺度上的关联结构的过程。② 杨（Henry Yeung，1998）在研究香港华资在东盟的投资时，将网络定义为公司之间、母公司与子公司之间和公司之外这三个层面。③ 布拉斯（Daniel J. Brass，2004）等学者将网络定义为"节点的集合以及表示不同节点之间有一定关系或没有关系的各种联系的集合"。④ 美国学者卡斯特（Manuel Castells，1996）认为，"网络就是一组相互联结的节点（node），这些节点到底是什么，要依赖于具体的网络而言……网络是一个开放结构，能无限扩展，所有的节点，只要它们共享信息就能连接。"⑤ 一个以网络为基础的社会结构是高度动态、开放的系统，在不影响其平衡的情况下更易于相互联系，以达到最佳效益。综合上述学者的观点，大致上认可网络是一种关系。本研究中的"网络"，指个人、企业或组织等不同行动者之间的关系。这种网络包括现实的和虚拟的两种面相，既指不同行动者之间基于各种社会关系之上的面对面的、现实的联系，也包括借助于现代

① ［德］何梦笔：《网络 文化与华人社会经济行为方式》，山西经济出版社1996年版，第30页。

② ［英］彼得·迪肯：《全球性转变——重塑21世纪的全球经济地图》，商务印书馆2007年版，第13页。

③ Henry Wai - Chung Yeung, *Transnational Corporations and Business Networks：Hong Kong Firms in the ASEAN Region*, London：Routledge，1998.

④ 汪旭晖、杨宜苗译：《网络与组织评价：多层面视角》，《管理世界》2011年第9期。

⑤ Manuel Castells, *The Rise of the Network Society*, Oxford：Basil Blackwell Ltd.，1996，p.469.

互联网而构建的不同行动者之间的、虚拟的关系。

"海外华商网络"是一种以海外华商群体为特定主体的泛商业网络。海内外学术界对于华商网络的内涵迄今尚未达成一个统一的看法,这在某种程度上反映了华商网络内容的复杂性、形式的多样性以及华商网络的多重性和变迁性。以下"概念界定"部分将对海外华商网络概念作详细阐述。

三　概念界定

在本研究中,"海外华商"、"海外华商网络"、"现代华商网络"是三个重要的基础性概念。以下结合研究主题,对这三个概念作进一步阐释。

（一）海外华商

"海外华商"概念与"华侨"（overseas Chinese）、"华人"（ethnic Chinese）两个概念有着紧密关联。海外华商往往是指华侨华人中从事商业活动的企业家和经营者,是华侨华人的构成部分。

海外部分学者（Purcell, 1966; Siu, 1953）将"华侨"界定为"从中国作为客寓者移民外国,而最终希望回到故乡的人"。[1] 游仲勋（1993）将"华侨"界定为"拥有中国国籍,能讲汉语（包含方言）的第一代移民"。[2] 按照国务院侨办对"华侨"的定义,华侨是指定居在国外的中国公民。具体又规定,"定居"是指中国公民已取得住在国长期或者永久居留权,并已在住在国连续居留两年,两年内累计居留不少于 18 个月;中国公民虽未取得住在国长期或者永久居留权,但已取得住在国连续 5 年以上（含 5 年）合法居留资格,5 年内在住在国累计居留不少于 30 个月,视为华侨。[3] 国务院侨办对"华侨"的界定是跟华侨身份可以享有的优惠

---

[1]　李胜生:《海外华人网络:神话与现实》,载陈文寿主编《华侨华人的经济透视》,香港社会科学出版社 1999 年版,第 38 页。在华人少数族群人数较多的国家,华侨这个词是怀疑华人少数族群永远不会效忠居住国的主要根源,是东南亚各国政府及华人在过去几十年中花费大量时间和精力试图加以摒弃的。

[2]　游仲勋、邱新华:《亚洲太平洋时代海外华人的经济发展》,《南洋资料译丛》1993 年第 1 期。

[3]　参见国务院侨务办公室关于印发《关于界定华侨外籍华人归侨侨眷身份的规定》的通知。国侨办规定中国公民出国留学（包括公派和自费）在外学习期间,或因公务出国（包括外派劳务人员）在外工作期间,均不属于华侨。

政策紧密相连的。本书中，借用李明欢（2009）对"国际移民"的定义，对"华侨"概念作出一个宽泛的界定：跨越主权国家边界，以非官方身份在非本人出生国居住达一年以上的人。①

"华人"。官方和学界对"什么是华人"的认识并非完全一致，但基本按照国籍、血统和文化的标准进行划分，同时，这三者之间又有密切联系。从血统类型划分而言，所谓"华人"，就是具有中华民族血统的人。如王赓武（1993）认为，"海外华人"是指生活在中国大陆、香港、台湾和澳门地区以外，"但承认自己的华人血统，或被人口统计学家认可为华人"的华族。② 然而血统问题并不简单。纯华人血统的人，当然就是华人。③ 但当长期居住在移居国的华人与异族通婚后，代代繁衍，华人血统的成分会发生变化。这样就产生一个问题：到底含有多少华人血统成分才算华人？这个问题难以解答，因此，从血统上对"华人"的界定，就不免有含糊之处。有的学者强调华人所具有的文化族群类型特征。海外华人作为炎黄子孙，在他们的身上，自然都带有中华文化的烙印而代代相传。杜维明（1997）认为，华人的含义在于具有共同的祖先和文化背景，凡种族和文化上同属于中国但国籍不同的人群就为"华人"。④ 然而，什么是中华文化、华人身上具有多少的中华文化（如能读会写）才算华人等问题也非常突出，由此可见，文化标准也带有主观随意性而且边界模糊。从国籍类型划分而言，"华人"是指已加入外国国籍的原中国公民及其外国籍后裔。此外，也有学者综合血统、国籍、文化三种标准对华人作出界定，如游仲勋（1993）指出，"华人"（或华裔）主要指出生于居住国，拥有当地国籍的第二、第三……代中国移民，中文称为华人，后一代华人中文有时也称华裔。⑤ 在本书，我们引用国务院侨办从国籍角度对"外籍

---

① 李明欢：《国际移民的定义与类别——兼论中国移民问题》，《华侨华人历史研究》2009年第2期。

② 刘宏：《海外华人研究的谱系：主题的变化与方法的演进》，《华人研究国际学报》2009年第2期，第7页。

③ 云冠平、陈乔之主编：《东南亚华人企业经营管理研究》，经济管理出版社2000年版，第2页。

④ 杜维明：《一阳来复》，上海文艺出版社1997年版，第99页。

⑤ 游仲勋、邱新华：《亚洲太平洋时代海外华人的经济发展》，《南洋资料译丛》1993年第1期。

华人"的界定，"指已加入外国国籍的原中国公民及其外国籍后裔；中国公民的外国籍后裔"。① 由于华人的身份与华侨不同，本应予以分别，但在统计上，因难以得到准确的数据，所以通常并称为"华侨华人"。

　　然而，需要强调的是，"海外华商"是一个具有时空特性的概念，不同研究所指称的对象群体往往有所不同。当今世界最具经济实力的华商，主要分布在东南亚。东南亚华商在移居国经济中占有突出的地位，在某些行业甚至具有支配性地位。20 世纪 70 年代末中国实行改革开放以来，也是这部分华商最早抓住开放的时机率先在大陆沿海发达地区和中心城市投资设厂，成为"引进来"的华商群体。既有的海外华商及海外华商网络研究大多关注于这一群体。而本书研究的海外华商则界定为在外国开设公司、商场或店铺等，主要从事义乌小商品等中国商品跨国贸易或与国际贸易相关产业如国际货代的华商。而且，由于本研究以义乌小商品市场为切入点，因此，本研究关注的海外华商主体是指自 20 世纪 70 年代末以来从中国大陆移居海外从事义乌小商品等中国商品跨国贸易及与贸易相关产业的中国海外新移民，属于"走出去"的群体。这个商贸型群体形成于 20 世纪 90 年代、壮大于 21 世纪初期，是一个与义乌小商品市场等国内专业商品市场的发展、繁荣几乎同步成长、壮大的群体。

　　该群体中虽然有部分在东南亚从事义乌小商品等"中国制造"跨国贸易及相关产业，但更多的则活跃于欧洲、非洲、南美洲。因跨国贸易活动容易受到国际经济形势、市场环境的影响，这一群体具有"逐市而动"的特性，其活动区域具有一定的流动性。从事义乌小商品等中国商品贸易的海外华商群体的来源地呈现出多样化特征，其主体不仅仅来自义乌或浙江省内温州、青田、绍兴、台州等地，还包括来自福建、广东、江苏、四川、山东等全国各省及上海、北京等直辖市。海外华商群体的身份构成，既包括在海外取得移居国国籍的华人及华裔，也包括移居海外多年却依然持有中国护照的华侨，还包括移居海外多年却又"回流"中国创业的华侨华人。

　　（二）海外华商网络

　　迄今为止，学术界对于海外华商网络的概念尚未达成一致（详见绪论

① 参见国务院侨务办公室关于印发《关于界定华侨外籍华人归侨侨眷身份的规定》的通知。

第三节）。有关海外华商网络的既有研究，多集中于探讨东南亚地域的华商网络情况。本研究中的海外华商网络，特指在全球化的时代背景下，自20世纪70年代末我国改革开放以后出国从事中国商品国际贸易以及与国际贸易相关产业的海外华商构建的商业网络。这一海外华商网络是以海外华商的血缘、地缘、业缘等人际关系及信用为基础的，基于华商、企业及社团各自以及相互之间的多重关系网络之上，构建起来的以华商族群为主体的泛商业网络。本研究注意到，大多数从事贸易的海外华商因为所销售的中国商品主要面向移居国的中低收入者，尚难以打入移居国的主流消费市场，从而更倚重在海外新建、拓建特有的族群商业网络。本书第一章第二、三节，专门阐述了作者对这一问题的认识与思考。

在这一海外华商网络中，节点（node）成为网络构建的关键要素。处于中心节点位置的是义乌市场，而产地市场、口岸市场、销售市场等成为连接华商网络的基本节点。也即，基于华商人际关系之上建构的华商网络，还依赖于各类具有不同地理位置、不同性质的市场以实现网络的空间构建及拓展。本研究中的市场，主要包括两种含义：现实的市场和潜在的市场。就"现实"含义而言，市场是一个地理上、空间上、时间上的概念，是"作为场所的市场"。① 在海外从事义乌小商品等中国商品贸易的华商，至少面对两类现实的商品交易场所：最初华商聚集到义乌，是因为义乌小商品市场这个"市"；华商在移居国销售义乌小商品等"中国制造"，是因为移居国有"中国商城"类的专业市场平台。"潜在的市场"，"是指一种商品或劳务的所有潜在购买者的需求总和。"② 华商从事义乌小商品等中国商品的跨国贸易，在很大程度上是因为看到移居国不仅仅存在实体的市场平台，还看到了移居国拥有商品贸易的发展空间、潜在的消费市场；而当面临移居国市场饱和、全球化风险等情况时，部分华商会依据社会关系网络、社会资本等资源适时进行跨国界流动，流向更具商机的"市"，追逐或开拓其他潜在的消费市场。也即海外华商所关注的，不仅仅是移居国实体的市场，还更关注移居国潜在的市场。

（三）现代华商网络

从事中国商品跨国贸易的海外华商构建的华商网络具有现代性的特

---

① 王延荣主编：《市场营销学》，河南人民出版社2005年版，第5页。

② 同上。这是美国市场营销协会于1960年给市场下的定义。

征。在全球化时代背景下，随着现代信息技术的迅猛发展，海外华商网络的形态也发生了变化，一种有别于传统的新华商网络形态即现代华商网络日渐呈现。现代华商网络是指 20 世纪 80 年代以后，借助现代传媒和信息技术，逐步覆盖全球的国际性的世界华人商业网络，以及由此而形成的各种商业联系。[1] 尤其是进入 21 世纪以来，随着互联网的普及化、网络交流的便捷化，越来越多的海外华商采用网络新技术开展中国商品的跨国购销乃至企业的现代化管理。现代华商网络虽然形成时间较短，但因其具有显著的信息时代和全球化时代特征而较为引人注目。本书在第四章第二节中将作专门阐述。

第二节　田野地点及研究方法

一　田野地点

从事跨国移民的研究，多点调查、跨地域的研究已经成为全球化时代的必然要求。本研究的田野调查地点主要分为国外和国内两部分，借助于国内外多点式的田野调查收集的丰富实证资料，尝试揭示义乌市场与口岸市场、华商移居国以中国商城为代表的海外销售市场等各类不同地域的市场之间的互动关系，从而展示华商网络构建、拓建的空间架构及结构系统。

国外，以从事义乌小商品等中国商品贸易的华商聚集的南非约翰内斯堡作为田野调查点。南非，是非洲经济最为发达的国度，也是一个发展中国家。自 20 世纪 90 年代以来，尤其是 1998 年南非与中国建立正式的外交关系以来，南非成为较受中国新移民青睐的移居国之一。[2] 目前，在南非近 30 万左右的华侨华人中，绝大多数人从事义乌小商品等中国商品的批发、零售贸易。南非无疑是研究从事义乌小商品等中国商品贸易的海外华商及华商网络的一个合适的田野研究点。约翰内斯堡是南非最大的城市

---

① 刘权、罗俊翀：《华商网络研究现状及其分析》，《暨南学报（人文科学与社会科学版）》2004 年第 2 期。

② 2010 年，南非与中国两国关系提升为战略伙伴关系；2010 年年底，"金砖国家"轮值主席中国正式邀请南非加入"金砖四国"。互利共赢一直是中南经贸合作上的重要特征。

和经济中心，也是中国新移民聚集的主要城市。2010 年 12 月—2011 年 1 月期间，本人受益于李明欢教授的一个国际合作课题开展调查的机会，在南非约翰内斯堡进行了为期近两个月的调查。调查期间，走访了华商聚集的各类中国商城，主要包括中国城（China City）、东方商城（Orient City）、非洲商贸（China Mall）、百家（China Mart）、香港城（Dragon City）、中国商贸城（China Shopping Center）、红马商城（Ormonde China Mall）、中非商贸城（Afrifocus Center）八大商城以及唐人街（Cyrildene），收集了 500 份调查问卷样本①，记录了近百位访谈者的资料，收集了南非华商研究的第一手资料。

就国内而言，义乌无疑是本研究的立足点。具体来说，在义乌的主要田野调查地点包括：义乌市侨商会，义乌市青田商会、莆田商会、温州商会、泉州商会等华商集中的异地商会，义乌国际商贸城四区以及五区进口馆。调查期间，得到义乌市侨商会 Z 秘书长的大力支持，在义乌市侨商会办公室腾出办公桌备我所用，大大便利了我运用深度访谈法、参与观察法收集资料。自 2011 年 3 月 24 日我第一次进入义乌田野进行预调查，到 2012 年 11 月 2 日最后一次田野调查，我经常往返于义乌与本人工作地金华之间，有时长住义乌一段时间，开展对华商、义乌市场业主等对象的深度访谈，参与华商在义乌开展的某些重要活动，协助侨商会开展工作等。

此外，因"青田贸易军团"是从事义乌小商品等中国商品贸易的华商群体中较为突出的、活跃的群体之一，也是义乌小商品走向东欧市场较早的带动者之一，本人除了前往义乌市青田商会访谈部分青田籍华商之外，还于 2012 年 4 月、2013 年 9 月、2013 年 10 月多次前往青田作短期的调查，深度访谈了部分在欧洲或非洲从事中国商品贸易的青田籍华商，华商眷属，青田县侨办及侨联负责人，《青田侨乡报》记者等。

二　研究方法

访谈法、参与观察法和问卷调查法是人类学研究中较为常见的研究方法。访谈是人类学研究中最重要的资料收集法。访谈需要言词上的互动，而语言表达能力成为会谈的必需品。一般的访谈形式包括结构的、半结构

---

① 在此要感谢与笔者一起开展问卷调查的福州大学陈凤兰同学，这 500 份问卷是我们两人合力完成的。

的、非正式的和回忆式的访谈。非正式的访谈提供了资料收集与分析最自然的情况和版本。① 参与观察是指研究者在研究过程中，参与到研究对象的生活之中，参与到研究者观察和试图理解的事情和过程之中。② 借助于参与，我们可以知道为什么当地民众认为这些事件是有意义的，以及明白它们是怎么组织和表现的。问卷调查法是一种采用自填式问卷或结构式访问的方法，系统、直接地从一个总体中抽取样本，收集这些样本的资料，并通过分析这些资料来认识社会现象及其规律的社会研究方式。③

　　本研究采用多点式的田野调查，不同田野调查点采取的研究方法略有不同。在浙江义乌，鉴于海外华商研究对象的特殊性——经常来往于义乌与移居国之间，而且他们在义乌的居住方式上，或是散居于义乌市各个小区（有的在义乌买了房产），或是散布于义乌的众多宾馆，或偶尔到义乌市侨商会办事或前往在义乌的同乡会小坐片刻，因此，对于义乌田野调查点上的华商群体的研究，主要运用深度访谈法来收集资料，辅以参与观察法、小规模的问卷调查方法。就访谈法而言，在本研究中主要运用了非正式访谈和半结构式方法。在义乌，访谈的对象非常广泛。具体来说，这些受访者大致可以分为三类。其一，访谈了 40 余位华商，主要包括在义乌组建了地缘性社团的华商负责人，如义乌市侨商会、青田商会、莆田商会、温州商会、泉州商会的会长或副会长。通过访谈，了解这些华商出国的经历、在移居国创业的情况、回国发展的情况、组建商会的情况等。在义乌国际商贸城五区进口馆，访谈了部分进场设摊的华商主体。此外，还访谈了小部分到义乌采购、短暂停留的华商。其二，访谈了义乌市委统战部、侨联、侨办等涉侨系统的相关负责人，了解义乌市华侨华人的基本情况，义乌市侨商会组建的过程。其三，访谈了部分义乌市场业主。在义乌国际商贸城四区综合治理办公室 H 主任的支持下，访谈了 20 多位义乌市场业主、市场管理员及义乌商城集团的部门负责人，了解他们眼中华商采购状况的变迁及义乌市场外贸的变迁。这三类受访者中，对小部分人员进行过多次访谈，如与义乌市温州商会会长 J、青田商会会长 L、商城集团

① ［美］大卫·费特曼：《民族志：步步深入》，龚建华译，重庆大学出版社 2007 年版，第 30 页。

② Conrad Phillip Kottak，*Anthropology：The Exploration of Human Diversity*，庄孔韶编审，中国人民大学出版社 2008 年版，p. 178.

③ 风笑天：《社会调查原理与方法》，首都经济贸易大学出版社 2008 年版，第 3 页。

义乌国际商贸城四区副总 M 均有过多次长时间的访谈。此外，也择机对部分华商进行过几次非正式的小组访谈。

对于义乌市侨商会这一个主要田野点，还运用了参与观察法。因获得义乌市侨商会 Z 秘书长的支持，我可以在侨商会办公室里办公，观察侨商会的会员、商会全职工作人员的活动，了解商会的事务、会员的情况，以及参与商会组织的某些活动。在义乌调查期间，本人参与了义乌市侨商会 2011 年 5 月、2012 年 5 月召开的两次年度会员大会，2011 年 10 月的"第二届义乌世界侨商大会"等活动。此外，在"第二届义乌世界侨商大会"期间针对出席会议的部分华商开展了问卷调查。问卷内容包括华商个人基本情况，经营商品种类、经营模式、贸易额度、出口国家等贸易状况以及家庭成员分布等情况。

在南非约翰内斯堡，主要运用了问卷调查法、参与观察法、深度访谈法等方法收集资料。问卷调查内容涉及华商个人、家庭的基本情况，商业状况及对南非经商环境的看法等。问卷调查在南非约翰内斯堡中国城、百家、香港城等八大商场及唐人街（Cyrildene）展开，实行随机发放。本次调查共发放问卷 500 份，因采取一对一方式，回收率达到 100%。问卷调查过程中，记录了近百位华商及雇员的访谈资料。在调查期间，因一直住在约翰内斯堡一位来自福建连江的华商家中，有助于我们以参与观察法了解南非福建籍华商的生活状况、社交活动等。此外，借助于女主人在华文报刊——《非洲时报》工作的便利，利用空余时间（周末商城生意最为繁忙，做调查不合适）在报社里查阅了 2009 年、2010 年的报刊资料，成为本研究的文献来源之一。

除了针对南非华商及雇员的访谈都采用笔记记录外，所有在义乌、青田开展的访谈都有录音，并且逐一整理成文。为保护受访者，所有涉及受访者的访谈资料都用字母代替姓名，部分华商的资料因来自报纸杂志等参考文献则不作特殊处理。

第三节　文献综述

一　义乌市场国际化研究综述

义乌，从一个原先没有任何资源优势的小县城发展成国际性的小商品城，其发展路径、模式、成因等成为近几十年来学术界的热门课题。学者们从经济、文化、社会、制度、政府管理等方面对义乌市场的发展作了众多深入的研究，涌现了大量专著和学术性论文。此处，从与本研究的相关性出发，仅集中对义乌市场国际化的研究成果进行梳理。

进入 21 世纪以来，义乌市场建立起了现代化的国际商贸城，开始了国际化发展的新阶段。从事义乌小商品等中国商品贸易的海外华商群体的发展及其构建的华商网络的发展，与义乌市场国际化的进程息息相关。义乌市场国际化的不同阶段，华商群体的发展及华商网络的构建状况也存在差异，双方处于一种互动发展的关系之中。在既有的关于义乌市场国际化的研究成果中，大部分学者关注于义乌市场国际化发展的策略研究（曹晶晶，2011；孙祥和，2011；王红、孙祥和，2010；李洪江，2009；殷宝庆，2009；周国红、陆立军，2007a、2007b；徐锋，2004a、2004b；冯拾松，2004）①，义乌市场国际化经营的特征（冯拾松，2004；周国红、陆立军，2007a；骆小俊，2005）②，模式的创新（陈玲、王载波，2010；曹荣庆，2008）③，发展的条件（鲍中夫，2008）④ 等，而对义乌市场国际

① 曹晶晶：《义乌专业市场国际化发展策略研究》，《生产力研究》2011 年第 2 期；孙祥和：《义乌专业市场继续深化国际化的制约及对策》，《福建商业高等专科学校学报》2011 年第 3 期；王红、孙祥和：《内陆城市专业市场进一步国际化的制约因素及对策——以浙江省义乌市为例》，《四川经济管理学院学报》2010 年第 2 期；李洪江：《义乌小商品外向国际化发展的战略思考》，《集体经济》2009 年第 8 期（下）；殷宝庆：《浙江专业市场国际化经营的测度与提升》，《商业时代》2009 年第 15 期；周国红、陆立军：《义乌商圈国际化经营的基本态势与对策研究》，《国际贸易问题》2007 年第 1 期；周国红、陆立军：《"义乌商圈"国际化拓展的影响因素及其战略选择——基于 6363 份问卷调查与分析》，《财贸经济》2007 年第 3 期；徐锋：《试论我国专业批发市场的国际化》，《国际贸易（对外经济贸易大学学报）》2004 年第 5 期；徐锋：《促进浙江专业批发市场国际化发展的探索》，《商业经济与管理》2004 年第 6 期；冯拾松：《义乌中国小商品城国际化经营的战略设计》，《浙江师范大学学报（社会科学版）》2004 年第 4 期。

② 冯拾松：《义乌中国小商品城国际化经营的广度与深度研究》，《商业经济与管理》2004 年第 1 期；周国红、陆立军：《义乌商圈国际化经营的基本态势与对策研究》，《国际贸易问题》2007 年第 1 期；骆小俊：《专业批发市场的国际化经营模式——义乌中国小商品城市场国际化发展的案例分析》，《中共宁波市委党校学报》2005 年第 3 期。

③ 陈玲、王载波：《义乌小商品市场国际化创新模式对中印经贸合作关系的启示》，《南亚研究季刊》2010 年第 3 期；曹荣庆：《论专业市场的国际化模式及其创新——以中国义乌国际商贸城为例》，《经济理论与经济管理》2008 年第 2 期。

④ 鲍中夫：《中国小商品城国际化发展历程》，《义乌方志》2008 年第 3 期。

化发展阶段的研究则屈指可数。

在对义乌市场国际化发展阶段的少量研究中，几位学者在基本概念上有一致的认同，认为"专业市场的国际化"是指市场发展的一种过程。徐锋（2006）、李生校（2010）、余琼蕾（2006）等学者认为，专业市场的国际化是指专业市场的经营活动范围超越了国界，成为国际经济活动的一部分，从地区性、传统性、封闭性的纯国内专业市场发展成创新、开放、国际性商品流通中心的过程。[①] 然而，在义乌市场国际化的具体发展阶段问题上，学者们由于对义乌市场国际化阶段分期持不同的标准而有不同的认识。徐锋（2006）认为，专业市场国际化可以分为三个阶段：偶然的、初级的国际化阶段；积极的、内向的国际化阶段和成熟的、外向的国际化阶段。基于对我国专业市场国际化的基本模式和发展路径的分析，徐锋认为义乌市场国际化分为三个阶段：以1991年巴基斯坦等国商人首先到义乌采购商品为标志到2002年，为偶然的、初级的国际化阶段；2002年义乌国际商贸城一期建成开业到2005年间，是义乌市场国际化发展的第二阶段，即以积极的、内向的国际化为主的国际化发展阶段，依托于市场平台实现跨国化经营；2005年义乌国际商贸城韩国馆、香港馆开张，标志着义乌中国小商品城从以经营本国商品为主的对外贸易平台，开始转变成经营全球商品的国际贸易平台，开始了外向型国际化经营发展道路。[②] 刘俊义（2007）将义乌小商品市场国际化的进程分为三个时期：20世纪90年代初以边贸为特征的萌芽期，在中俄边境、新疆边境口岸等地，义乌人立足其间开展边贸生意；90年代中期后转型接轨期，国外采购商、外贸企业逐渐增多的时期；2001年后为全面发展期，市场的外向度高达50%以上。[③] 李生校等学者（2010）认为，专业市场国际化的发展路径为：本地发展→全国经营→内向国际化→外向国际化→综合国际化的层层递进，并认为当前义乌市

① 徐锋：《我国专业市场国际化的基本模式和发展路径》，《商业经济与管理》2006年第11期；李生校、朱志胜、范羽佳：《全球价值链与专业市场嵌入模式——兼议专业市场国际化路径》，《未来与发展》2010年第4期；余琼蕾、范钧：《从义乌中国小商品城看我国大型专业市场的国际化》，《商场现代化》2006年第10期上旬刊。

② 徐锋：《我国专业市场国际化的基本模式和发展路径》，《商业经济与管理》2006年第11期。

③ 刘俊义：《小商品市场之经营特点和运销区域浅析》，《义乌方志》2007年第3期。

场仍处于内向国际化的国际贸易阶段。①

　　本研究综合相关学者（徐锋，2006；刘俊义，2007；李生校等，2010）的观点，结合海外华商与义乌市场的互动及华商网络的建构状况，将义乌市场的国际化分为三个阶段。研究认为，1991 年之前的义乌市场，是义乌市场的前国际化阶段，只有个别华商入场采购小商品，也是华商群体的发轫阶段。自 1991 年起，逐渐有华商入场采购，90 年代中期之后，进场采购的华商人数逐渐增多，可以说义乌市场进入了初级的、偶然的国际化发展阶段。之所以将 1991 年作为起点，主要基于三个标志性事件的考量：义乌市场成交额自 1991 年以来一直蝉联全国工业品批发市场榜首；第四代大型室内柜台式小商品城市场于 1991 年动工兴建；1991 年，已经有法国华商 Z②、西班牙华商戚丽玲③等进入义乌市场采购商品。但整个 90 年代的义乌市场，虽然呈现出如上述刘俊义（2007）所说的市场国际化的两个阶段特征——90 年代初以边贸为特征的萌芽期及 90 年代中期后的转型接轨期，然而，总体而言，这一时期义乌市场承接的外贸生意还比较有限，华商群体还处于形成时期，华商网络尚处于初建阶段。而进入2001 年，随着中国加入世界贸易组织及义乌国际商贸城一期开建，义乌市场的外贸逐渐兴旺起来，市场的外向度迅速提高到 50% 以上，义乌市场进入了积极的、内向国际化的发展阶段。而自 2005 年义乌国际商贸城台商馆、香港馆相继开张，标志着义乌市场开始进入了以单纯出口贸易的经营模式转向出口、进口并举的经营模式。然而，纵观 21 世纪以来的十年间，虽然出现了义乌市场业主、义乌商城集团到海外办分市场的情形以及进口贸易业务的显著发展等情况，但义乌市场的总体经营状况仍处于依托市场平台实现跨国化经营以及立足国内市场、开展市场对外贸易的阶段，即"内向国际化"阶段。进入 2011 年，随着义乌成为国际贸易综合改革试点，义乌市场开始迈向外向国际化阶段，2014 年 11 月中欧班列开

---

　　①　李生校、朱志胜、范羽佳：《全球价值链与专业市场嵌入模式——兼议专业市场国际化路径》，《未来与发展》2010 年第 4 期。

　　②　2011 年 7 月 4 日访谈 Z 于义乌市洲际商务宾馆。Z 为温州瑞安著名华侨郑珍存的大儿子，1980 年出国，80 年代中期回到广州采购中国商品，自 1991 年起便到义乌采购，到目前为止仍在从事义乌小商品的国际贸易。

　　③　杨金坤、陈楠烈等：《"义乌侨商"调查报告》，http：//www.zjqb.gov.cn/art/2010/4/16/art_ 149_ 28265. html，2010 年 4 月 16 日。

通义新欧（义乌至马德里）线路，开辟了进出口贸易的国际物流陆路通道。2016 年，义乌实现进出口总额 2229.5 亿元，增长 5%；其中，出口2201.6 亿元，增长 4.7%；进口 27.9 亿元，增长 24.6%，逐步迈向"买全球、卖全球"的"外向国际化"阶段。[①]

简言之，本研究认为，90 年代之前，是义乌市场的前国际化阶段，义乌小商品借助于活跃于边贸市场的"倒爷"以及个别华商的直采直销活动而走出国门。而自 90 年代起至今，在海外华商及外籍商人纷纷进场采购的推动下，义乌市场开始步入国际化，逐渐融入经济全球化浪潮之中。具体进程可以大致分为两个阶段：1991—2000 年间，是义乌市场处于偶然的、初级的国际化发展阶段，也是华商群体的形成和华商网络的初建阶段；2001 年以来，是义乌市场处于积极的、内向的国际化向外向型国际化的发展阶段，也是华商群体的壮大及华商网络的完善阶段。

二　华商网络研究综述

众多定居移居国的外来移民族群，往往与华侨华人一样，在居住国与祖（籍）国之间存在借助于血缘、地缘等社会关系构建起来的跨国族群网络，如埃利克森（Ellickson，1991）所说的"没有法律的秩序"[②]，但在国际经贸领域活跃着的众多族群网络里，华商族群网络较为引人注目，也取得了较为可观的经济成就。由此，近几十年来，海内外学术界对海外华商网络展开了深入研究，其研究成果之丰富、研究时间跨度之长，显然成为海外华商研究中的一个热门主题。

"华商网络"（Ethnic Chinese Business Network）由"华商"和"网络"两个概念组成。进入 80 年代，学术界还没有把"网络"概念与华商联系在一起。但是自从 1991 年韩理格主编的《东亚与东南亚的商业网络与经济发展》一书出版以来，有关网络在东南亚华人经济中的作用问题就获得了广泛的重视，"网络"（network）成为海内外学术界使用频率最高的词汇之一，开始了对促成华人经济成长及原因的探析，也开始了学术上的争论。[③] 过去

---

①　义乌市统计局、国家统计局义乌调查队：《2016 年义乌市国民经济和社会发展统计公报》。

②　［德］何梦笔：《网络　文化与华人社会经济行为方式》，山西经济出版社 1996 年版，第 28 页。

③　刘宏：《战后新加坡华人社会的嬗变：本土情怀 区域网络 全球视野》，厦门大学出版社2003 年版，第 191 页。

被韦伯认为是阻碍中国经济成长的因素——儒家思想以及中国传统文化——逐渐被海内外学者视为华人经济成长的主要动力。进入 21 世纪以来，随着中国加入世界贸易组织及中国与东盟进入经济合作的新阶段，海内外学术界尤其是国内学术界对华商网络的关注度越来越高，涌现了大量研究成果。大致说来，这些研究成果主要集中在两方面：一是对海外华商网络进行学理上的考察，从华商网络的内涵、构成要素、特征等方面展开研究；二是从功能论角度探讨华商网络与中国企业"走出去"战略、与区域一体化及中国国际贸易的关系。

（一）华商网络学理性研究

众多学者对海外华商网络从概念、构成要素、特征、类型等方面展开学理性研究。

海外华商网络的概念。不同的学者对华商网络有不同的界定，有的从文化底蕴的角度进行阐述，有的从历史发展的脉络进行梳理，有的从主体对象的角度进行概括。单纯（1999）认为，华商网络"是由海外中国移民根据中华民族的文化在世界资本主义的拓殖过程中产生的，并由华人的世界性移民、再移民而扩展形成的"。[①] 苏东水（2001）认为，华商网络是指"海外华商在非政治的、形态不拘的联系中，凭借五缘文化纽带，基于经济利益而形成的泛商业网"。[②] 刘权、董英华（2003）提出，华商网络"是以宗亲关系、乡土关系和行业关系为纽带的商际关系"。[③] 刘文正（2006）认为，华商网络是"海外华商因市场、商品、活动地域、共同利益关系而形成的相对稳定的联系网络"。[④] 郑一省（2006）认为，华商网络是"华商因市场、商品生产和销售、活动地域、共同利益关系而形成相对稳定的联系网络，也是华商在当地特有的历史条件下和其自身文化等因素相互作用的产物"。[⑤] 蒙英华（2009）认为，华商网络是一种非政治化的、多种网络形式并存的，以海外华商群体为主体，以家族、地区、行

[①] 　单纯编：《海外华人经济研究》，海天出版社 1999 年版，第 195 页。

[②] 　苏东水：《管理学》，东方出版社 2001 年版，第 94 页。

[③] 　刘权、董英华：《海外华商网络的深入研究及资源利用》，《东南亚纵横》2003 年第 7 期。

[④] 　庄国土、刘文正：《东亚华人社会的形成和法则：华商网络、移民与一体化趋势》，厦门大学出版社 2009 年版，第 6 页。

[⑤] 　郑一省：《多重网络的渗透与扩张：海外华侨华人与闽粤侨乡互动关系研究》，世界知识出版社 2006 年，第 36 页。

业、社团、兴趣爱好等为社会基础，以"五缘关系"为纽带，以共同利益尤其是共同经济利益为核心，以非正式化的商业和社会纽带及正式化的社团为组织形式所形成的泛商业网。① 王勤（2009）认为，华商经济网络是基于中华文化背景和商业利益而形成的经营网络系统，它以华商的人际信用关系为基础，以华商企业经营关系、各地华人商会、海外华人社团以及各类联谊会等为形式，以中国内地、中国香港、中国台湾、新加坡为海内外华商经济网络的节点。② 而西方学者多认为华商网络其实就是华商之间复杂、微妙的关系网络，如奈斯比特（John Naisbitt，1996）认为，"华商网络是很隐形的、复杂微妙的网络，华人家族企业其实就是宗亲和同乡之网，许许多多小网交织成一大张铺盖全球的网络。"③

　　华商网络的构成要素。龙登高（1998）④、廖小健（2000）⑤、范爱军（2003）⑥、罗亚泓（2006）⑦、王勤（2009）⑧ 等学者认为，华商网络是基于中华文化背景与商业利益相结合的经营关系网络。林其锬（1995）⑨、五缘文化与海外华商经贸网络课题组（1997）⑩、廖小健（2000）⑪、蒙英华（2009）⑫ 较为强调"五缘"文化（亲缘、地缘、神缘、业缘和文缘）在华商网络构建中的作用。龙登高（1998）较为强调人际信用是构成华商网络的基础。⑬

　　华商网络的构建主体。学者们虽然没有对华商网络的构建主体达成一

---

① 蒙英华：《华商网络内部信息交流机制研究》，《南洋问题研究》2009 年第 2 期。

② 王勤：《东亚区域经济整合与华商》，《亚太经济》2009 年第 2 期。

③ ［美］约翰·奈斯比特：《亚洲大趋势》，外文出版社、经济日报出版社、上海远东出版社 1996 年版，第 13—14 页。

④ 龙登高：《论海外华商网络》，《学术研究》1998 年第 5 期。

⑤ 廖小健：《利用海外华商网络　拓展海外经贸市场》，《国际经贸探索》2000 年第 5 期。

⑥ 范爱军、王建：《携手华商走天下》，《企业管理》2003 年第 12 期。

⑦ 罗亚泓：《东盟华商网络与中国—东盟自由贸易区》，《商场现代化》2006 年第 35 期。

⑧ 王勤：《东亚区域经济整合与华商》，《亚太经济》2009 年第 2 期。

⑨ 林其锬：《"五缘"文化与世界华商经贸网络》，《经济纵横》1995 年第 3 期。

⑩ 五缘文化与海外华商经贸网络课题组：《五缘文化与海外华商经贸网络》，《东南学术》1997 年第 1 期。

⑪ 廖小健：《利用海外华商网络　拓展海外经贸市场》，《国际经贸探索》2000 年第 5 期。

⑫ 蒙英华：《华商网络内部信息交流机制研究》，《南洋问题研究》2009 年第 2 期。

⑬ 龙登高：《论海外华商网络》，《学术研究》1998 年第 5 期。

致意见，但多数学者认同华商网络拥有多重的构建主体。廖小健（2003；2004）认为是华人个人与华人社团、华人与华人企业以及华人企业相互之间形成的诸多联系。① 郑一省（2004）认为，华侨华人经贸网络由华人商行、企业或公司等经济形态所构成。② 黄英湖（2006）则认为，华商网络主要由三方面组成：华商企业集团自身的商业网络；海外各地华商联合组成的地方性、全国性、世界性商会；各华商企业互相参股合作而形成的商业网络。③ 王勤（2009）认为，华商网络是组织之间形成的一种关系。④ 戴一峰（2010）认为，在漫长的历史演化过程中，环中国海华商网络逐渐形成一个包括人际关系网络、社会组织网络与跨国（地区）经济网络三类不同网络形态的经济—社会复合网络。⑤ 上述学者对华商网络构建主体的不同界定，反映了华商网络构建主体的多样性及华商网络的多重性特征。

华商网络的地域覆盖范围。学者们在华商网络覆盖的地域范围上存在分歧。刘权（2005）、王勤（2009）等学者认为华商网络应包括中国大陆。⑥ 其中，王勤（2009）认为，华商网络是以中国内地、中国香港、中国台湾、新加坡为海内外华商经济网络的节点。廖小健（2003；2004）认为，华商网络主要是指世界范围的华人个人与华人社团、华人与华人企业以及华人企业相互之间形成的诸多联系。⑦ 李胜生（Peter S. Li）认为，在广义的层次上，"华人网络"指中国以外轮廓模糊的华人社会之间的广泛的经济、政治、文化和其他联系，同时，考虑到华人与中国大陆的历史

---

① 廖小健：《世界华商网络的发展与潜力》，《世界历史》2004 年第 3 期；《海外华商经济网络简析》，《市场营销导刊》2003 年第 1 期。

② 郑一省：《多重网络的渗透与扩张——华侨华人与闽粤侨乡互动关系的理论分析》，《华侨华人历史研究》2004 年第 1 期。

③ 黄英湖：《我省发挥侨力优势问题的分析与思考》，《福建论坛·人文社会科学版》2006 年第 1 期。

④ 王勤：《东亚区域经济整合与华商》，《亚太经济》2009 年第 2 期。

⑤ 戴一峰：《"网络"话语与环中国海华商网络的文化解读》，《学术月刊》2010 年第 11 期；《近代环中国海华商跨国网络研究论纲》，《中国社会经济史研究》2002 年第 1 期。

⑥ 王勤：《东亚区域经济整合与华商》，《亚太经济》2009 年第 2 期；刘权：《经济全球化中的海外华商网络》，《东南亚研究》2005 年第 2 期。

⑦ 廖小健：《海外华商经济网络简析》，《市场营销导刊》2003 年第 1 期；《世界华商网络的发展与潜力》，《世界历史》2004 年第 3 期。

和现实的联系，华人网络也不可避免地涉及华人与中国大陆直接或者间接的关系。① 笔者认为，学者们之所以在这个问题上存在分歧，主要是忽视了华商网络概念所具有的历时性特征，它是历史地形成和演进的。不同时空背景下，华商网络所覆盖的地域是不同的。从华商网络的发展过程来看，华商率先在移居国构建起了商品购销的网络即海外网络，这时网络的构成地域并不包括中国大陆。然而，随着 20 世纪 70 年代末中国实行改革开放以来，依托中国经济的蓬勃发展、专业商品市场的繁荣以及华商与祖（籍）国固有的血缘、地缘等社会关系，开展跨国贸易、跨国投资的华商越来越多，因而华商海外网络向中国国内扩展，并与中国国内网络相互衔接，从而形成区域性的、全球性的华商经济网络。所以，从广义的角度来说，华商网络的地域范围不仅仅包括华商在海外构建的商业网络，还包括海外华商个人、企业、社团与大陆范围的个人、企业、社团彼此之间形成的错综复杂的商业网络。

华商网络的特征。尽管学者们对于华商网络的特征都有各自不同的认识，但大体上认同华商网络具有复合多重性的特征。刘权、董英华（2003）探究了海外华商网络的新特征，包括海外华人社团的国际化、国际性华商大会频频举办、以汉字为载体的华商互联网站的建立等。② 郭梁（2005）认为，海外华商网络具有人脉、组织、区位、行业及信息化五大特征。③ 张禹东（2006）认为，海外华商网络具有封闭性与开放性、确定性与非确定性、正式性与非正式性相统一的特征。④ 唐礼智、黄如良（2007）认为华商网络具有民间自发性、互惠互利性、开放包容性的特征。⑤ 庄国土（2006）特别强调了华商网络的稳定性特征。⑥

华商网络的类型。大部分学者认同华商的商业网络是华商网络的核心，是华商网络的经济基础。郑一省（2004）指出，华侨华人网络由华

---

① 王苍柏：《华人网络的再认识：一个空间的视角》，《华侨华人历史研究》2006 年第 2 期。

② 刘权、董英华：《海外华商网络的深入研究及资源利用》，《东南亚纵横》2003 年第 7 期。

③ 郭梁：《辨析华商网络》，《东方企业文化》2005 年第 10 期。

④ 张禹东：《海外华商网络的构成与特征》，《社会科学》2006 年第 3 期。

⑤ 唐礼智、黄如良：《海外华商网络分析及启示》，《福建论坛（人文社会科学版）》2007 年第 10 期。

⑥ 庄国土：《东亚华商网络的发展趋势——以海外华资在中国大陆的投资为例》，《当代亚太》2006 年第 1 期。

侨华人的社团网络和经贸网络组成。① 刘权、罗俊翀（2004）从华商网络的历时性发展角度研究了传统华商网络和现代华商网络两种类型。② 张禹东（2006）则强调指出，华商网络包括华商的经济网络和社会网络，并认为这两类网络紧密相连、不可分割。③

商会与华商网络的关系。近些年来，少数学者以商会为切入点研究华商网络，强调商会在华商网络构建中的正面作用。如刘宏（2000）通过对新加坡中华总商会的纵向联系和横向交往的集中研究，描述了总商会如何动用其各种资源来构建亚洲华商网络，指出总商会在收集商业信息、保护商业信用、组织相关贸易活动、提高集体交涉能力及减少交易成本等方面扮演了关键的角色。④ 再如李明欢（2002）在田野调查、深度访谈的基础上，考察了"欧华联会"领袖人物努力实现跨国网络制度化的主观动机，追求"群体效应"的运作实践，以及寻求社会资本的最大价值转化功能，开拓了商会与华商网络研究的新视野。⑤

（二）华商网络的功能性研究

戈梅兹（Terence Gomez）通过分析马来西亚华人企业家与政治权贵联盟的原因与背景，强调华人网络是"功能性"而非种族性的。⑥ 自21世纪以来，"功能论"似乎成为华商网络研究中的一个主要议题。国内外学者大多集中于探讨华商网络在中国企业或侨乡"走出去"战略中的作用、在区域整合中的作用以及对中国国际贸易、对外投资的作用。

迈克尔·贝克曼（Michael Backman，1995）等学者揭示了华人网络对于商业成功包括在中国大陆投资的重要性。⑦ 社会学家陈坤耀和汉弥尔顿

① 郑一省：《多重网络的渗透与扩张——华侨华人与闽粤侨乡互动关系的理论分析》，《华侨华人历史研究》2004 年第 1 期。

② 刘权、罗俊翀：《华商网络研究现状及其分析》，《暨南学报（人文科学与社会科学版）》2004 年第 2 期。

③ 张禹东：《海外华商网络的构成与特征》，《社会科学》2006 年第 3 期。

④ 刘宏：《新加坡中华总商会与亚洲华商网络的制度化》，《历史研究》2000 年第 1 期。

⑤ 李明欢：《群体效应、社会资本与跨国网络——"欧华联会"的运作与功能》，《社会学研究》2002 年第 2 期。

⑥ 刘宏：《战后新加坡华人社会的嬗变：本土情怀 区域网络 全球视野》，厦门大学出版社2003 年版，第 192 页。

⑦ 龙登高：《海外华商经营管理的探索——近十余年来的学术述评与研究展望》，《华侨华人历史研究》2002 年第 3 期。

（Gary Hamilton，1996）指出，"如果我们要了解亚洲的经济发展，必须首先了解亚洲商业网络"。① 廖小健（1999；2003；2004）、刘吉林（2003）、李国樑（2004）、徐义雄（2004）、范爱军（2004）、纪东东（2006）、陈卓武（2007）、周聿峨（2008）② 等学者研讨了海外华商网络对于中国企业或广东等侨乡在"走出去"战略中的功能和作用。郭宏（2008）指出华商网络已成为中国经济转型的重要动力。③ 郑一省（2004；2006）以华侨华人与闽粤侨乡为研究对象，探讨了华人的移民网络、咨讯网络、社团网络、企业经贸网络等多重网络的内容、结构及其在华侨华人与闽粤侨乡互动关系中的作用。④ 彭大进（Dajin Peng，2000）、罗亚泓（2005；2006）、刘云娥（2005）、王望波（2007）、林在明（2004）、王勤（2009）⑤ 等学者探讨了华商网络对中国—东盟自由贸易区的推动作用以及对东亚区域整合的作用。庄国土（2006）以海外华资在中国大陆的

① 刘宏：《新加坡中华总商会与亚洲华商网络的制度化》，《历史研究》2000 年第 1 期。

② 廖小健：《世界华商网络的发展与潜力》，《世界历史》2004 年第 3 期，廖小健：《海外华商经济网络简析》，《市场营销导刊》2003 年第 1 期，廖小健：《中国加入世贸与世界华商网络》，《学术研究》1999 年第 8 期；刘吉林：《中国企业"走出去"的模式和捷径》，《内蒙古财经学院学报》2003 年第 3 期；李国樑：《海外华商网络与中国企业的跨国经营》，《东南学术》2004 年第 S1 期；徐义雄、陈乔之：《试论海外华商网络对中国企业实施"走出去"战略的作用》，《暨南学报（人文科学与社会科学版）》2004 年第 5 期；范爱军：《融入华商网络——我国中小企业"走出去"的一条捷径》，《国际贸易问题》2004 年第 1 期；纪东东：《共生与发展——关于华商网络与中国"走出去"战略的探讨》，《世界民族》2006 年第 4 期；陈卓武：《海外华商网络在广东"走出去"战略中的功能与作用》，《东南亚研究》2007 年第 6 期；周聿峨、罗俊翀：《我国企业投资东盟与海外华商网络的利用》，《广西社会科学》2008 年第 4 期。

③ 郭宏：《华商网络与中国经济转型》，《东南亚纵横》2008 年第 6 期。

④ 郑一省：《多重网络的渗透与扩张——海外华侨华人与闽粤侨乡互动关系研究》，世界知识出版社 2006 年版；郑一省：《多重网络的渗透与扩张——华侨华人与闽粤侨乡互动关系的理论分析》，《华侨华人历史研究》2004 年第 1 期。

⑤ Dajin Peng，"Ethnic Chinese Business Networks and the Asia – Pacific Economic Integration"，*Journal of Asian and African Studies*，Vol. 35，No. 2，2000，pp. 229 – 250；罗亚泓、文峰：《东盟华商在中国—东盟自由贸易区中的角色定位与战略选择》，《亚太经济》2005 年第 2 期，罗亚泓：《东盟华商网络与中国—东盟自由贸易区》，《商场现代化》2006 年第 35 期；刘云娥：《在中国—东盟自由贸易区建设中发挥华商的作用》，《八桂侨刊》2005 年第 5 期；王望波：《中国—东盟自由贸易区中的东南亚华商》，《南洋问题研究》2007 年第 3 期；林在明：《企业运用华商网络"走出去"的思考》，《发展研究》2004 年第 5 期；王勤：《东亚区域经济整合与华商》，《亚太经济》2009 年第 2 期。

投资为例，指出海外华商与中国大陆日益加深经济整合的同时，以大陆为核心的海外华商网络将在东亚经济一体化进程中发挥更大的作用。① 上述学者虽然在华商网络的功能性论述上各有侧重点，但总体而言，多数学者认为华商网络对中国实施"走出去"战略、在区域或全球经济一体化进程中将扮演越来越重要的角色。

随着中国出口导向型经济的迅速发展及"中国制造"的全球流动，进入21世纪以来，国内学者热衷于研究华商或华商网络对中国国际贸易或对外投资的作用。廖小健（2000），王望波（2004），耿利敏、戴枫（2006），孙旭（2007），郭立珍（2008）② 等学者从宏观上研究了华商网络在我国对外贸易或对外投资、外商直接投资（FDI）中的作用。如王望波（2004）认为，"东南亚华商通过华人社会、商业跨国网络，有效地发挥市场信息交流、商业竞争与合作分工等机制，在国际贸易信息不充分、市场法制不健全和贸易壁垒大量存在的情况下，利用自身的优势，在国际贸易间最大限度发挥作用。"

张鸣（2006），蒙英华（2008），蒙英华、黄建忠（2008），蒙英华、庄惠明（2008），綦建红、鞠磊（2008），蒙英华、孔令强（2009），赵永亮（2009；2012），贺书锋、郭羽诞（2010）③ 等学者从经济学角度，

---

① 庄国土：《东亚华商网络的发展趋势——以海外华资在中国大陆的投资为例》，《当代亚太》2006年第1期。

② 廖小健：《利用海外华商网络　拓展海外经贸市场》，《国际经贸探索》2000年第5期；王望波：《改革开放以来东南亚华商在中国大陆的投资研究》，博士学位论文，厦门大学，2004年；耿利敏、戴枫：《华商关系网在我国对外贸易和对外直接投资中的作用》，《东南亚纵横》2006年第11期；孙旭：《华商网络促进我国引进FDI的作用机制》，《华商》2007年第24期；郭立珍：《华侨华人在中国进出口贸易中的经济效应初探》，《江苏商论》2008年第4期。

③ 张鸣：《交易成本——分析华商到华投资的新角度》，《商场现代化》2006年第2期（中旬刊）；蒙英华：《海外华商网络与中国对外贸易：理论与证据》，博士学位论文，厦门大学，2008年；蒙英华、黄建忠：《信息成本与国际贸易：亚洲华商网络与ICT对中国对外贸易影响的面板数据分析》，《南开经济研究》2008年第1期；蒙英华、庄惠明：《华商网络对中国FDI效应的面板数据分析》，《福州大学学报（哲学社会科学版）》2008年第2期；綦建红、鞠磊：《对外贸易与国际移民：以中国为例》，《山东大学学报（哲学社会科学版）》2008年第4期；蒙英华、孔令强：《国际贸易与投资中的华商网络：文献综述》，《东南亚纵横》2009年第12期；赵永亮：《移民网络与贸易创造效应》，《世界经济研究》2012年第5期，赵永亮、刘德学：《海外社会网络与中国进出口贸易》，《世界经济研究》2009年第3期；贺书锋、郭羽诞：《对外直接投资、信息不对称与华商网络》，《山西财经大学学报》2010年第2期。

以模型、面板数据分析等为手段，论证了华商网络对我国对外贸易、外商直接投资的促进关系。其中，张鸣（2006）从制度经济学的角度来认识华商网络的作用，认为华商借助于血缘、地缘等"五缘"关系构建的网络，最大的功效便是有助于降低经济学中所说的"交易成本"。蒙英华（2008）在其博士论文中从国际贸易学的角度探讨了海外华商网络在国际贸易中的经济效应、信息交流与合作机制等问题。[①] 赵永亮（2012）依据标准模型（STD）和成本对称模型（STC）相结合的方法，考察了中国与28 个样本国之间的双边贸易流，发现移民网络对双边贸易流增长具有积极的贡献。贺书锋、郭羽诞（2010）[②] 在研究中指出，华商网络作为信息通道和信息共享对中国的对外直接投资有显著的促进作用，然而这种促进作用存在地区差异：华商网络对中国在亚洲以外国家的投资影响要远远大于在亚洲国家的影响。赵永亮（2009）提出了一个值得我们引起注意的观点，认为华商网络在不同时期对我国对外贸易的促进作用不同。在改革开放初期，我国急切需要打破对外封闭的态势，华商网络大大提高了我国对外贸易的能力。但随着时间推移，我国经济体制转轨加速以及逐渐与国际接轨，同时世界各国经济走向自由化和一体化，这推动形成了统一的国际制度安排，大大降低我国企业对外贸易的制度成本，从而使华侨社会网络的"信息代理人"角色开始淡化。[③]

海外学者较为关注华商网络提供的信息共享机制以及网络内部的集体制裁机制。威登鲍姆（Weidenbaum，1996）等学者将华商之间的网络称为"竹子网络"（bamboo network），认为"竹子网络的成员在贸易世界的裂缝中运作……成功的商人彼此认识以及一起做交易，信息的流动通过非正式的网络而不是常规的渠道"。[④] 劳奇等（James E. Rauch，1998）强

---

① 蒙英华：《海外华商网络与中国对外贸易：理论与证据》，博士学位论文，厦门大学，2008 年。

② 贺书锋、郭羽诞：《对外直接投资、信息不对称与华商网络》，《山西财经大学学报》2010 年第 2 期。

③ 赵永亮、刘德学：《海外社会网络与中国进出口贸易》，《世界经济研究》2009 年第 3 期。

④ Murray Weidenbaum and Samuel Hughes, *The Bamboo Network*, New York：The Free Press，1996，p. 55. 另据李胜生认为，早在 1994 年福布斯（Forbes）就杜撰了这个概念用以说明散居在海外的中国人非正式的个人联系的强有力的、持久的网络。参见李胜生《华人网络的神话与现实》，载周望森主编《华侨华人研究论丛（第五辑）》，中国华侨出版社 2001 年版，第 183 页。

调，借助于族群网络提供市场信息、供应匹配和中介服务，有助于提升双边贸易，如帮助生产者发现其消费品的合适批发商或帮助装配商找到合适配件的提供者①，作者进而估计东南亚华商网络使得双边贸易至少提升了将近60%。② 海德（Head，1998）等学者通过实证研究发现，商业和族群网络可以利用网络内部的信息共享机制有效克服信息阻力，从而促进国际贸易的发展。③ 美籍华裔社会学家林南（2001）认为，"在市场不完备、信息不对称的情况下，网络充当了信息桥，把不同的界限和等级的人联系起来，个体通过社会关系网络可以获得许多有价值的信息。"④ 劳奇等学者（James E. Rauch，2002）将华商网络的信息传递作用与市场对商品的需求信息联系起来，认为"国际贸易是买方和卖方在独特的空间中相互匹配的过程"。在这个匹配过程中，为了要获得对方的相关信息，必然会面临信息搜索成本问题，而买卖双方相互的关系便构成了网络交易的基础，从而证明华商网络作为信息通道的作用。⑤ 布劳（Jonanthan Brown，1993）等学者认为，"网络也有可能建构于地方的共同性或宗教群体的基础上；它有助于降低贸易成本和增加信息互通，因而成为公司这类组织的有效补充。"⑥ 怀特（Roger White，2007）认为，增加的海外网络与增加的贸易和资本流保持一致。⑦ 此外，海外华商网络也可以通过网络内部的集体制裁机制以减少违背贸易的行为发生，从而促进国际贸易和投资。格雷夫（Greif，1989；1993）研究指出，在不成熟的国际法律环境下，族群网络

---

① James E. Rauch and Vitor Trindade, "Ethnic Chinese Networks in International Trade", *The Review of Economics and Statistics*, Vol. 84, No. 1, 2002, p. 116.

② Ibid., p. 129.

③ Keith Head and John Ries, "Immigration and Trade Creation: Econometric Evidence from Canada", *Canadian Journal of Economics*, Vol. 31, No. 1, 1998, pp. 47 – 62.

④ Nan Lin, *Social Capital: A Theory of Social Structure and Action*, Cambridge: Cambridge University Press, 2001, p. 22.

⑤ James E. Rauch and Vitor Trindade, "Ethnic Chinese Networks in International Trade", *The Review of Economics and Statistics*, Vol. 84. No. 1, 2002, pp. 116 – 130.

⑥ 刘宏：《战后新加坡华人社会的嬗变：本土情怀 区域网络 全球视野》，厦门大学出版社2003年版，第196页。

⑦ 赵永亮、刘德学：《海外社会网络与中国进出口贸易》，《世界经济研究》2009年第3期。

提供了集体制裁，使成员不敢违背合同，有助于提升国际贸易。① 威登鲍姆（Weidenbaum，1996）等学者指出，"如果一个生意人违背了一项协议，他便被列入黑名单。这比受到起诉还要糟糕，因为整个华人网络将不再与当事人做生意。"②

上述海内外学者的研究给我们描绘了华商网络的不同面相，其视野之开阔、观点之新颖，无疑有助于我们了解华商网络的不同侧面。然而，华商网络研究涵盖了历史学、民族学、经济学、社会学等学科，研究具有一定的复杂性，从事研究的学者学科领域、知识结构和思维方式不同，对网络的理解也不同。虽然学术界大体上对于华商网络尤其是东南亚华商网络的形成、建构及作用取得了某种程度上的共识，但在华商网络的基本概念、研究范围及实证问题上依然值得进行深入探讨。目前，在华商网络的基本概念上，依然是模糊不清和充满歧义的；既有的研究多集中于探讨东南亚地域范围的华商网络，而极少有学者关注于近几十年来从事中国商品跨国贸易的华商构建的华商网络；多数研究停留于宏观的、学理的层面，少有从个案的角度研究华商企业、华商组织与华商网络的具体建构，因而研究略显平淡、空泛，缺乏一定的实证性和说服力。

总之，华商网络是一个深受海内外不同学科的学者关注却又充满争议的学术课题。这种跨学科的相互交融，虽然未必以达成共识和一致为目的，因为华人商业自身的多元特征，跨学科的视野能够加深对华商这一课题的立体和多层面的了解。③ 当然，如何在现有的研究基础之上摆脱其局限性，从实证和理论相结合的角度分析华商网络的历时性变迁、不同层面的网络关系、网络的社会与文化基础、网络的建构机制及模式、区域化和全球化时代的网络与国家关系等等，这些都是值得深入研究的论题。

---

① James E. Rauch and Vitor Trindade, "Ethnic Chinese Networks in International Trade", *The Review of Economics and Statistics*, Vol. 84, No. 1, 2002, p. 116.

② Murray Weidenbaum and Samuel Hughes, *The Bamboo Network*, New York: The Free Press, 1996, p. 51.

③ 刘宏：《战后新加坡华人社会的嬗变：本土情怀 区域网络 全球视野》，厦门大学出版社 2003 年版，第 196 页。

第四节　研究意义与研究架构

一　研究意义

对于全球化时代背景下从事义乌小商品等中国商品贸易的海外华商及其构建的华商网络展开研究，具有重要的现实意义和理论意义。

义乌小商品市场的发展过程，既是从事义乌小商品等中国商品贸易的华商群体的发展过程、华商网络的拓建过程，也是中国经济逐渐融入全球化浪潮的一个缩影。因而，从某种程度上来说，从海外华商及其构建的华商网络的发展过程及特征可以观照中国的全球化发展进程及特征。基于对上述海外华商及其构建的华商网络的现实性问题展开研究的基础上，"以小见大"，从海外华商群体及其构建的华商网络来观照中国融入全球化的方式、进程、意义及社会影响，探讨全球化的华商及华商网络与中国的全球化之间的关系，具有重要的研究价值。

从事义乌小商品等中国商品贸易的海外华商的主体是20世纪70年代末之后出国的新移民，是在20世纪90年代以后逐渐发展起来并于21世纪之后逐渐壮大的群体。学术界对这一群体及其构建的华商网络的研究尚处于起步阶段，有关这一群体及其华商网络的许多现实性问题值得我们作深入探究：从事中国商品贸易的海外华商群体是如何发展起来的？海外华商运用什么样的机制使得中国商品跨越民族国家的疆界、制度、文化的壁垒而在全球流动？他们在移居国创建了什么样的华商网络构建模式？他们运用了哪些策略以拓展华商网络？等等。通过对这一群体在华商网络构建机制、构建模式及拓展策略方面的深入研究，有助于我们更为深入了解海外华商的生存现状及其构建的华商网络所具有的特征，从中窥见其存在的局限，在当前经济转型升级成时代潮流的大背景下，有助于我国政府涉侨部门对这一群体进行有针对性的引导和辅导，促进华商经济的转型，推动华商以与时俱进的华商网络构建机制、模式及拓展方式融入移居国主流经济及经济全球化大潮。

此外，通过研究从事义乌小商品等中国商品贸易的海外华商及其构建的华商网络，探析产地市场、义乌市场、口岸市场、海外中国商城等世界上的不同地区是如何在全球化的经济大潮中在制度和结构的意义上连成一

体，推演海外华商网络空间结构构建的路径和模型，又具有重要的理论
意义。

总之，在当前世界经济一体化、区域化、网络化的发展趋势下，从全
球视野、历史深度和现实维度的结合中，对从事义乌小商品等中国商品贸
易的海外华商及其构建的华商网络进行深入、全面的研究，将有利于探究
自改革开放以来在中国外向型经济发展过程中海外华商所起的重大作用以
及华商网络构建、拓展的机理及策略，有助于理解全球化的华商及华商网
络与中国的全球化之间的关系，以及世界上远隔重洋的不同地区是如何在
全球化的经济大潮中在制度和结构的意义上连成一体，在实践上也将为当
前华商的经济转型及中国的经济结构转型提供有益的借鉴。

二　研究架构

本书着意于研究全球化时代背景下的海外华商在华商网络构建及拓展
上所采用的机制、模式和策略，并尝试探讨全球化时代背景下以义乌市场
为中心的海外华商网络空间结构构建的机理。

全书除绪论、结语外，共有五章内容。各章的内在联系及主要内容
如下：

第一章，梳理了义乌市场、海外华商与华商网络的发展脉络。1982—
1991 年，为义乌市场初兴、华商群体初现阶段；1991—2000 年，为义乌
市场发展、华商群体形成及华商网络初建阶段；2001 年至今，是义乌市
场繁荣、华商群体壮大及华商网络完善阶段。

第二章，探讨了海外华商网络的构建机制。血缘、地缘、业缘等非正
式的人际关系在华商网络的构建中起到了基础性的作用，而基于人际关系
之上产生的信任则成为维系华商网络的纽带。

基于关系与信任之上，华商在移居国开始了商业网络的海外构建。第
三章，主要研究海外华商网络构建模式。华商在海外复制了"义乌模
式"，以"族群聚集区经济"模式构建起中国商品在移居国的层级销售网
络。基于血缘、地缘等社会关系之上建构的华商网络，为族群经济提供了
创业资金、劳动力市场及商品流动的基础；同时，也使得族群经济在消费
市场、就业市场、族群产业等方面具有外向性的特征。

"族群聚集区经济"模式是海外华商构建华商网络的模式，那么，海
外华商如何在移居国实现华商网络的拓展？第四、五两章，研究了华商网

络的拓展策略：个人化策略及组织化策略。"流动"策略及转型策略成为华商个人开拓发展空间、拓展华商网络的普遍性策略。义乌市侨商会的个案，展示了海外华商在华商网络拓展上的组织化策略。华商通过个人化、组织化的策略，促进了商业网络的拓展。

通过对上述海外华商网络构建机制、模式及策略的研究，在结语部分，构建了海外华商网络以义乌市场为中心的空间结构理论模型，探讨全球化时代背景下产地市场、义乌市场、口岸市场、海外中国商城等世界上的不同地区连接成网络的机理。以义乌市场为中心的海外华商网络，可以被视为全球华商网络中的一个次网络，而多重诸如此类的次网络的相互交错与联结，共同构建起了全球性的华商网络。

第一章

义乌市场、海外华商及华商网络的发展脉络

　　海外华商网络的初建、完善，与海外华商群体的发展、壮大紧密相关，也与中国出口导向型经济的发展、义乌小商品市场的发展息息相关。海外华商群体及其构建的华商网络，既是中国（义乌）商品走向世界的一个媒介，也是全球化时代中国经济融入世界经济的一种催化剂。

　　义乌小商品市场国际化的不同阶段，海外华商群体的发展及华商网络的构建状况也存在差异，两者处于一种互动发展、相辅相成的关系之中。本研究综合相关学者（徐锋，2006；刘俊义，2007；李生校等，2010）的观点（详见绪论），结合海外华商与义乌市场的互动及华商网络的历时性建构状况，将义乌市场的国际化进程划分为三个阶段。1991 年之前，是义乌市场的前国际化阶段；自 1991 年起，义乌市场开始步入国际化阶段，具体进程可以大致分为两个阶段：1991—2001 年间，义乌市场处于偶然的、初级的国际化阶段，也是海外华商群体的形成、华商网络的初建阶段；2001 年以来，是义乌市场处于积极的、内向的国际化并逐渐向外向型国际化迈进的阶段，也是华商群体的壮大、华商网络的完善阶段。

第一节　义乌市场初兴与华商群体初现

　　自 1982 年义乌市场开放至 1991 年间，是义乌市场初兴阶段，也是华商群体的萌芽时期，而华商网络的构建尚未提上日程。这一时期，义乌市场商品辐射范围主要局限于浙江省周边省份，并逐渐向全国各地拓展，同时也借助于边境贸易和个别华商的直采直销，而亦步亦趋地走出国门。

一　华商群体初现之背景：国家与市场

　　20 世纪 80 年代，中国出入境政策的放宽及义乌市场的初兴，是华商

群体发轫的主要国内因素。中国出入境政策的改变，使得中国人出境越来越便利，而义乌小商品市场的发展，为华商在海外创业提供了新的机遇，也为中国人移居海外多了一条创业之路。

（一）中国出入境政策及海外移民

"文革"结束后，中国在拨乱反正中走向一个新的时代。随后中国的改革开放及出入境政策的放宽，推动了民众移居海外的浪潮。20 世纪 70 年代末之后出国的海外移民构成了从事义乌小商品等中国商品国际贸易及相关产业的海外华商群体的主体。

1985 年，中国颁布了《中华人民共和国公民出境入境管理法》，以法律形式确定了申请出国是中国公民的一项基本权利，只要能提供海外人士的邀请信，都可以申请出国护照。① 出入境管理法的实施，为中西之间交往的深入以及中国人移民海外铺平了道路。

在这种时代背景下，传统华侨大省如浙江、福建等地民众率先出现了"奔向西方"的"出国热"。侨乡民众借助于传统的、业已存在的移民网络，捷足先登，以家庭团聚、继承遗产、劳工移民等多种途径去海外谋生、赚钱。"家族化移民"成为侨乡民众移民海外的普遍性现象。浙江温州文成籍侨领胡允迪及其下代提挈赴欧的亲友多达 415 人，温州瑞安籍侨领郑珍存家族成员的近九成（178 人中有 158 人）定居国外。②

为到达海外，也出现了侨乡移民以各种非正规方式进入移居国或以正规途径进入、非法滞留国外的现象。浙江的青田籍、温州籍华商，是较早销售义乌小商品的海外"贸易军团"，八九十年代，他们有的通过合法途径，包括继承家产、探亲等出国，但大多以非正规途径出国。20 世纪 80 年代，他们主要以"劳务输出"和"黄牛褙"（或"黄牛背"）③ 的方式出国。80 年代初中期，有华侨与国内的亲戚、朋友联手，组织一批人以探亲、旅游、考察、留学等名义，前往荷兰、比利时、德国和法国等国，

---

① 《中华人民共和国公民出境入境管理法》，参见《中华人民共和国国务院公报》1985 年第 33 号，1985 年 12 月 10 日，第 1107 页。该法自 1986 年 2 月 1 日起施行。

② 徐华炳：《筚路蓝缕 创业海外》，《温州日报》2012 年 10 月 29 日第 9 版。

③ 偷渡组织者通常被称为"蛇头"，在温州、青田当地，"蛇头"又被称为"黄牛背"。因为在浙南一带，往往把捎客称为黄牛，而"牛背"则是摆渡的可靠载体，意为把偷渡客背出国门。也有人把"黄牛背"理解成偷渡的行为和过程。参见夏凤珍《从世界看浙南非法移民》，南开大学出版社 2008 年版，第 30 页。

然后逾期不回，一边做工一边等待时机，争取移民当局批准居留，这就是所谓私人组织的"劳务输出"。① 有的甚至伪造护照和生活担保书，到达海外目的国后，都没有合法的居留权，后来此种私人劳务输出被禁止。到了 80 年代末 90 年代初，偷渡出境取代了所谓的"劳务输出"。② 依据王春光（1999）的调查，1980 年后到达法国的 46 位温州、青田人中，有 34 位是偷渡进法国的。他们或以逾期滞留的方式，或以有偿偷渡的方式，或从其他国家转道法国的方式到达法国。③

> 80 年代末 90 年代初，从青田出去的人很多很多，每天都有很多人出去。有的是正规的，有的是偷渡的。90 年代初，还有飞机包过去偷渡的。多数是旅游签证过去的，也有花钱用日本人、韩国人的护照过去的。
>
> （2/11/2012，am，访谈斯洛伐克青田籍华商 L 于义乌欧陆风情文化主题酒店）

总之，这一时期，在移民海外的大潮中，很多人为了到达海外，可以说是不择手段。因为有市场需求，也衍生出一个专门替人办理签证、进行跨国移民的行业。这些以正规或非正规方式到达海外的人，借助于西方国家不时实行的大赦政策而转换了身份，其中部分人后来成为从事中国商品贸易及相关产业的海外华商。

（二）义乌市场的初兴

义乌市场的初兴是海外华商群体初现的社会历史背景。自 1982 年 9 月义乌县开放稠城镇湖清门小百货市场至 1991 年间，为义乌市场初兴阶段。这一时期，义乌市场经历了多次扩建，商品的辐射范围也不断扩大。1982 年，义乌建成了第一代市场，义乌人逐步走出"行商时代"，进入了"坐商时代"。1984 年第二代市场建成，1986 年第三代市场建成。第三代小商品市场，后经两次扩建，到 1990 年年底已成为我国最大的小商品专业批发市场。义乌政府在义乌市场的发展过程中起了重要的引导作用，其

---

① 曹海东、纪莉：《温州人在欧洲》，《经济》2005 年第 3 期。

② 同上。

③ 王春光：《温州人在巴黎：一种独特的社会融入模式》，《中国社会科学》1999 年第 6 期。

作出的开放义乌市场、出资建设及筹建市场、兴商建市等政策，不仅促进了市场的扩容，还逐渐促成了国内商品、商人的集聚。义乌市场创办之初，政府在摊位拥有、经营管理和税费收缴上，对本地经营户和外地经营户"一视同仁"，逐渐吸引了来自浙江省内杭、温、嘉、宁、绍等地及江苏、福建、广东等省的商人进场设摊，不少乡镇集体企业乃至国有企业也进场设摊直销商品，市场主体向多元化转变。商人、商品的集中形成了集聚效应。

以著名的小商品生产地温州为例。温州人以及温州生产的轻工产品对义乌小商品市场的初兴、发展起到了巨大的推动作用。1982 年，在义乌小商品市场刚开放之初，数百名温州人便带着大量温州轻工产品来到义乌，成为义乌首批外埠商人。数年下来，形成了一个庞大的"温州商业军团"。此外，很多温州人在自己家庭工厂里生产好一批货后，就运到义乌去销售。因此在义乌，就能买到温州产的各式商品。1986 年，国家经济政策重大调整，取消计划经济，改为实行市场经济，国家不再收购工厂生产的产品，更多的来自温州及全国各地的商品"流"向义乌小商品市场，各地市场经商户也都跑到义乌市场采购小商品，从而导致产地市场原有的一些规模较小的专业市场（如温州永嘉纽扣市场等）的吸引力日益衰落，而逐渐向义乌市场集聚。

在全国商品、商人集聚义乌的同时，义乌市场还有"扩散"的一面：不少义乌小商品经营户散布到西南、西北各省、自治区的大中小城市设摊经营，借助于部分义乌人从事为贸易服务的联托运业，形成了以义乌小商品市场为母体的派生市场及销售网络。80 年代后期，在外省及边境地区销售小商品的义乌籍商人逐渐增多。据义乌市工商局个体私营管理科统计，截至 1990 年年底，义乌人出省经商的有 4550 户，7582 人，在各地设立小商品销售点，多从义乌发货，逐步形成西到乌鲁木齐、拉萨，北至哈尔滨、呼和浩特，南至昆明、广州等的小商品贩销网络。①

总体来说，义乌市场因地处浙中、既不沿边也不靠海的地理局限，加上市场正处于起步、初兴阶段，商品种类有限，商品质量低下，货物运输也不便利，因此，这一时期鲜有华商到义乌市场进行跨国采购。然而，这一时期，借助于边境贸易和个别华商的直采直销这两种"购销模式"，海

---

① 刘俊义：《小商品市场之经营特点和运销区域浅析》，《义乌方志》2007 年第 3 期。

外华商开始直接或间接地接触了义乌市场，义乌小商品也亦步亦趋地开始走出了国门。

二　边贸和"倒爷"

20世纪80年代，欧洲华侨社会在中餐业的带动下，进出口贸易也有了初步的发展，但这种新型经济活动与义乌小商品市场没有任何关联。这一时期，华商在移居国从事进出口贸易多集中于杂货业、超级市场，往往销售中餐馆所需的原料及材料，商品直接从香港、台湾、澳门、广州等地及东南亚国家进口。而义乌市场上的小商品，最初主要是通过边境贸易以及东欧浙江籍华商而走出国门的。

边境贸易就是指两国在边境毗连地区开展的贸易活动①，一般以货物贸易为主要形式。通过新疆、黑龙江、内蒙古、广西、云南、西藏等边境省份与邻国展开的边境贸易，义乌市场的小商品满足了俄罗斯、中亚、缅甸、越南等中国周边市场民众对生活物资的需求，开始流向海外。

以中苏（俄）边贸为例。在长期优先发展重工业政策的影响下，苏联的轻工业发展滞后，中国廉价的日用工业品深受苏联民众的喜爱，中苏两国商品具有极大的互补性。随着中苏关系一步步走向正常化，中苏边境的开放口岸迅速转变为双方商贩讨价还价的贸易平台。与苏联接壤的黑龙江、新疆等地，边境贸易早在80年代之前就已经相当兴盛。进入80年代，中苏关系出现了重大转折。1987年，中苏之间的陆路交通开始部分开放。同年6月，苏联政府还颁布了一系列法律法规，包括出入境制度的改革及出台允许并鼓励个体经济的"个体劳动法"等，对境内中国人入境苏联开展商业活动产生了重要影响。1989年，位于黑龙江北部的逊克边境口岸开放，1990年绥芬河边境口岸开放。② 由此，随着中苏关系一步步向正常化发展，主要集中在绥芬河、满洲里、黑河、东宁等边境口岸的中苏（俄）边境贸易也日渐成为两国贸易的主渠道。中国商人将来自义乌、温州、北京等地的廉价日用工业品及新潮服装带到边贸市场销售，获利颇丰。义乌人G于90年代初去满洲里推销义乌产的毛巾，俄罗斯人有

---

① 张丹虹：《浅析我国现阶段的边境贸易态势》，《广西大学学报（哲学社会科学版）》1997年第1期。

② 李明欢：《欧洲华侨华人史》，中国华侨出版社2002年版，第543页。

拿大衣、地毯、望远镜、钓鱼竿等东西进行物物交换，也有用现金做交易。① 新疆与俄罗斯、哈萨克斯坦等8个国家接壤，又与周边国家和地区在语言文字、宗教信仰、生活习俗等方面都非常接近，在发展边境贸易方面具有优越条件。早期部分"嗅觉灵敏"的义乌商人开始转战新疆，集中居住在某些饭店内销售义乌小商品。据义乌市个体劳协于1990年年底初步统计，乌鲁木齐"新华饭店"等4家饭店（招待所）的义乌籍固定经营者有600—700人。这些义乌人在外地经销小商品，多从义乌发货。② 义乌市场业主S的父母1987年就到乌鲁木齐去做边贸生意，销售自己加工的手帕、义乌市场上的商品以及专门从温州采购的休闲鞋等。当时的边贸生意很不错，过来拿货的"毛子"（对苏联人的称呼）很多，S的父母基本每个月都要坐火车回义乌组货。边贸生意的利润之丰厚，常常让中国商人有些难以置信。

> 当时苏联人过来买东西，听我爸妈讲，像是很诚实的样子，好像和我们中国七十年代、六十年代的人一样。那些"毛子"不会讲中国话，只能给你用手指比画，他也不看你包里一万条（手帕）还是多少条，他不数的……这一包3000块钱还是2000块钱，跟你比画一下，可以不可以，可以就跟你成交。

> （16/9/2011，am，访谈S于义乌国际商贸城四区综合治理站）

部分颇具商业头脑的人，从边贸生意的巨大利润中看到苏联市场的商机，又了解到苏联政府宽松的出入境政策，于是在利益的驱动下纷纷寻找关系以获得苏联方面的邀请函，申请签证，然后往返于北京与莫斯科之间，开始将来自义乌市场、北京秀水街等各大批发市场里的商品输送到苏联。一开始，从事中苏之间长途贩运的"倒爷"（"国际倒爷"）都采用肩扛手提式的经营模式进入苏联倒卖轻工业商品，大包小包地随身携带。"有些人，包括义乌人，是在满洲里做生意的，出去俄罗斯换点东西。汽

---

① 2011年6月22日访谈G于义乌国际商贸城五区进口商品馆南非馆。他1991年去满洲里做过多年边贸生意。

② 刘俊义：《小商品市场之经营特点和运销区域浅析》，《义乌方志》2007年第3期。

车开过去，货呢打成包，汽车上运过去的。"① 经过"肩扛手提"经营模式的资金积累，部分有实力的商人逐渐以中苏贸易公司的形式走向组织化与规模化经营。专门从事中苏贸易的公司不仅在中国相继成立，有的还直接以侨民身份在莫斯科、在与中国相邻的远东城市"安家落户"，其所经营的货物也从"肩扛手提"发展到一车皮一车皮运送。适应这一新的变化，有的"倒爷"成了莫斯科的"坐商"，他们不再万里奔波于中苏两国，而是专门在莫斯科负责接收、批发货物，由此，其行为已开始向"移民"过渡。②

在80年代末90年代初中国部分民众涌向苏联（俄罗斯）及东欧国家的浪潮中，包括青田人、温州人在内的浙江籍移民也纷纷加入这一行列。斯洛伐克华商L说，

> 特别是到80年代末90年代初，那个时候青田人出去是最多的，最起码十几万。为什么那个时候出去最多呢？就是因为东欧实行贸易。
>
> （2/11/2012，am，访谈L于义乌欧陆风情文化主题大酒店）

在这些直接从国内以正规或非正规方式走向东欧国家的新移民中，不乏带着义乌小商品去异国淘金的人。当时义乌市场上来自义乌大陈镇的衬衫在国内已经小有名气，很多青田籍、温州籍华商便带着大陈衬衫以及义乌市场上的一些小商品，以随身携带几大包行李的方式去东欧。"我知道的，那时青田人拿义乌大陈衬衫去东欧的，少说也有上百人。"③

当时，巨大的商业利润令早期到达的青田人惊讶不已，普普通通的小百货和服装、鞋帽销路极好，一脱手就可以赚到几倍甚至几十倍的钱。据统计，1990年，某位青田侨胞在匈牙利创下一天批发17个集装箱的纪录。④ 某青田侨胞一天代卖7个集装箱赚取5000美元。部分青田侨胞回国寻找"积压货"，以零首付、半首付拿货，倾销匈牙利，形成进口商、批

---

① 2011年6月22日访谈G于义乌国际商贸城五区进口商品馆南非馆。

② 李明欢：《欧洲华侨华人史》，中国华侨出版社2002年版，第544页。

③ 2012年11月2日访谈青田籍斯洛伐克华商L于义乌欧陆风情文化主题大酒店。

④ 《青田侨商的世界之路》，http://zs.cctv.com/shantou/news_ 201373.html，2012年2月15日。

发商的"青田华侨利益链条"，短时间聚积财富。① 在东欧国家从事商品贸易的高额利润也吸引了原本先期到达西欧等国寻求发展的新移民。1989年，原先在西欧诸国开办中餐馆的青田籍华商叶申生、应天华、程宗南、邹文崇、单崇磊等人进入匈牙利，逐渐进入国际贸易领域，是最早到匈牙利从事贸易的一批先驱。②

"倒爷"现象不是从天而降的怪物，它植根于商品生产和商品流通的需要。这些从事义乌小商品等中国商品跨国贩卖的人，是改革开放之初最善于抓住商机的人，他们靠商品跨国贸易的差价牟取高额利润。义乌市场上的各式商品借由边贸市场、"倒爷"之手逐渐向外流通、拓展。"倒爷"向"西"挺进的足迹，便是义乌小商品向"西"开拓的路线。正是这批人，在经济利益的驱动下，冲破了计划经济模式下商品的流通体制；也正是这批大胆冲出国门"倒出倒进"的人，在中国商人早期对东欧的贸易中找到了最佳的角色转变的机会，成为后来的海外新移民，成为最早活跃于义乌市场上的海外华商以及华商网络的初建者。

三　华商直采直销

虽然这一时期义乌市场上的商品在种类、质量上都存在局限性，但个别在移居国从事贸易及熟知义乌市场发展状况的浙江青田、温州籍华商，因为家乡与义乌在地理上的邻近，信息也相对灵通，便成为到义乌市场采购的先锋。

依据目前收集到的资料获知，较早到义乌市场采购的是法属圭亚那华商郭胜华，属于郭氏家族在海外的第三代移民。其父亲郭玉桓是中国与法属圭亚那进出口贸易的早期开创者。早在1926年春，郭玉桓的父亲郭鉴卿就出国经商。1965年，儿子郭玉桓以接替父亲产业为由到达法属圭亚那卡宴市与父亲团聚，继承了父亲的钟表经营业务。1976年，郭玉桓儿子郭胜华赴法属圭亚那。在考察了当地市场没有中国货的行情之后，于70年代末回到上海、香港等地采购不少适销对路的商品，如上海的三角牌电饭煲、闹钟、玩具、自行车等零零碎碎的日用百货，转

---

① 《匈牙利青田华侨经济与侨领》，http：//www.chinaqtw.com/Item.aspx? id = 20623，2012年9月11日。

② 同上。

道法国，打通了中国和法属圭亚那的贸易渠道。回国进货，再在卡宴销售，是郭胜华最初的跨国贸易形态。1980年，郭胜华在法属圭亚那省会卡宴市创建"友谊百货商店"，营业面积达到400余平方米，是卡宴市第一家具有真正意义的以销售中国百货为主的大型商场。从此，郭氏家族开始跳出商品零售的领域，事业跨上了一个新台阶。从义乌市场开放的第二年，即1983年起，郭胜华就开始到义乌进货。1984年，郭胜华开设了一家面积高达600平方米的东方百货商店。[①] 到1985年，其家族又增开了5家百货商店。到1991年，其家族五个子女又各自扩充了一家百货商店，使郭氏家族拥有12家资金雄厚、规模宏大、设备先进的现代化商店。[②] 郭胜华在法属圭亚那的创业，经历了从零售业拓展到批发业、由小商店发展到百货商场的发展过程，最终形成规模经营，在当地建立起中国百货的最大销售网络，获得创业的成功。青田籍斯洛伐克华侨L说，

> 郭胜华在的那个国家的贸易，都是他的家族带过去的。这个商品，穿的、吃的、包括装修的，整个都是他提供的。
>
> （7/7/2011，am，访谈L于义乌市青田商会）

然而，因当时义乌市场刚刚创建，各方面都不规范，市场的产品也大多是义乌周边各县市的乡镇企业生产的积压产品和次品，以中低档为主，鱼龙混杂，商品质量低下；加上部分个体商户只注重眼前利益，不注重诚信问题，以次充好、货不对版、欺骗客户的事情时有发生，郭胜华也深受其害。"义乌市场开放的第二年，我从那里进了480件货，货到法属圭亚那卡宴市，打开一看，只有360件。最最恶劣的一次，在12个货柜里，竟有一个货柜是砖头。"[③] 华商郭胜华遭遇的

---

① 郭胜华：《创业圭亚那》，丽水市政协文史资料委员会、青田县政协文史资料委员会编《华侨华人（丽水文史资料第九辑）》，团结出版社2013年版，第15页。

② 金进标：《芳草报春晖——记老同学郭玉桓》，载曾娌阳主编《在海外的青田人》，作家出版社2001年版，第142—144页。

③ 叶肖忠：《市场经济下的道德需求、信誉机制和"信用浙江"的打造——著名华侨、浙江省政协八届海外委员郭胜华访谈录》，http：//www.zjzx.gov.cn/Item/9750.aspx，2010年11月28日。

义乌市场业主的诚信缺失问题，反映了 80 年代义乌市场初兴时期所存在的问题。

综上所述，这一时期，义乌市场的小商品借助于边境贸易及个别华商的直采直销，间接地或直接地走向国外。作为华商网络的主要构建者——海外华商群体已经初现，虽然人数有限，但为后来华商群体的形成与华商网络的构建奠定了基础。

第二节　义乌市场发展、华商群体形成与华商网络初建

1991 年至 2000 年，是义乌市场处于偶然的、初级的国际化发展阶段。这一时期，中国的海外新移民人数有了更大的增长，移居国别也有了进一步的拓展，直接到义乌市场采购小商品以及在海外直接、间接销售义乌小商品的华商人数不断增加，华商群体逐渐形成。华商群体的形成过程，是义乌小商品逐渐走向世界的过程，也是华商网络逐渐建构的过程：从原先局限于中国周边国家的华商网络逐渐拓展至东欧、西欧、南欧、南美乃至非洲等地。

一　华商网络初建之背景：国家与市场

华商网络的初建基于华商群体的形成之上。20 世纪 90 年代，经济全球化进一步深入，受祖（籍）国与移居国的经济状况、政策以及海内外市场等多重因素的影响，从事中国商品贸易的华商群体逐渐形成，进而促成了华商网络的初建。

（一）国家的改革及政策

全球化时代背景下祖（籍）国与移居国的经济状况、政策等多重因素促成了华商群体的形成及华商网络的初建。

其一，祖（籍）国政策、经济状况的影响。20 世纪 90 年代，中国为推进计划经济向市场经济的转变，对国有企业实行改制政策，并进一步放宽了出入境政策，进而推动了海外新移民、海外华商群体的形成。

中国的经济体制改革及劳动力过剩是促使 90 年代中国人口跨国流动的一个主要因素。据统计，20 世纪 90 年代，我国城镇拥有经济活动人口

近 2 亿人，农村经济活动人口近 5 亿人。① 相对于如此庞大的劳动力资源，劳动力供过于求的状况一直没有得到缓解。随着我国经济体制改革的深入和经济增长方式的根本转变，下岗工人人数增加，劳动力供大于求的矛盾更加突出。国企的下岗职工 1993 年为 19 万，1994 年为 56 万，1995 年激增到 356 万，1996 年为 542 万，1997 年为 634 万。② 这些统计数字并未反映我国失业的真实情况，因为统计范围仅仅局限于国企，并没有包括城镇、农村失业人口。以城镇失业人口来说，据统计，1996 年以来我国城镇登记失业人口呈上升趋势，1996—1999 年依次为 553 万、570 万、571 万和 580 万人左右。③ 如果考虑农村失业和非国有经济，下岗的人数必将更为庞大。由此，过多的劳动力供给以及需求的结构性矛盾导致我国失业人口数量较大，失业率较高。

中国经济结构的调整，不仅导致企业出现大量冗员，也导致企业出现了大量剩余产品。从 20 世纪 90 年代起，中国经济的整体已从短缺经济转入过剩经济。据中国国内贸易局商业统计信息管理办公室对全国 600 多种主要商品的市场供求分析，1998 年年初，供过于求的商品为 25%；1999 年年初为 67%，纺织品、日用百货商品为 100%，电器、家电商品、化工商品为 90%，可以说，各行各业都存在大量的过剩产能。④

在中国为其庞大的人口提供的就业机会有限的情况下，人口迁移成为失业人口尤其是来自中国广大农村的富余劳动人口寻找出路的一种自然选择。于是，中国社会大致产生了两种人口流动：其一，中国社会内部大规模的人口流动；其二，从中国大陆地区向海外流动。广东、福建、浙江等地民众，长期浸润于移民文化之中，在寻找就业出路时，自然而然地将追求发展的目光投向海外。其他地区的部分下岗工人、农村剩余劳动力及"下海"商人等，为了寻找商机和发展机会，也逐渐将目光转向海外。而此时，东欧剧变、苏联解体则给他们提供了契机。20 世纪 90 年代，大量中国国内人口通过正规、非正规途径的跨国迁移，在某种程度上可以说是

---

① 李晓峰：《中国失业问题：现状、原因及治理对策》，《经济体制改革》2001 年第 5 期。

② ［新加坡］黄朝翰、杨沐：《国企改革、企业冗员和职工下岗》，《改革》1999 年第 5 期。不同资料来源，数据统计不同，李晓峰认为，1997 年国企下岗分流人员数为 891 万，参见李晓峰《中国失业问题：现状、原因及治理对策》，《经济体制改革》2001 年第 5 期。

③ 李晓峰：《中国失业问题：现状、原因及治理对策》，《经济体制改革》2001 年第 5 期。

④ ［新加坡］黄朝翰、杨沐：《国企改革、企业冗员和职工下岗》，《改革》1999 年第 5 期。

劳动力自身寻求国际性流动找寻出路的一种方式。值得庆幸的是，与先辈移民相比，新时期的这些新移民在海外的创业又多了一条途径，即借助于中国国内丰富的、低廉的商品去开拓海外市场。

这一时期，中国也逐渐放宽了出入境政策。1992 年中共十四大决定将建立社会主义市场经济体制确立为改革的目标，改革开放从此进入新阶段。与此同时，因剧增的出入境人数而产生了新问题。为了适应改革开放和社会主义市场经济的发展，1992 年公安部出台了《关于简化我国公民因私事再出境手续的通知》。《通知》第 1 条规定，再出境人员"无论与前次出境间隔时间长短，出境事由是否改变，以及是否变更前往国，一律凭有效护照和前往国的有效签证或其他再入境许可出境，不须再申领出境登记卡。"① 1994 年分别对 1986 年国务院颁布的《中华人民共和国公民出境入境管理法实施细则》以及《中华人民共和国外国人入境出境管理法实施细则》进行了修订。1996 年 12 月，公安部颁布了《公民因私事出国护照申请审批管理工作规范》，第一次在全国范围内规范了公民因私事出国护照的申请和审批工作，规定归侨、侨眷、老人和儿童出国不需要提供境外邀请信。② 中国相关政府部门关于简化出入境的政策，进一步推动了中国人移居海外的浪潮。

此外，90 年代的中国虽然经历十多年的改革开放，经济有了极大的发展，但与西方发达国家相比，仍存在显著的差距。这成为吸引中国人移居海外的重要原因。以青田为例。进入 20 世纪 90 年代，国内改革开放深入发展，经济建设更大规模地展开，浙江很多地区的人们逐渐富裕起来，过上了小康生活。但青田的自然条件较差，可谓"九山半水半分田"，经济和社会建设滞后，90 年代中期还未摘掉贫困县的帽子，与本省经济发达地区形成了强烈的反差。青田在海外打工经商的华侨华人的收入往往比国内低收入者高出几倍乃至几十倍，使留在国内的青田人的"相对失落感"非常强烈，这就极大地激发了青田人出国脱贫的强烈愿望。加上海外先行者打下的基础和国内宽松的出国环境，青田人掀起了新一波的出国浪潮，以山区农民为主体的不同职业、不同文化层次、不分年龄性别的人们共同构成了这一波出国洪流。在移民网络的作用下，

---

① 刘国富：《移民法：出入境权研究》，中国经济出版社 2006 年版，第 260—261 页。

② 同上书，第 261 页。

这一时期拥有海外关系的青田人往往移居到传统的侨居国法国、德国、荷兰、比利时、奥地利、意大利、西班牙、葡萄牙等国。[①] 在出国浪潮的影响下，一些没有海外关系的青田人，即使在国内已有一定的经济基础或者已经在政府相关部门工作，也积极寻找关系去海外寻求更好的发展空间。1991—2000 年，青田县共批准出国 117476 人，年均 11747.6人，2000 年高达 29980 人。[②]

其二，东欧国家的政治、经济状况及政策对中国移民产生了强大的吸引力。

80 年代末 90 年代初，随着东欧社会主义阵营的解体，原来的供销体系消失，使原本就短缺的轻纺、服装、鞋帽等商品更加匮乏。中国经济的发展、商品的丰富与东欧国家商品短缺之间的显著反差，成为中国人在90 年代初去东欧做贸易乃至移民东欧的最主要的吸引力。正如聂保真（Pál Nyíri，1999）所说的，"作为贸易商的中国新移民（在东欧）的出现，突出地反映了东欧、俄罗斯的经济短缺状况。这些地方的民众面对国家经济和社会控制的放松，消费需求也在不断增长。"[③]

以俄罗斯为例。1991 年年底苏联解体，造成了社会的激烈动荡和经济的全面危机，民众日用商品非常短缺。俄罗斯领导层关于加快发展市场经济、实行对外经济活动自由化、简化出入境手续的方针，给中国人的对外移民创造了良好的条件。与此同时，已经历十多年改革开放的中国，不但经济快速发展，商品丰富，市场繁荣，而且进一步放宽了公民的出国限制，人们出国的目的也由单纯留学转为经商和打工。中俄两国呈现出的这一巨大反差，加上中、俄两国公务互免签证制度的恢复和 1992 年两国签署的《中俄两国关于互免团体旅游签证的协定》、边境口岸的开放等政策的引导，为中国人进入俄罗斯跨国经商及观光、购物旅游创造了条件。正如 B·佳特洛夫在《当代的贸易少数：稳定抑或冲突的因素（伊尔库茨克的中国人和高加索人）》一书中提醒俄罗斯人应该意识到，"这些中国人既然来了（包括长期居留于此），那就已经不是中国人和中国的需要，而

---

① 《青田华侨史》编纂委员会编：《青田华侨史》，浙江人民出版社 2011 年版，第91 页。

② 同上书，第 88 页。

③ Pál Nyíri, *New Chinese Migrants in Europe：The Case of the Chinese Community in Hungary*, Aldershot：Ashgate Publishing Ltd., 1999, p.124.

是俄罗斯的需要。"① 在利益的驱动下，大批的中国"倒爷"怀着发财致富的美好愿望迅速进军俄罗斯市场，从最初的黑龙江"倒爷"、北京"倒爷"，发展到后来主要以福建和浙江的"倒爷"为主②，形成了中国人跨国贸易乃至移民俄罗斯的浪潮。

匈牙利，因其地理位置的特殊性——与乌克兰、罗马尼亚、南斯拉夫等七个国家接壤，是中国货也是中国商人进入周边国家的一个中介市场。1988 年 10 月，中国与匈牙利在互信的基础上签订了"中匈互免签证协议"③，匈牙利开始成为当时欧洲对中国人唯一免签的国家，而且匈牙利开放给中国人的居留条件也十分优厚，由此吸引了大量中国人前往该国。据匈牙利警方记录资料，1989—1990 年间，平均每月接到中国人的居留申请达 3000 件，1990 年全年入境中国人近 1.2 万人，1991 年猛增至27330 人。④ 与此同时，经历了 1989 年剧变的罗马尼亚也效法匈牙利向外国人打开了大门。根据罗马尼亚官方统计，1990 年共有 8400 名中国人入境，1991 年增至 14200 人，1992 年 12100 人，1993 年虽有所回落，但仍有 4267 名中国人进入罗马尼亚。同期罗马尼亚官方数据还显示：1993年，共有 1091 家中国公司在罗马尼亚发展局（Romanian Development A-gency）登记注册，1995 年几乎翻了一番，达到 2055 家。⑤ 另据估计，匈牙利和罗马尼亚在 20 世纪 90 年代初，两国华人总数接近 10 万。⑥

此外，从 20 世纪 90 年代开始，欧盟部分国家宽松的身份合法化（大赦）政策，在客观上鼓励了中国大陆移民非法进入欧洲。从欧洲国家的大赦情况来看，自 20 世纪 90 年代以来，欧盟有四个国家已经为非法移民办理了身份合法化的手续：意大利 1990 年、1996 年和 1997 年共 3 次大赦非

---

① ［俄］弗拉基米尔·波尔加科夫：《俄罗斯的中国新移民》，《国外社会科学文摘》2005年第 6 期。

② 谢良兵：《改革 30 年：曾经的"倒爷"成了今天的华商》，《致富时代》2008 年第 5 期。

③ 《匈牙利青田华侨经济与侨领》，http：//www. chinaqtw. com/Item. aspx？id＝20623，2012年 11 月 10 日。这一协议不对因私护照免签，专对大公司出具的"小公务护照"实行免签。

④ 高伟浓等：《国际移民环境下的中国新移民》，中国华侨出版社 2003 年版，第 201 页。

⑤ 李明欢：《罗马尼亚中国新移民研究：新侨商与新市场》，《华侨华人历史研究》2013 年第 4 期。

⑥ 郭招金等：《2007 世界华商发展报告》，载世界杰出华人年鉴编辑部《世界杰出华人年鉴（2007 年版）》，世界杰出华人年鉴编辑中心 2008 年版，第 22 页。

法移民，使 71.6 万来自马格里布、巴尔干和亚洲地区的非法移民获得合法身份；西班牙 1991 年、1996 年和 2000 年为共计 26 万马格里布、拉丁美洲及其他地区的非法移民办理了身份合法化手续；葡萄牙 1993 年和 1996 年大赦了 6.1 万非洲和拉丁美洲非法移民；法国 1997 年和 1998 年使 7.8 万名非法移民身份合法化，这在客观上极大地鼓励了包括中国在内的非法移民进入欧洲的尝试。① 以此为契机，数以十万计的中国新移民进入了意大利和西班牙等上述国家，其中部分人后来从事起了义乌小商品等中国商品的贸易。

（二）义乌市场的发展

进入 20 世纪 90 年代，义乌小商品市场的发展及其具有的独特优势，成为吸引华商群体进场采购的基础条件，也是华商网络构建的前提条件之一。

1991 年 10 月，篁园市场（第四代小商品市场）一期工程以市场经营户集资的方式开建。当年，义乌市场年成交额进一步突破 10 亿元大关，猛增至 10.25 亿元，跃居全国同类市场榜首，成为全国第一大小商品市场。此后，在全国各大批发市场成交总额排名中，义乌每年都蝉联榜首。这一时期，义乌市场的辐射半径不仅仅局限于浙江省附近省份，而且还在东北、西北、华北等"三北市场"产生巨大影响。1992 年篁园市场一期正式开业，可容纳 7100 个摊位，使义乌市场真正实现了由"以场为市"向"室内市场"的转变。从 1992 年开始，篁园市场更名为"浙江义乌中国小商品城"。1993 年，第四代二期市场集资建成，新设摊位 7000 个。② 1995 年，宾王市场建成。经历 90 年代的发展，义乌小商品市场规模越办越大，商品辐射面越来越广，逐渐形成"买全国、卖全国"的局面。

这一时期义乌市政府的相关政策对于义乌市场的繁荣起到了重要作用。义乌市政府在小商品城摊位的集资、招投标过程中，不管本地人、外地人，机会均等，体现了公平、公开、公正的原则。与此同时，1992 年 1 月，义乌市工商局对市场内经营的品种实行"划行归市"，将同类商品放在同一地段经销，提高了市场商品的集聚效应，不仅大大便利了客商的采

---

① 李明欢：《欧盟国家移民政策与中国新移民》，《厦门大学学报（哲学社会科学版）》2001 年第 4 期。

② 陆立军：《亲历义乌改革发展（1993—2010）》，《义乌方志》2010 年第 2 期。

购，还促进了产业专业化及良性循环的行业竞争。20 世纪 90 年代中期，随着中国沿海的劳动密集型产业向内地转移，义乌市政府因势利导提出"以商转工"、"贸工联动"政策，引导商业资本转向工业制造，已完成原始积累的义乌市场经营户纷纷在义乌及周边地段投资办厂。由于市场商品的"本地化"发展，有效地巩固和发展了"中国小商品城"低价位竞争的优势。

义乌市政府与时俱进、以人为本的政策，使得义乌市场的集聚效应越来越明显。国营、集体、乡镇、私营等各类企业纷纷进场设摊，也有很多市场业主与国内各类企业建立了购销关系，代理商品的销售。截至 1997 年年底，采取各种形式进驻义乌小商品城的国有、集体和混合所有制的大中型企业达 3000 多家；市场内有 2500 多家商贸企业（公司），取得了国内外名厂大店在义乌乃至浙江省、华东地区的总经销、总代理资格，与 26 个省、市、自治区 1500 多家工商企业建立了购销关系。[①]

商品、商人的"集聚"带来了效应。义乌小商品市场逐渐凸显出小、全、廉等特色和优势，吸引了越来越多的华商、外商进场采购。

小而全。据 1993 年统计，小商品市场分为小百货、服装、针织三个大区共 8000 多个品种。由于品种齐全，既便利了华商的采购，又有助于华商对花色品种、质量、价格等方面"货比三家"，同时促使商品质量和花色品种不断升级换代，也促使商品价格趋于低廉、统一。

> 我们也需要义乌这个市场。因为我们来进货，原来我们觉得很难做，比方说我想要宝剑，宝剑是龙泉出的，我要跑到龙泉；比方说这个景泰蓝健身球，我也知道保定出的，我跑到保定。但是这个开支很大，结果义乌都有。
>
> （24/10/2011，am，访谈西班牙青田籍华商 Z 于义乌市幸福湖国际大酒店）

薄利多销。义乌小商品市场是批发市场，经营者一般直接从生产厂家批量进货，或者经营者本身就有工厂，无中间流通环节。大多数小商品的进销差价，往往按分、厘计算。"以量取胜"是义乌市场业主的一个销售

---

① 刘俊义：《小商品市场之经营特点和运销区域浅析》，《义乌方志》2007 年第 3 期。

理念。据 1991 年年初调查，武义出产的袜子每双进价 0.96 元，批发价 1 元，每双毛利 0.04 元；儿童剪刀每把进货 0.65 元，批发价 0.67 元，每把毛利 0.02 元。①"薄利多销"原则使义乌市场始终保持低价竞争的优势地位。

"五岳归来不看山，义乌归来不逛市。"从 20 世纪 90 年代开始，这句口头禅就在全国各地流行。正是基于义乌小商品市场所具有的上述优点，越来越多的华商到义乌市场采购，原先局限于广州、上海等地采购商品的外商也纷纷进驻义乌，由此，义乌小商品的外贸出口额增幅显著。如 1999 年，义乌小商品出口到 82 个国家和地区，外贸出口占小商品市场成交额的 15% 左右；2000 年，市场商品成交额达到 192.99 亿元，外贸出口额达到 50 余亿元，占市场总成交额的 25%。②但总体来说，在 21 世纪以前，义乌仍然是一个以国内市场为主的交易场所，外贸业务量相对有限。

综上所述，基于中国及华商移居国的政策、经济等众多因素，促成了中国人奔向海外的移民浪潮，而义乌小商品市场的蓬勃发展，为这些移居海外的华侨华人提供一条新的从业道路和创业平台。越来越多的华侨华人看到了"中国制造"在海外的商机，而到义乌市场采购小商品或在海外间接销售义乌小商品，从事起了跨国贸易。

二　华商群体形成及华商网络初建

自 20 世纪 90 年代起，随着全球化背景下商品、资本、劳动力等生产要素与资源全球配置的日益深入，带动了新一波的从发展中国家流向发达国家的移民浪潮。在中国的技术移民涌向美国、加拿大、澳大利亚等发达国家的同时，来自中国各地侨乡、非侨乡的出生于农村、城镇的大量非技术移民也以各种合法、半合法或非法的方式涌向欧洲、美洲、亚洲乃至非洲国家，掀起了移居海外的又一波高潮。在这些海外新移民中，部分人到达移居国后从打工起步逐渐涉足义乌小商品等中国商品贸易，部分人从经营餐饮业、加工工业等行业转型进入中国商品贸易，部分人直接以投资移民的身份去海外从事中国商品贸易。

---

①　刘俊义：《小商品市场之经营特点和运销区域浅析》，《义乌方志》2007 年第 3 期。

②　同上。不同出处的统计数据不同，另据浙江义乌中国小商品城集团有限公司的数据，2000 年市场商品外销的比例约占 14.7%。

这一时期出国的中国新移民，与早期移居海外的老一辈移民有所不同。

其一，移民的来源地越来越多样化，其社会背景以及移民的动机、方式更为多元化。这一时期移居海外的中国移民，不再局限于传统的侨乡，大量移民来自非侨乡省市。有相当一部分人在移居国外之前就拥有在国内的流动经历。他们在远离家乡的地方工作、学习、经商或广泛地游走，特别是在深圳、海南等特区或北京、上海等大城市受过消费文化的熏陶。①对于这些人来说，出国只是意味着流动的距离更远了一些，跨越国界了。如众多青田华商出国之前，便是"背纽扣一族"——最初他们背着温州桥头纽扣市场上采购来的纽扣去全国各个城市推销或设摊销售，后来也销售来自义乌市场等各地的商品。这些人便是经历了中国改革开放大潮的历练。

其二，与早期移居国外的老一辈移民相比，这些新移民又多了一个谋生、创业的路径——依靠"中国制造"的廉价优势，便于其在移居国开展商品贸易，促成了华商群体的形成。早期海外华人经济活动的发迹点是小规模的商贩活动。在东南亚国家，他们以经营日杂货店为主；在欧、美等国家，则以餐饮业、加工业为主，人们通常把老移民的经济活动形象地概况为"三把刀"，即剪刀、菜刀和剃刀。而20世纪70年代末以来，随着中国经济的蓬勃发展、国内产品的极大丰富，依赖于义乌小商品市场等中国国内各大专业市场从事跨国贸易的华商人数也越来越多，从而使海外华商的商贩活动也发生了极大的改变。聂保真（Pál Nyíri，1999）认为，与传统移民相比，东欧（主要是匈牙利）的中国新移民拥有文化资本、流动性以及与中国国有企业建立起紧密关系的沟通手段，使得国有企业能以较低的补贴价格和赊款销售方式提供新移民商品。新移民通过提供给西方零售商廉价却又广受欢迎的中国制造的服装，填补了供应的空档，建立起在进口、批发和零售贸易中的合适地位。②

其三，与以往的移民相比，新移民很少是被动地移民，更多的是出于自愿的选择。战前中国人往往是因贫困、天灾等推力因素而移居海外"乞

---

① Pál Nyíri，*New Chinese Migrants in Europe：The Case of the Chinese Community in Hungary*，Aldershot：Ashgate Publishing Ltd.，1999，p. 119.

② Ibid.，p. 124.

求生路"，而这一时期中国人移居海外，主要是谋求发展。① 即如聂保真（Pál Nyíri，1999）所说的，是"为了获得更高的收入和更好的社会地位"。②

其四，移民的方向发生了变化。在 20 世纪 90 年代的这一波移民浪潮中，大量中国新移民不再将东南亚作为主要的移居目的国，更多的是进入欧美等发达国家，尤其是欧洲国家——从最初的东欧到后来的西欧、南欧，成为最受中国新移民青睐的移居地，也是从事跨国贸易业的华商人数增长最快的地域。与此同时，也有小部分华商前往南非、尼日利亚等非洲国家及巴西、阿根廷等南美洲发展中国家开拓中国商品的销售市场。

总之，自 90 年代起，中国海外新移民人数的显著增加构成了华商群体形成的基础，而随着华商群体的逐渐形成及广泛散布，华商网络也处于不断构建之中。

（一）边贸"倒爷"与华商

20 世纪 90 年代初，边境贸易是义乌小商品出口贸易中最为原始也是最为普遍的形式。依据国家外汇管理局义乌支局在 90 年代初对义乌出口情况的调查，义乌的出口渠道已呈现出多元化趋势，既有异地的进出口公司直接到义乌市场采购出口，也有华侨华人及外商委托异地的进出口公司收购出口；既有华侨华人及外商委托义乌的进出口公司直接出口，也有进出口公司自己寻找外商从市场采购出口；既有个体商贩以边境贸易出口，也有义乌市的"三资"企业自营出口。③ 其中，人数众多的个体商贩是义乌小商品出口的主力军，他们以自发为主，各自为战，犹如游兵散勇，虽然形不成集团和规模的优势，却也在不断地挫折和喜悦中一步步地将义乌小商品销往国外。他们或从边境市场二手采购来自义乌的小商品从事跨国倒卖，或直接从义乌小商品城采购货物，通过铁路、陆路运到新疆乌鲁木齐、伊犁、绥芬河等东北边境地区以及西南等地的边境口岸，从事边境贸易。如当时新疆各个市场里来自义乌市场的商品，是由新疆人以及在新疆

① 朱慧玲：《21 世纪上半叶发达国家华侨华人社会的发展态势》，《华侨华人历史研究》2002 年第 2 期。

② Pál Nyíri，*New Chinese Migrants in Europe：The Case of the Chinese Community in Hungary*，Aldershot：Ashgate Publishing Ltd.，1999，p. 119.

③ 国家外汇管理局义乌支局：《出口贸易是发展"中国小商品城"的有效途径——对义乌市"中国小商品城"的调查与思考》，《浙江金融》1994 年第 11 期。

市场里设摊的温州人、义乌人从义乌直接发货到新疆销售的。正如一位义乌市场业主所说，"94、95 年，义乌的新疆人特别多，货运大楼、机场路那边，有很多新疆人。义乌市场就是从边贸辐射开的。"① 此外，全国各地众多义乌分市场的创办也便利了边贸生意的顺利开展。20 世纪 90 年代，义乌人就已经在乌鲁木齐、伊犁等地创办了一批市场。以新疆为例。自 80 年代以来，大批义乌人就到乌鲁木齐经商，最多时有几万人。② 1993 年，在新疆经商多年的义乌人在施仲谋等人的带头下，在义乌市政府的支持下，集资 800 多万元建立第一个义乌分市场——"义乌小商品城乌鲁木齐分市场"，成为西北地区最大的小商品市场。此外，他又陆续在郑州、深圳等地开设了多个义乌分市场。③ 这些义乌小商品分市场的经营骨干大多为义乌商人，经营的商品也大多来自义乌，并且市场管理模式也是"复制"于义乌小商品市场。"义乌模式"的"复制"，使得中国商人不必专程到义乌便能采购到义乌小商品，便利了从事边贸生意的中国商人的购销活动，促进了义乌小商品的跨国流动。1993 年的调查显示，通过中俄边境的黑河地区，义乌市场的小商品每天少则 1 车多则 3 车的货物运往俄罗斯。④ 新疆的阿拉山口口岸、霍尔果斯口岸和独山子区，是通向独联体和西亚的商业通道，义乌商人立足其间开展小商品贸易。中尼、中缅、中越边境，也不断有义乌商人设立边贸公司，做外国人的生意。⑤ 中俄、中哈（萨克）、中吉（尔吉斯）、中塔（吉克）之间的边贸在 1992 年、1993 年发展很快，参与其中的华侨、华人起了一定的作用。⑥ 来自中国义乌、温州等地的廉价日用工业品及新潮服装大受欢迎。

　　义乌人 Z，1991 年到乌鲁木齐经商。在新疆期间，去过阿拉山口、霍

---

① 2011 年 9 月 14 日访谈于义乌国际商贸城四区综合治理办公室。

② 应元亮、龚献明：《义乌日均 1500 吨小商品挺进乌市》，《义乌商报》2006 年 9 月 4 日第 5 版。

③ 施仲谋是"义乌模式"较为成功的"复制者"，在新疆（1993 年）、河南（1995 年）、山东（2003 年）、广东（2005 年）、深圳（2007 年）等地开设了 9 家小商品城，甚至开到了国外哈萨克斯坦（1998 年）。

④ 刘俊义：《小商品市场之经营特点和运销区域浅析》，《义乌方志》2007 年第 3 期。

⑤ 同上。

⑥ 徐树楸、王德祥、陈国祥：《简述前苏联、独联体国家华侨、华人经济状况》，《黑河学刊》1996 年第 2—3 期。

尔果斯、奎屯、哈密、乌鲁木齐等很多地方，最后选择常驻在乌鲁木齐的"边疆宾馆"做边贸。那时，Z 销售的商品不是直接从义乌市场发过去的，而是从当地"边疆国际商贸城"二手批发的，而这个商贸城里的商品多数又是从义乌采购的。

> 开始做的时候，我们总共是 16 家开始起家。我们 16 个人把边疆宾馆一楼包下来……我们的东西呢，是在乌鲁木齐拿，乌鲁木齐的货是在义乌拿的。那时候我知道真正的货源地是在义乌……我那个时候没有直接回义乌采购，就去新疆的边疆商贸城采购。我们在乌鲁木齐的时候，阿塞拜疆 90% 的采购商，是由我这里供货的。
>
> （15/5/2012，am，访谈阿塞拜疆华商 Z 于义乌港集海物流仓库）

20 世纪 90 年代末，活跃于边贸市场上的中国商人发生了两种转向：一种是转向创办实业；另一种是继续"前进"到俄罗斯、中亚乃至匈牙利、罗马尼亚、斯洛伐克、南斯拉夫等东欧国家去做贸易。Z 也进行了转型，1995 年起在阿塞拜疆从事贸易中介服务。之后，他经常往返于新疆与阿塞拜疆、哈萨克斯坦首都阿拉木图之间做贸易，甚至有一段时间常驻在阿塞拜疆，转型成为华商。1999 年春节，Z 回到义乌，同来的还有 3 个阿塞拜疆客商。[1] 义乌市场的小商品物美价廉，阿塞拜疆客商高兴得像发现了新大陆。在华商 Z 的带动下，绕过新疆等边贸市场而直接到义乌采购的阿塞拜疆客商越来越多，由此开始了 Z 以义乌市场为中心的商业网络的构建阶段。

（二）欧洲华商

这一时期，涌入欧盟国家的中国新移民数量大幅增长。20 世纪 50 年代时，欧洲华人仅有万人左右，60 年代中期突破 5 万，70 年代中期突破 25 万，90 年代后猛增到上百万。[2] 随着中国新移民人数的大量增加，自 20 世纪 90 年代以来，欧洲华商的产业结构也发生了巨大变化，部分人开始走出中餐业、皮革业等传统产业，转向或兼营进出口贸易以及与国际贸易相关产业。由于商贸经营"规模效应"的潜在驱动，这一时期，在欧

---

① 2012 年 5 月 15 日访谈 Z 于义乌港集海物流仓库。

② 李明欢：《欧洲华侨华人史》，中国华侨出版社 2002 年版，第 830 页。

洲一些中心城市，数年间即形成了华商集中经营的市场。20 世纪 90 年代，较著名的华商市场包括匈牙利布达佩斯的四虎市场，罗马尼亚的欧罗巴市场，意大利罗马维多利奥广场周边街区市场，葡萄牙里斯本的莫拉里商业中心，巴黎第 11 区的中国服装区和莫斯科切尔基佐夫斯基大市场等。这些市场的共同特点是密度高、客流量大、厚利且多销，呈现出资本原始积累的高速性。①

欧洲国家中，除了俄罗斯以及匈牙利、罗马尼亚等东欧国家因社会政治制度剧变、民众生活物资缺乏而提供了华商销售中国商品的良好商机外，意大利、西班牙等一些非传统移民国家也逐渐成为中国新移民销售中国商品的理想之地。这些非传统移民国家因为早期华人移民人数有限，有利于中国新移民开拓尚未被同族移民"开拓"、"占领"的市场。随着从事义乌小商品等中国商品贸易的欧洲华商人数的增加，基于血缘、地缘等社会关系之上的华商网络也逐渐建立起来。华商群体的形成与华商网络的构建处于一种良性的互动发展状态。

1. 东欧华商

20 世纪 80 年代末 90 年代初边贸市场的繁荣，加上这一时期东欧体制的转型，催生了部分具有经商头脑的中国人跨越边境去周边俄罗斯、匈牙利等东欧国家做"行商"乃至"坐商"。东欧华商的商业活动基本上是在 20 世纪最后十年内形成一定规模的。东欧国家中，从事批发零售贸易的华商最活跃的移居国首推俄罗斯与匈牙利；其次是罗马尼亚、捷克、斯洛伐克等国；最后是硝烟弥漫的前南斯拉夫境内各国。② 这一时期东欧华商以贸易业为主要经济支柱，从流动商、小摊贩到大型贸易公司，从进出口、批发到零售摊点，业已形成了一个遍布东欧城乡、多层次的贸易网络。③ 莫邦富（2002）把走入东欧等国的新华侨称为"中国经济的海外野战军"。④ 正是这些"野战军"，成为中国大、中、小型企业产品的最为努力的海外推销员，冲破了当时中国国内各种制度上的束缚，将中国商品销售到海外，自身也获得了从"倒爷"到华商的华丽

---

① 李明欢：《欧洲华人商城经济研究》，《世界民族》2013 年第 3 期。

② 李明欢：《欧洲华侨华人史》，中国华侨出版社 2002 年版，第 661 页。

③ 同上。

④ 莫邦富：《拼着——在俄罗斯和东欧的新华侨》，世界知识出版社 2002 年版，第 111—115 页。

转身。

1991 年年底苏联解体后，因俄罗斯轻工业产品奇缺，出现了黑河、绥芬河等中方境内边贸市场的火爆行情以及"倒爷"跨境带货现象。1992—1993 年，俄罗斯实行的免签证边贸制度为大量小商贩提供了方便。① 带着短期旅游证件的游客或学生，实质上都在俄罗斯从事贸易。在利益的驱动下，大批中国"倒爷"怀着发财致富的美好愿望迅速进军俄罗斯市场，从最初的黑龙江"倒爷"、北京"倒爷"，发展到后来主要以福建和浙江的"倒爷"为主②，形成了中国人跨国贸易乃至移民俄罗斯的浪潮。中国的运动服、夹克衫、雪地鞋、皮衣等诸多生活用品一时间成了俄罗斯人的抢手货。与此同时，中俄一些城市间陆续开通定期货运包机。一些有背景的清关公司与俄海关甚至边防军勾结，以"包机包税"为代表的"灰色清关"运作方式，为中国货物快速进入俄罗斯创造了条件。③由此，华商逐渐由远东和西伯利亚地区进入俄罗斯，并随后来到莫斯科，通过租宾馆、商务楼销售中国商品。20 世纪 90 年代，部分有闯劲的中国商人在俄罗斯境内注册了公司，从国内发货，自己在俄罗斯通关接货，存仓批发，直接与俄罗斯大大小小的批发商打交道，从事各种形式的跨国直销。第一种经营方式是在办公室存仓批发。相当一部分中国公司从国内通过铁路或海运集装箱或车皮发货，正式报关商检，在俄通关完税（所有进出口额均计入俄中两国海关统计数字）。他们通过正规途径给自己的莫斯科公司发货，租办公室和仓库，存仓批发，从事跨国直销。第二种经营方式是在中国商贸中心（中国楼）里批发商品。莫斯科的中国楼有十余栋，其中有一定规模和知名度的有：中国皮衣批发中心——"兵营"和"扩东商贸中心"；中国服装鞋帽批发中心——"燕山"、"新河北饭店"、"新莫大"；小商品批发中心——"东航"；等等。除"兵营"外，其余的中国楼都是中国人开办的。他们包租一栋或数栋大楼出租房间，既可仓储批货又能住宿，是民营的中国商贸中心。中国楼里批发的全部是中国货，服装、鞋帽、日用百货无所不有，商品的质量、档次和价格很适合中下层俄

① ［俄］弗拉基米尔·波尔加可夫：《俄罗斯中国新移民现状及其课题研究》，《华侨华人历史研究》2005 年第 2 期。另：免签证边贸制度又称为过境贸易自由签证制度。

② 谢良兵：《改革 30 年：曾经的"倒爷"成了今天的华商》，《致富时代》2008 年第 5 期。

③ 赵嘉麟：《切尔基佐夫市场关闭疑云》，《瞭望东方周刊》2009 年第 29 期。

罗斯消费者的需求。俄罗斯各地、独联体各国的客商都到这里进货。各栋中国楼的经营模式大同小异，"兵营"和"扩东"是其中管理最好、销售额最大的。①

　　除了上述两种直销方式外，绝大多数中国商人选择在露天大市场从事批发或零售各种中国商品。莫斯科规模较大的市场有十几个，20世纪90年代时多为露天市场。由于批发量大，许多中国商人都在大市场经营。例如，莫斯科最大的市场"体育场大市场"是露天市场，这里有一个著名的中国皮衣批发小区。1991年，浙江青田人贾国平从陆路至东北边陲绥芬河市踏出国门，北上进入俄罗斯哈巴罗夫斯克市，再乘火车到莫斯科去贩卖皮衣。"我冒着零下20摄氏度的严寒，贩卖皮衣。由于俄罗斯气候及轻工业落后等原因，皮衣在当地销路很好，利润也很可观，卖一件皮衣可以是当时一到两个月的生活费。"② 第二大市场是1991年在莫斯科东郊的一片垃圾填埋场地上兴建起的占地约20公顷的"集装箱市场"，也称"一只蚂蚁"市场（位于伊兹迈依市，是该市的谐音），其中的"太阳市场"和"唐人街"等是中国商人集中的小区。这两个市场以经营中低档外国商品为主，商品辐射俄罗斯各地区、独联体各国。莫斯科第三大市场是"全俄国民经济展览馆"（"维登哈"）室内商场，清一色的展馆式商场和展台式商亭。这里有莫斯科第一家中国商店"深圳馆"以及中国眼镜批发中心"台湾馆"，等等。此外还有"航空港市场"、"上八线市场"、"下八线市场"，等等。③

　　也有部分华商仅将俄罗斯作为中转站。据1992年青田侨情普查，在俄罗斯中转或居留的青田人近3000人次。④ 绝大多数青田人以俄罗斯等国作为过境国，真正安营扎寨并初具群体和商业规模的仅有匈牙利、罗马尼亚、南斯拉夫、乌克兰、克罗地亚、保加利亚、斯洛文尼亚等国。⑤ 青田

---

　　① 宋晓绿：《在俄罗斯走钢丝绳——1994—1999年莫斯科的中国商人》，《中国乡镇企业》2000年第Z1期。

　　② 《人生因创业而出彩 生命因奉献而升华——访义乌市青田商会监事会主席贾国平》，http://www.chinaqtw.com/Item/27775.aspx，2012年9月10日。

　　③ 宋晓绿：《在俄罗斯走钢丝绳——1994—1999年莫斯科的中国商人》，《中国乡镇企业》2000年第Z1期。

　　④ 《青田华侨史》编纂委员会编：《青田华侨史》，浙江人民出版社2011年版，第29页。

　　⑤ 同上书，第92页。

籍外贸群体在贸易的起步阶段，基本在义乌组织小百货货源①，成为义乌小商品开拓欧洲市场的"先锋"。他们到达俄罗斯后，仍不断地向西"流动"，铺设了中国→俄罗斯→东欧→西欧不断延伸乃至折回的贸易轨迹，成为后来地地道道的华商。在这个贸易路线的拓展过程中，青田籍华商或多或少地携带义乌小商品去东欧国家销售。青田籍斯洛伐克华商 L 说，"95 年后，东欧，拿义乌货的青田人多起来了。青田华侨 Y、L 等人，那时就拿义乌市场上的工艺品、手镯、珍珠项链等去东欧卖。"②

　　匈牙利是东欧地区较早开放的国家之一。自 1989 年初至 1992 年 3 月 3 年内，据估计有 4.5 万中国人跨越匈牙利边境，其中很多人滞留在匈牙利。③ 90 年代中期兴建的位于布达佩斯八区的四虎市场，有 3000 多个"巴比隆"（摊位），其中 90% 为中国人经营，出售的商品主要是服装鞋帽和手工产品，也有箱包、雨伞、小电器等一些日用小商品④，主要客户群是低收入阶层。在匈牙利的华人，十个里有八个在那里练摊。⑤ 四虎市场一度成为东欧地区最大的中国商品集散地⑥，商品辐射到周边国家如波黑、塞尔维亚、南斯拉夫、罗马尼亚、俄罗斯、乌克兰等国。

　　也有许多人进入罗马尼亚。90 年代罗马尼亚的市场，如欧罗巴市场和尼罗市场，虽然条件简陋，用铁皮建成，但兴隆的商贸同市场的简陋形成了鲜明的对比。欧罗巴市场位于布加勒斯特郊区，1993 年由罗马尼亚人投资兴建⑦，市场店铺以简陋铁皮制成，几乎罗马尼亚所有经商的华商，生意都是从欧罗巴批发市场开始的。⑧ 20 世纪 90 年代末期，欧罗巴市场一度极为繁荣，曾是尼罗市场兴建之前罗马尼亚乃至东南欧地区最著名的中国商品批发中心，连南斯拉夫、保加利亚、摩尔多瓦、乌克兰等周

---

① 张建国、叶肖忠：《青田籍华侨华人外贸群体的发展趋势及培育建议》，《大众科技报》2006 年 5 月 16 日第 B02 版。

② 2012 年 11 月 2 日访谈 L 于义乌欧陆风情文化主题大酒店。

③ 茂春：《中国人在东欧：90 年代新热潮出国淘金纪实》，中国旅游出版社 1992 年版，第54 页。

④ 李鹏：《在匈牙利经商的中国人》，《人民日报海外版》2004 年 6 月 30 日第 5 版。

⑤ 余泽民（匈牙利）：《四虎市场》，《深圳商报》2013 年 8 月 7 日第 C05 版。

⑥ 《靠练摊起步促文化交流　匈牙利华人赢得尊敬》，http://news.xinhuanet.com/overseas/2006－06/27/content_4755337.htm，2012 年 7 月 5 日。

⑦ 杨烨：《中国新移民在中东欧现状》，《侨务工作研究》2010 年第 6 期。

⑧ 2012 年 1 月 10 日 QQ 访谈罗马尼亚华商 L。

边国家的商人也过来采购。庞大的欧罗巴市场催生了罗马尼亚华商群体的形成。夏一南、叶祖池、吴潮水便是这个群体中青田籍华商的代表人物。① 其中，华商吴潮水，当时带着义乌大陈衬衫等中国商品去卖。② 1998年，由罗马尼亚开发商尼罗集团在布加勒斯特东北郊兴建了尼罗市场，是一个用铁皮建造的简易市场，共有 2800 多间商铺，华商拥有 2000 多家，因此得名"中国城"。尼罗市场建成之后，罗马尼亚华商 95% 的店铺集中到尼罗市场。③

　　20 世纪 90 年代初，在"匈牙利热"的效应下，部分中国移民进入了南斯拉夫，大多集中于首都贝尔格莱德做贸易。先期到达的华商，往往在当地的集市上摆地摊，哪里有集市，他们就赶到哪里，赶集成为流行的商品销售模式。④ 90 年代初，南联盟的相继解体、西方国家对南实行的全面制裁和内战，不仅让南斯拉夫的经济大幅后退，而且让普通人囊中羞涩，加上西方的不少商品因为种种原因无法进入南斯拉夫，使得价廉物美的中国商品能在短时间内占据南国市场的相当份额。1995 年，南联盟总统米洛舍维奇夫人马尔科维奇曾宣布要在贝尔格莱德建立"中国唐人街"，以吸引更多的中国人，繁荣南斯拉夫经济。上述种种因素使南斯拉夫逐渐成为中国新移民的一个聚居地。青田籍西班牙华商 Z 就是在当年从西班牙进入南斯拉夫寻找贸易商机的。与其他东欧国家相比，由于华商在南斯拉夫经商起步较晚，因此相当多的华商以十分原始的方式进行经营：肩扛手提，四处销货。正如西班牙华商 Z 所说，"他们都是从北京背 20 公斤的货拿过去卖的"。⑤ 于是 Z 动员那里的老乡一起成立公司。⑥ 公司成立后，Z 便动员南斯拉夫的老乡发集装箱，或单独发货柜，或几个人拼箱海运⑦。当时华商的生意异乎寻常的好，许多在南斯拉夫的华商，就是靠这一时期

---

① 《青田华侨史》编纂委员会编：《青田华侨史》，浙江人民出版社 2011 年版，第 96 页。

② 2012 年 11 月 2 日访谈斯洛伐克华商 L 于欧陆风情文化主题大酒店。

③ 宗禾：《罗马尼亚"中国城"被强拆》，《新快报》2010 年 4 月 29 日第 A36 版。

④ 陈志农：《塞尔维亚访浙商》，《浙江日报》2014 年 12 月 24 日第 6 版。

⑤ 2011 年 10 月 24 日访谈西班牙华商 Z 于义乌幸福湖大酒店。

⑥ 当时南斯拉夫规定，外国人办实业，必须由南斯拉夫人控股。他们便找了一个当地人出面注册公司，实际事务是 Z 和青田老乡负责管理，一年要给这位当地人一些钱。

⑦ 周亮洪口述：《我的海外经商之路》，丽水市政协文史资料委员会、青田县政协文史资料委员会编：《华侨华人》（丽水文史资料第九辑），团结出版社 2013 年版，第 102 页。

发迹的。在销售量逐渐上升的时候，Z 和几个先期到达南斯拉夫的华侨一起找到了一个闲置的社区超市，有 400 多个铺位，并动员大家在那里开设店铺，从事规模经营，这就是现在的"70 号市场"——中国城。[①] 当时，一个 18 平方米的店铺，月租只要 200 马克（折合 1000 元人民币）。后来，市场生意最好时，每个店铺月租高达 2500 欧元。[②] 在南斯拉夫创业时期，Z 的进货渠道不再局限于温州地区，而主要转向义乌市场。当时中国商品往往用集装箱海运到黑山或克罗地亚的港口，再经陆路运往贝尔格莱德或其他南斯拉夫大城市，最后把这些货物批发给小商人。[③] 1999 年 3 月，北约的轰炸使得南斯拉夫市民们把手头的钱都拿出来抢购商品，囤积货物。当时西方不少商品因为制裁无法进入南斯拉夫，商店商品断货，于是一些善于捕捉商机的中国人不顾人身安危毅然留在当地，积极从国内组织货源开展贸易活动，或从周边国家辗转进入南斯拉夫淘金。由此，一个怪而不怪的现象是：北约空袭后，贝尔格莱德华商达到了 3000 多人，青田人便占了 80%，主要从事贸易和零售业。[④] 青田人项品荣在这时从奥地利来到南斯拉夫，抓住商机，从义乌大量进口服装等日用品到当地销售，赚取了人生中第一桶金。1998 年，青田人 C 带着一大箱子从义乌市场采购来的弹力绒手套进入南斯拉夫淘金，"一皮箱货拉过去，一张机票钱就赚过来了。"[⑤] 20 世纪 90 年代末，"70 号"商城（一幢两层楼的批发市场）集中了上百家中国商户，成为中国人在贝尔格莱德的"大本营"。[⑥] 在这里，各式各样的中国商品，小到义乌出产的针头线脑，大到济南的轻骑摩托，你都可以找到。[⑦] 部分捷足先登获得成功的华商选择定居在南斯拉夫。与此同时，北约的轰炸也使部分华商出于多重考量而离开了南斯拉夫。西班

---

① 另有一种说法是 70 号市场是 1992 年建立起来的。70 号商城原本是当地小区的一个号码，商城当初也只是小区配套的一个市场，但浙商到来后，逐渐把这个市场经营成全国闻名的商城，为当地提供了上千个就业机会。参见 http://zjnews.zjol.com.cn/system/2014/12/31/020441260. shtml，2015 年 1 月 5 日。

② 周亮洪口述：《我的海外经商之路》，丽水市政协文史资料委员会、青田县政协文史资料委员会编：《华侨华人》（丽水文史资料第 9 辑），团结出版社 2013 年版，第 102 页。

③ 谢戎彬：《在南斯拉夫挣钱，苦》，《环球时报》2000 年 8 月 4 日第 11 版。

④ 《青田华侨史》编纂委员会编：《青田华侨史》，浙江人民出版社 2011 年版，第 96 页。

⑤ 2013 年 10 月 28 日访谈 C 于青田开元大酒店。

⑥ 李明欢：《欧洲华侨华人史》，中国华侨出版社 2002 年版，第 561 页。

⑦ 谢戎彬：《在南斯拉夫挣钱，苦》，《环球时报》2000 年 8 月 4 日第 11 版。

牙华商 Z 看到了科索沃战争之后南斯拉夫市场的商机，要继续留在南斯拉夫经商，但整个家族出于安全的考虑都不同意，于是 Z 留下大儿子留守南斯拉夫，带着小儿子返回西班牙开拓商品批发贸易业务。①

经由在塞尔维亚经商的老乡介绍，义乌籍华商何昌明 1999 年 7 月登上了去往塞尔维亚的航班，他的最终落脚点是波黑第二大城市巴尼亚卢卡市。当时他带去的资金不多，便从摆地摊做起。虽然日子过得很艰苦，但却让他异常兴奋，当地物资的相对紧缺让他看到了义乌小商品的商机。"波黑的物价水平很高，而义乌小商品的价格却非常低廉，我把零售商品在批发价基础上提价 5—6 倍，依然只是当地的中等物价水平，卖得好也就没什么可奇怪的了。"地摊的生活持续了半年，何昌明迅速积累了商业资本，很快在巴尼亚卢卡市区开了第一家零售店。在随后的一年多时间里，他的零售店扩张到 5 家。从 2001 年开始，他放弃了发展空间有限的零售业务，选择批发店模式，自己回义乌采购第一手货物，此后批发业务不断增长。②

1993 年，斯洛伐克就已经有华商在从事中国商品的贸易，但总体上贸易批发量有限。③ 最初来到斯洛伐克的中国人，有相当一部分是从匈牙利、捷克辗转过来，主要是以北京人为主的北方人。④ 90 年代中期之后进入斯洛伐克的华人，以浙江青田人为主，大多通过各种渠道直接从中国进入，也有部分人从其他国家辗转进入。当时因为实力有限，大多数华侨华人从事义乌小商品等中国商品的零售。2000 年，L 进入斯洛伐克之初，基于在乌克兰经商的亏损，也是从零售起步，做起了义乌小商品贸易。

这一时期，也有华商进入乌克兰淘金。青田人 L 借助于亲友网络获知乌克兰从事贸易的高额利润后，基于自己多年在国内从事纽扣等小商品贸易的资金积累，直接发货柜进入乌克兰创业。"乌克兰那边有几个

---

① 2011 年 10 月 24 日访谈 Z 于义乌幸福湖大酒店。

② 江胜忠、冯旭飞：《义乌人何昌明把生意做到了波黑》，《金华晚报》2008 年 3 月 8 日第 2 版。

③ 2011 年 7 月 7 日访谈 L 于义乌市青田商会。

④ 季岳普：《斯洛伐克华侨华人的发展与现状》，http：//www.chinanews.com/kong/2011/09 - 16/3333296.shtml，2012 - 08 - 16。随着东欧剧变，这批北方人先到俄罗斯，后到匈牙利，然后云散到罗马尼亚、捷克和斯洛伐克。最后留在斯洛伐克的华人大多是在原捷克斯洛伐克首都、现捷克首都布拉格有居留身份的，由于捷克斯洛伐克解体很偶然地留了下来。

老乡，比较要好的，说那边生意比较好做，一个集装箱可以赚四五万美金。"① 当时乌克兰主要有三个销售中国商品的市场：基辅市场（特拉叶那小商品市场）、敖德萨七公里市场②、哈拉克夫市场，L 在每个市场内均设立了仓库，从事义乌小商品的一级批发。敖德萨七公里市场占地 40 公顷，有 1 万多个集装箱，4 万多人常年在这里经营，也可以称得上是东欧最大的货物集散地。由于市场太大，划分了若干个区，并用集装箱的颜色区分不同的交易区。华商销售的货 "来自很多地方，像皮鞋是温州拿的，运动鞋是温岭的，衬衫是义乌大陈拿的"。③ 2000 年，义乌人 R 以留学生的身份去乌克兰，实质上 "半工半读"，帮助早期到达的父亲在七公里市场从事彩泥等义乌小商品的批发贸易。当时，"至少已有七八个义乌籍老乡在那里销售小商品了。那个七公里市场是早市，3 点钟起来去市场上卖货。"④

　　总体来说，自从 20 世纪 80 年代末和 90 年代初以来，中国商人利用东欧国家经济萧条、商业不景气的时机，纷纷从国内义乌市场等商品市场批发大量廉价商品去销售，在东欧国家慢慢形成了中国商品的零售、批发市场，开创了中国与东欧国家之间的贸易顺差。随着 "海外野战军" 足迹的 "向西" 延伸，义乌小商品等中国商品也被带到越来越广阔的海外市场，构建起中国商品的跨国销售网络。然而，中国商人在东欧的 "蜜月期" 非常短。转型时期的东欧市场容量毕竟有限，加上大量中国移民涌入，新移民的非正规经营、外来移民与本地人之间因文化隔阂而造成的误解乃至冲突等社会问题也即刻凸显，东欧国家民众的民族主义情绪也开始抬头。正如在其他许多移民流入国业已发生过的那样，东欧自俄罗斯、匈牙利开始，其本国舆论迅速地转向对外来移民尤其是第三世界移民进行种种批评，大量关于外来移民如何损害本国社会安宁的报道充斥报端。⑤1993 年后，进入东欧的中国移民潮明显回落。20 世纪 90 年代末，移民潮虽有所回升，但只是 "借路东欧"，以中国农村乡镇为主的移民在 "蛇

---

① 2012 年 11 月 2 日访谈斯洛伐克华商 L 于义乌欧陆风情文化主题大酒店。

② 因市场离港口城市只有 7 公里而命名。

③ 2012 年 11 月 2 日访谈斯洛伐克华商 L 于义乌欧陆风情文化主题大酒店。

④ 2011 年 6 月 22 日访谈 R 于义乌国际商贸城五区非洲产品展销中心。

⑤ 李明欢：《欧洲华侨华人史》，中国华侨出版社 2002 年版，第 557 页。

头"组织下走上偷渡之路,最终目的地为西欧或北美。①

2. 南欧和西欧华商

意大利、西班牙、葡萄牙和希腊四国是南欧地区的主要国家。相对于欧洲西北部国家而言,南欧国家的经济发展长期滞后。然而,进入90年代后,随着南欧国家的多次大赦政策,新移民大量涌入,以新移民为主所经营的进出口贸易业也蓬勃发展起来。大体而言,这一时期,南欧国家的进出口贸易向两个向度发展:一方面,一批有经济实力的华商成为大批发商,以货柜的方式直接从义乌市场等中国国内市场及生产厂家大批量地进口商品;另一方面,越来越多的华人参与到零售贸易中,"提篮叫卖"、"摆地摊"等"二战"以来在欧洲消失多年的谋生方式,不但再度重现,而且遍及移居国的各个角落。②

意大利是南欧国家中第一个接纳中国新移民的国家。③ 进入90年代之后,随着意大利的多次大赦政策,大陆新移民大量涌入。在1995年和1998年的合法化运动中,有许多中国新移民经过中欧和东欧一些国家转到意大利,其中经过匈牙利转来的最多,也有经过斯洛文尼亚、克罗地亚和俄罗斯转来的。④ 依据台湾侨务委员会《华侨经济年鉴》的人口统计,1985年,意大利的华侨华人为5000人;而到1995年,人数增长到6万人;到1997年,人数增长到10万人。⑤ 中国移民的大量涌入,从事进口、批发或零售中国商品的华商人数也越来越多,逐渐成为一支颇具实力的贸易生力军。从1993年开始,温州、瑞安、文成、青田等地进入意大利的新移民均知道做进出口贸易有奔头,大家都涌到罗马开设进出口贸易公司或商场,从而使罗马火车站附近的几条大街很快成为进出口贸易街。1992年,罗马进出口贸易公司3家,到1996年即增加到60多家,1997年达150多家,1999年跃为280多家。⑥ 罗马进出口贸易业的发展,带动了全

---

① 《世界侨情报告》编委会编:《世界侨情报告(2011—2012)》,暨南大学出版社2012年版,第187页。

② 李明欢:《欧洲华侨华人史》,中国华侨出版社2002年版,第643页。

③ 安东内拉·切卡尼奥:《意大利的中国移民在欧洲市场上的竞争》,载罗红波编《移民与全球化》,中国社会科学出版社2006年版,第151页。

④ 同上书,第150页。

⑤ 李明欢:《欧洲华侨华人史》,中国华侨出版社2002年版,第830页。

⑥ 章志诚:《近20年来欧洲华侨华人经济的变化》,《八桂侨刊》2002年第3期。

意大利贸易的发展。据李明欢（2002）统计，1997 年夏仅仅在意大利罗马"胜利广场"一带，业已开张和正在筹备开张的商行，总计就已有近百家，估计每月大约有 200 个集装箱从中国进口意大利，营业额十分可观。① 也有部分从事餐饮业的华商开始涉足贸易，如温州籍华商 D 自 1994年起开始从温州、义乌批发少量眼镜、工艺品等涉足贸易业务，既可以兼职赚钱，而且销售有余的"中国制造"也不愁出路，可以当作纪念品赠送给有较高餐饮消费能力的食客，作为招徕中餐馆顾客的一种方式。② 华商的商业版图遍布米兰、佛罗伦萨、罗马、都灵、那不勒斯等大城市及其卫星城市，由此，华商网络也在不断地构建、拓展。众多新兴华人进出口贸易公司及商行的下级分销商，是遍布意大利的数以万计的包括中国人、意大利其他族群在内的流动商贩。他们从中国商行批发商品后，到集市上摆摊出售。

"这些中国人就像蚂蚁，昨天还在地上，一不留神，都爬到树上去了。"③ 这是西班牙当地报纸在 20 世纪 90 年代中期对迅速遍布西班牙的中餐馆的一个评价。这一评价从一个侧面反映了西班牙的中国新移民人数迅速壮大、大量从事餐饮业的情况。从 90 年代起，已有部分西班牙华侨华人从事起中国商品贸易。从 1991 年开始，温州籍华商戚丽玲就陆陆续续带西班牙商人到义乌小商品市场进货。④ 那时，西班牙华商主要聚集在马德里和巴塞罗那的卡塔鲁尼亚地区。马德里是华人移民进入西班牙的第一落脚地，而巴塞罗那作为西班牙第一港口城市，自举办 1992 年奥运会以后，迅速成为西班牙最大的华人聚集区。⑤ 西班牙青田籍华商 Z，1993年从餐饮业转型进入贸易业，在马德里开设了一家 70 平方米的百元店。⑥

---

① 李明欢：《欧洲华侨华人史》，中国华侨出版社 2002 年版，第 644 页。

② 2011 年 10 月 23 日访谈 D 于义乌市幸福湖国际大酒店。

③ 麻卓民：《巴塞罗那华人经济扫描》，《侨园》2006 年第 3 期。

④ 杨金坤、陈楠烈等：《"义乌侨商"调查报告》，http：//www. zjqb. gov. cn/art/2010/4/16/art_ 149_ 28265. html，2010 年 4 月 16 日。

⑤ 方晓：《西班牙华人移民的研究初探——以巴斯克地区为例》，载王晓萍、刘宏主编《欧洲华侨华人与当地社会关系：社会融合·经济发展·政治参与》，中山大学出版社 2011 年版，第153 页。

⑥ 百元店，即百货便民店，开在居民区的便宜货小商店，是真正意义上的社区店。货架上的商品价格多为 100 比塞塔（西班牙曾用货币，约合 1 美元）一件，极为便宜。"百元店"除了食品之外，可以销售各种百货。

1994 年，Z 又在马德里开设了 120 平方米的批发店（店名为 ARTE – CHI-NA ZHOU SHI S. L），成为西班牙华侨中较早做批发的华商之一。最初，Z 批发店的货都从浙江瑞安、温州、桥头进。1995 年，Z 开始到义乌市场采购工艺品，带给很多义乌市场业主第一笔外贸生意。从 1994 年到 1995 年，Z 已经在马德里、巴塞罗那等处开了 3 个批发店，加上最初开的 1 个零售店，一共有 4 个店铺，尝试建立起自己的销售网络。① 温州人刘松林 1991 年到达西班牙，以厨师立足，后转向做百元店老板。百元店越开越大，开到第四家后，刘松林已经不满足了，开始利用自己在义乌的关系，进入百元店上游领域，做起了小商品批发。② 1989 年到达西班牙、从开设礼品店起步的温州人黄志坚，于 1993 年在西班牙富恩拉夫拉达工业区（Fuenlabrada）创办了第一家华人企业——远东工贸集团，成为旅西华侨华人中较早涉及贸易行业的领先者之一。③ 那时的富恩拉夫拉达工业区大部分都是西班牙的批发企业。1994 年，温州人陈晓莲进入该区寻找商机，从义乌批发货物到工业区销售。随着进入工业区从事中国商品贸易的华商人数的增加，"中国制造"的产品，从礼品陆续扩展至服装、皮鞋、玩具、小家电。④ 移居西班牙的青田东源镇项村人高平，于 1995 年从中餐业转向商贸业，从一款法国箱包的代理业务起步，逐步进入了中国商品的贸易批发行业。1999 年，高平租下富恩拉夫拉达的一个 1000 平方米的废弃工厂，从事皮件批发，并开始从义乌小商品城采购一些货物到西班牙销售。⑤

　　葡萄牙的百货业大致发端于 1992 年。当时适逢葡萄牙大赦，大量中国移民从法国、比利时、瑞典、荷兰等国家进入葡萄牙，并取得了合法居留资格。以餐饮业为主的葡萄牙华侨经济难以接纳这么多的新移民，于是

① 2011 年 10 月 24 日访谈 Z 于义乌幸福湖大酒店。

② 李梁：《西班牙华人异乡生存之路》，《南方周末》2005 年 7 月 21 日。转引自《西班牙华人异乡生存之路》，http://news. sina. com. cn/w/2005 – 07 – 21/11027284642. shtml，2005 年 7 月 21 日。

③ 刘薇、罗琼：《去留两难"青田帮"》，《南方周末》2012 年 11 月 22 日。转引自《去留两难"青田帮"》，http://www. infzm. com/content/83078，2012 年 11 月 22 日。

④ 杨猛：《青田人在西班牙的隐秘商业王国（二）》，《名人传记（财富人物）》2013 年第 4 期。

⑤ 张玲玲：《高平成长史》，《浙商》2012 年第 23 期。

一部分新移民便开始在街边路口摆小摊，卖一些来自中国或当地的小商品。华商在此基础上积累本钱后，由摆小摊转变为租用一个小门店，开设士多店，当地人称为"三百店"。适逢大赦，1992年温州永嘉人陈坚和妻子来到葡萄牙，从印度人那里进货，开始了摆地摊生活。当时印度人销售的商品都来自中国。1993年，拿到了葡萄牙居留许可的陈坚迅速回国进货，带着从大哥和温州老乡那里借来的80多万元人民币，回国的第一站就是义乌。在义乌，陈坚采购了工艺品和首饰等上百种商品，足足装满了两个40尺的标准集装箱（上百个立方）。全部商品到达葡萄牙波尔图后，在一周内销售一空，陈坚赚取了人生中的第一桶金。后来，陈坚与家人进行合作，他在国外了解市场需求、组织销售，母亲和大姐负责在义乌采购，形成了一条别具中国特色的"流水线"。① 从1996年开始，从事零售、批发的华商多了起来。在里斯本、波尔图等主要城市逐渐形成了中国人经营的商店一条街，② 如里斯本的莫拉里商业中心。90年代末，里斯本一个名叫MARTIM MONIZ的地铁站出入口处（即老货行）周围云集了近百家华人批发店铺，逐渐形成了葡萄牙较为闻名的小商品批发市场之一。市场里90%是温州人，他们包揽了所有的服装批发业务，剩下的10%为印度人，经营着酒吧、食品、小电器等从属性业务。③

　　进入90年代以来，英、法、德、荷等西欧国家华人的进出口贸易发展较快，主要包含了两种不同经营类型，一类面向华人市场，另一类则以当地国市场为主要经营对象。就20世纪末叶西欧市场的总体情况来看，华人进出口业的经营对象仍以华人市场较占上风。④ 在西欧的英、法、德、荷等国，由于法、英两国华人华侨人数最多，因此，英、法两国华人经营的面向华人市场的进出口贸易业规模也最为可观。从1992年起，浙江温州商人开始进驻法国巴黎北部近郊欧拜赫维里耶。据1992年的统计，

----

① 《关于中国梦的十个样本》，http：//vip. book. sina. com. cn/book/chapter_ 85048_ 54652. html，2011年1月12日。那个时候，义乌市场做外贸生意的还不多。陈坚购买的东西中，有龙泉宝剑，他一张口就要50把。内贸那时候一般批个10把、20把，顶多买一箱就了不得了。因此当时义乌市场商家还以为听错了，又见他年轻，实在不敢相信，付了定金也还是很怀疑。

② 吕伟雄主编：《海外华人社会新透视》，岭南美术出版社2005年版，第106页。

③ 《葡萄牙华人批发业历经五次洗牌 谁将是最后赢家》，http：//www. chinanews. com/hr/ozhrxw/news/2007/12－09/1099557. shtml，2010年10月24日。

④ 李明欢：《欧洲华侨华人史》，中国华侨出版社2002年版，第609页。

巴黎华人贸易批发零售业的总营业额已在该城区华人企业总营业额中占68.2%。[①] 到了1998年，温州人开始成批进入欧拜赫维里耶，每年都有几十家店铺的增长。[②] 据1998年的统计，全法华人经营的进出口贸易业约有200家，每家资本额25万至150万法郎，大型超级市场有7家，中小型杂货业有480家，每家资本额25万至1千万法郎。[③] 法国温州籍华人Z，1991年开始到义乌采购帽子等日用百货。[④] 青田籍华商邱爱华，90年代起便与义乌市新光饰品厂厂长周晓光进行合作，将西方的经营理念、流行风尚带回义乌，并带领周晓光到法国考察饰品行业，最终使中国饰品成功进军法国时尚之都。[⑤] 同时，以新光饰品为代表的义乌众多饰品企业借助华商提供的市场行情、流行趋势等信息反馈，产品不断更新换代，极大地提高了义乌饰品在国际市场上的占有率。

3. 亚非拉华商

亚洲华侨华人从事商业由来已久，而且以经营零售杂货店较为普遍。20世纪90年代以来，在亚洲从事义乌小商品等中国商品销售的华商人数也不断增加。

20世纪90年代，柬埔寨恢复和平后重新对华商打开大门。鉴于去柬埔寨的签证比较方便，浙江青田等地的大陆新移民随身携带采购自义乌、广州等市场的商品去柬埔寨开拓市场。1998年，青田人C、Z等从天津前往柬埔寨金边市考察，后来瞄准战后的柬埔寨对文具的需求，做起了文具贸易。当时Z发了半个货柜（20个立方）的文化用品进入柬埔寨。[⑥] 1999年，青田华商S带着从义乌市场上采购的小百货及广州采购的化妆品等进入柬埔寨"淘金"。S最初采用的贸易方式是"背两大包货过去的"。[⑦] 当时的柬埔寨，充斥着越南货和泰国货。以S、Z等为代表的青田籍商人借

---

① 李明欢：《欧洲华侨华人史》，中国华侨出版社2002年版，第612页。

② 赵成：《巴黎近郊迅速崛起的华商新城》，http：//www.chinanews.com/n/2003 - 04 - 07/26/291835.html，2012 - 09 - 10。

③ 李明欢：《欧洲华侨华人史》，中国华侨出版社2002年版，第612页。

④ 2011年7月4日访谈法籍华商Z于义乌市洲际商务宾馆319房间。

⑤ 2012年9月10日李明欢教授提供。邱爱华从皮革工场起步，于1984年做起了首饰的批发，在这个行业中抢得了先机。1989年又开了另一家首饰批发店。

⑥ 2012年1月8日访谈Z于义乌市青田商会。

⑦ 2011年5月8日访谈S于他在义乌的国际货代公司。

助"老侨"之力，以上门推销的方式，将价廉物美的中国商品推销给当地的批发商，渐渐打开了柬埔寨的市场。

　　1995年年底，泉州石狮籍华侨C在菲律宾开了一家零售店，卖小百货。不久，他成立了自己的第一家贸易公司，从广州采购商品。1997年，第一次到义乌小商品市场，看到琳琅满目的商品，便被义乌市场所吸引。"那时义乌的货，质量次一点，但价钱会（比广州）便宜很多，就想拿一些这里高档一些的货，质量和广州的相比就比较接近。刚开始只做礼品、工艺品这一块，后来慢慢将范围扩大，连小五金、日用百货、电子产品等也开始做了。"① 基于义乌小商品市场提供的丰富货源，C在菲律宾逐渐开设了众多小百货的社区连锁零售店。

　　阿联酋自建国以来，从未有过战乱，成为中东地区的经济中心和贸易集散中心。迪拜是阿联酋7个酋长国中的一个，是典型的港口城市，因其交通、运输的便利，其市场贸易的辐射范围已达北非、中东、南欧、南亚、西亚地区，辐射的人口有13亿之多。到目前为止，阿联酋迪拜市场是义乌籍华商最为集中的一个市场。据不完全统计，义乌人在迪拜市场上，人数最多的时候高达四五千人。② 被称为"义乌迪拜市场经商第一人"的童昌茂，早年在义乌篁园市场经商，1996年、1997年，两次去迪拜考察，最终做起了义乌饰品的批发生意。继童昌茂之后，温州人戚显进也成为最早在迪拜做义乌小商品生意的三个华侨之一。③ 1999年10月，童昌茂在迪拜木须巴扎市场中心租下一个面积130平方米的饰品展示厅，从义乌聘请了4个懂英语的年轻人做自己的帮手。④ 1999年，义乌人F也去迪拜做袜子批发生意。⑤

　　从20世纪80年代末期开始，上海人追随台湾人、香港人的脚步逐渐进入非洲"淘金"，大多数从练摊起家，进而做起零售、批发贸易。自90年代中期以来，尤其是1998年中南建交以来，南非的中国大陆新移民猛增，大多数聚集在约翰内斯堡（以下简称约堡）。义乌人赵贤文以浙江省

---

① 2011年7月5日访谈C于义乌泉州商会。

② 2011年3月24日访谈秘书科F科长于义乌市外侨办。

③ 杨金坤、陈楠烈等：《"义乌侨商"调查报告》，http://www.zjqb.gov.cn/art/2010/4/16/art_149_28265.html，2010 – 04 – 16。

④ 贾献华、方向阳：《成功缘于志在必得的信心》，《金华日报》2008年11月27日第1版。

⑤ 2011年5月6日访谈F妻子于义乌国际商贸城五区非洲产品展销中心尼日尔馆。

义乌市华丰实业有限公司名义与南非方面在约堡合作创办"中华门商业中心有限公司"（简称"中华门"），1999 年 4 月获得中国对外贸易经济合作部正式批准后，开始在国内温州等地招商。① 该商业中心于 1999 年 11 月正式开业。依据田野调查所知，较早去南非销售灯具的温州籍华商胡李明（曾担任南部非洲浙江商会会长）以及目前还在约堡各大中国商城里从事批零贸易的部分诸暨籍、安吉籍等浙籍华商就是借助于"中华门"招商项目而在南非发现商机的。浙江浦江人 L，拥有一家生产运动服装的工厂，1998 年因"讨债"而去南非，发现那里的商机，便开始在约堡设摊批发销售自己工厂生产的服装。②

尼日利亚是非洲第一人口大国。自 20 世纪 90 年代末、21 世纪初以来，中国商人开始进入尼日利亚。前往南非投资"中华门"项目的赵贤文，看到自己工厂生产的发电机在尼日利亚的较大商机后，于 1998 年在尼日利亚注册了公司，租用 800 余平方米营业面积，修建了展厅，首批 100 万美元机组随即运抵尼日利亚首都拉各斯，从零件到整机，从小机组到大机组，样样齐全。③ 1998 年 7 月，浙江温岭籍华商 Y 去非洲寻找市场。最初，Y 到达喀麦隆杜阿拉。"到了杜阿拉，了解到只有几十万人口，而隔壁尼日利亚的人口有 1000 万，所以就马上去拉各斯注册了公司，叫家里那边发集装箱过去。"④ 拉各斯逐渐成为华商聚集的城市。

南美地区，华侨华人原来从事的产业就较为多样化，中餐业并不是他们的传统产业，国际贸易在这里有较好的基础。早在第二次世界大战前后，华商都靠进口中国商品维系百货业、礼品古玩业的经营。八九十年代，更多的中国新移民进入巴西、法属圭亚那从事进出口贸易。初到巴西的中国新移民，大多从事"提包"生意，被称为"提包客"。⑤ 他们从当地批发商那里赊来香水、手表、小电器、小计算器等商品，装在手提包里，走街串巷，到一家一户、写字楼或政府部门等上门推销。立足于提包

---

① 后来因为市场不够成熟、与南非方面发生纠纷等多种原因，"中华门"项目没能成功。

② 2011 年 10 月 23 日访谈 L 于义乌市幸福湖大酒店。一位合作多年的上海籍华商欠 L 很多钱，L 为讨回货款而去南非。

③ 王兆吉、吴汉能：《赵贤文独闯非洲》，《中国经贸》1999 年第 10 期。

④ 2012 年 5 月 18 日访谈尼日利亚华商 Y 于浙江师范大学中非商学院 L 院长家。

⑤ 尹楚平：《从"提包客"到侨领》，丽水市政协文史资料委员会、青田县政协文史资料委员会编：《华侨华人（丽水文史资料第九辑）》，团结出版社 2013 年版，第 17 页。

生意之上，积累了一些经济资本的华侨开始谋求转型。1994 年，青田籍华侨尹霄敏从西班牙重返当初出国的第一站——巴西，开办了"巴西尹氏集团公司"，从事进出口贸易。当年起，他便到义乌采购相框等工艺品。第一个义乌小商品集装箱到达巴西后，获利颇丰。1995 年，他创建了尹氏（Yin's）品牌，以品牌立身，以中高档消费者为主攻对象，以箱包为主打产品，渐渐把产品发展到钟表、小家电、玩具、礼品、陶瓷和体育用品等。青田籍华商尹楚平，1994 年成立巴西福星进出口贸易有限公司，从中国进口商品，开始走上国际贸易之路。自 1996 年起，尹楚平便与义乌的多家小百货制造商建立了长期的出口贸易合作关系。① 1998 年义乌籍华侨成建新经过实地考察，到巴西经商时，义乌和义乌小商品市场在当地商界就已有很大的知名度了。②

综上所述，依托于中国大陆经济的发展以及诸如义乌小商品市场之类的专业市场的繁荣，一个从事义乌小商品等中国商品贸易的海外华商群体逐渐形成。根据国内外许多经济学家的研究证明，在大多数情况下，企业从纯国内经营向跨国经营的最初过渡，总是通过中间商进行的。③ 义乌小商品等中国商品最初走向世界便是得益于华商群体以及外籍商人这些"中间商"的努力开拓。

需要指出的是，20 世纪 90 年代以来，加入义乌小商品贸易的海外华商在进入贸易领域之前的从业出身各不相同，除农民、手工业者外，还有商人、工人、教师、学生、文化艺术工作者、企事业管理人员、机关公务员、医护人员、退伍军人等各种职业。华商的这种多元化出身特征，构建起了华商网络的多重性。大致而言，从事中国商品贸易华商的出身可以分为以下三类：

一是投资移民与华商。部分华商出国之前就已经在中国改革开放的大潮中历经磨炼并积累了可观的资金。他们在出国之前就是"国内移民"一族，在小商品的跨省、跨地区销售中赚取差价而盈利。对于他们来说，

① 《尹楚平：为"中国制造"走向世界尽一份力》，http：//qtnews. zjol. com. cn/zhuanti/2012qiaotuanzh/text. asp？id＝6636，2012 年 9 月 18 日。

② 《浙江"义乌小商品市场"国际上已是一个品牌》，http：//www. zjol. com. cn/05qianbao/system/2007/03/02/008212411. shtml，2012 年 3 月 15 日。

③ 徐锋：《试论我国专业批发市场的国际化》，《国际贸易（对外经济贸易大学学报）》2004年第 5 期。

去海外从事进出口贸易，不仅仅是沿袭着侨乡的"小传统"而产生的一种习惯，还在于去海外创业只是国内创业的一种空间距离上的延伸，是国内移民向国际移民的一个跨越。这方面，浙江青田、温州的部分华商较为典型。部分青田、温州华商在出国之前就已经在国内做了很多年的贸易并积累了经济资本，即所谓的"背纽扣一族"。斯洛伐克华商 L，1996 年去乌克兰做贸易之前，就已经做了近 15 年的销售义乌小商品等的国内贸易了；罗马尼亚华商林万荣 1993 年出国之前，就是"背纽扣"一族中的佼佼者，他们都批发经营从义乌市场、永嘉桥头市场等处采购来的小商品，积累了可观的资金。因而，他们去海外创业之初便是以货柜贸易方式去销售义乌小商品等中国商品。

二是产业转型与华商。多数中国人移居海外之初，往往从最底层的工作做起，餐馆洗盘子、端盘子，地下加工厂里做皮包、服装等。等到有了一定的积蓄后，由打工仔翻身当老板，也往往从业于传统的几大行业。然而，随着新移民不断挤入早期移民从事的餐饮业、制衣业、皮包加工业等传统行业，势必导致传统行业日渐走向饱和，在缺乏资金、高级技术的前提下，很难开创出新的天地。部分华侨华人在积累了一定的资金以及看到中国商品的潜力后，率先从传统从业领域中"跳出来"，依托中国经济的发展及诸如义乌小商品市场等专业市场的繁荣，而开始涉足国际贸易。如20 世纪 80 年代出国的西班牙青田籍华商 Z 及巴西青田籍华商尹霄敏，都是从中餐业转型到国际贸易领域的；法国青田籍华商邱爱华及温州籍华人Z 是从皮包加工业转型到国际贸易的。

三是打工仔与华商。全球化背景下，中国的海外移民在某种程度上可以看作中国国内剩余劳动力在全球范围内寻找出路。绝大部分华商来自农村，并没有充裕的资金去海外从事贸易。此外，就移民方式而言，虽然有小部分人是沿袭着侨乡的移民网络以"家庭团聚"、"劳工移民"、"继承家产"等正规方式进入移居国，但绝大多数中国人——不仅包括来自侨乡的和来自非侨乡的，是以非法的、半合法半非法（如以旅游签证、商务签证等名义进入，但非法滞留）的方式在移居国"潜伏"下来。有的移民在移居之前，交给"蛇头"的偷渡费用都是向亲友借的，可谓"负基础"的移民。对于这些以非正规方式进入移居国、缺乏经济基础的中国新移民来说，从底层做起，从打工起步，以积累创业资本，成为最为务实的也是难以绕过的一个阶段。如青田籍西班牙国贸城集团董事长高平，出国之前家境贫困，为争取西班牙签证，改姓更名，以"合适"的身份争取到西班牙签证，并从餐馆打工做起。① 大量跨国流动的劳动力，一旦在移居国积累了经济资本，便进入自雇做老板的阶段。所以从某种程度上说，这些跨国流动劳动力是潜在的海外华商群体的主体。

华商群体的形成过程，也是华商网络的逐渐建构过程。经由华商的全球"散布"，华商网络从原先局限于中国周边国家而逐渐拓展至西欧、南欧、南美乃至非洲等地。然而，总体来说，这一时期，华商因经济实力及从业人数的有限，采购的商品数量也相对有限，海外的市场尚处于开拓之中，商业网络也处于初建阶段。20世纪90年代后期在金华做货运代理的盛铭，成立了金华地区最早的一家货运代理公司，当时就苦恼于手中只有十几个集装箱的生意。"公司1997年成立，当时，小商品市场一个月也就只有几十个集装箱货柜……"②

第三节　义乌市场繁荣、华商群体壮大与华商网络完善

进入21世纪，义乌市场进入了积极的、内向国际化的发展阶段。随着全球化的深入，国家之间在资本、贸易、技术、信息等方面互通日益增长，促进了中国海外移民以及从事义乌小商品等中国商品贸易的华商人数的迅猛增长。华商大量聚集于欧美国家的同时，非洲、南美等原先不受青睐但具有市场潜力的地区，因为华人移民原先的基数比较小，那里有销售中国商品的更大商机，也逐渐成为华商的"新宠"，从而形成了华商散布全球各地及华商网络拓展至世界各地的图景。

一　华商网络完善之背景：全球化时代的国家与市场

21世纪以来，经济全球化依然是推动中国人向海外移民的一个重要的宏观背景。当代国际移民理论如"世界体系理论"（World System Theory）、"劳动力市场分割理论"（Segmented Labor Market Theory）等大都认

---

① 杨晓舟、潘灯：《西班牙华人巨富之殇：欲融入主流社会成出头鸟》，http：//finance. sina. com. cn/leadership/mroll/20121210/215913956968. shtml，2012年12月10日。

② 张翼：《两个义乌人的十年》，《光明日报》2011年12月9日第7版。

为国际移民是经济全球化的衍生物，经济全球化的过程使发展中国家成为巨大的人力资源提供地。① 随着经济全球化的发展，中国与世界各国之间的国际贸易日渐扩展、深入，不可避免地带动了国民的出国浪潮。正如戴维·赫尔德（2001）所言，"有一种全球化形式比其他任何全球化形式都更为普遍，它就是人口迁移。"②

华商群体的壮大、华商网络的拓展及完善不仅跟全球化的时代背景紧密相关，还受到祖（籍）国或移居国的政策、经济等诸多因素的影响，也与以义乌市场为代表的中国国内商品专业市场的繁荣息息相关。

（一）国家政策的驱动

移民输出国和输入国的政策对移民的流向、规模产生了较为直接的影响。

进入 21 世纪，面对中国国内经济的发展，为积极参与国际经济竞争并努力掌握主动权，在 2000 年 3 月的全国人大九届三次会议期间，中国政府首次提出了"走出去"战略，鼓励企业充分利用国内外"两个市场、两种资源"，通过对外直接投资、对外工程承包、对外劳务合作等形式积极参与国际竞争与合作，实现跨越式发展。尤其是自 2001 年中国加入世界贸易组织（WTO）以来，中国经济和社会开始了新一轮的对外开放，加快了中国经济融入全球经济的进程。在企业走出去的同时，大量国人迈出国门，走向世界各地。

与此同时，中国政府放宽了公民因私出国的审批条件及程序，进一步便利了中国人的出国。在 21 世纪之前，中国国内个人护照申领需要经过单位、街道、派出所甚至国家部委的审批，办理时不仅需提交境外邀请函，还要携带身份证、户口簿以及单位意见、居委会意见、出国事由证明、职业和身份证明、派出所意见等。2001 年 11 月召开的"2002 年全国公安出入境管理工作会议"宣布了 6 项改革目标，其中"按需申请护照"政策是改革的核心。③ 公民按需凭身份证和户口本到相应机关即可申请护

---

① 郭玉聪：《经济全球化浪潮下的中国新移民》，《当代亚太》2004 年第 9 期。

② ［英］戴维·赫尔德等：《全球大变革：全球化时代的政治、经济与文化》，社会科学文献出版社 2001 年版，第 392 页。

③ 刘国富：《移民法：出入境权研究》，中国经济出版社 2006 年版，第 267 页。

照。从 2002 年 5 月起，中国政府将 12 个城市列为按需申领护照的试点城市，分别是中山、顺德、江门、佛山、惠州、汕头、深圳、珠海、广州、抚顺、琼海和淄博。新规定执行后，这 12 个城市的护照申请率增加了40% 以上。① 2002 年 12 月 31 日，按需申领护照的试点城市增加到 24 个，其中包括上海、南京、青岛和厦门、杭州等，这些地区护照申领数增加了30% 到 50%。到 2003 年年底，试点城市将增加到 100 个，相当于中国城市的三分之一。② 自 2005 年起，中国其他大中城市的居民也可按需申领出国护照。据中国外交部不完全统计，"2010 年中国在海外人员（含劳务人员、留学人员、定居人员）总数超过 6700 万人……每年出境的中国公民都在以 500 万到 800 万人次的数量增加。"③

移居国的政策也对中国新移民的跨国流动起到了导向性的作用。这一时期，西方国家尤其是欧盟部分国家先后实施了大赦政策，极大地影响了中国新移民的流向。西班牙和葡萄牙都在 2000 年、2005 年实施"大赦"；意大利 2000 年、2002 年实施"大赦"，其中 2002 年的"大赦"就使 63万名移民获得合法身份。④ 西方国家的大赦政策，对于众多想去国外寻求发展的来自中国农村、城镇的中青年来说，无疑成为一种极大的推动力，助长了他们以非法、半合法半非法的方式出国的潮流。

（二）义乌市场的优势

> "义乌市距上海 300 公里，是全球最大的小商品批发市场。外国买主都到那里订货。"⑤

上述这段描述出自联合国与世界银行、摩根士丹利等世界权威机构2005 年联合发表的一份题为《震惊世界的中国数字》的专题报告中。在这份专题报告里，义乌是唯一被录入的中国县域经济体。

---

① 刘国富：《移民法：出入境权研究》，中国经济出版社 2006 年版，第 267 页。

② "Reforms Make Life and Travel Much Easier", *China Daily*, Aug. 8, 2003.

③ 《中国保护海外公民体系日趋成熟》，载《世界侨情报告》编委会编《世界侨情报告（2011—2012）》，暨南大学出版社 2012 年版，第 15 页。

④ 《青田华侨史》编纂委员会编：《青田华侨史》，浙江人民出版社 2011 年版，第 92 页。

⑤ 薛建国、孙晶晶、熊晓燕：《义乌：地球上最大的超市》，《钱江晚报》2006 年 5 月 17 日第 A2 版。

进入 21 世纪，随着中国经济日益国际化，特别是中国 2001 年加入世界贸易组织以来，义乌小商品城国际化发展全面提速，其经营活动超越国界，渐渐融入全球经济，开始从地区性、传统型的纯国内批发市场向国际性、开放型的商品流通中心发展。这一时期，义乌市场的优势不仅仅表现在交易场所的现代化、网络化，即硬件建设方面，更主要体现为形成了以义乌市场为中心的跨区域分工协作网络，即"软件"建设方面。义乌市场的这种发展优势成为越来越多的华商进场采购小商品的主要吸引力。

1. 义乌市场的现代化

21 世纪伊始，义乌市政府明确提出了建设国际性商贸城市、扩大经济外向度的发展战略，并陆续建成了具有标志性意义的国际商贸城一期、二期、三期市场，使义乌市场开始步入国际化发展的新阶段。2001 年 10 月，第五代市场——义乌福田市场奠基。当时的决策者审时度势，将福田市场更名为具有前瞻性的名称——"国际商贸城"，成为义乌的新代称。当时国内专业市场的建设非常热。据国家统计局统计，截至 2002 年年底，我国商品专业市场有 89043 个。① 专业市场相互之间的激烈竞争可见一斑。为了让这个新建立的市场能够兴旺起来，义乌市政府进行了全盘的考虑。当时 M②正好在市场建设办，了解当时政府为提升市场发展空间的精心布局：

> 那么当时把几个好的、比较有潜力的行业摸清楚以后，把最差的行业放在一楼，当时我们决策层是这样想的，一楼旺不起来没有关系的，办市场就是越下面的层面越好弄，越上面的层面如果弄不起来，游客来了就不往上面走。那么当时几个行业排起来，最差的行业放在下面，像花类、玩具类的放在一楼。好一点的行业放上面，饰品、工艺品几个，发展潜力比较大的，放在上面楼层。
>
> （15/9/2011，am，访谈 M 于义乌国际商贸城四区综合治理站）

义乌市政府把销售行情较差的行业放在一楼以及把国际商贸城一区的建筑位置移至跟市区相邻，这些"以人为本"的措施，奠定了义乌市场

---

① 马燕、王郁、王敬华：《农村商品交易市场发展概况与趋势》，《中国市场》2006 年第 14 期。

② 后来曾担任义乌国际商贸城四分区的副总，目前已经退居二线。

持续发展的基础。此后，义乌市场的外向度明显提高。2001 年，中国小
商品城外贸交货值约 15 亿美元，占市场总成交额的 54%，出口国家和地
区达 140 多个。① 2002 年 10 月，国际商贸城一区建成并投入使用，拥有
商位 1 万余个。每个摊位的面积由篁园市场时的 1 平方米扩大成 9 平方米
左右。2002 年后，义乌市入境的国外客商每年以 30% 以上的比例递增。
2002 年，小商品出口国家和地区增加到 160 多个。2003 年，商品销往
179 个国家和地区，近 5 万名外商来义乌采购小商品。当年义乌综合竞争
力居浙江省县级市首位。商贸城一期市场的繁荣，坚定了义乌市政府领导
做大做强市场的决心和信心，2004 年 10 月，国际商贸城二区建成，拥有
商位 8000 余个，经营户逾万户；2005 年 9 月，国际商贸城三区市场投入
使用，拥有商位 6650 余个，经营户 8000 余户。2008 年 10 月，国际商贸
城四区开业，市场建筑面积达 108 万平方米，拥有商位 16000 个。2011
年 5 月，国际商贸城五区市场投入使用，拥有商位 7000 余个。

　　随着进场采购的华商及外籍商人的几何级数增加，小商品出口国家和
地区结构也发生变化，除中东、韩国及港澳台等传统市场外，出口市场重
心逐步转向欧美发达国家。根据海关统计，2004 年义乌小商品出口市场
位列前十位的国家和地区是：美国、阿联酋、俄罗斯、乌克兰、韩国、日
本、印度尼西亚、巴西、德国、南非。② 截至 2006 年 5 月，义乌市场已经
与 212 个国家和地区建立了贸易联系，美国、中东、俄罗斯成为义乌市场
小商品的前三大出口国家和地区。③ 2009 年，义乌小商品出口 210 多个国
家和地区，市场辐射广度达 93.75%。④ 2011 年，义乌小商品出口至 219
个国家和地区，日均出口 1500 标箱，100 余个国家地区的 1.5 万名境外
客商常驻义乌采购商品。⑤ 同年，义乌市实现自营出口 35.98 亿美元，同
比增长 25.67%。⑥ 2013 年，义乌外贸进出口总值 186.1 亿美元，其中，

　　① 刘俊义：《小商品市场之经营特点和运销区域浅析》，《义乌方志》2007 年第 3 期。

　　② 骆小俊：《专业批发市场的国际化经营模式——义乌中国小商品城市场国际化发展的案例
分析》，《中共宁波市委党校学报》2005 年第 3 期。

　　③ 吴正华：《义乌市场："买全球货、卖全球货"》，《义乌商报》2006 年 5 月 22 日第 5 版。

　　④ 曹晶晶：《义乌专业市场国际化发展策略研究》，《生产力研究》2011 年第 2 期。

　　⑤ 义乌市地方志编纂委员会、《义乌年鉴》编辑部编：《义乌年鉴 2012》，上海人民出版社
2012 年版，第 162 页。

　　⑥ 同上书，第 172 页。

出口为 182.1 亿美元。①

2. "义乌商圈"的形成

这一时期，义乌市场也在"软件"建设方面引领了市场的持续发展，促使国内外的众多贸易商与生产者形成以义乌小商品市场为中心、通过各种关系联结在一起的跨区域分工协作网络，即陆立军（2006）所称的"义乌商圈"。"义乌商圈"指的是国内外所有与义乌小商品市场或企业有着紧密联系的经济主体和区域，既包括前向的产品销售区域，也包括后向的产业支撑区域，以及由此形成的跨区域分工协作网络。② 市场体系、支撑产业、商人群体、物流网络的集聚是"义乌商圈"的构成要素。③

其一，市场体系。市场体系是指不同类型的市场互相联系、互相依赖、互相制约而形成的有机统一体。目前，"义乌商圈"已经形成了以国际商贸城为中心，篁园市场、宾王市场、针织市场、家电市场、生产资料市场等十多个专业市场为支持，以及福田工艺品专业街、汽车用品及配件专业街、兴中饰品配件专业街、相框专业街、年画挂历专业街、家具专业街等 30 多条专业街为支撑，运输、产权、劳动力、技术、信息等市场作配套，30 多个国内外分市场相呼应的较为完善的市场体系。

其二，支撑产业。义乌市场的支撑产业，是来自本市、周边地区以及全国各省市向义乌小商品市场提供货源的各种产业集群及企业，其中以服装、纺织、饰品、拉链、玩具、五金、印刷等优势产业为代表。以玩具为例。目前，整个义乌玩具市场"广货"占 90%，其中"澄货"占 60% 以上。现在澄海的客商在义乌办有 200 家企业和商铺。④ 截至 2006 年 4 月底，义乌小商品市场有 5 万多家商铺，销售全国各地 40 多万种产品。⑤ 在义乌市场从事总代理、总经销、特约经销的商品达 6000 多种。⑥ 来自全国各地的产业集群及企业，向义乌市场提供廉价、稳定的商品货源，保证了市场的持续发展。

---

① 施洪灿、陈笑天：《2013 年义乌外贸出口总额超 180 亿美元》，《每日商报》2014 年 2 月 10 日第 11 版。

② 陆立军等：《义乌商圈》，浙江人民出版社 2006 年版，第 8 页。

③ 同上书，第 20—28 页。以下相关内容参考此书。

④ 《义乌澄海商会成立》，《世界潮商》第 20 期。

⑤ 帕拉维·艾亚尔：《义乌，全球化的典范》，《义乌商报》2006 年 4 月 27 日第 1 版。

⑥ 石增根：《扶打结合推进市场规范与繁荣》，《义乌商报》2006 年 4 月 26 日第 5 版。

产业集聚创造了商品集聚的优势。依据 2008 年国家商务部在义乌发布的《小商品分类与代码》行业标准，将义乌市场小商品划分为 16 大类、9121 个类目、33217 个细类、170 多万种商品。商品的集聚，既便利了华商、外商的采购，又有助于降低价格，成为吸引采购商的最大优势。有人做过统计，以一天 8 小时计，在义乌市场 5.8 万个摊位各逛 1 分钟，就得 120 天。① 依据在"第二届义乌世界侨商大会暨采购商大会"（2011年）期间开展的问卷调查，在获得的 82 份有效问卷中，有 60 名华商认为"义乌市场商品种类齐全"是他们选择到义乌采购的主要原因，占总人数的 73%。

其三，商人群体。"义乌商圈"中的商人群体不仅仅指义乌本地的商人，还包括对义乌小商品市场的发展起到十分重要作用的东阳、永康、浦江、诸暨、温州、绍兴等义乌周边地区的商人，包括在义乌成为全国最大的小商品市场后全国各地到义乌做生意的商人，包括在义乌成为国际性商贸名城后大量从事义乌小商品等中国商品贸易及相关产业的海外华商、港澳台胞以及外籍商人（不具有中国血统的）等。此外，近几年来，义乌培育进口商品馆、非洲产品展销中心后，华商、外籍商人也陆续到义乌市场设摊开展进口业务，销售海外特色商品。

其四，物流网络。义乌物流网络遍布全国乃至世界各地，仓储、加工、信息、检测、配送等物流功能的实现，为"义乌商圈"辐射范围的扩大和辐射能力的提高提供了巨大的便利。义乌物流网络的完善，一方面有助于降低成本，如"从义乌邮寄一件小型包裹到美国的客户手中，只需要 9 元人民币"②；另一方面，因为成本低，有助于吸引周边地区物流业务乃至外贸物流业务向义乌集中。目前，国际上规模最大的 20 家船运公司已有 17 家在义乌开展业务，这些公司还把义乌当作开拓中东、东南亚、非洲等市场的战略要地。2014 年 11 月，义新欧中欧班列开通，开辟了国际物流的陆路新通道。至 2017 年 10 月，义新欧中欧班列已陆续开通了至马德里、伦敦、布拉格等 9 条运输线路，沿线设立 5 个物流分拨点、8 个

① 管哲晖等：《市场奇迹——"义乌发展经验"新观察之一》，《义乌商报》2006 年 5 月 18 日第 5 版。截至目前，义乌市场已拥有 7.5 万个商位，经营 26 个大类 180 万个单品。

② 《印尼华商推动中小企业携手进军中国义乌市场》，http://chinese.people.com.cn/n/2012/1020/c42309 - 19330940.html，2012 年 10 月 20 日。

海外仓，辐射 34 个国家。义乌市场上有众多代理到全球各个国家或几大洲的专营散货"拼柜"的公司。所谓"拼柜"，即华商一个人的货不够一个货柜时，货代公司会将这些货跟其他商人的货装在一起，拼成一个货柜再发货。正是因为义乌市场具有的独特物流优势，哪怕华商在外地采购的很多商品也都会先转到义乌集中，再由货代公司或物流公司拼柜出货至目的国。

> 因为义乌这边一直拿货比较多，而且这里物流比其他地方的物流都有优势，比较方便，比较便宜，比到杭州、上海还便宜。从义乌发，物流成本就可以降低。现在，我 90% 的货都是通过集中到义乌发出去的。
>
> （7/7/2011，am，访谈青田籍斯洛伐克华商 L 于义乌市青田商会）

正是义乌市场的跨区域分工协作网络，使得义乌市场具有巨大的商人、商品、产业、物流等的集聚功能，成为华商采购"中国制造"的青睐地。从商贸业的角度而言，以义乌小商品市场为核心构建的跨区域分工协作网络提供了独特的优势和便利：采购人员只需在义乌小商品市场就可以采购到来自全国各地乃至世界各国的商品。

综上所述，经济全球化的宏观背景、中国及移居国的政策以及义乌市场的独特优势等因素合力促成了越来越多的中国海外新移民涉足义乌小商品等中国商品的国际贸易领域。华商群体的壮大及华商网络的拓建完全根植于上述的背景之中。

二　华商群体壮大及华商网络拓展

华商商业活动具有人格化交易的特征，这在很大程度上决定了华商网络必定要借助于大规模移民的方式来完成扩张，即华商网络的拓展有赖于华商群体的壮大。卡斯特等学者认为，"20 世纪最后 10 年和 21 世纪初，将是移民的时代。"① 据李明欢（2011）估计，从改革开放到 21 世纪第一

---

① Li Minghuan，'We Need Two Worlds'：Chinese Immigrant Associations in a Western Society，Amsterdam：Amsterdam University Press，1999，p. 17.

个十年，源自中国本土的合法新移民数量总计约550万。①

21世纪华商群体的壮大及全球散布成为华商网络扩张的主要途径。以下分区域对散布全球的华商群体及华商网络拓展作一梳理。

（一）欧洲华商

据2008年9月欧洲华侨华人社团联合会第15届代表大会公布的对欧洲华人社会状况的调研报告，目前在欧洲的华侨、华人总人数约有250万人。② 另据朱慧玲（2002）的研究，改革开放以来欧洲的中国大陆海外新移民逾70万。③ 中国新移民的足迹，已遍及俄罗斯、罗马尼亚、匈牙利、意大利、西班牙等东欧和南欧国家。④

欧洲的新移民中，以浙江、广东、福建人居多。但近些年来，移民来源地突破了上述传统侨乡的范围，山东、辽宁等省份的人士也加入了移民欧洲的行列。总体来说，这些欧洲新移民与移入日本、北美和大洋洲的新移民有显著的差异，后者以原留学人员、科技移民为主，研究生以上学历者甚多；而移入欧洲诸国的新移民中，农民和乡镇居民占70%以上。⑤ 虽然餐饮业、服装业和皮革加工业一直以来是欧洲华人社会的支柱产业，但近十年来欧洲华人经济发展最重要的动力来自价廉物美的"中国制造"。⑥借助于"中国制造"的强劲竞争力，欧洲华侨华人纷纷投身于进出口、批发、仓储、零售业，成为21世纪以来欧洲华人经济结构中增长最快的组成部分，尤其是在南欧、东欧地区，这些行业已经成为华人社会的经济主体。

纵观21世纪以来的欧洲华商，大致可以按地域及发展水平划分出三个不同板块：在南欧的意大利、西班牙、希腊、葡萄牙等国，贸易业出现了勃勃生机，进入突飞猛进的新时代；在东欧的俄罗斯、匈牙利、罗马尼

---

① 李明欢：《国际移民政策研究》，厦门大学出版社2011年版，第288页。

② 李明欢：《欧洲华人社会剖析：人口、经济、地位与分化》，《世界民族》2009年第5期。

③ 朱慧玲：《21世纪上半叶发达国家华侨华人社会的发展态势》，《华侨华人历史研究》2002年第2期。

④ 宋全成：《欧洲的中国新移民：规模及特征的社会学分析》，《山东大学学报（哲学社会科学版）》2011年第2期。

⑤ 陈秀容：《海外华人新移民的全球化与中国西部大开发》，《思想战线》2004年第5期。

⑥ 李明欢：《欧洲华侨华人社会现状与发展趋势》，载王晓萍、刘宏主编《欧洲华侨华人与当地社会关系：社会融合·经济发展·政治参与》，中山大学出版社2011年版，第5页。

亚等国，因移居国政策、局势的波动，华商经济可谓"在钢丝上行走"；在西欧的法、德等国，当地华人在 20 世纪 90 年代业已奠定的经济基础上，兢兢业业地在有限的空间内拓展事业；而北欧的华商及中国商城的数量则比较少。

1. 南欧华商

目前在欧洲各国中，南欧国家因中国新移民的大量进入，日益成为进出口贸易较繁荣的区域。自 20 世纪 90 年代以来，尤其是进入 21 世纪后，在意大利、西班牙、希腊等南欧国家，以新移民为主所经营的进出口贸易业得到了迅速发展。

西班牙曾在 2000 年、2005 年等多次对外来移民实行"大赦"，部分中国移民得益于这一政策实现了身份的转变，并由此开始了在西班牙的生存、创业。到目前为止，西班牙正在成为"南欧最大的中国货源集散地之一"，已形成华人某一行业集中的商区，如巴塞罗那凯旋门批发街、巴达洛纳（Badalona）华人仓库区等，其中凯旋门批发街全部由华人经营服装批发，85% 是青田人；① 巴达洛纳是巴塞罗那华商集中的一个仓库批发区，在短短几年内，已经涌现近百家华人经营的批发仓库。2007 年 9 月，由浙江温州商人戚显进投资开发的位于巴达洛纳地区的中国国际商贸城隆重开业，是一家集服装、首饰、五金、鞋袜等行业批发于一身的商贸城。国际商贸城和华人仓库区巴达洛纳的许多商家从义乌进货。② 2008 年金融危机之后，不少原先在凯旋门批发街的华商将生意转移到巴达洛纳仓库批发区，在那里经营店面更大的批发店，不少商家拥有上千平方米的展示区。

富恩拉夫拉达（Fuenlabrada）和拉瓦比埃斯（Lavapies）是马德里华商聚集的两大批发区。早在 20 世纪 90 年代，华商进驻位于马德里市中心的拉瓦比埃斯，让该地区旧貌变新颜，百年老街焕发出勃勃生机。到 2005 年左右，该地区已经汇聚了经营服装、鞋帽、玩具、首饰等外贸商品的数百家华人商家，商品吞吐量惊人。③ 自 2006 年，马德里市政府出台

① 王方：《青田人立足西班牙》，《环球时报》2004 年 12 月 31 日，第 15 版。

② 《义乌市政府代表团访问巴塞罗那》，《侨声报》2009 年 12 月 5 日。

③ 卧龙岗：《经济危机中的马德里华人批发区 百年老街辉煌不再》，http：// www. chinanews. com/hr/2014/01－11/5725177. shtml，2015 年 8 月 19 日。

旨在规范拉瓦比埃斯商家经营行为的限时封路措施后，加上后来金融危机的影响，华商逐渐撤离拉瓦比埃斯，搬迁至马德里郊区的富恩拉夫拉达仓库批发区。2003 年 4 月，经修建的富恩拉夫拉达中国商品批发市场落成，华人批发商开始聚集。到 2004 年 4 月，富恩拉夫拉达仓库区已有华人大型批发公司近 80 家，一般批发仓库 60 余家。① 到 2006 年，工业区中最大的西班牙礼品批发商"欧米够"被中国人击败，撤离此地。② 到 2012 年 10 月时，富恩拉夫拉达已有 377 家华人进口商和批发商，有近 1 万名中国人在这里工作。③ 这些公司的占地面积不断扩大，经营的商品除了小百货、玩具、五金、服装、床上用品外，还不断扩展到电动器材、电脑配件、电器、大型配件等，具有一种强烈的"义乌"感。到 2013 年年初，工业区只剩下两家葡萄牙人和印度人的店铺，其余 300 多家都是华商开设的仓储式批发店铺。④ 富恩拉夫拉达仓库区中的大批发商非国贸城集团莫属。2001 年，青田籍华商高平创立了国贸城集团，2004 年集团实行扩张，乔迁至富恩拉夫拉达仓库区，经营面积从 3000 多平方米增加到 1.5 万平方米，成为当时西班牙华商的一大创举。⑤ 国贸城逐渐成为华人在南欧最大的礼品、日用消费品仓储式批发中心，旗下还开设了几十家皮件连锁店和大型礼品、日用消费品连锁店。⑥ 国贸城集团仅在义乌的采购团队就有 200 多人。⑦ 长期以来，义乌小商品占国贸城采购的中国产品的 80%⑧，每年在义乌拿的货就有 2000 个集装箱左右。⑨ 国贸城集团经营商品超过 1 万个品种，除常年为西班牙、意大利国内各地的 9000 余家固定商业客户提供稳定、优质的供货服务之外——实行统一配送、统一管理，批发销售

---

① 《西班牙国贸城集团乔迁》，《人民日报海外版》2004 年 4 月 28 日第 5 版。

② 杨猛：《青田人在西班牙的隐秘商业王国（二）》，《名人传记（财富人物）》2013 年第 4 期。

③ 《西班牙电视 5 台〈"皇帝行动"辩论会〉纪实》，http://chinatown. ouhua. info/news/2012/10/22/1800732. html，2012 年 10 月 22 日。也有人估计这个人数起码有两三万人。

④ 杨猛：《青田人在西班牙的隐秘商业王国（二）》，《名人传记（财富人物）》2013 年第 4 期。

⑤ 《西班牙国贸城集团乔迁》，《人民日报海外版》2004 年 4 月 28 日第 5 版。

⑥ 魏一平：《高平事件背后》，《三联生活周刊》2012 年第 4 期。

⑦ 同上。

⑧ 2011 年 3 月 19 日 QQ 访谈国贸城集团驻广州办事处员工 C。

⑨ 2012 年 11 月 2 日访谈 L 于义乌欧陆风情文化主题酒店。

范围还辐射到葡萄牙、希腊、波兰、德国等欧盟多国和南美各国。① 可以说，富恩拉夫拉达仓库区是南欧地区最大的中国小商品批发集散地，相当于"欧洲的义乌"，每天都有数百个集装箱从瓦伦西亚等港口城市运到这里，然后再流向遍布西班牙、南欧及北非等地区的几万家百货商店。②

到 2006 年，西班牙华商中从事服装（包括鞋类）批发业的有 200 家，从业人员约 1000 人；小商品零售及批发业总数约 1100 家，其中大型批发仓库 50 家，小商品零售 1000 多家，从业人员约 5500 人。③ 到 2012 年 10 月时，西班牙总共有大小将近 16000 个华人批发公司和零售商店。在马德里地区，60% 的商店是华人的商店，巴塞罗那是 50%，瓦伦西亚是 30%。④

进入 21 世纪，在意大利从事进口、批发与零售贸易的华商越来越多，主要聚居地为米兰、佛罗伦萨、罗马、都灵、威尼斯等大城市。2003 年夏季之前，意大利是华人从事进口贸易较多的国家，在欧洲仅次于匈牙利。⑤ 据统计，截至 2004 年 9 月，旅意华人自主经营的商业有 18554 家，比 2003 年增长 28%。其中，从事商品批发与零售的华人业主有 7735 家。⑥ 2004 年，贸易业在意大利华侨华人经济中所占比重达到 60% 以上，已取代中餐业成为意大利华侨华人经济的首要支柱行业。⑦ 意大利市场是面向全欧洲的，目前，罗马、那不勒斯、佛罗伦萨和米兰已经形成华人华侨集中进行批发和零售的地区。罗马维托利奥广场（Piazza Vittorio）各类商品的批发对象，不仅仅包括居住在意大利的意大利商人及中国批发商，还包括来自奥地利、法国、德国、希腊、英国、葡萄牙、西班牙的中国商

① 张爱微：《"青商回归"进行时》，《世界青田》2012 年第 1 期。

② 魏一平：《高平事件背后》，《三联生活周刊》2012 年第 4 期。

③ 麻卓民：《巴塞罗那华人经济扫描》，《华侨华人资料》2006 年第 3 期。

④ 《西班牙电视 5 台〈"皇帝行动"辩论会〉纪实》，http://chinatown.ouhua.info/news/2012/10/22/1800732.html，2012 年 10 月 22 日。

⑤ ［意］安东内拉·切卡尼奥：《意大利的中国移民在欧洲市场上的竞争》，载罗红波编《移民与全球化》，中国社会科学出版社 2006 年版，第 175—176 页。

⑥ Antonella Ceccagno，"The Chinese in Italy at a Crossroads：The Economic Crisis"，in Mette Thuno, Beyond Chinatown：New Chinese Migration and the Global Expansion of China, Copenhagen：Nordic Institute of Asian Studies，2007，p.119.

⑦ 朱凌峰：《意大利米兰地区侨情概况》，《侨务工作研究》2009 年第 2 期。

人和欧洲商人。① 米兰的保罗·萨比区是一处华人聚集的商业区，华商批发户已经达到近600家。② 米兰已经成为意大利北部地区中国服装和小商品的集散地。2005年，由意大利兄弟房地产开发公司在帕多瓦投资开发了PADOVA中国商城，两期工程共开发了300多家批发店铺，商城产品涉及服装、五金、箱包、鞋类、首饰、日常用品等，商业范围辐射到斯洛文尼亚、克罗地亚、斯洛伐克、奥地利、德国、捷克、波兰等国家，是意大利目前规模较大的规范有序、干净整齐的华人商城。③

希腊于1998年、2001年和2005年的三次"大赦"，为中国移民带来了改变个人命运的契机，数千华人获得了合法居留权。目前旅居希腊的华侨华人总数将近2万，三分之一来自浙江省青田县，三分之一来自福建省，还有三分之一来自浙江温州和中国其他省市区。④ 希腊的浙江籍华商大多数为中青年侨胞，主要从事小商品的批发和零售。由于希腊这个国家很小，华商主要集中在首都雅典和萨洛尼卡（希腊第二大城市）。在雅典市中心老城区奥莫尼亚广场附近，在与雅典娜大街交汇的索弗克莱奥斯街道两侧等街区，以中国大陆新移民为主经营的贸易商行达46家，规模较大者经营面积有一二百平方米，批发经营从意大利转口到希腊的各式各样的中国货，从皮衣、大衣、风衣、夹克、毛衣、内衣等各类服装，到钟表、收音机、计算器、指甲刀、化妆品、头饰等各类日用百货，应有尽有。⑤ 商品质量虽然不太好，但价格十分便宜，其主要消费对象是当地生活水平较低的中下层民众，故中国商品在当地很有销路。希腊是一个岛国，有1400多座岛屿和小岛⑥，随着中国商品在雅典市场日趋饱和，许多

---

① Antonella Ceccagno, "The Chinese in Italy at a Crossroads: The Economic Crisis", from Mette Thuno, Bey Chinatown: New Chinese Migration and the Global, Nordic Institute of Asian Studies, 2007, p. 124.

② 郭招金等：《2007世界华商发展报告》，载世界杰出华人年鉴编辑部《世界杰出华人年鉴（2007版）》，世界杰出华人年鉴编辑中心2008年版。

③ 《丁伟大使视察帕托瓦市"中国商城"》，http://qtnews.zjol.com.cn/news/text.asp? id = 191244。

④ 汪鹏：《希腊债务危机下的华侨华商现状》，《中希时报》2010年4月25日，转引自http://www.cgw.gr/cn/bbs/viewthread.php? tid=2062&extra=&page=1，2012年9月15日。

⑤ 《希腊人惊呼：雅典冒出"中国城"》，《福建侨报》2002年1月17日。

⑥ 《世界上最美丽的八个岛国》，http://edu.qq.com/a/20140818/027032_all.htm，2015年7月24日。

华商把生意延伸到了希腊几乎所有的岛屿和村落。迄今为止，据不完全统计，在雅典和萨洛尼卡的华人批发货行发展到约 400 家，而分散在希腊各城镇、岛屿和乡村的零售店约 2000 家，星罗棋布。① 此外，希腊华商的商业版图还扩大至塞浦路斯、马其顿、阿尔巴尼亚等国。以塞浦路斯为例，人口只有 82 万，但人均 GDP 近两万美元，消费能力相当强。温州籍华侨、希腊华侨华人总商会会长徐伟春从义乌购进的饰品，目前几乎占领了塞浦路斯的市场。②

　　自 21 世纪以来，越来越多的葡萄牙华侨华人开始从事中国商品进出口批发生意，并形成相对集中的华人进出口商业区。自 2000 年起，葡萄牙华侨华人陆续在里斯本大区及周边地区开起了一些大面积的仓库批发店。批发仓库面积通常在 400 平方米至 500 平方米，有些规模大的店面，达到上千平方米。其中，位于里斯本市中心的两栋商业大厦"中国城"，有上百家华人开办的进口批发店，以服装纺织品为主，也有皮包、小装饰品、眼镜等各类产品。里斯本市中国商品批发业务的发展，带动了零售业的成长，"三百店"在里斯本各地如雨后春笋般遍地开花。2002 年，已经从事了十来年义乌小商品批发贸易的温州籍华商陈坚，以独特的眼光，把自己货行对面的有 45 个铺面的商业楼租下来，创建了第一个相当集中的华人批发市场，即"中国城"。在里斯本郊外，也有不少华人陆续建造起一些中小型仓库，主要经营日用百货商品的批发业务。陈坚在距里斯本 30 公里的 PORTO ALTO 开辟了第二个批发市场，面积 7000 平方米，拥有 42 家店铺，即"中国城 2"，并逐渐成为葡萄牙华人家喻户晓的中国百货商品批发市场。随后几年，陆续在 PORTO ALTO 周边崛起了一批大中型批发仓库。2007 年 3 月，毗邻批发仓库的亚洲商城第一期 60 个商铺开业，整个商城规划面积有 6000 平方米，交通便利。这些相对集中的批发商铺，给华人批发商提供了一个良好的平台，同时为零售商的进货提供了便利，又节约了时间。③ 目前，在里斯本、波尔图和北部一些地区，华人

---

① 汪鹏:《希腊债务危机下的华侨华商现状》,《中希时报》2010 年 4 月 25 日。转引自 http://www.cgw.gr/cn/bbs/viewthread.php? tid=2062&extra=&page=1, 2012 年 9 月 15 日。

② 沈莉:《安逸的生活 变幻的生意》,《都市快报》2008 年 5 月 4 日第 21 版。

③ 笑道人博客:《葡萄牙第一个华人批发市场的创建者》, http://blog.sina.com.cn/s/blog_62c37f150100v7lb.html, 2015 年 1 月 20 日。

批发商共有 500 家左右，零售商更多达 1000 多家。[①] 据粗略估计，青田人在葡萄牙开设的"三百店"有上千间。[②]

2. 东欧华商

李明欢 1998 年年底在匈牙利做调查时，一位新移民告知，"东欧这地方，既是'金矿'，又是'地雷区'。"[③] 进入 21 世纪以来，东欧华商的处境也依然面临着这种矛盾困境：一边是丰厚的利润，一边是因俄罗斯、罗马尼亚等国政策不稳定以及华商自身不规范的贸易方式，随时都可能使华商遭受巨大的风险。

21 世纪初，切尔基佐夫市场依然是莫斯科最大的服装、鞋帽等日用品批发市场，也是东欧地区最大的轻工商品批发市场，主要经营来自中国、土耳其、印度、越南、白俄罗斯、波兰等国的纺织品、日用品、家用电器等。市场里有 1 万多个摊位，每日在这里从事经营活动的小商贩几万人，其中华商多达 1 万余人[④]，绝大多数来自北京、福建、浙江、四川、广东及东北，是莫斯科华商最为集中的地方。2004 年，这个大市场的交易额估计占中俄民间贸易的 70%。[⑤] 义乌商人是切尔基佐夫市场的开拓者之一，早在 2001 年就在市场内经营小商品批发。[⑥] 到 2007 年 8 月，切尔基佐夫市场有 3000 多家中国商铺。[⑦] 莫斯科义乌商会会长贾杭林，原先和大多数华商一样在俄做小商品生意，2005 年做起了建材生意，并创立了自己的公司和品牌。[⑧]

21 世纪初期，匈牙利是华人进口商向中欧、北欧和东欧分销商品的中心。匈牙利有华侨华人 2 万—3 万。目前，匈牙利的四虎市场、欧洲广

① 彭卡：《葡萄牙里斯本"中国城"——华商热卖中国货》，《上海侨报》2007 年 7 月 17 日。

② 《青田华侨史》编纂委员会编：《青田华侨史》，浙江人民出版社 2011 年版，第 124 页。

③ 李明欢：《欧洲华侨华人史》，中国华侨出版社 2002 年版，第 657 页。

④ 杨烨：《中国新移民在中东欧现状》，《侨务工作研究》2010 年第 6 期。

⑤ 国务院侨务办公室政研司编：《"中国和平发展与海外华侨华人"研讨会论文集》（内部资料），2006 年版，第 300 页。

⑥ 蒋中意：《数亿美元义乌商品在俄罗斯面临销毁厄运》，《金华日报》2009 年 6 月 29 日第 3 版。

⑦ 中国华侨历史学会编：《华侨华人资料》2007 年第 1 期。

⑧ 《市场需求对欠款、壁垒、清关、安全等问题不容忽视》，http://www.zipperen.cn/cn/shownews.asp？code=264，2012 年 12 月 26 日。

场、中国商城、亚洲中心等市场成为从事贸易批发生意的中国商人聚集之地。位于匈牙利首都布达佩斯的四虎市场在十多年前就闻名遐迩，作为中东欧地区的中国商品集散地，据称有3000多个"巴比隆"（摊位），其中90%为中国人经营，从业华人有4000人[1]，出售的商品主要是服装、鞋帽等纺织品和手工产品，也有箱包、雨伞、小电器等一些日用小商品。义乌生产的"真爱"牌毛毯经华商的跨国销售，在匈牙利也非常受欢迎，以至于四虎市场上一度出现仿冒"真爱"商标的产品。[2] 除四虎市场外，2003年，中国商人和当地人在布达佩斯十五区新建了更高级的批发市场——亚洲中心和中国商城[3]，其中，亚洲中心以零售为主。另外，相当一部分福建籍华商还在匈牙利全境开设了不少零售店。到2001年，华商店铺遍布于匈牙利超过2000名居民的城镇之中。[4]

自20世纪90年代后期以来，罗马尼亚从事批发贸易的华商人数越来越多。目前在罗马尼亚移民局有记录的华侨华人4000多人，但估计实际上有1万人。[5] 其中，青田人约有5000人，主要从事批发和零售。[6] 罗马尼亚目前主要有欧罗巴市场、尼罗市场、红龙市场、苏恰瓦市场、唐人街市场等中国商品批发市场。[7] 欧罗巴市场、尼罗市场是20世纪90年代罗马尼亚最为著名的中国商品批发中心。尼罗市场是1998年由当地开发商尼罗集团兴建，市场共有2800多间商铺，华商拥有2000多家，因此得名"中国城"。当时，罗马尼亚华商95%的店铺集中在尼罗市场[8]，华商花1万多美元就能取得尼罗市场一家15平方米至20平方米店铺的永久使用权。[9] 2003年时，义乌商人葛女士与丈夫花了7.5万美元在尼罗市场购买

---

[1] 杨烨：《中国新移民在中东欧现状》，《侨务工作研究》2010年第6期。

[2] 《浙江真爱毛纺有限公司》，http://www.chinatt315.org.cn/2007d315/qy_detail.asp?id=354，2011年9月17日。

[3] 李鹏：《在匈牙利经商的中国人》，《人民日报海外版》2004年6月30日第5版。

[4] 潘兴明编译：《中国海外移民及其思考》，参见潘兴明、陈弘主编《转型时代的移民问题》，上海人民出版社2010年版，第337页。

[5] 2012年1月10日QQ访谈罗马尼亚华商L。

[6] 叶肖忠：《华侨九闾》，中国文化艺术出版社2011年版，第261页。

[7] 2012年1月10日QQ访谈罗马尼亚华商L。

[8] 宗禾：《罗马尼亚"中国城"被强拆》，《新快报》2010年4月29日第A36版。

[9] 王望波、庄国土编：《2009年海外华侨华人概述》，世界知识出版社2011年版，第233页。

了 3 家店铺①，批发来自义乌的衬衫。短短几年间，尼罗市场成为中东欧最大的中国小商品批发中心。从 2003 年起，在尼罗市场的旁边陆续建起了七座红龙商城。2010 年尼罗市场被强制拆除后，大部分华商被迫转移到红龙市场经营。② 目前红龙市场是罗马尼亚最大的小商品批发中心，有 4000 多家店铺，店主包括中国人、阿拉伯人、越南人、土耳其人等，华商大概占市场主体的三分之一，大部分来自浙江、福建，也有来自湖南、河南、辽宁、北京、东北的，其中浙江又以来自青田、温州、瑞安、宁波、义乌等地为多。③ 在市场里经营小商品的义乌籍华商有 20 来人。"市场里的围巾、短裤、五金、玩具多数来自义乌。"④ 借助于罗马尼亚各大市场，义乌小商品等"中国制造"源源不断地向前南斯拉夫、保加利亚、摩尔多瓦、乌克兰等周边国家辐射，华商网络也逐渐拓展。

目前在塞尔维亚的华商有六七千人，其中 95% 以上是浙商，浙商中青田人又占了绝大部分，约有 4000 人，大多从事国际贸易，仓储面积大的达几千平方米。⑤ 贝尔格莱德 70 号市场，约有 500 个摊位，其中青田人经营的商铺有 350 个左右。⑥ 遍布塞尔维亚各地的大小商铺，都从这里进货。最盛时，周边黑山、阿尔巴尼亚等国的商人，也赶到这里进货。浙江瑞安人张杰在市场里拥有 4 个铺位，被称为"百货大王"。⑦其家族在塞尔维亚人数达 200 人左右，分布在全国各地。从事国际贸易的青田籍华商金

---

① 董齐：《罗马尼亚"中国城"被强拆 华商损失上亿欧元》，《中国贸易报》2010 年 5 月 18 日第 A4 版。

② 《美国侨报》，2010 年 10 月 16 日，转引自中国华侨历史学会编《华侨华人资料》2010 年第 6 期。2007 年红龙商城竣工后，实行与尼罗市场不同的制度，每年要交 3 万欧元至 4 万欧元的店租，店主必须按年签订租赁合同支付租金。华商不愿意入驻，红龙商城的店铺大量闲置。在华商不肯搬迁进入红龙市场经营的情况下，红龙市场投资方无法收回投资。为逼迫华商搬迁到红龙市场，市场管理方于 2009 年撤走了尼罗市场的物业管理；又突然于 2010 年 4 月 21 日强制性彻底拆除了尼罗市场，市场上 3000 多家商店被夷为平地，涉及 2000 多家华人店铺，预计华商的经济损失达数亿欧元，其中浙江华商的损失就在 5000 万欧元以上。

③ 2012 年 3 月 6 日 QQ 访谈罗马尼亚青田籍华商 L。

④ 2012 年 9 月 18 日 QQ 访谈罗马尼亚青田籍华商 L。

⑤ 《青田华侨史》编纂委员会编著：《青田华侨史》，浙江人民出版社 2011 年版，第 129 页。

⑥ 陈志农：《塞尔维亚访浙商》，《浙江日报》2014 年 12 月 24 日第 6 版。

⑦ 同上。

爱华家族，目前在塞尔维亚贝尔格莱德及波兰、克罗地亚等国共有进出口公司 7 家，主营服装批发，从浙江义乌、广东及福建进货，年发货柜数相当可观。①

目前，在斯洛伐克的华侨华人有四五千人，其中青田人近 4000 人，大多从事贸易。华商销售的中国商品中，义乌小商品大概占 1/5。②

3. 西欧华商

西欧国家中，就从事批发贸易的华商而言，法国、德国比较显著。

到 21 世纪初，在欧洲 44 个国家中，华人总数已超过 100 万，其中法国的华人最多，有将近 30 万。③ 从 90 年代末期以来，在短短的几年时间里，围绕着法国 AV. VICTOR HUGO、RUE DE LA COQ 和 RUE DES GAR-DINOUX 一带，浙江华商的进出口批发店如雨后春笋般渐次出现。经过十几年的发展，法国华人进出口批发行业已经成为继餐饮业之后的华人又一重要行业。法国华侨华人进出口批发商主要集中在巴黎 3 区、11 区和巴黎北郊的欧拜赫维利耶市，总数在 2000 家左右，经营者大部分是温州、青田等地的浙江籍华商，经营的商品包括钟表、眼镜、打火机、首饰、皮具、鞋类、日用百货、礼品、床上用品等等，但最多还要数服装批发，占总数的一半以上。2006 年，据估计，集中在欧拜赫维利耶市的华人批发商已超过 600 家，成为全法最大的批发商集中地。④ 欧拜赫维利耶市大型批发市场上的货物有 70% 左右来自义乌市场。⑤ 2008 年，法国巴黎40.5% 的华人从事商贸活动，注册华商 3113 人。⑥ 2010 年 6 月，估计有700 家华商商铺。⑦

进入 21 世纪之后，德国华侨华人也兴起了贸易业。在柏林、法兰克

---

① 《青田华侨史》编纂委员会编：《青田华侨史》，浙江人民出版社 2011 年版，第 129 页。

② 2012 年 11 月 2 日访谈斯洛伐克青田籍华商 L 于义乌欧陆风情文化主题大酒店。

③ 杨丽明：《开中餐馆是第一职业 百万华人在欧洲》，《青年参考》2002 年 10 月 24 日。

④ 《巴黎中国商城投入使用》，《侨务工作研究》2006 年第 6 期。

⑤ 《副市长丁进跃率团赴荷兰、法国考察报告》，http://wqb.yiwu.gov.cn/wsdt/wsdt/cgkc/201108/t20110831_373459.html，2011 年 8 月 31 日。

⑥ 郭招金等：《2008 年世界华商发展报告》，载世界杰出华人年鉴编辑部《世界杰出华人年鉴（2008 年版）》，世界杰出华人年鉴编辑中心 2009 年版，第 6 页。

⑦ 《洋博士给浙老板打工 法国温商企业本土化之路》，《今日早报》2010 年 6 月 7 日第7 版。

福等城市甚至出现了华侨华人兴办的专门批发、经营中国商品的商城，如法兰克福华人商贸中心、中原商贸城、斯图加特中国贸易中心、慕尼黑中国商贸中心、柏林中国商贸中心等。① 义乌籍 Y 女士和丈夫 2005 年去德国考察时，发现义乌的饰品、鞋子、礼品、工艺品在德国非常有市场，于是便在德国注册了外贸公司，先后在法兰克福和柏林开设了销售义乌小商品的两家批发店和两家零售店。其中一家批发店位于法兰克福华人商贸中心。②

（二）美洲华商

近 20 年来，北美的中国大陆新移民迅速增加。据相关国家人口普查数据显示，1990—2010 年，加拿大华人数量从 78 万人增至 150 万人；美国华人数量从 180 万人迅速增至 400 万人。③ 随着华人新移民的增加，义乌小商品出口美国的数量正以每年翻一番的速度飙升。2002 年，义乌出口美国的总额已达 10 亿美元④。从 2004—2007 年，美国已连续三年稳居义乌第一出口国。⑤ 2012 年，义乌传统贸易出口位居前十大自营出口国首位的依然是美国，出口额为 7.12 亿美元。⑥ 在美国从事中国商品批发、零售的企业数量也逐渐增加。全美著名的小商品批发市场位于纽约曼哈顿第 26 街和第 30 街之间。这里曾经是犹太人的地盘，如今温州人占据一半天下，温州籍批发商已达 200 家。⑦ 大型温州籍批发商每周从中国大陆进口 5 个货柜，如果平均以每个批发商每周进口一个货柜计算，该市场每周至少从中国大陆进口两百个货柜。在纽约皇后区法拉盛，华商翁受飞经营纽约腾飞贸易公司，自 1999 年从事义乌小商品贸易以来，以每年翻一番甚至二番的速度发展，目前已达到每个月 20 个以上集装箱。他在纽约租了一个巨大的仓库，年租金就达 120 万元，通过网络、参加展销会、老客户

---

① 吕伟雄主编：《海外华人社会新透视》，岭南美术出版社 2005 年版，第 117 页。

② 2011 年 6 月 28 日访谈 Y 于义乌进口商品馆德国馆。

③ 龙大为、张洪云、龙登高：《从边缘走向主流——新移民与北美华人经济发展新动向》，《华侨华人历史研究》2011 年第 2 期。

④ 徐建新：《义乌小商品在美国》，《义乌日报》2003 年 8 月 13 日。

⑤ 蒋中意、徐超：《美国重新成为义乌小商品最大贸易伙伴》，《杭州日报》2009 年 4 月 20 日第 10 版。

⑥ 义乌市志（年鉴）编辑部：《义乌年鉴 2013》，上海人民出版社 2013 年版，第 177 页。

⑦ 郭招金等：《2007 世界华商发展报告》，《华人世界》2008 年第 3 期。

带新客户的形式在纽约从事批发与零售。① 一位湖北籍华商已经在佐治亚州亚特兰大新注册了一家贸易公司，2003 年年初还专门去义乌市场"踩点"，去了之后发现市场之大、品种之多、价格之廉出乎意料，于是本来打算先"踩点"的他就直接进入角色——开始采购、组货。② 祖籍天津的美籍华人 D，2002 年大学毕业后去美国。经历了跳蚤市场③几个月的摆摊历练后，D 到商场里租了两个店铺经营义乌小商品，销售的货全权委托爸爸从义乌采购。后来她关掉店面，专职做起进出口贸易，帮助世界各地的客商到义乌等地采购小商品。目前每年经由她的贸易公司销往全球的义乌小商品的贸易额高达两三千万美金。④ 温州人管锦国于 1993 年从法国转到美国创业，在纽约曼哈顿第 28 街靠近百老汇大道上经营皮带、手套、帽子和围巾。他每年进口约 200 个货柜，90% 的货来自浙江义乌小商品批发市场。⑤

　　巴西是拉美地区华侨华人移民历史较久、人数较多的国家。早年到巴西的华侨多从事提包业（流动商贩），后来逐渐演变为经营百货商店，货品主要是来自中国的玩具、小五金、纺织品、服装、圣诞礼品等。巴西市场上 80%—90% 的小商品是中国制造，节能灯、雨伞和塑料花等产品则几乎全部来自中国。⑥ 近几年来，巴西逐渐成为义乌小商品销往南美洲的主要目的国。2012 年，义乌市"市场采购"贸易出口至巴西达 1.48 多亿美元，位居出口国第 7 位。⑦ 在巴西，华侨华人有 20 万—25 万，90% 集

---

① 徐建新：《义乌小商品在美国》，《义乌日报》2003 年 8 月 13 日。

② 同上。

③ 美国的跳蚤市场自 20 世纪 80 年代以来开始发展。90 年代，更为繁荣，大量劳动密集型产品涌入美国。当时美国的圣何塞（旧金山附近）、帕萨迪纳（洛杉矶附近）和珍珠港并列为三大跳蚤市场，共计拥有近 5000 个摊位。承租者多是华人新移民，以零售为主业，但为降低成本，往往自己从港台或中国大陆进货，廉价出售给顾客，以缓和生活费膨胀的压力。因跳蚤市场里商品的零售价仅为购物中心等大商店的 1/2 或 2/3，也很受美国广大消费者的欢迎。

④ 2011 年 5 月 19 日访谈 D 于义乌之江大酒店。

⑤ 王明塞：《温州人在美国的创富经历（八）》，http：//xl. onjobedu. com/html/xlkt/30955. html，2012 年 7 月 6 日。

⑥ 密素敏：《试析巴西华侨华人的社会融入特点与挑战》，《南洋问题研究》2015 年第 2 期。

⑦ 义乌市志（年鉴）编辑部：《义乌年鉴 2013》，上海人民出版社 2013 年版，第 177 页。

中在圣保罗[1]，而来自青田、温州的浙江籍华商至少有 3 万。[2] 其中，青田人约为 1.5 万，除了 1 家从事餐饮业外，全部从事贸易，批零兼售，大部分的货从义乌采购。[3] 据依托义乌小商品发家的巴西青田籍华商尹霄敏估计，巴西华侨华人约有 5000 人和义乌市场有贸易往来，年贸易额最保守估计在 50 亿元人民币。[4] 巴西圣保罗 25 街（葡文路牌为"三月二十五日街"）是小商品集散中心，到 2007 年，这条街数个商业城中已经开有 700 余家华人商店[5]，义乌商品占有相当高的比重。[6] 巴西的主要城市建立了一定规模的中国商品市场。巴西利亚的巴拉圭市场、累西腓等，随处可见忙碌的华商身影。2013 年，由青田侨领邱根军、张小平、游若华、蒋南雄、徐慧国、冯贵祥、邱秀丰、吴灵军、邱焦凯、邱叶康等人共同集资创建的中国生活商城正在如火如荼的筹建中。该商城位于圣保罗 BRAS 区最热门地段，距 BRAS 火车站、地铁站只有 400 多米，交通十分便利，占地面积 30000 平方米。[7] 在里约热内卢，华侨华人仓库批发业兴旺有加，批发街从无到有，自主品牌产品辐射全国。2014 年，华人创办的首个集产品批发、商品展示、咨询代理、物流配送等服务为一体的中国商贸城在里约热内卢建成营业，占地 1 万多平方米。

　　法属圭亚那是法国在南美洲的一块属地，现有 20 万人口中，有 4500 多名华侨。[8] 这些华侨多是青田籍华商郭胜华带过去的。自 80 年代起，郭

---

①　密素敏：《试析巴西华侨华人的社会融入特点与挑战》，《南洋问题研究》2015 年第 2 期。

②　《钱没存进银行　巴西青田籍女华侨在家遭枪杀》，《都市快报》2009 年 7 月 6 日，转引自 http：//www. jdnews. com. cn/xwzx/zb/content/2009 － 07/06/content_ 2192832. htm，2011 年 7 月 6 日。

③　2012 年 4 月 14 日访谈《青田侨报》记者 Y 于青田县夏威夷咖啡美食店。到 2007 年时，据估计，在巴西的温州人有 5000 多人，很多人一到巴西就开店、设立公司。

④　杨金坤、陈楠烈等：《"义乌侨商"调查报告》，http：//www. zjqb. gov. cn/art/2010/4/16/art_ 149_ 28265. html，2010 年 10 月 18 日。

⑤　《2007 年海外华侨华人概述》编委会：《2007 年海外华侨华人概述》，中国华侨出版社 2008 年版，第 30 页。

⑥　《义乌市人大代表巴西、智利考察报告》，http：//www. yw. gov. cn/wqb/wsdt/wsdt/cgkc/201108/t20110823_ 372481. html，2011 年 8 月 23 日。

⑦　笑笑：《巴西圣保罗中国生活商城正在筹建中》，《青田侨报》2013 年 7 月 9 日第 3 版。

⑧　《侨领风采郭胜华与圭亚那的中国商店》，http：//www. lishui. gov. cn/qypd/zxdt/t20040923_ 0416. htm，2010 年 9 月 13 日。另一说为是 5000 多人。

胜华便在义乌采购小商品。在郭胜华的带领下，青田籍乡亲在圭亚那开起了几百家经营包括义乌小商品在内的中国商品的店铺。① 到2006年时，郭胜华在圭亚那开设了10家商场和近500家经销店。② 至此，郭氏家族海外批发经营形成一个较为完整的网络，覆盖了300余家由浙江籍和广东籍华侨经营的零售商店。③ 目前，他在卡宴堆放义乌小商品的仓库面积达2万多平方米。据浙江省侨办的调查，在卡宴市中心已经形成了义乌小商品一条街。④ 据估计，包括义乌小商品在内的中国百货占据了法属圭亚那70%的市场。⑤

苏里南有浙江籍华商2000多人，其中85%是温州人，多从事进口贸易、零售。零售店铺达300多个，遍及苏里南各地。几十家由浙江人（大多数为文成人）组建的贸易公司每年从国内组织的货柜达300余个，将来自温州、义乌的中国商品源源不断地供应给苏里南及周边国家市场。⑥

处于美洲大陆最南端的智利，近些年来逐渐成为义乌小商品出口量增长显著的国家之一。2010年，义乌市对智利出口3372.56万美元，同比增长42.08%。⑦ 2012年，智利在义乌"市场采购"贸易出口的前10位国家中位居第4，出口金额高达1.98多亿美元。⑧ 华商多数集中在智利首都圣地亚哥火车站旁的商业街，从事百货批发零售生意，而货源主要来自

---

① 李培培：《桑梓情深——记法属圭亚那江浙沪华侨联合会主席郭胜华》，《侨务工作研究》2010年第6期。

② 《侨领风采郭胜华与圭亚那的中国商店》，http：//www.lishui.gov.cn/qypd/zxdt/t20040923_0416.htm，2010年9月13日。

③ 郭胜华：《创业圭亚那》，丽水市政协文史资料委员会、青田县政协文史资料委员会编：《华侨华人（丽水文史资料第九辑）》，团结出版社2013年版，第15页。

④ 杨金坤、陈楠烈等：《"义乌侨商"调查报告》，http：//www.zjqb.gov.cn/art/2010/4/16/art_149_28265.html，2010年10月18日。

⑤ 《侨领风采郭胜华与圭亚那的中国商店》，http：//www.lishui.gov.cn/qypd/zxdt/t20040923_0416.htm，2010年9月13日。

⑥ 《华侨社团》，http：//www.66wz.com/html/qw/hqst-nmz.htm，2012年11月27日。

⑦ 王文胜：《义乌市人大代表巴西、智利考察报告》，http：//www.yw.gov.cn/wqb/wsdt/ws-dt/cgkc/201108/t20110823_372481.html，2011年8月23日。

⑧ 义乌市志（年鉴）编辑部：《义乌年鉴2013》，上海人民出版社2013年版，第177页。

中国大陆。① 智利华商多数是江浙人，经营范围从内衣、外套到箱包，从生活百货到五金、瓷器，从床上用品到灯具、玻璃制品等。2004 年，绍兴人徐明首次到达智利时，发现圣地亚哥的小店里大多摆放着中国产品，且大多是从义乌小商品市场批发过去的，档次都不是很高，但销路却很好。② 到 2006 年，在智利经商的义乌商人有 40 多名。③ 义乌籍华商成建新先后在智利的圣地亚哥和伊基克创办了 3 家贸易企业，主要销售义乌小商品。④

（三）非洲华商

从 20 世纪 90 年代起，中国大陆新移民追随台湾、香港人的足迹进入南非等非洲国家"淘金"。自 21 世纪以来，素有"经济处女地"之称的非洲日益成为中国新移民的移居热土。关于非洲华侨华人人口的统计数据说法不一。有媒体如英国《每日邮报》称近十年已有 75 万中国人移居非洲。⑤ 据何敏波（2009）估计，到 2008 年，非洲华侨华人大约是 38 万。这一数字应该是较为保守的估计。非洲华侨华人分布的一大特点是："大分散，小集中"，南非、马达加斯加、毛里求斯、留尼旺、尼日利亚五国约占非洲华侨华人总数的 90%。⑥

从全球的中国新移民整体来看，非洲中国新移民的经济实力相对来说是较薄弱的。但以中国新移民的经济实力与非洲移居国中下层民众相比，又具有一定的比较优势。非洲大陆可以说是世界上唯一一块凸显华人"高段位"移民层次的地区。大量来自诸如义乌市场的中国商品极大地满足了消费能力有限的非洲中低收入阶层的生活需求。

南非是中国在非洲的第一大贸易伙伴，经济总量为非洲第一，加上其

---

① 《经济危机阴霾仍在　智利成为旅西华商投资新去向》，http：//www. chinanews. com/hr/2011/07 - 03/3152989. shtml，2011 年 7 月 3 日。

② 《绍兴商人智利淘金记》，http：//sxm5008. blog. sohu. com/23648254. html，2012 年 10 月 9 日。

③ 《浙江"义乌小商品市场"国际上已是一个品牌》，《钱江晚报》2007 年 3 月 2 日。转引自 http：//www. zjol. com. cn/05 qianbao/system/2007/03/02/008212411. shtml，2012 年 3 月 15 日。义乌商会成立时，会员人数就达 40 多人。

④ 陈建权：《成建新的和谐创业之路》，《义乌商报》2007 年 4 月 15 日第 2 版。

⑤ 原晶晶：《当代非洲华商的发展战略探析》，《东北师大学报》2011 年第 2 期。

⑥ 何敏波：《非洲中国新移民浅析》，《八桂侨刊》2009 年第 3 期。

重要的海运交通位置，近些年来日益受到华商的青睐。中国新移民大量涌入南非是在 1998 年中南恢复正常的外交关系之后。为促进中国人到南非旅游，2003 年，南非驻上海领事馆简化了上海、广东、安徽、福建、江苏、山东和浙江人到南非旅行的签证程序。① 这一政策大大便利了中国人到南非的旅游、投资及移民。21 世纪初进入南非的中国新移民，多数以旅游签证的名义进入，而后办理工作签证，从事起义乌小商品等中国商品的贸易。据南非海关移民局统计，目前在南非工作、生活的华人超过 30 万，其中福建籍华人占了约 2/3②，绝大多数聚集在约堡从事中国商品的批零贸易。据中国总领馆数据，华商中 30%—40% 经营批发贸易；约 50% 经营小商品、鞋帽、餐馆等。③ 约堡是中国商城最为集中的城市，大量义乌小商品通过约堡销售到非洲各个国家。④ 到 2012 年 8 月，约堡已经建成的加上在建的"中国商城"有 14 个⑤，包括中国城（China City 2001 年）、东方商城（Orient City 2003 年 5 月）、非洲商贸中心（China Mall 2003 年）、百家商场（China Mart 2004 年 9 月）、香港城（Dragon City 2004 年 9 月）、中国商贸城（China Shopping Center）、中非商贸城（Afri-focus Center 2010 年 10 月）、红马商场（Ormonde China Mall）等。其中，东方商城是小商品零售中心，商城内除 3 家餐饮店外，共有 95 位华商、19 位印巴商人经营着 174 家店铺。商城内经营小百货的店铺至少有 63 家，占总店铺的 55.3%。所有商人销售的商品都是"中国制造"。另以非洲商贸中心为例。这是一个零售兼批发的商场，总共有 455 家店铺，其中仓库数是 95 家，店铺数应该是 359 家⑥，但因为有很多老板租用了 2 家店铺并整合成一家大店铺，所以实际的店铺数是 255 家。据初步统计，商城

---

① Li Ying, Karen Harris：《中国到南非的第三次移民高潮》，载姚昭亮译《"世界海外华人研究学会地区性非洲国际会议"论文摘译》，香港社会科学出版社 2008 年版，第 175 页。

② 陈肖英：《民族聚集区经济与跨国移民社会适应的差异性——南非的中国新移民研究》，《开放时代》2011 年第 5 期。

③ 裴广江：《华商拓展海外经营路》，http：//world. people. com. cn/BIG5/157578/11272230. html，2013 年 1 月 15 日。

④ 《赴南非、埃及和阿联酋推介考察报告》，http：//www. yw. gov. cn/wqb/wsdt/wsdt/cgkc/200904/t20090414_ 188026. html，2009 年 4 月 14 日。

⑤ 张妍婷：《五千浙商闯南非，捅破中国制造低价"天花板"》，《钱江晚报》2012 年 8 月 9 日第 B8 版。

⑥ 数据来自非洲商贸办公室香港籍管理人员告知。

内销售小百货的店铺共有 131 家，占商城总店铺的 51.4%。其中华商占 77 家，占 58.8%，印巴商人占 54 家，占 41.2%。在香港城，一位义乌籍华商 B 开设了袜子批发店，销售自己在义乌开设的工厂生产的袜子。① 在红马商场，一对浙江诸暨籍华商夫妻开设销售小百货、玩具等商品的 3 家店铺，其商品主要从义乌进货，少部分从其他华商那里二手批发。②

尼日利亚是非洲第一人口大国。自 20 世纪 90 年代末、21 世纪初以来，中国商人开始进入尼日利亚。目前，尼日利亚有 6 万多中国人，其中从事小商品、百货贸易的起码有 5000 多人。③ 做贸易的华商主要是浙江人、福建人，大都聚集在经济中心拉各斯。浙江人以从事批发贸易为主，少数福建人从事零售。拉各斯的尼日利亚大厦（Nigeria House）有 50 多家中国大批发公司，销售鞋、服装、小百货、假发、五金工具、雨伞等。④ 浙江温岭华商 Y 在大厦里销售台州塑料制品及义乌小商品。浙江舟山人孙国平与人合作于 2005 年在拉各斯兴建了中国城（China Town），又名"龙城"，占地 18000 平方米、拥有 300 多家店铺，经营者主要为华商，从事小规模的鞋服贸易，其中，浙江绍兴人、诸暨人销售布料的比较多，义乌人卖小百货、五金、服装。部分华商将仓库设在以黑人为主的展览馆市场。⑤ 卡诺是尼日利亚北方的交通枢纽，该市的堪汀夸里纺织品市场里有上百家中国商铺。⑥

坦桑尼亚经过多年的发展，已经成为东非当地最重要的贸易中心。根据中国驻坦桑尼亚大使馆统计，目前在坦桑的华人华侨约 3 万人，多数从商。⑦ 坐落于坦桑尼亚首都达累斯萨拉姆的卡里亚克商品批发市场，以及一直以义乌小商品进入坦桑尼亚和非洲大市场的桥头堡而存在的中坦贸易中心·中国商品批发中心，成为义乌小商品在坦桑尼亚的集中销售地。到

---

① 2011 年 1 月 7 日访谈于南非约堡香港城。

② 2010 年 12 月 17 日访谈于南非约堡红马商场。

③ 2012 年 5 月 18 日访谈 Y 于浙江师范大学。Y 为尼日利亚中国商贸企业协会、拉各斯中国工商联合会副会长。华商除从事贸易外，其余多为国有企业、大企业在尼国拓展业务。

④ 2012 年 5 月 18 日访谈 Y 于浙江师范大学。

⑤ 2012 年 5 月 18 日访谈 Y 于浙江师范大学。

⑥ 《38 名中国矿工加纳被捕》，《金陵晚报》2012 年 5 月 27 日第 A14 版。

⑦ 《坦桑尼亚的中国商人：大半辈子"像场梦一样"》，http：//www.gqb.gov.cn/news/2012/0927/27703.shtml，2012 年 9 月 27 日。

2009 年时，在卡里亚克市场经营的浙江人有 200 多人，几乎全部从事义乌小商品批发贸易。①

华商在非洲从事批零贸易的利润比较可观。少数自 20 世纪 90 年代起便在非洲从事商贸业的华商，积累了一定的经济资本。然而，总体而言，非洲华商群体形成较晚，多数在 21 世纪初进入非洲，整体实力极其有限。但近年来，非洲华商呈现蓬勃发展趋势。部分华商在贸易中积累资金后，在非洲大陆范围内寻找新的商机，有的投资于矿业、房地产业，有的在当地搞建筑工程承包，等等。

（四）亚洲华商

东南亚是华侨华人移民历史最悠久、人数最多的地区，也是华侨华人经济实力最强的地区。印尼、菲律宾、缅甸、泰国、越南等国华人经济的基石就是商贸零售业。但在 20 世纪 90 年代之前，在这些国家或地区从事零售业的华商销售的商品，或来自香港、台湾地区，或通过广交会采购自大陆。进入 90 年代以来，尤其是 21 世纪以来，随着义乌市场国际知名度的提高，越来越多的东南亚华商从广州转到义乌市场采购商品。与此同时，随着 21 世纪以来中国—东盟全面经济合作进入新阶段，极大地促进了双方的贸易往来，也有助于更多的中国新移民去东盟开拓义乌小商品的销售市场。

20 世纪 90 年代末期以来，随着柬埔寨政局的进一步稳定和经济重建的全面展开，前往柬埔寨的中国大陆新移民不断增多。据柬埔寨海关统计，1999 年进入柬埔寨的中国人约 4 万人。② 2000 年至 2005 年是华人到柬埔寨闯荡的又一个高潮，这个时期抵柬华人已近 10 万人。③ 2006 年，中国旅居柬埔寨的华侨华人有 60 多万人，其中青田籍 1000 多人。据青田籍华商 S 估计，青田人在柬埔寨，人数最多的时候有好几千人，多数在从事义乌小商品贸易。④ 到 2006 年为止，通过青田华侨发往柬埔寨的商品已占领了柬埔寨市场的 80%，每年的总贸易额已达 2 亿美元，每年为国家

---

① 2012 年 4 月 13 日访谈 Z 于青田开元大酒店一楼咖啡厅。

② 彭晖：《柬埔寨华侨华人现况》，《东南亚纵横》2000 年学术增刊。

③ 《海外华人腰杆子硬起来》，《环球时报》2008 年 2 月 4 日。

④ 2011 年 5 月 8 日访谈 S 于其义乌的物流公司。

创汇 1.2 亿美元。[①] 另据浙江省侨办 2009 年的统计显示，在柬埔寨的浙江籍新移民有 3000 多人，其中 2000 多人是贸易批发商。[②]

菲律宾华人华裔约有 200 万，大部分经营工商业。就新移民所涉足的行业来看，零售或批发业占 52.9%，贸易业占 41.2%。[③] 随着价廉物美的中国商品的大量涌入，菲律宾华人区附近最大的批发中心马尼拉中国城市场也兴旺起来。马尼拉中国城所在的 Binondo - Divisoria 地区，自 20 世纪 90 年代中期以来陆续兴建了很多商场，是菲律宾最大的散货中心，全菲各地约 70% 的货物都来自该地区的批发商[④]，比较著名的有 168（一路发）、Divisoria（迪维索里亚）、Tutuban、Baclaran、Quiapo，其他还有 Music Mall、Juanluna Plaza、Fiesta Mall、KP Tower、Ylaya Mall 等。其中，在 168、Divisoria 和 Music Mall 等购物中心，华商拥有约 90% 以上的商铺。菲华商大举在中国的广州、义乌、晋江、石狮等一带采购。福建泉州籍华商蔡辉煌，20 世纪 90 年代中期就开始进入贸易行业，从义乌、广州采购工艺品、钟表等，如今在菲律宾已经有了 400 多个销售网点。[⑤] 现在，蔡辉煌每年单在义乌采购销往菲律宾的百货金额就达 2 个亿。[⑥] 义乌籍华商 F 女士，2005 年去菲律宾做生意，主要销售文具产品，发现"当地市场上绝大多数商品都是从义乌出去的"。[⑦]

阿联酋港口城市迪拜，以其优越的地理条件、优惠的税收政策和稳定的政治环境，成为全球目前发展最快的地区之一，也成为近十多年来全球华人数量快速增长的地区之一。1996 年，全阿联酋仅有 2000 多华人。截至 2005 年年底，阿联酋华人已激增至 10 万人，其中绝大多数集中在迪

[①] 包宇笑：《柬埔寨青田同乡会在家乡隆重召开成立大会》，《青田侨刊》第 5 期（2006 - 12 - 08）。

[②] 王晓峰、杨金坤、陈楠烈：《义乌侨商与中国小商品城——关于"义乌侨商"的调查报告》，《浙江社会科学》2011 年第 1 期。

[③] 代帆：《菲律宾中国新移民研究——马尼拉中国城田野调查》，《太平洋学报》2009 年第 10 期。

[④] 沈燕清：《生存与发展：海外华人社会新观察》，马来西亚策略咨讯研究中心 2009 年版，第 116 页。

[⑤] 2011 年 7 月 5 日访谈于义乌市泉州商会。

[⑥] 郭华萍：《蔡辉煌：从"补丁"少年到贸易大亨》，《东南早报》2011 年 12 月 14 日第 C16 版。

[⑦] 周可：《义乌发个货柜，国外能开一家超市》，《钱江侨音》2011 年第 6 期。

拜。这其中，有上万名浙江籍华商，又以义乌、温州和台州商人居多，80%在迪拜从事贸易。[1] 华商在迪拜主要经营转口贸易，商品转售欧洲、非洲。迪拜的木须巴扎批发市场，3层70多家商铺，几乎清一色是华商经营，商品来自中国各地：义乌的小商品；温州的服装、鞋、皮具；广东的化妆品、电动玩具；福建石狮的服装；等等。[2] 义乌籍华商童昌茂自90年代末便开始在迪拜木须巴扎市场中心设立商品展示厅，从事义乌饰品的批发生意。2000年7月，童昌茂又在木须巴扎市场中心租用了一间店面，饰品的经营规模进一步扩大。当年12月，再租了一间店面，开始从事化妆品经营。从2001年起，他以每年100多万元的租金，又租赁了两间120平方米的大店面，柜台上的商品变成了客商十分喜爱的小百货。人员不够，他一下子又从义乌招聘了30多名年轻人，整个公司达到50多人。[3] 此外，迪拜还有中国商贸城、中国鞋城、中国眼镜城、中国商品（迪拜）分拨中心、中国轻工城、志远鞋城等，都是销售中国商品的平台。其中，2004年12月建成的中国商品（迪拜）分拨中心，也称"龙城"，占地33万平方米，商家达600多个，店铺有2500多个，经营的中国商品多达数万种，涵盖25类，机械产品、建筑材料、家电百货、电子元件、服装衣料、箱包鞋袜，等等，琳琅满目，无所不包，是中国在整个中东地区最大的商品集散地和销售批发中心。[4] 义乌的商品在龙城较受青睐。[5] 2005年，福建莆田籍华商C姓姐弟两家人在考察了龙城的经营环境后，决定在龙城从事玩具、文体用品等的销售，所有的货分别由其父亲及姐妹在义乌负责采购。[6] 到龙城购物的，除了当地人，还有不少周边国家的阿拉伯人、西方人以及印度、巴基斯坦乃至菲律宾、马来西亚等东南亚国家商人。[7]

---

[1]　陆立军等：《义乌商圈》，浙江人民出版社2006年版，第60页。对于华侨华人的人数有不同说法，有的认为在迪拜的华侨已接近20万。参见黄培昭《迪拜有个中国"龙城"》，《世界知识》2010年第5期。

[2]　《迪拜华人社会日新月异》，http：//www.zhgpl.com/doc/1001/2/5/7/100125713.html?coluid=49&kindid=974&docid=100125713&mdate=0911123624，2012年5月7日。

[3]　贾献华、方向阳：《成功缘于志在必得的信心》，《金华日报》2008年11月27日第1版。

[4]　黄培昭：《迪拜有个中国"龙城"》，《世界知识》2010年第5期。

[5]　《赴南非、埃及和阿联酋推介考察报告》，http：//www.yw.gov.cn/wqb/wsdt/wsdt/cgkc/200904/t20090414_188026.html，2009年4月14日。

[6]　2012年5月12日访谈C先生（父亲）于义乌市莆田商会。

[7]　黄培昭：《迪拜有个中国"龙城"》，《世界知识》2010年第5期。

综上所述，进入 21 世纪以来，随着义乌市场商品、商人、产业及物流的集聚，从事义乌小商品等中国商品国际贸易的华商人数不断增加，其构建的华商网络所具有的"发散"功能也进一步增强：在大力拓展欧美国家市场及购销网络的同时，也逐渐向原先中国移民人数较少的非洲、南美洲等地域拓展。随着华商群体逐渐遍布世界各国乃至偏远的小镇，华商依赖于血缘、地缘、业缘等社会关系之上构建的商业网络也像触角一样延伸至世界各个角落，由此逐渐拓展了华商网络的覆盖范围。

三　华商群体贸易概况及多元分化特征

学术界对于从事义乌小商品等中国商品贸易的华商群体的贸易概况及其构建的华商网络情况的研究尚处于起步阶段。在这里，依据在义乌、南非的问卷调查资料及访谈资料，对这一群体的华商网络构建、出口商品种类、贸易额情况以及群体的多元化特征进行梳理，以展示这一群体的基本概况。

2011 年 10 月 21 日在义乌召开了"第二届中国义乌世界华商大会暨世界采购商大会"。在义乌市委统战部、市侨联相关领导的协助下，本人在华商的驻地酒店展开了一次问卷调查，调查内容涉及华商个人及家庭情况，以及华商经营商品种类、采购额度、销售国别、销售模式等贸易情况。本次调查，自愿参与问卷调查的约 150 人，回收问卷 91 份，回收率61%。[①] 由于本次问卷调查不是采取一对一的方式，加上华商一贯的自我保护意识，所以在问卷的回答情况上存在一些遗憾，部分华商对部分题目没有作出回答。为了尽可能地运用每一份问卷上透露出的信息，我们仍以91 份问卷作为分析的样本数。在本次会议结束之后，义乌市侨商会对与会华商进行了电话跟踪访谈，收集到了华商的年度采购额数据。上述两类问卷资料以下均统称义乌问卷。此外，本人于 2010 年 12 月—2011 年 1 月在南非约堡八大中国商城及唐人街开展了近 2 个月的田野调查，收集了华商及雇员的 500 份调查问卷以及部分深度访谈资料（该问卷以下简称南非问卷）。南非问卷主要调查了华商及雇员个人、家庭成员的基本情况、销售商品情况、店铺地理位置及经营状况等。上述问卷共同构成了本部分的资料基础。

---

① 本次调查对于自愿参与问卷调查的华商人数缺乏精确统计，在此取估计值，实为遗憾。

（一）华商群体贸易概况

以下从华商网络构建、出口商品种类、贸易额三方面对从事义乌小商品等中国商品贸易的海外华商群体做一个概况梳理。

1. 华商网络构建状况

华商的移居国及义乌小商品销售国最能反映华商网络的"广度"：华商的广泛散布是华商网络的广布性的显性展现，而义乌小商品的海外销售市场则反映了华商网络的辐射度，这种辐射度跟华商个人的血缘、地缘、业缘等社会关系息息相关。

出席第二届中国义乌世界侨商大会的华商中，只有一小部分来自福建、江苏、江西、辽宁等地，绝大多数来自浙江青田、温州，这两地华商具有人数高度集中于欧洲的显著格局。以浙江青田为例，全县有华侨华人327908 人，分布在世界 121 个国家（地区），其中，移居西班牙、意大利等欧洲国家的占 91.31%[①]，明显地反映出人数高度集中于欧洲的特点。本次义乌的问卷调查，也反映了青田、温州移民的侨居特色——以欧洲居多，人数高达 36 位，占有完整信息总人数 68 人中的 53%。在信息完整的68 名华商中，其构建的华商网络覆盖 73 个国家。其中，将商品销售至西班牙的有 17 人次，意大利 11 人次，美国 10 人次，阿联酋 10 人次，巴西5 人次，俄罗斯 4 人次，日本 4 人次，非洲国家 3 人次，德国 3 人次，英国 2 人次，埃及 2 人次，印度 2 人次。

义乌问卷调查对象高度集中于欧洲的这种特点，在很大程度上也反映了近年来义乌小商品的出口地域以欧洲为重心的特征。近十年来，欧盟市场在浙江省出口占比稳步上升，2000 年为 20.67%，2005 年达到25.39%，2009 年达到 27.12%。[②] 从义乌市场每年出口国别前十名国家的排名中也可见一斑。2009 年，义乌商品出口国别排名分别为：美国、阿联酋、德国、西班牙、俄罗斯、英国、意大利、巴西、伊朗和印度。在出口前十位国家中，义乌市对西班牙出口增幅最高，达 45.74%。[③] 2010年，义乌出口国别排列分别为：美国、阿联酋、德国、巴西、俄罗斯、英

---

① 青田县侨办：《青田县基本侨情调查分析报告》（内部资料），2015 年 1 月 25 日。

② 金国娟：《欧洲债务危机下的浙江外贸发展》，《经济观察》2010 年第 13 期。

③ 章芳荣、蒋丽燕：《欧美仍是义乌小商品主要出口市场》，《义乌商报》2010 年 1 月 28 日第 9 版。

国、意大利、伊朗、印度和西班牙。① 2012 年，义乌市传统贸易出口（以纺织服装及附件等为主）全年十大自营出口国为美国、阿联酋、俄罗斯、德国、巴西、英国、沙特阿拉伯、印度、意大利、西班牙。② 欧盟成为义乌小商品出口的重要区域，从中也可见移居欧洲的浙江青田、温州籍等华商的贡献。

2. 出口商品种类

按照国家商务部发布的《小商品分类与代码》行业标准，义乌市场的小商品包罗 16 个大类，每个大类下又细分上万个细类。那么，义乌市场上哪些商品最受华商的欢迎？依据义乌的问卷调查统计，在信息有效的 81 位华商中，最受华商青睐的商品依次是工艺品、日用品、文化办公用品、服装服饰、五金、针纺织品、电子电器、箱包、珠宝首饰、玩具、鞋等类别（见表 1.1）。

表 1.1　　　　　　　　　海外华商出口商品种类统计

小商品种类	采购人次	小商品种类	采购人次
工艺品	36	珠宝首饰	16
日用品	26	玩具	15
文化办公用品	23	鞋	15
服装服饰	20	钟表眼镜	13
五金	20	体育娱乐用品	11
针纺织品	19	雨具	11
电子电器	18	化妆品洗涤用品	6
箱包	17	辅料包装	5

3. 贸易额

由于统计上的困难，难以掌握华商销售义乌小商品等中国商品的贸易数额。目前众多关于华商贸易额的数据都带有估算的成分。如据青田县有

---

① 义乌市统计局、国家统计局义乌调查队：《2010 年义乌市国民经济和社会发展统计公报》，http://www.yw.gov.cn/zwb/zwgk/tjxx/ywtj/201104/t20110418_308561.html，2011 年 4 月 18 日。

② 义乌市志（年鉴）编辑部编：《义乌年鉴 2013》，上海人民出版社 2013 年版，第 177 页。

关部门估计，目前有约 5 万名青田华侨（与其他职业有交叉计算，包括其亲属）在从事国际贸易。每年青田华侨贸易经营者从国内组织发送出境的集装箱都在 10 万箱以上，光在义乌小商品市场，每 100 个批发货物的商人就有 3—5 个是青田华侨，青田华侨采购销往海外的商品贸易额就高达 100 亿元人民币。①

浙江省侨办曾对义乌小商品市场 613 个商户做过问卷调查，显示华商占义乌市场客户的比重情况（见表 1.2）。虽然该表所反映的情况与华商的贸易额没有直接关联，但可以说明只有 27.73% 的市场商户和华商没有贸易关系，即华商占了义乌市场外贸客户的 72.27%。

表 1.2　　　　　　　　　　华商占义乌市场客户比重统计

华商占客户比重	80% 以上	51%—80%	20%—50%	20% 以下	没有	合计
商户数	9	61	219	154	170	613
占比	1.47%	9.95%	35.73%	25.12%	27.73%	100%

资料来源：杨金坤、陈楠烈等：《"义乌侨商"调查报告》，http://www.zjqb.gov.cn/art/2010/4/16/art_149_28265.html，2010 年 10 月 18 日。

这里我们以 2011 年第二届义乌世界侨商大会调查问卷为例。在信息完整的 71 位华商中，每次在义乌的单次采购额分别为：1 万—100 万 34 人（A 类）；101 万—200 万 10 人（B 类）；201 万—300 万 14 人（C 类）；301 万以上 13 人（D 类）。选择前面三项的，我们取中间数，最保守的估算是每年这些华商在义乌采购额至少：A 类为 1700 万（50 万 ×34 人）；B 类为 1500 万（150 万 ×10 人）；C 类为 3500 万（250 万 ×14 人）；D 类取最低值 301 万，为 3913 万（301 万 ×13 人）。这样一来，仅仅这 71 位华商单次在义乌的采购额就高达 1.0613 亿元人民币。

另外，我们依据第二届义乌世界侨商大会会后的电话跟踪访谈，了解到部分华商每年在义乌采购的商品数额。以下整理出年采购额在 300 万元人民币以上的华商（见表 1.3）。这些华商中，除了个别从事物流或物流兼外贸之外，绝大多数都是纯粹的采购商。这 47 位华商的年平均采购额共计 38 亿元人民币左右（其中华商采购金额是外币部分，美元对人民币的汇率按照 2010 年全年平均中间价 6.7695 算，欧元对人民币的汇率按照

① 吴晶主编：《侨行天下》，大众文艺出版社 2006 年版，第 188 页。

2010 年全年平均中间价 8.9725 算）。与 2010 年义乌全年累计出口额 28.6
亿美元相比①，显然这些华商的经济实力非常雄厚，采购量也非常大。当
然，这里的数字或许值得做进一步分析。

表 1.3　　　　　第二届义乌世界侨商大会侨商采购情况统计　　单位：人民币

序号	姓名	居留国/地区	年度采购额（人民币）	采购商品种类
1	T	阿联酋	20 亿（外贸、物流）	各类商品（物流）
2	C	菲律宾	3 亿	各类商品
3	Z	巴西	2 亿	各类商品
4	L	美国	2500 万美元	饰品、杂货
5	M	葡萄牙	1 亿	各类商品
6	Y	巴西	1 亿	各类商品
7	J	意大利	8000 万	各类商品
8	Z	塞尔维亚	7500 万	开厂、物流
9	W	美国	7000 万	箱包、皮具、饰品
10	W	意大利	6000 万	各类商品
11	H	香港	5000 万	化妆品
12	Z	阿塞拜疆	5000 万	各类商品
13	H	澳门	5000 万	各类商品
14	Z	西班牙	4500 万	小商品
15	C	智利	800 万美元	各类商品
16	S	西班牙	750 万欧元	百货
17	L	意大利	3000 万	各类商品
18	Y	巴西	3000 万	各类商品
19	X	意大利	3000 万	各类商品
20	L	意大利	2000 万	各类商品
21	Z	意大利	2000 万	各类商品

① 周律江：《义乌去年累计出口额达 28.6 亿美元　美国稳居出口额国别排行榜首位》，《浙
中新报》2011 年 1 月 20 日第 7 版。

续表

序号	姓名	居留国/地区	年度采购额（人民币）	采购商品种类
22	W	希腊	2000 万	各类商品
23	S	柬埔寨	2000 万	各类商品
24	Y	意大利	2000 万	各类商品
25	X	法国	2000 万	各类商品
26	X	澳门	2000 万	各类商品
27	W	西班牙	1500 万	各种商品
28	D	澳门	1200 万	纺织品
29	L	意大利	1000 万	各类商品
30	H	希腊	1000 万	装饰品
31	L	意大利	1000 万	各类商品
32	Z	意大利	1000 万	各类商品
33	W	法国	1000 万	各类商品
34	L	斯洛伐克	1000 万	各类商品
35	W	俄罗斯	1000 万	各类商品
36	D	意大利	800 万	各类商品
37	P	美国	100 万美元	手电筒、打火机
38	Y	法国	600 万	百货
39	Z	西班牙	550 万	酒店用品、日用百货
40	Z	美国	100 万美元	日用品
41	W	西班牙	500 万	五金
42	Y	巴西	500 万	各类商品
43	C	丹麦	500 万	各类商品
44	W	意大利	500 万	酒店用品
45	H	西班牙	400 万	小商品
46	Y	厄瓜多尔	300 万	鞋类
47	Z	法国	300 万	装饰品

资料来源：义乌市侨商会。

（二）华商群体多元分化特征

自 20 世纪 70 年代末之后出国的新移民，依靠中国实施多年的改革开放政策以及在其中获得的财富、知识和经验，借助于中国国内国营、私营企业的强大商品生产能力，多了一条从事中国商品国际贸易及相关产业的创业之路。与老一辈华侨相比,这些 20 世纪 70 年代后出国的新移民内部更具多元分化的特征。

李明欢(2010)强调,未来 5—10 年,华侨华人内部阶层分化可能进一步明显。"从横向看,体现为经济、社会地位的差异。"[1] 华侨华人内部的阶层分化现象,自从事中国商品贸易的华商群体产生之日就已经存在,而经过几十年的发展,目前这种分化在加剧,在人口结构、从业类型及经济实力等方面尤为显著。

1. 人口结构分化

本次义乌问卷,调查了华商出生国/地、性别、出生年份、出国年份、受教育程度、来源地等情况。在"出生国/地"和"性别"栏目中填写完整信息的 83 位华商中,除了一位出生于马来西亚,其他的都出生于中国。其中,男性 68 人,女性 15 人。从中可以看出,绝大多数华商出生于中国,又以男性为开展跨国经贸活动的主力。关于"出生年份"和"出国年份"信息完整的有 71 人(见表 1.4)。这些人中,以出生于 50—70 年代的占大多数。也就是说,华商中以年龄在 40—60 岁的居多,这个年龄段是人生中精力最旺盛、最具活力的创业时期。就"出国年份"而言,依据统计,70 年代出国的只有 2 人;八九十年代出国的为 46 人,占总人数的65%;21 世纪之后出国的有 23 位,占总人数的32%。也就是说,华商的主体是 20 世纪 80 年代后出国的新移民。

表 1.4　　　　义乌问卷·海外华商出生年代、出国年代统计

出生年代／出国时间	50 年代	60 年代	70 年代	80 年代
70 年代	2	0	0	0
80 年代	8	9	1	0
90 年代	5	10	12	1
21 世纪初期	4	4	12	3
共计	19	23	25	4

---

[1] 李明欢:《欧洲华侨华人现状与发展趋势》,王晓萍、刘宏主编:《欧洲华侨华人与当地社会关系:社会融合·经济发展·政治参与》,中山大学出版社 2011 年版,第 12 页。

表 1.5　　　　　　　　义乌问卷・海外华商受教育程度统计

出生年代 ＼ 人数	总人数	大专及以上学历	大专及以上学历占同一出生年代总人数之比例（％）
40 年代	1	0	0
50 年代	20	12	60
60 年代	24	12	50
70 年代	24	15	62.5
80 年代	8	5	62.5
90 年代	1	1	100
总人数	78	45	

　　华商的教育程度（见表 1.5）。依据义乌的问卷统计，在信息完整的 78 名华商中，大专以上学历者有 45 人，占 57.7％，其中拥有博士学位的 1 人，硕士 4 人，大学本科 24 人，大专 16 人；而高中及以下者占 42.3％，其中，高中和中专占 29.5％。也就是说，出生于 50—80 年代的华商中，接受过大专及以上学历的人数在 50％以上。作为新移民的华商有这么高的受教育程度，似乎值得进一步研究（这或许跟样本数量偏少有一定的关系）。

　　因华商中既有移居美欧等西方发达国家的，也有移居非洲、南美等发展中国家的，不同移居国华商的受教育状况显然存在差异性。据意大利社会福利机构（Caritas）统计，中国移民只有 12％读了高中，而外国移民的平均水平是 28％。[①] 虽然这个统计是包括所有在意大利的中国移民受过高中教育的状况，但也从一个侧面反映出意大利华商的受教育程度总体不高。

　　然而，南非华商的受教育程度却高于意大利的中国移民（见表 1.6）。依据在南非获取的 377 份华商调查样本（总共调查了 500 份，其中 123 名为雇员）所知，接受过初中、高中教育的华商分别占 28.1％、37.4％，受过大学教育的占 23.1％，而只受过小学教育的占 10.9％。总体上来说，

────────────

　　① 张子宇、马欢、刘舒羽、刘伟倩：《活在边缘：温州人在罗马》，《大经贸》2012 年第 Z1 期。

南非华商的受教育程度以初高中学历为最多。

表1.6   南非华商受教育程度统计

教育程度 \ 身份	华商	占总人数之比
文盲	2 人	0.5%
小学	41 人	10.9%
初中	106 人	28.1%
高中	141 人	37.4%
大学	87 人	23.1%
合计：377 人		

华商来源地状况。依据来源地分，运用义乌市侨办、侨联的惯常分类法，这些从事义乌小商品等中国商品贸易的海外华商大致可以分为"本地侨"和"异地侨"两类。义乌作为因小商品市场的发展而兴起的一个"新侨乡"①，其本地籍的华侨华人、港澳同胞几千人。除了少数因家族移民或历史原因移居境外，越来越多的义乌人因寻找小商品的销售市场、构建小商品的跨国销售网络而走向海外。21世纪之初，义乌企业在俄罗斯、阿联酋等地设立分公司100多家，并在泰国、南非、尼日利亚、乌克兰等国设立分市场，2000多位义乌商人在国外经商。② 时至目前，义乌籍华商的人数肯定大为增加，如迪拜市场里义乌籍华商人数最多的时候高达四五千人③，但具体有多少义乌籍华商在海外从事商品贸易，则缺乏可信的统计。

然而，与义乌市场有国际贸易关联的华商主体是"异地侨"，是来自福建、广东、江苏、四川、山东等全国各地的华侨华人。在浙江省中，以温州、青田、绍兴、台州等籍海外移民从事"中国制造"贸易的人数居多。依据浙江省侨办近年的不完全统计，仅仅浙江籍华商在国外批发市场

---

① 这一提法据义乌市侨联秘书长 G 说是中国侨联主席林军 2010 年到义乌考察时提出的一个新说法。

② 张建成、卢国良：《会展经济热义乌》，《人民日报海外版》2002 年 12 月 11 日第 2 版。

③ 2011 年 3 月 24 日访谈秘书科 F 科长于义乌市外侨办。

有摊位、靠摊位做批发贸易的约 1.5 万人。① 近些年来，华商来源地的多元化特征日益明显，不再仅仅局限于传统的侨乡，东北、西南、西北部地区的移民人数也在不断增加。

以南非约堡的问卷调查作为一个补充。该次调查，收集到信息完整的来自国内各省份的 195 位华商的来源地资料（见表 1.7）。这些华商散布于约堡八大中国商城及唐人街经商，绝大多数从事中国商品的批发、零售贸易，个别华商从事餐饮业、新鲜果蔬销售。在南非约 30 万华侨华人中，因福建籍华侨华人人数最多，故华商中从事贸易的也以福建人居多。在 195 位华商的问卷中，福建籍高达 82 人，占总样本的 42%。另外，江苏、广东、浙江、东北三省（尤以辽宁为最多）、四川、山东等省份的华商人数也占有相当的比例，还有来自北京、上海、天津直辖市的华商以及少数港台同胞。南非的江苏籍华商以来自南通市的为最多。浙江籍 13 位华商分别来自温州、绍兴、义乌、萧山、安吉，但温州人占多数，他们依托浙江省内众多商品专业市场，把来自义乌、温州的小商品，来自绍兴的纺织品、黄岩的塑料制品、乐清的电器等销售到海外。南非华商的问卷调查，可以看出海外华商在来源地上的广泛性。

表 1.7　　　　　　　　　　南非华商来源地统计

来源地	人数	来源地	人数	来源地	人数
福建	82 人	上海	8 人	陕西	2 人
江苏	18 人	湖北	6 人	江西	2 人
广东	15 人	北京	3 人	贵州	2 人
东北三省	13 人	台湾	3 人	香港	1 人
浙江	13 人	云南	2 人	山西	1 人
四川	9 人	河南	2 人	广西	1 人
山东	9 人	河北	2 人	天津	1 人
				合计：195 人	

① 根据浙江省侨办多年海内外调研掌握的情况，浙江籍华侨华人 150 万，按照一个家庭平均 5 人左右成为一个经济体推算，有 30 万个经济体，其中从事餐饮、服装加工等传统行业约占一半，从事贸易的约占 4 成，其他从事科技文化教育等行业。从事贸易的华侨华人中约 10% 从事国际批发贸易，为 1.5 万人。这个人数估算非常保守，远远小于实际从事国际批发贸易的人数。

随着华商群体的不断壮大，地域性外贸军团也日渐凸显。以浙江青田籍华商为例。青田是著名的侨乡。改革开放之初，青田华侨华人分布在50余个国家和地区，如今已有32万多，分布在全球121个国家和地区。国际贸易新领域在某种程度上助推了青田籍海外新移民人数的迅速增加。从最初的"青田石雕贸易"到今天包括义乌小商品在内的"中国制造"贸易，青田华商的从业领域有了极大的转变。虽然青田籍华侨华人的主体在从事中餐业及加工工业，但自20世纪80年代末起，便有新移民在涌向东欧、西欧、南欧的大潮中开始涉足国际贸易。而自20世纪90年代末以来，从事国际贸易的青田籍华商人数越来越多。据不完全统计，2000年时，青田籍华侨华人外贸群体人数为5000人左右，2005年为3万人以上。[1] 现在一个通行的说法是有5万多位青田籍华商在从事外贸活动[2]，平均每月都有数千名青田华侨到浙江、福建、江苏、山东、广州等省和义乌、温州等地组织货源，输往欧美各国。[3] 以平均每人年发集装箱20个计算，贸易总额不低于100亿美元。[4] 在匈牙利、罗马尼亚、保加利亚、捷克、斯洛伐克、南斯拉夫等国，青田华侨主导了中国商品贸易。在前南斯拉夫，2000年时，官方注册外贸机构1000余家，青田籍占20余家；2005年外贸机构6000余家，青田籍占3500余家。[5] 在罗马尼亚，80%的青田华侨做国际贸易，主要集中在首都布加勒斯特。[6] 据不完全统计，青田华侨每月发往国外的轻工日用品集装箱达600多个，已基本垄断了东欧各国的中低档轻工日用品贸易市场，如在乌克兰首都基辅最大的特拉叶那小商品市场里，中国货占了90%，其中青田华侨的货物占80%。[7] 青田华侨经营的国际贸易还拉动了一大批国内企业的生产与销售，国内近万家企业、近100万工人依靠青田华侨的外贸订单支撑，其中70%左右的货物

---

① 吴晶主编：《侨行天下》，大众文艺出版社2006年版，第214页。

② 《青田》编委会编：《青田》，中国城市出版社2003年版，第239页，或参见李晔《义乌青田商会将正式挂牌》，《解放日报》2010年8月30日第10版。

③ 《青田华侨史》编纂委员会编：《青田华侨史》，浙江人民出版社2011年版，第136页。

④ 同上。

⑤ 吴晶主编：《侨行天下》，大众文艺出版社2006年版，第214—215页。

⑥ 《青田华侨群体开始从事国际贸易》，http://www.huassq.com/space-6-do-blog-id-6480.html，2012年6月8日。

⑦ 《青田华侨史》编纂委员会编：《青田华侨史》，浙江人民出版社2011年版，第129页。

采购自浙江省。① 义乌是青田籍华商的外贸大本营，他们60%—80%的对外贸易是在义乌完成的。② 在义乌小商品市场，每100个到这里批发货物的商人，就有3至5人是从事国际贸易的青田华侨。③ 在义乌国际商贸城进行业务活动的每年达上万人次。④ 目前依据义乌市青田商会的估计，"青田籍商人每天在义乌出货柜上百个，占义乌总出货柜的十分之一以上。"⑤ 据媒体报道，2000年该群体贸易额为30亿美元；2004年为80多亿美元⑥；2009年，达到120亿美元。⑦ 青田华商凭借资金、信息和市场网络优势开展国际贸易，将义乌小商品等中国商品源源不断地输往欧洲、北美、南美等地。近几年来，青田籍外贸群体除了在义乌组织小百货货源外，又形成向福建、江苏、山东、广东、深圳等省市的厂家直接组织货源的格局。

此外，值得一提的是部分少数民族华商。当前对中国海外华商的既有研究多集中于汉族华商，而少有对回族、藏族等少数民族海外华商的研究。然而，这些少数民族华商也是中国海外华商中不可忽视的一个组成部分。人口聚集于青海、甘肃、宁夏等这些西北地区的回族，一直以来就有经商的传统。自八九十年代以来，部分回族人开始在藏区从事商业活动，部分人南下东南沿海地区甚至到海外从事商业活动，有的跨国求学，学成后在海外从事中国商品的跨国贸易。据统计，目前回族的华侨华人主要分布在中东阿拉伯国家、南亚、中亚地区和泰国、缅甸、尼泊尔等国，人数在19万左右。⑧ 因小商品市场的发展，近些年来义乌也逐渐成为少数民族人士的创业之地。全国56个民族中在义乌就能找到46个，少数民族的人

---

① 吴晶主编：《侨行天下》，大众文艺出版社2006年版，第188页。

② 李晔：《义乌青田商会将正式挂牌》，《解放日报》2010年8月30日第10版。

③ 卢俊和、杨广、孙成岩：《青田华侨带动浙江省80万人就业》，《华声报》2002年7月2日。

④ 吴晶主编：《侨行天下》，大众文艺出版社2006年版，第203页。

⑤ 李晔：《义乌青田商会将正式挂牌》，《解放日报》2010年8月30日第10版。

⑥ 张建国、叶肖忠：《青田籍华侨华人外贸群体的发展趋势及培育建议》，《大众科技报》2006年5月16日第B02版。

⑦ 李晔：《义乌青田商会将正式挂牌》，《解放日报》2010年8月30日第10版。

⑧ 梁莉莉：《宁夏回族华侨华人社会与现状初探》，《回族研究》2012年第2期。另：海外回族华侨华人的人数存在较大争议。

口已超过 4 万。① 这些商人中部分跟海外亲戚合力开展国际贸易。依据马来西亚学者戴安娜（Diana Wong，2012）的研究，自 90 年代起，来自甘肃、青海等西北地区的回族沿袭着宗教网络进入马来西亚求学。学成后，部分回族人士留居马来西亚从事跨国贸易，将义乌、杭州、广州等地采购的商品带到马来西亚销售。到目前，据估计有 40—50 个主要来自西北地区的穆斯林家庭集中聚集在马来西亚鹅麦（Gombak）等地。如周军（Zhou Jun）1992 年到达马来西亚求学，现在 Gombak 从事义乌小商品的批发贸易，他的一个兄弟帮助他打理马来西亚的批发生意，另一个兄弟及他妻子的叔叔常住在义乌，负责采购伊斯兰纺织品和时尚服饰。周军现在已经是 Gombak 最富有的回族商人之一。②

2. 从业分类

华商主要从事进出口贸易或与国际贸易相关的货代、物流等服务领域，但具体又分为以下几种类型。

第一类是单纯从事义乌小商品等中国商品的出口贸易的，占华商的大多数。依据"第二届义乌世界华商大会及采购商大会"的资料，在信息完整的 65 名华商中，到目前为止单纯从事出口贸易的有 41 名，占总人数的 63.1%。

第二类华商实行转型，具体包括多种情形。其一，进出口兼顾的华商。近些年来，一方面因为受到 2008 年金融危机以及随后的欧洲主权债务危机的负面影响，国际消费市场疲软，人民币被迫升值，做出口贸易已经非常薄利；而与此同时，随着义乌"买全球、卖全球"目标的提出及经济转型，义乌市政府于 2007 年专门开辟了进口商品馆以提升其作为进口、转口贸易的地位，加上近些年来国内民众消费层次的提升、对进口商品的青睐，也带动了部分华商经济的转型。部分有经济实力、思维敏锐的华商抓住时机在义乌进口馆里做起了进口生意。依据义乌问卷，已经有 17 位华商兼做出口、进口生意，另外也有 7 位华商考虑做进口生意。西班牙华商 Z 在巴塞罗那继续从事自有品牌袜子批发贸易的同时，已在义乌

---

① 蒋中意：《义乌：少数民族同胞第二个家——"暖意义乌"系列调查（四）》，《金华日报》2009 年 9 月 14 日第 2 版。

② Diana Wong（University Sains Malaysia），"Muslim mobility and the New Chinese Migration"，参见 2012 年 11 月 19—21 日五邑大学广东侨乡文化研究中心等单位组办的"国际移民与侨乡研究"国际学术会议论文集（第 1 本）（未刊稿），第 426—440 页。

进口馆里做起了西班牙火腿、葡萄酒等的进口生意；坦桑尼亚华商 Z 在从事义乌建材出口生意的同时，也在义乌非洲产品展销中心从事起坦桑尼亚宝石的进口生意。其二，从原先从事出口贸易转向从事进口贸易，将国外的特色商品拿到义乌或国内其他地方销售。南非华商 W，原先在南非从事旅游鞋等的批发零售贸易，近些年来回到国内，并在义乌非洲产品展销中心做起了非洲工艺品的进口贸易。其三，也有较多华商从原先的贸易领域转型从事与国际贸易相关的货代、物流、进出口贸易等服务领域。柬埔寨华商 S 原先在柬埔寨从事小商品的批发贸易，2005 年开始在义乌成立物流公司，专做出口到柬埔寨的国际货代路线，目前业务已经扩大到欧美国家。阿塞拜疆华商 Z 从原先的贸易商转型成为物流公司、外贸公司的老总，将生意转向服务领域，为到义乌市场采购的海内外商人提供采购、出口等一系列的服务。再如美籍华人 D 女士，原先在美国开设了两家主要销售义乌小商品、工艺品的商店，后来转向专业的进出口代理，在美国和义乌各设立了一家贸易公司，为全球客商提供采购上的服务。这些外贸、物流公司，在连接义乌市场和海外客户方面起到了独特的作用，他们以提供外商采购时的服务来收取佣金。正是通过他们，义乌小商品便捷、畅通地流向世界各地。

第三类是贸易和实业、投资"两条腿走路"的华商。从事贸易的华商涉足的是商品的流通领域，而生产领域则先于流通领域，生产成本也决定商品在流通领域的价格和利润，因此部分华商依据自身经济实力、社会关系等，涉足实业，以自主设计、自己制造来延伸贸易链，扩展商业网络。依据在义乌的田野调查资料，目前众多常驻义乌的华商在继续从事跨国贸易的同时，也依据义乌市场或国内市场呈现的商机，适时地进行投资。有的华商在义乌投资制造业，涉足服装、饰品、箱包、床上用品、玩具、化妆品等。这些从事实业的华商，不仅运用已有的华商网络销售自家商品，还往往在义乌市场租赁或购买了摊位，将自家工厂生产的产品借助于义乌市场平台销售到更广阔的市场。义乌籍意大利华商 J 不仅在义乌有生产围巾的工厂，在义乌市场上还有 3 个销售围巾的摊位。此外，有的华商在义乌开设投资公司，少数温州籍、青田籍华商在义乌投资开设酒店、商务宾馆、担保公司、房地产公司等。

3. 实力分层

从事义乌小商品等中国商品贸易的华商内部出现了明显的实力分化趋

势：一方面不乏实力雄厚的大批发商。根据 2009 年 10 月首届义乌世界侨商大会的统计数据，与会侨商直接订货采购额 2 亿多元；[①] 另据 2011 年第二届世界侨商大会的统计，少部分华商年采购额达 1 亿，个别华商甚至高达 20 亿。20 世纪 90 年代出国的浙江籍、江苏籍华商等，往往有一定的资金积累，他们去海外的目的就是当老板、赚大钱。他们出国之前，往往先在义乌、温州、南通等市场组了货柜直接发往目的国，因而他们在海外的发展起点比较高，多数是一级批发商。1998 年去南非的浙江浦江籍华商 L 说，"我们去呢，就是发货过去了。"[②] 南非温州籍华商黄建文基于市场调查，2001 年，两个多月时间里连续发出 20 个货柜的鞋服，价值 800 多万元人民币。[③]

另一方面从事"小打小闹"零售业的华商人数也在不断地增长。如南非的很多福建籍华商在从事零售业。他们中很多人来自农村，大多数以非正规方式进入南非，往往缺乏资金的积累，可谓"洗脚上田"一族，有的甚至还借债移民，可谓"负基础"移民。他们到达南非后，往往从最底层的打工仔做起，等到渐渐积累了资金后，去黑人居住的市镇开零售店，从批发商那里进一些货，当起了零售店的老板。

华商因实力的差异，经营模式上也出现了明显的分化现象。在绝大多数华商停留于"以量取胜"、"以价格取胜"的经营模式时，部分从事批发零售贸易的华商走上了专业化的发展道路及仓储批发的规模化发展道路。

专业化发展。部分华商采购商品时已经不再注重种类繁多，而开始注重精益求精。依据义乌的问卷调查显示，在信息完整的 81 位华商中，有50 位华商只采购 1 至 2 个大类商品，虽然每个大类商品下分许多种类的小商品，但从历时性的视角来看，这种采购模式已经有别于 20 世纪 90 年代。90 年代，有一定实力的华商到义乌采购商品，往往追求"杂"，一个货柜里有几十个种类，希望能满足移居国不同消费者的需求，即所谓"义乌发个货柜，国外能开一家超市"。但进入 21 世纪之后，随着华商之间竞争的加剧、贸易的深度发展，贸易上的分工和专业化趋势逐渐出现。来自

---

① 王旭航：《义乌中国侨商会长峰会昨开讲》，《浙中新报》2010 年 10 月 20 日第 1 期。

② 2011 年 10 月 23 日访谈 L 于义乌市幸福湖国际大酒店。

③ 陈义、晓敏：《南非温商在新领域中谋求商机》，《温州商报》2008 年 3 月 14 日第 20 版。

浙江青田的西班牙华商 Z 说："比如专门做百货的，百货里又分五金啊、汽车用品啊，多方面啦！大家就分着做得比较专业。因为我们整个市场的竞争力大，所以做得比较专业。"①

规模化发展。部分华商经济实力提升后，寻求以规模化发展方式提升贸易利润。依据义乌的问卷调查显示，有 18 位华商的采购种类包括了 5 个及 5 个以上的大类。其中，一位俄罗斯华商采购的品种包含了小商品分类标准下的所有大类，即 16 个大类。这些华商，有的在移居国开设小商品批发超市，有的做仓库批发。他们经营的店铺面积往往很大，几百平方米的规模已属于普通级别，有的店铺面积有上千甚至上万平方米。西班牙华商 Z 说："我们以前的批发店 100 平方米，后来 500 平方米，再后来1000、3000 平方米，甚至 6000 平方米，导致现在零售店都开到 1 万平方米。"② 斯洛伐克华商 L 2002 年开始从事小商品仓储批发贸易，当年仅仅样品间的面积就达五六百平方米，而现在样品间的面积已经高达 1000 多平方米，另外还有更大面积的仓库，"至少有几十个集装箱放在那里"。③ 采购商到他的样品间里看货、下单，然后就可以直接去仓库提货。西班牙华商高平为总裁的国贸城集团在富恩拉夫拉达仓库区的经营面积已经高达1.5 万平方米。④ 值得指出的一个现象是，随着这些华商采购数量的增加，当其采购数量达到工厂最低生产的数量要求时，他们往往会绕过市场直接跟市场背后的生产厂家合作，实行工厂直采、贴牌生产，而不仅仅局限于市场采购模式。

上述概括的海外华商群体的多元分化特征，因为受调查对象有限性的影响，也难免有挂一漏万之嫌。但有一点是肯定的，这一华商群体内部的分层化、多元化特征非常明显，并不能笼统地将活跃于义乌市场上的海外华商看成只有一个面孔的群体。

---

① 2011 年 7 月 6 日访谈 Z 于义乌盟德会所。

② 2011 年 7 月 6 日访谈 Z 于义乌盟德会所。

③ 2011 年 7 月 7 日访谈 L 于义乌市青田商会。

④ 《西班牙国贸城集团乔迁　我驻西大使亲切看望仓库区华商》，《人民日报海外版》2004 年 4 月 28 日第 5 版。

第二章

华商网络构建机制：
市场交易中的关系与信任

阿伦特（Arent，2005）等学者在研究中指出，"文化的同一性有助于创建社会关系"。[1] 基于同文同种和共同生活习俗，海外华商在商业活动中具有一种明显的与众不同的企业文化，即企业的生存有赖于把企业联结到一起的关系网，而全部关系依赖于个人之间的信任发展起来的企业之间的信用。这种由个人信任到企业信用再到企业网络的经济互动模式，是儒家伦理这一华人企业精神内核的外化。[2]

在华商网络建构问题上，海外华商深受中国传统文化的影响，较为依赖传统社会的血缘、地缘等人际社会关系。而基于这些社会关系之上的人际信任成为海外华商构建成功的关系网络的重要因素。[3]

第一节 人格化交易：关系与华商网络

自 20 世纪 90 年代以来，"关系"对于华人商业活动的重要性引起了海内外学者的较大关注。学者们普遍认为，华商网络的维系力量为各式各样的"关系"。鉴于关系对于商业活动的重要性，以至于华商花费很多时

---

① Arent Greve and Janet W. Salaff, "Social Network Approach to Understand the Ethnic Economy: A Theoretical Discourse", *GeoJournal*, Vol. 64, No. 1, 2005, p. 7.

② 陈衍德：《网络、信用及其文化背景——海外华人企业文化的初步探索》，《中国经济史研究》1997 年第 4 期。

③ Robert W. Armstrong and Siew Min Yee, "Do Chinese Trust Chinese? A Study of Chinese Buyers and Sellers in Malaysia", *Journal of International Marketing*, Vol. 9, No. 3, 2001, p. 63.

间和精力努力构建其社会关系（Leung 等，1996）[①]，并在很大程度上依靠这些社会关系使商业活动有效开展（Xin 等，1996）。[②]

现代经济的市场交易一般被称为以普遍主义的人际关系为基础的非人格化交易，[③] 而华商网络内部依赖人际关系的交易则被称为人格化交易。人格化交易是一种"非匿名者之间"的交易方式，相当于我们所说的"熟人社会"里的交易方式，海外华商网络的构建主要依赖于"熟人"，依赖于个人之间基于地缘、血缘、业缘等的联系网络，即社会网络。人们之间的人际互动联结了各种不同的关系网络，如我们相信族群内的某一位朋友，这位朋友的网络关系也被视作我们自己的网络关系，这样便扩大了社会网络能够提供的帮助范围[④]，成为人们获得各种信息、资源、商机及非正式社会支持的基础。在既有的研究中，部分学者（林其锬，1995；五缘文化与海外华商经贸网络课题组，1997；廖小健，2000；蒙英华，2009）[⑤] 较为强调亲缘、地缘、业缘、神缘和文缘（即"五缘"）文化在华商网络构建中的作用。其中，血缘、地缘及业缘关系是海外华商普遍拥有的人际关系。本节主要从血缘、地缘及业缘关系的角度阐述华商网络的构建机制。

一　血缘关系与华商网络

家庭和亲属纽带是形成个人间关系网的基础成分和重要成分。韩理格（1996）认为，华人资本主义的基础是"通过血缘原则而不是依靠一套政

---

① T. K. P. Leung, Y. H. Wong, Syson Wong, "A Study of Hong Kong Businessmen's Perceptions of the Role 'Guanxi' in the People's Republic of China", *Journal of Business Ethics*, Vol. 15, Iss. 7, 1996, pp. 749 – 758.

② Katherine. K. Xin, Jone L. Pearce, "Guanxi: Connections As Substitutes for Formal Institutional Support", *Academy of Management Journal*, Vol. 39, No. 6, 1996, pp. 1641 – 1658.

③ 李方舟、李瑞娥：《保险市场的产权结构、交易模式与寻租的普遍性》，《长安大学学报（社会科学版）》2006 年第 3 期。

④ Arent Greve and Janet W. Salaff, "Social Network Approach to Understand the Ethnic Eeconomy: a Theoretical Discourse", *GeoJournal*, Vol. 64, No. 1, 2005, pp. 7 – 16.

⑤ 林其锬：《"五缘"文化与世界华商经贸网络》，《经济纵横》1995 年第 3 期；五缘文化与海外华商经贸网络课题组：《五缘文化与海外华商经贸网络》，《东南学术》1997 年第 1 期；廖小健：《利用海外华商网络　拓展海外经贸市场》，《国际经贸探索》2000 年第 5 期；蒙英华：《华商网络内部信息交流机制研究》，《南洋问题研究》2009 年第 2 期。

治经济体系维持其合法性”的一种社会组织。这些原则哺育了华人的商业网络，而这些网络是“非常灵活的并且能够给华人企业家在供求关系中提供一种比较优势”。[①] 黄绍伦（1985）在其具有开创性意义的文章中指出，“华人经济组织的本质是家族主义”。[②] 血缘关系在华商网络的构建、拓建过程中扮演了重要的、基础的作用。

血缘关系由血缘联系和姻亲联系所构成。这种关系以家庭为中心，成员之间的交往构成一个血缘关系网络和一个由若干家庭交叉形成的亲缘关系网络，如亲子、祖孙、叔侄、甥舅等。作为人际关系中最直接、最普遍的关系，血缘关系是华商网络构建的最基础的关系网络。依据田野调查获知，很多直接从义乌市场采购、从事跨国贸易的华商（即一级批发商）实行家族式的合作：借助于家族力量分工负责采购或销售，合力从事跨国贸易。等到在移居国销售的商品库存不足或销售市场新近流行某一款产品时，华商就把需要采购的商品的清单、要求等详细告知国内的亲戚，由亲戚负责去义乌市场采购。

这种家族式跨国购销合作方式具有多重优势。其一，节约采购成本，免除了华商一年中往返于义乌与移居国之间不菲的交通、住宿花销，同时也可以提升采购效率。其二，降低风险。部分华商到义乌采购有停留时间或签证时间上的顾虑，而其在国内的亲戚则不受此类约束，可以全权负责商品采购之后的后续性事务，如对义乌市场业主提供的商品进行清点、验货，以减少“问题商品”（如质量问题等）流动到华商移居国之后面临的风险。其三，享有熟人优惠。专职采购者因为长期在义乌市场里看货，对商品信息比较熟悉，而且更为可贵的是因为跟市场里的老板“混熟”了，建立起了关系，进货时不但具有价格优势，而且还可以凭借信任关系欠钱拿货，即“赊货”。

浙江省青田县方山乡奎岩庄 C 先生，其妹妹在西班牙做小商品贸易。妹妹刚开始做生意时，最初几次都带着 C 到义乌进货，熟悉市场采购及商

---

① Gary Hamilton, "Overseas Chinese Capitalism", in Tu Wei‐ming（ed.）, *Confucian Traditions in East Asian Modernity*,（Cambridge：Harvard University Press, 1996）, pp. 328–342. 转引自刘宏《海外华人研究的谱系：主题的变化与方法的演进》,《华人研究国际学报》2009 年第 2 期。

② Wong Siu‐Lung, "The Chinese Family Firm：A Model", *British Journal of Sociology*, Vol. 36, No. 1, 1985, pp. 58–72. 转引自刘宏《海外华人研究的谱系：主题的变化与方法的演进》,《华人研究国际学报》2009 年第 2 期。

品采购后的流程。以后妹妹需要发货时，他就从老家去义乌，按照妹妹的
进货要求采购。

> 我妹妹在西班牙，在海岛里面搞个小批发。首先，她告诉我去义
> 乌需要什么货、什么型号的，然后我帮她去义乌采购。帮她去义乌买
> 好、挑好以后，再发过去。我们一般一个礼拜跑一趟义乌。青田人做
> 贸易的，像我这样的很多。

（14/4/2012，am，访谈青田方山乡奎岩庄村务员 C）

像 C 先生这样的基于血缘关系之上的采购活动，在温州籍、青田籍华
商中非常普遍。华商采购所需要的资金往往打入代理采购的亲戚的银行
卡。以青田华商为例。中国银行青田支行已成为浙江四大县级支行之一，
上百万欧元结算量的客户比较多。[①] 每天银行开门，客户常常从营业窗口
排到了街上，工作人员经常忙到连喝水的时间都很难挤出来。当然，这些
银行中的外汇并不仅仅是华商用于支付亲戚代为采购所需的货款，还包括
侨汇及其他投资汇款等。

有些采购量较大的华商，往往聘请亲戚常驻在义乌专职从事采购事
宜。这些亲戚白天的工作是在义乌市场上找寻最新颖、最具性价比的商
品。在约堡"东方商城"和"非洲商贸城"开设批零兼售五金材料店的
华商 F，每次需要补货时，便让常驻在义乌的妹妹去市场里采购并发货。[②]
福建福清籍华商 Y，从南美厄瓜多尔回国，目前常驻在义乌，紧邻国际商
贸城的一个酒店成为他常年包租的落脚点。白天，他都去市场里看货，负
责采购鞋类、箱包等商品。南美的生意由他姐夫负责。[③] 再如福建莆田人
C 的家族采购模式。C 有两个女儿，一个儿子。目前，C 氏一家分居迪
拜、义乌两地：大女儿、女婿在迪拜做玩具批发，儿子、儿媳在迪拜做文
体用品批发，小女儿、女婿常驻在义乌帮迪拜的姐姐、姐夫进货，C 本人
及侄子也常驻在义乌帮助儿子负责文体用品采购。[④]

---

① 《危机下，青田华侨的生存状态》，http：//qx. lsnews. com. cn/system/2010/11/04/
010108437. shtml，2010 年 11 月 4 日。

② 2010 年 12 月 11 日访谈于南非约堡东方商城。

③ 2011 年 7 月 4 日晚访谈于义乌 RST 汽车酒店。

④ 2011 年 5 月 12 日访谈于义乌市莆田商会。

随着近几年来义乌进口贸易的发展、进口馆的开设，在义乌进口馆从事进口生意的部分华商也借助于血缘关系开展跨国销售。如青田籍奥地利华商 S，2008 年起在义乌国际商贸城进口馆销售德国和意大利服装，其店铺里的商品都是他在奥地利的姐姐负责采购的。

从上述事例中可以看出华商对于家族经营的"情有独钟"。家族经营成为华商积累财富、构建跨国商业网络的普遍经营方式。当家族成员分布于不同国家时，华商网络也在不断延伸和重构，有助于形成家族内的跨国商业网络。因此，华商家族成员散布于同一移居国的不同地方或世界上不同的国家，这种散居状态有助于构建一个广布性的商业网络。如西班牙学者在调查中发现，旅西华人不仅家庭成员和亲属分布于西班牙各地，而且也分布在其他的国家和城市，如法国的巴黎、意大利以及南美，甚至非洲等国。[1] 旅西华人家庭成员的全球化分布状况，有助于华商商业网络的拓展。在欧洲的温州籍、青田籍华商家族中，有先去西欧的意大利、法国、荷兰等国从事进口贸易，随后流动到其他欧盟国家的；也有原先在法国、西班牙和葡萄牙等地，随着当地市场竞争日益激烈，迁移到非洲法语国家、美洲西班牙语国家及巴西等地从事进口贸易的。华商家族成员的跨国流动有助于在多个国家建立销售网络。此外，即使定居于某一国家的华商，也会随着更多家族成员的到来，扩展至更多的城市和地区。如此循环，随着家族成员的散布，华商编织的商业网络越来越大，源源不断地以义乌市场为中心节点，将"中国制造"销往世界各地。

二　地缘关系与华商网络

地缘关系是因居住在共同的区域，以地域观念为基础而形成的人际关系。地缘关系常常以社会历史和文化为背景，使人际关系带有文化传统和乡土色彩，如邻里关系、同乡关系等等。需要指出的是，中国人的地缘纽带具有一定的灵活性，它既可以是祖籍地的一个省、一个乡或者一个村，也可以是在移民之前原居地的一省、一区乃至一国或相邻之若干国。因为，所谓地缘关系，其实不外乎是共同的方言习俗，相似的风土人情，或者是在大规模政治、经济变迁中个人的相似遭遇。[2]

---

① 李言：《西班牙知名学府倡议社会正面看待华人》，《侨务工作研究》2011 年第 1 期。

② 李明欢：《欧洲华侨华人史》，中国华侨出版社 2002 年版，第 681 页。

在近代历史上，活跃于环中国海海域的诸如宁波商帮、广东商帮、福建商帮、山东商帮等大小商帮，是近代环中国海华商跨国网络的主要构建者。① 而就从事义乌小商品等中国商品销售的海外华商来说，在商品的跨国贸易及华商网络的构建过程中，也形成了温州人、青田人、义乌人、福建人、江苏人等地域性的商人群体。借助于地缘关系，华商不断构建起商品的跨国购销网络。

以温州华商为例。温州是全国重点侨乡之一。海外的温州移民人数众多，遍布世界各地。据统计，现有43万海外温籍华侨华人、港澳同胞，移居在法国、西班牙、意大利、加拿大、苏里南、立陶宛、澳大利亚等国……从北半球到南半球，从欧洲到非洲，分布在全世界131个国家和地区。② 由华侨华人与温州故乡之间的联系而构建的地缘网络，使得众多"温州制造"直接或借助于义乌市场间接走向世界各国。温州人遍布天下而构建起来的商业网络，对温州经济的发展来说，是一种独特而宝贵的战略资源。迄今为止，"侨贸"仍然是多数温州民营企业国际化发展所凭借的重要资源之一。统计表明，温州企业70%的产品通过温州人营销网络销售。而义乌市场也是"温州制造"流向海外的主要平台。目前在义乌的小商品市场里，三个摊位里面就有一个是温州人的。③ 依据2007年的一组数据，经义乌市场外销的温州产品，40%在义乌生产基地生产，60%每天从温州运抵义乌，通过公路运输的就有30多个货柜。④

地缘关系也成为青田籍华商在移居国构建华商网络的主要资源。西班牙华侨华人绝大多数来自浙江青田及附近地区。青田华商高平赴西班牙，从打工到创业，继而做大，都得益于"青田帮"的抱团。1995年，高平成立贸易公司，初试锋芒。2000年，高平与几位老乡商议组建国贸城集团。这一集团的构想是，将西班牙境内的中国籍百元店主、超市主召集起来，签订一个"君子协定"：店主们以入股的方式成为国贸城的股东，同时认定国贸城为他们的进货方，享有拿货的优惠，接受国贸城的统一管

① 戴一峰：《近代环中国海华商跨国网络研究论纲》，《中国社会经济史研究》2002年第1期。

② 郑海华：《海外商会 凝聚世界温商力量的平台》，《温州日报》2012年1月29日第10版。

③ 《十万温商的义乌途径》，《温州日报》2007年7月20日第8版。

④ 《义乌温州产业分布》，《温州日报》2007年7月20日第8版。

理、统一配货。借助于地缘关系，国贸城集团建立起生意链上从采购、生产、运输到销售的网络。这种合作形式虽然松散——国贸城不介入每家店的具体经营，但对利润不高的批发行业来说，规模就是生命。国贸城集团因此迅速壮大。到 2011 年年底，除稳定为西班牙、意大利等国的 9000 余家固定商户供货外，国贸城的批发销售范围还辐射到葡萄牙、希腊、波兰、德国以及南美各国，经营范围遍及服装、箱包、针织品、化妆品、厨具、文具、办公用品、玩具、小家电、生活日用品，等等，超过 1 万个品种。借助于地缘关系，高平和他的国贸城基本上控制了西班牙大半的小商品终端的供货。① 在柬埔寨创业的青田籍华商洪树林，其创业成功也得益于地缘关系。初到柬埔寨从事义乌小商品贸易的洪树林，经历过创业上的两次挫折，不但没能赚到钱，反而负了一笔债。后来便不再贷款或借钱采购义乌小商品，而是向先期到达柬埔寨创业的陈超海、陈宝林等老乡赊货，再批发给各处的销售店。这种方法很奏效，仅六七个月就把亏掉的钱赚了回来。②

另以南非为例。进入 21 世纪以来，南非日益成为中国新移民的"新宠"。目前在南非的约 30 万华侨华人中，福建籍华侨华人占了近 2/3。福建老乡众多的现实情状，对于刚到南非想自己创业但又缺乏资金的福建人来说，除血缘关系外，老乡关系、地缘关系无疑是一笔宝贵的财富、可以依赖的资源。依靠老乡关系，福建籍华商在移居国建立起了义乌小商品等中国商品的层级销售网络。做二级批发的或零售的福建籍华商，往往都会去老乡那里拿货。凭借老乡关系，他们可以赊款进货，减轻了创业初期的资金压力；凭借老乡关系，他们还可以把销售不掉、压仓的衣服退还给老乡批发商，减少了经营上的风险。"福建人因为老乡多，客户都是福建人，他们可以赊账，这次过来拿货付上一次欠的货款，不好卖的货还可以拿来换。"③ 依托地缘关系的优势，那些缺乏资金但不乏创业激情的福建籍华商，目前已将零售店开到了南非黑人居住的各个乡镇。一位从事日杂百货批发的福建籍华商说："福建江阴人多数在约堡乡下开零售店，占全

---

① 杨晓舟、潘灯：《西班牙华人巨富之殇：欲融入主流社会成出头鸟》，http://finance.sina. com. cn/leadership/mroll/20121210/215913956968. shtml，2012 年 12 月 10 日。

② 洪树林口述：《回乡当"村官"》，丽水市政协文史资料委员会、青田县政协文史资料委员会编：《华侨华人》（丽水文史资料第九辑），团结出版社 2013 年版，第 177 页。

③ 2010 年 12 月 13 日访谈温州籍华商（经营皮鞋批发）于南非约堡香港城。

部在乡下开店的中国人的 70%—80%。"①

不仅义乌小商品的跨国流通依赖于地缘关系，华商从事的国际货代业的发展也有赖于地缘关系网络所提供的支持。从事国际货代的柬埔寨华商 S，原本专注于从事义乌到柬埔寨的国际货代，但最近几年来，借助于分布在世界各地的青田老乡的地缘性网络，借助于自身的雄厚经济基础及规范的、优质的服务，S 货代公司近几年的业务量尤其是欧洲的业务量有了显著增加，高达"一年有几千个货柜"的规模。

> 欧洲物流业务的拓展是有一个群体的，因为我是青田人，青田人在海外有二三十万华侨华人。我们主要是通过朋友带朋友、亲戚带亲戚这样做起来的。比如我们这个公司在国内做得好的，老乡就会帮我们介绍客户。
>
> （8/5/2011，pm，访谈 S 于其在义乌的物流公司）

这里值得指出的是，由于族群内部的多元化及地缘性的销售网络的存在，在某些移居国还形成了地缘性的族群聚集现象，即移居国的某些地方以来自某一地域的移民为最大的特色。如意大利华人圈，以浙江温州、青田籍华侨华人居多，占华人移民总数的 85% 以上。② 然而与此同时，同为一个地域的华商，内部也更为细化。如温州、青田两地华商的集聚也存在地域性分化倾向：在罗马三分之一的中国人来自青田地区，而米兰和普拉托的中国人多来自温州文成。③

三　业缘关系与华商网络

义乌市场的国际化及华商网络的持续发展，不仅仅依赖于血缘、地缘等个人性的关系网络，也依赖于共同的行业关系而构建起来的商业联系。业缘关系有助于连接起来自不同种族和社会地位的人的联系。这类关系可以帮助人们通过结识更多的圈内或圈外人，获得更多的信息，以得到更多

---

① 2010 年 12 月 10 日访谈于南非约堡香港城。

② 博源：《克服地域观念 意侨领呼：天下华人一家团结求发展》，http：//www. zjqlinfo. com/Info/20090204/2271. html，2009 年 2 月 4 日。

③ 张子宇、马欢、刘舒羽、刘伟倩：《活在边缘：温州人在罗马》，《大经贸》2012 年第 Z1 期。

的商机。与此同时，这种关系网络还具有一定的相互约束性质，促进行业自律，避免恶性竞争，对行业健康发展具有特殊意义。行业内相互依存的共生关系既满足了双方的需要，又在互惠互利的基础上保证了彼此的利益，因而具有一定的凝聚力。

业缘关系与华商网络的构建，体现在义乌小商品的跨国界流动过程中。具体来说，既包括基于业缘关系之上的华商与义乌市场业主之间的购销网络，也包括华商在移居国基于业缘关系之上建构的义乌小商品分销网络。前者，华商通过"义博会"等展览会以及义乌小商品等专业市场平台采购商品，是基于业缘关系的采购。在这里，我们对后者进行重点研究，即以义乌小商品在移居国的分销为例，阐释华商网络的构建跟业缘关系息息相关，跟涉足国际贸易的华商人数及其开设的店铺数目直接相关。

较早从事义乌小商品等中国商品贸易的华商，因为在移居国没有一个现成的、匹配的销售网络可以借用，如何构建销售网络成为最大的考验。欧美国家虽然存在销售"欧美制造"的健全的商品分销体系，但因"中国制造"主要面向当地中下阶层的消费市场，而难以进入主流的销售体系，因而华商要在移居国开拓中国商品的市场，往往面临着创建自己的销售网络的问题，或者有赖于从事贸易的华商人数的增加以建立起彼此依赖的独特的族群性销售网络。在义乌小商品海外销售网络的建构过程中，业缘关系发挥了重要作用。

以西班牙华商 Z 为例。20 世纪 80 年代末，Z 从巴西辗转进入西班牙，以传统的餐饮业立足，并将众多亲人带入西班牙从事餐饮业。因亲戚大多从事餐饮业，为开拓生意，他设想从餐饮业转型从事其他行业。从一个上海人与其他股东合开一个地下零售店得到启发，Z 于 1993 年开设了属于自己的第一家百货零售店（即"百元店"）。① 当时在西班牙做百货贸易的中国新移民寥寥无几，Z 自己评价说是"位于前三位"的，那时整个市场都被"老外"垄断。初涉贸易业的 Z，一开始从西班牙人的批发店里进行二手批发。第一次进货时，Z 发现了两个细节：批发市场里大部分的货来自中国，而批发商又都是"老外"。根据自己出国前在国内多年经销青田石雕的经验，他马上意识到作为中国人销售中国货的优势。

---

① 百元店的历史在西班牙并不长。20 世纪 80 年代，来自中国台湾的侨胞办了几家百货店，专门销售台湾生产的便宜货。

　　我们当时开的是零售店，就是百货零售店，现在西班牙叫百元店。然后去进货的时候，去批发市场批发的时候，发现大部分货来自中国。我就想到了当时这个生意是老外在做，因为我在中国的时候也是经商的，你老外进中国的货，这个货是中国出的，我总比你方便啰！

　　　　　　　（24/10/2011，am，访谈 Z 于义乌幸福湖国际大酒店）

　　1993 年，即开零售店的当年，Z 就回到温州永嘉桥头的纽扣市场拿货。1995 年起，他开始到义乌市场采购工艺品等小商品。从 1994 年到 1995 年，Z 分别在马德里及郊区、巴塞罗那开了 3 个批发店，加上最初开的 1 个零售店，一共 4 个店铺，尝试建立起自己的销售网络。因 Z 涉足贸易行业比较早，故而面临了考验。那时，西班牙的批发、零售市场大多被"老外"垄断，华商从事小商品批零贸易的人数极少，销售网络更不健全，而要培育起自己的分销网络，尚待时日。加上 Z 一开始发展过快，以及对西班牙市场行情了解不够、资本不足等原因，导致进货的品种不多，货品也不太符合当地国民众的消费需求，所以从义乌、永嘉采购过来的货也是卖掉的少，压仓的多。在难以为继的情形下，1996 年，Z 果断关闭了几个店，留下了马德里市中心的店铺让女儿、妻子经营，自己带着两个儿子去南斯拉夫谋求新的发展。到了 90 年代后期，随着西班牙经济的迅速发展和中国商品逐渐打入包括西班牙在内的国际市场，西班牙华商经营的百元店开始蓬勃发展。在 1998 年后，Z 带着小儿子从南斯拉夫返回西班牙，借助于当时日渐完善的族群内部分销网络，开始了小商品批发业务的拓展阶段，并逐渐获得了经济资本的积累。

　　上述西班牙华商 Z 的个案揭示了华商网络的构建需要来自业缘关系的支持，而一旦这种社会关系支持不足，便容易遭遇贸易困境。为创建自己的商业网络，华商可谓想尽办法、各出奇招。2001 年在葡萄牙里斯本开设日用百货仓库批发的刘建云，为拓展业务，推出了"赊账开店"模式，一下子带起了数百家零售店。之后众多批发商争相模仿，使得里斯本"三百店"遍地开花。①

---

　　① 《葡萄牙华商批发业历经五次洗牌 谁将是最后赢家》http://www.chinanews.com/hr/ozhrxw/news/2007/12–09/1099557.shtml，2011 年 8 月 12 日。三百店即百货零售店。

商会是以业缘关系为基础的一种组织化网络建构，部分华商在移居国加入了业缘性商会以扩大社会关系网络及获得组织化的支持。如 2010 年成立的"中西百货协会"，主要是经营百元店的西班牙浙江籍华商以国贸城集团为平台组建成立的一个协会。加入协会的百货会员 2000 余人，遍布西班牙各地。① 协会通过会员制把散布在西班牙各地的华人百货商店联合起来，规定只要缴纳一定的会费，就可以为他们发一个统一的标牌，统一布置店面，进货享受优惠价格。② 会员凭借协会制度，可以获得统一的配货、优惠的价格等，有助于构建起海外华商之间的上下级分销网络以及中国商品在海外的层级分销体系。中西百货协会的出现，是一种新型的群体组合和企业经营管理现象，相当于企业管理学中的"关联企业群"。华商企业家利用这种非正式的、松散的企业联合体，交流咨询、筹集资金、扩展业务。这种网络具有开放性，可以不断将合作伙伴的范围扩大。③ 中西百货协会借助于地缘等社会关系，构建了以国贸城集团为中心的业缘性的分销网络。

综上所述，华商在建立跨国商业网络的过程中，血缘、地缘、业缘等个人性的社会关系起到了基础性的作用。也即在华商网络的建构过程中，中国传统社会注重的人际关系成为独特的社会资本。正是通过这种人际关系网络，华商网络不仅负载着义乌小商品等中国商品的流通，而且还负载着诸如商业信息的交流、纠纷的协调、资金的融通、劳动力的流动等多种功能。

对于关系与华商网络的研究，本文需要强调指出以下几方面：

其一，上述研究只是出于分析的方便，而将三类社会关系进行单独罗列，然而在现实商业活动中，这些关系并不是完全独立地存在、可以简单地切割，而往往是交织在一起的，如交往密切的同行（业缘关系）同时也是老乡（地缘关系）或者亲戚（血缘关系）。

其二，虽然血缘、地缘、业缘等社会关系对于华商网络的构建、华商经济活动的成功有着重要的影响，但"关系"并不是"万能"的，"关系"的存在不可能遮掩客观的市场因素和合理的投资在业务扩展和经济发

---

① 谢庆、杨洁茜：《将关注的目光聚集祖国》，2011 年 1 月 10 日第 3 版。

② 魏一平：《高平事件背后》，《三联生活周刊》2012 年第 4 期。

③ 龙登高：《论海外华商网络》，《学术研究》1998 年第 5 期。

展中的重要性。① 华商网络也绝不等同于非正式的、个人化的网络，即华商网络并不排斥制度化的、非人格化的构成因素。目前，部分南非华商已将中国商品的销售客户拓展至"老外"，有的甚至以"老外"为主顾，正在建立与外族群商人之间的非人格化交易关系。

其三，华商网络的构建过程中，人际关系不仅在节约成本、沟通信息等方面发挥作用，而且更重要的是，它是华商之间非正式制度性信用关系得以维系的一个重要保障系统。正是华商网络所具有的这一人文特征，构筑了海外华商跨国网络内在性、自律性和连续性的基础。② 然而，社会关系并不必然导致信任。正如格兰诺维特所指出的，虽然"社会关系是信任和值得信任的行为的必要条件，但它们不足以保证这些，甚至比起它们不存在时，在更大程度上为不法行为和冲突提供场合和手段"。③

其四，一个显见的现象是，"关系"的存在并不意味着华商之间只有合作而没有竞争，事实上，在面对同一销售市场，海外华商之间因为销售同质化的中国商品而存在激烈竞争乃至恶性竞争（详情可参见第四章第一节）。

因此，我们应合理地评价"关系"在华商网络构建中的地位及其局限性，而不能过高地估量其对于华商网络构建、华商商业活动成功的重要性。

第二节　"借鸡生蛋"：信任与华商网络

格兰诺维特（2007）强调社会关系（而非制度安排或普遍性的道德）网对经济生活中信任的产生的重要性。④ 作为一种族群性的商业网络，华商网络的建构在很大程度上依托于华商的人际关系网络以及基于人际关系网络之上的人际信任，具有显著的人格化特征。由于商业网络是华商赖以合作经营、共同发展的基石，基于社会关系之上的人际信任也就越发重

---

① 李胜生：《华商网络的神话与现实》，载周望森主编《华侨华人研究论丛》，中国华侨出版社 2001 年版，第 183—204 页。

② 戴一峰：《近代环中国海华商跨国网络研究论纲》，《中国社会经济史研究》2002 年第 1 期。

③ 景天魁主编：《社会学原著导读》，高等教育出版社 2007 年版，第 339 页。

④ ［美］马克·格兰诺维特：《镶嵌：社会网与经济行动》，罗家德译，社会科学文献出版社 2007 年版。

要。没有关系网络，或者只有狭隘的疏松的网络，人际信任难以稳定和持久；如果缺乏人际信任，这种网络也终将难以维系。

一　信任与华商网络构建

任何交易与经济交往，无论是网络内部，还是国家内部，抑或国家之间，都离不开信任。信任在华商跨国经贸网络的构建过程中也起了关键性作用。阿姆斯特朗等学者（Robert W. Armstrong，2001）在研究中指出，信任是商业交换过程中的核心概念，信任提升了华商中买者和卖者的关系。[1] 在比较了海外华人与西方企业家不同的经营方法后，西方管理学大师德鲁克也认为，"维系海外华人跨国企业的因素既非所有权，亦非法律合同，而是彼此信任以及作为社团成员与生俱来的相互义务"。[2] 劳奇等学者（James E. Rauch，2002）研究指出，无论是在交易前期商业信息的取得还是交易过程中信贷关系与商业契约的执行等方面都无不体现着华商相互之间的合作与信任关系，这有效地克服了国际贸易中的非正式壁垒，从而降低了国际贸易的交易费用。[3] 上述学者论及的海外华商之间的这种人格化交易，就是以血缘、地缘、业缘等特定人际纽带维系和展开的交易。基于人际关系之上的信任是维系华商网络的机制。借用格兰诺维特的嵌入性观点，即"具体的关系以及关系结构（或称'网络'）能产生信任，防止欺诈"。[4]

传统中国社会的人际信任属于特殊信任，是以血缘性社区为基础，建立在私人关系和家族或泛家族关系之上。这种人际信任，根据关系亲疏的不同而实行差别对待，即存在费孝通（2006）所说的"差序格局"现象：中国的人际关系是以"己"为中心，像石子一般投入水中，和别人所联

---

① Robert W. Armstrong and Siew Min Yee, "Do Chinese Trust Chinese? A Study of Chinese Buyers and Sellers in Malaysia", *Journal of International Marketing*, Vol. 9, No. 3, 2001, pp. 63 – 86.

② Peter Drucher, "The New Superpower: The Overseas Chinese", *Asian Wall Street Journal*, December 21, 1994. 参见刘宏《海外华人社团的国际化：动力·作用·前景》,《华侨华人历史研究》1998 年第 1 期。

③ James E. Rauch and Vitor Trindade, "Ethnic Chinese Networks in International Trade", *Review of Economics and Statistics*, Vol. 84, No. 1, Feb. 2002, pp. 116 – 130.

④ ［美］马克·格兰诺维特：《镶嵌：社会网与经济行动》，罗家德译，社会科学文献出版社 2007 年版，第 11 页。

系成的社会关系，并不像团体中的分子一般大家立在一个平面上，而是像水的波纹一般，一圈圈推出去，愈推愈远。① 中国传统社会的这种"差序格局"特征，不像西方社会的"团体格局"那样有一种适合于每一个人的普遍道德标准。相反，它的道德是个人化的，得看交往的对象和自己的关系如何而加以程度上的伸缩。换言之，与自己越亲近的人相互间就越忠诚，就越负有道德上的义务，因而也就越值得信任。这样，个人之间的相互信任便成为联结网络的主要纽带，从而给网络的每一个节点都黏附了一种道德要素。

华商网络中人际关系及信任的"差序格局"现象已经引起了海内外部分学者的关注。何梦笔（1999）指出，在中国，各种不同的人际交往圈的结构特征呈现出差序格局，即交往的密切程度由圈内向圈外逐渐淡薄。它的典型层次结构为"家庭——亲属——非正式团体——方言团体——海外华人"。在每一层次上，网络成员都有其特定的相互关系模式，这种模式又相应地造成了经济交易密切程度的区别。② 阿伦特等学者（Arent Greve，2005）研究指出，中国海外移民更愿意相信朋友的朋友，而不像西方人那样信任从未接触过的陌生人，哪怕这些陌生人也属于同一族群。③ 龙登高（1998）指出，华商经济活动合作中的亲疏关系与中国传统社会的"差序结构"紧密关联：以个人或家庭为圆心，家庭圈—本地同乡圈—外地同乡圈/本地华族圈—外地同姓圈—外地华族圈—包括中国本土在内的世界华人圈，关系的亲疏依次递减，公开性与透明性迭次加强。④ 戴一峰（2002）以泰益号商行为例，研究了华商网络由核心经营层、基本客户层、一般华商客户层、日商客户层这样的四个层级组成，他们分别处于同心圆由里向外的排列次序中。⑤

上述既有研究揭示了华商网络中在人际关系及信任上存在的"差序格

---

① 费孝通：《乡土中国》，上海人民出版社 2006 年版，第 25 页。

② ［德］何梦笔：《网络 文化与华人社会经济行为方式》，山西经济出版社 1996 年版，第31 页。

③ Arent Greve and Janet W. Salaff, "Social Network Approach to Understand the Ethnic Economy: A Theoretical Discourse", *GeoJournal*, Vol. 64, No. 1, 2005, p. 11.

④ 龙登高：《海外华商经营模式的社会学剖析》，《社会学研究》1998 年第 2 期。

⑤ 戴一峰：《近代环中国海华商跨国网络研究论纲》，《中国社会经济史研究》2002 年第1 期。

局"现象。就从事义乌小商品等中国商品贸易的海外华商群体而言，在陌生的异文化环境中构建起华商网络，原先乡土社会的"差序格局"依然发挥了重要的作用。我们经常可以看到华商在进行商品交易的时候，总是会根据交易对象的身份特征、亲疏情况来确定应给予的信任程度及交易时的优惠条件（见图 2.1）。例如，对方是直系亲属、挚友的话，那么就会给予更多的信任。而相比于华人之间基于血缘、地缘等关系之上的彼此了解和相互信任，对于和自己不认识的人做生意，华商往往持谨慎态度，因为在特定关系的范围之外，道德规范已失去约束行为的可能。

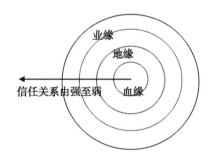

图 2.1 海外华商特殊信任的"差序格局"

从普遍意义上来说，华商之间特殊信任关系的构建，往往以血缘关系为主要纽带。华商创业的基本模式是先在亲戚的企业里工作，然后再出来自己独立从事商业活动，但两者之间往往保持着生意关系，这样便由亲属关系衍生出企业间的网络及企业间的信任。此外，基于地缘关系之上形成的信任也成为华商网络构建的重要纽带。华商到义乌市场采购，也往往在同乡中寻找合作伙伴和支持力量。如浙江青田、温州籍华商，因为义乌市场里的老乡非常多——在义乌经商的温州人就有 13 万左右，青田人有 5万人左右，因而他们可以借助的地缘关系资源也非常丰富。这种地缘关系网络滋生了信任，便利了信息、资本、商品等资源的流动，有助于降低国际贸易中的交易成本。

基于血缘、地缘等关系而产生的信任，使华商可以获得赊款发货的优惠政策，便利于华商在资本不足的情形下创业做大。

> 卡里亚克 TTC 市场，坦桑尼亚就这么一个市场。市场里的中国人有三四百人，现在市场里基本上都是浙江人。福建人都给浙江人赶走了。我们的优势是市场在义乌，他们搞不过我们浙江人的。我们到义

乌拿货，可以欠款，欠个几十万，很好欠的，福建人就欠不了。

　　（13/4/2012，pm，访谈坦桑尼亚青田籍华商 Z 于青田开元大酒店一楼咖啡厅）

　　马克斯·韦伯（1995）认为，"在中国，一切信任，一切商业关系的基石明显地建立在亲戚关系或亲戚式的纯粹个人关系上面，这有十分重要的经济意义。"① 韦伯关于中国人信任的论述，所隐含的理论预设是：中国人的信任是一种以血缘家族关系为基础的特殊信任，因而不会持有以观念信仰共同体为基础建立起来的普遍信任。然而，随着近几十年来经济全球化的迅猛发展，不同国家、地区之间经济交流日益频繁，华商之间的信任也不只是停留于以血缘、地缘、族群等关系为中心的狭小范围内，信任范围在不断地拓展。尤其是在市场经济体制的熏陶下，市场经济的利益导向机制使得利益成为差序格局中决定人际关系亲疏的一个重要维度。② 这种人与人之间利益性的差序格局，主要表现为华商建立信任关系时考虑的主要是基于经贸实践上的信用及互利、互惠状况，所以亲属和非亲属、同族群和异族群都可以被纳入这个格局。由此，便使得中国传统社会的特殊信任"差序格局"逐渐向以共同利益为基础的普遍信任发展。这种以利益为导向的差序格局信任，增加了变异的复杂性，同时也扩大了华商的信任对象范围，由此拓展了华商网络。也就是说，在中国人及海外华商的社会实践中，特殊信任和普遍信任并不是无法相容并存的，而是可以互相补充促进、协调共处的。海外华商既可以根据双方之间的人际关系选择相互信任即特殊信任，又可以根据有关人性的基本观念、信仰选择对人的信任即普遍信任③，即华商人际关系构建中除了亲疏原则外，还遵循应变原则：前者勾勒出一个按血缘、地缘、业缘等顺次从里向外推衍定位的同心圆；后者则留给建构者一个因应环境变化，随机改变关系定位的灵活与变通。④ 随着华商网络的拓展，华商的信任关系已经不仅仅局限于以人际关

---

　　① ［德］马克斯·韦伯：《儒教与道教》，商务印书馆 1995 年版，第 289 页。

　　② 卜长莉：《"差序格局"的理论阐释及现代内涵》，《社会学研究》2003 年第 1 期。

　　③ 李伟民、梁玉成：《特殊信任与普遍信任：中国人信任的结构与特征》，《社会学研究》2002 年第 3 期。

　　④ 戴一峰：《近代环中国海华商跨国网络研究论纲》，《中国社会经济史研究》2002 年第 1 期。

系为基础的特殊信任，普遍信任也必将逐渐建立起来，而且两者有机地结合在一起。当然，虽然基于共同利益的普遍信任必将在海外华商商业活动中逐渐建立起来，但就目前而言，华商族群内部基于人际关系的特殊信任依然占据了较重要的地位。

需要指出的是，基于特殊信任的泛家族化的商业网络在带给华商企业降低交易成本和提高交易效率的同时，也具有很大的局限性。首先是因为这种商业网络本质上是个人化的，是华商个人信任关系和个人能力的反映，而不是组织性的、制度性的。个人信任和个人能力是有限的，而且世代交替、变迁，只有组织性的、制度性的信任和能力才可能是无限的。因此，有学者认为，传统的"熟人信任"、"特殊信任"所造就的仅仅是一个伟大的商人，只有现代的"制度信任"、"普遍信任"才会造就辉煌的商业组织。其次，这种基于特殊信任的泛家族化的商业网络依赖于传统的亲人、熟人之间的人际信任，创造利润的能力来自管理者个人的精明练达和人脉关系，由此限制了企业活动的空间，企业也就难以扩张和实现规模经营。而现代社会已经从"熟人世界"转变为"陌生人世界"，面对着越来越广泛的跨地域交往、越来越多的"陌生人"，假如不懂得如何信任"陌生人"，就无法走向更大规模、更远地域的"陌生人世界"，就无法实现华商网络更大规模的拓展。信任陌生人的方法与途径，只能是依赖制度或规则信任，即普遍信任。只有学会普遍信任，通过广泛的契约式信任合作，才能使企业走向更大规模的扩张，实现国际化。①

二　信任与"借鸡生蛋"

信任不仅是构成华商网络的纽带，而且是华商企业低成本、高效益运作的基石。格兰诺维特（2007）指出，"和熟人打交道，相对地可以降低交易风险，并且也有助于和供货商建立有价值的私人关系。"② 华商在义乌市场采购商品时，凭借在信用行为之上确立的人际信任，不仅仅可以赊款采购，获得担保贸易，还可以赊款物流。等义乌小商品到达移居国后，华商可以慢慢分期偿付商品的货款及物流费用等。借助于关系与信任构建

---

① 林善浪、张禹东、伍华佳：《华商管理学》，复旦大学出版社 2006 年版，第 247 页。

② ［美］马克·格兰诺维特：《镶嵌：社会网与经济行动》，罗家德译，社会科学文献出版社 2007 年版，第 19 页。

起来的华商网络，无疑大大有利于华商以较少的资本投入从事大手笔的跨国贸易，可谓"借鸡生蛋"。

（一）赊款采购

一般国际贸易的通行惯例是采用信用证①结算货款，以防止发生货款收不回的情况。但在华商与义乌小商品市场业主（交易双方）产生信任的情况下，加上义乌市场业主基于开辟外贸市场的考虑，则往往采取另一种变通的办法：赊款发货。赊款发货现象的出现，除了上述所说的原因外，还有一个客观的背景因素。据义乌市场业主回忆，这种现象最早在广州出现，后来义乌市场业主也跟风而进。20 世纪 90 年代时，因采购的数量有限，义乌市场业主与华商的交易基本是现金交易。进入 21 世纪，中国加入世界贸易组织之后，义乌小商品的出口形势大好，义乌市场业主为了应对激烈的竞争、扩大外贸出口量，大约从 2005 年起开始仿效广州的做法，允许华商乃至外籍商人（没有中国血统的，如中东商人、韩国商人等）赊款采购了。②

当义乌市场普遍允许赊款发货后，吸引了很多原先在广州采购的华商以及外籍客商。当然，义乌市场业主并不是盲目地允许欠账，仍然是基于信任之上的一种交易方式。众多华商借助于血缘、地缘、业缘等社会关系以及他们与义乌市场业主在多次的交易、接触中建立起来的信用，才能获得义乌市场业主的信任及"优惠对待"，可以赊款采购一定数量的商品。在这里，拥有信用的华商实际上拥有了皮埃尔·布尔迪厄所说的一种通过声望而存在的"象征资本"。③布尔迪厄认为，象征资本甚至在市场上也很有用处："人们可以不花分文现金就做成一笔生意，办法是调动一定数

---

① 信用证指由银行（开证行）依照（申请人的）要求和指示或自己主动在符合信用证条款的条件下，凭规定单据向第三者（受益人）或其指定方进行付款的书面文件，即信用证是一种银行开立的有条件的承诺付款的书面文件。

② 2011 年 9 月 14 日访谈 W（从事拖鞋批发）于义乌国际商贸城四区综合治理办公室。对于义乌市场允许采购商欠账的时间有待考查，据西班牙华商 Z 说，自 1999 年之前义乌市场业主就允许他欠账发货了。

③ ［法］皮埃尔·布尔迪厄：《实践理性：关于行为理论》，谭立德译，生活·读书·新知三联书店 2007 年版，第 96 页。布尔迪厄认为，象征资本，就是不管属性怎样（无论哪种资本，有形的、经济的、文化的 、社会的）这种属性被社会行动者所感知，他们的感知类别如此之广，他们能感受它（领会它）、确认它并使之有效（第 95—96 页），并认为地中海社会的荣誉是只通过声望而存在的象征资本的典型形式。

量的担保人，而更好的办法是依靠名誉和财富所赋予的信用及信任资本。有了自身享有的信任度和积累的关系资本，那些被认为'即使两手空空离去也有本事带着整个市场再来'的人，'即使不带货币，单凭他们的脸、他们的名字、他们的名声也能上市场交易'，甚至'不管有无本钱都敢下赌（冒险）'。"①

华商一旦拥有了这种象征资本，便可以获得义乌市场业主的信任及"赊款发货"的优待。绝大部分华商的资金并不算雄厚，基于信任之上的"借鸡生蛋"，有助于解决华商资金不足的问题，而显示出华商网络的独特优势。这对于华商来说，可以不必拥有很大的资金就可以做批发生意，而且商品流通能保持顺畅，不会因一时的资金缺乏而中断。华商在支付货款的期限如两个月或三个月内，把商品卖完，从所得的毛利润中把货款汇给义乌市场业主，剩余的钱便是自己的盈利所得。

> 现在有的是全额欠的。以前是这样的，我半个月给你付款，全额欠，欠半个月。后来从半个月慢慢地发展到一个月，两个月，三个月。写写三个月，实际上是欠五六个月。
>
> （14/9/2011，am，访谈义乌市场业主 W 于义乌国际商贸城四区综合治理办公室）

依据田野调查所知，华商在义乌小商品的跨国贸易中存在的赊款购销现象，以商品流通的不同阶段分类，具体又分为两种情况。

其一，发生于华商与义乌市场业主之间的交易过程中，这是义乌小商品跨国贸易的采购环节及华商网络构建的初始环节。一般来说，资本实力强大的华商都是一级批发商，直接以货柜的方式从义乌市场采购商品运到移居国批发销售。而一旦与义乌市场业主之间建立了信任关系，华商便可以获得赊款发货的优待，因而华商中哪怕实力一般的也可以做起大批发生意。

> 我可以投入 200 万，做 400 万、800 万的生意……相信我么，生

---

① ［法］皮埃尔·布尔迪厄：《实践理性：关于行为理论》，谭立德译，生活·读书·新知三联书店 2007 年版，第 188 页。

意越做越大，不相信么，你不相信我，我不相信你，生意做不大
的……要靠关系、了解、信任，信任是第一个。

（13/4/2011，pm，访谈坦桑尼亚华商 Z 于青田市开元大酒店一
楼咖啡厅）

建立在信任之上的跨国贸易，有时候华商从海外打一个电话给义乌市
场业主，就可能做成几十万乃至上百万元的交易，而无须任何文字凭据。
正是因为交易双方在长时间的、稳定的贸易过程中培养、确立了信任关
系，有的华商与贸易合作伙伴从生意关系进一步发展成为生活中的朋友。
西班牙华商 Z 早在 1995 年起便在义乌采购小商品了，诚信采购一直是他
的座右铭。

2000 年之后，我进货，可以让我欠的。因为做熟了，熟了以后还
是允许你欠钱的……我在义乌有这样的口碑。所以我现在有好多不做
生意了，已经是朋友了。每次我来一趟义乌，就会聚一下，喝杯茶。
甚至有部分朋友呢，变成喜庆的日子都有人情往来了。

（24/10/2011，am，访谈 Z 于义乌幸福湖国际大酒店）

斯洛伐克华侨 L 早在出国之前，就在国内改革开放的浪潮中以"背纽
扣"一族历练了十多年，赚取了义乌小商品贸易的第一桶金。诚信是他经
商中一贯秉持的原则。20 世纪 90 年代末他从乌克兰转到斯洛伐克做贸
易。在与义乌市场业主的交易过程中，凭借他的信用，获得了市场业主的
信任，积累了很多客户资源，有助于降低交易成本。一般来说，义乌市场
业主在获得华商的订单后，都要求客户预先交付货款的 30% 左右作为订
金，而 L 则凭借其信用不需要预先交付任何订金，只需要在年底之前慢慢
结清。

我采购时很多是连 30% 订金都不用付的，先拿货。因为我基本上
是过年前，把前面所有的账清掉。平常就是一直在合作，过一段时间
打一部分资金给他，过一段时间打一部分资金给他，然后到年底全部
结清。第二年又开始，因为大家长期合作。做人本身信用最重要。而
且你在有些厂家碰到困难的时候，只要他跟我说，那我肯定就帮他解

决的，尽早付款。

（7/7/2011，am，访谈 L 于义乌市青田商会）

　　L 依靠市场业主对他的信任，货款可以在收货后慢慢偿付，也即可以用较少资本的投入做更大的生意，逐渐在斯洛伐克华商批发业中独树一帜。他 2001 年开始到义乌采购，2002 年便在斯洛伐克开设了五六百平方米的样品间，另外还配备仓库，即开始进入大贸易商——仓库批发行列。现在，"至少有几十个集装箱的货在仓库……到了样品间那边，他们看好哪样货，单子填好，就可以去仓库提货了"。[①] 如果没有这种基于信任的赊销的贸易方式的存在，L 在斯洛伐克生意的发展速度必定没有这么快。

　　其二，赊账销售现象也发生在义乌小商品到达移居国后的销售过程中，即华商网络的海外建构环节。一级批发商与下面的中间批发商（如二级、三级批发商）、零售商之间的层级商品销售链，是华商构建的义乌小商品在移居国进行分销的网络。华商在商品的分销过程中，也往往基于血缘、地缘、业缘等社会关系以及基于信用交易实践产生的信任，而允许下级销售商欠款拿货去销售。这种人性化交易，使得很多中国新移民在抵达移居国如南非、菲律宾[②]等国数周甚至数天之内便可以开始自己的零售生意，即便他们并没有雄厚的资金。如南非福建籍华侨华人，依靠老乡多的优势，可以从老乡批发商那里赊货销售，等货卖了后再付货款。依靠亲朋好友或自身的信用及在此基础上产生的信任，中间批发商和零售商都可事先设定好还账的期限，从一级批发商那里赊货进行无本销售。还账期限少则一个月，多则可达几个月。

　　（二）赊款物流

　　跨国贸易中的赊款现象，不仅存在于义乌小商品的购销环节，也存在于商品跨国流通环节。赊款式国际物流便是一个典型。义乌市场上的小商品要顺利运抵华商移居国，往往需要借助于一个重要的"中介"，即国际物流。在国际物流领域，也存在赊款现象。物流公司以自身承担风险的姿态赢得客户的信任，进而希望在激烈的市场竞争中拥有稳定的客户及确保客户的数量递增。

---

① 2011 年 7 月 7 日访谈 L 于义乌市青田商会。

② 代帆：《近三十年中国人移民菲律宾原因探析》，《华侨华人历史研究》2010 年第 1 期。

　　柬埔寨青田籍华商 S 在义乌经营着一家物流公司，主营义乌到柬埔寨的路线。基于很多客户是老乡、熟人，为在激烈的市场竞争中吸引住这一个客户群体，S 给予特殊优待：允许货物运达柬埔寨之后再付款。

> 　　我们这个物流从中国到柬埔寨所有的流程都由我们来完成。从中国报关，到国外清关，一条龙服务，全都由我们来完成……很多是欠的，所以我们成本压力很大……大部分钱在外面。
> 　　　　　　　（8/5/2011，pm，访谈于 S 在义乌的物流公司）

　　虽然 S 的物流公司垫付的大部分费用因给予客户欠款而不能及时收回，但因为赊款物流都是基于地缘、业缘等社会关系之上，相互之间存在信任或各式各样的关系网络，因此 S 实际承担的风险是有限的。

> 　　不守信用的毕竟是极少数人，一般的人都是讲诚信的。真正地做到事业失败或者说不成功，像这种不守信用的，总是少之又少。我们也有碰到，一年有 10 万、8 万收不回来，不过这个数额占公司的营业额的点数是很少的。
> 　　　　　　　（8/5/2011，pm，访谈于 S 在义乌的物流公司）

（三）贸易担保

　　国际贸易中，一旦一方失信、违约，必然带来交易风险。为便利贸易能按照市场交易双方订立的合同顺利执行，减少贸易风险，部分华商以贸易担保方式做起了商品跨国流通过程中的"第三方"担保者角色。

　　青田籍坦桑尼亚华商 Z 于 1999 年在义乌开设了贸易公司，"帮他们采购，帮他们发货。"依托来义乌市场采购的众多青田华侨华人的资源优势，2002 年之后，他的生意好了很多。后来 Z 的业务发展成依托自己在义乌市场里的信用，帮在欧洲如意大利、西班牙做贸易的老乡做信用担保，即让义乌市场业主先发货给某一华商，如偿还货款的期限是 2 个月，由 Z 出面担保，即 2 个月后一定还上货款。如果 2 个月后华商不能还款，则由 Z 出面替华商还款给义乌市场业主。Z 的角色相当于具有资质的"第三方"，在义乌市场业主和华商之间做担保人。Z 从中收取服务费用，但也要承担"不怕一万，就怕万一"的风险。

你货订好，你先发货，2个月以后你钱拿给我。每个月1000多万……如果2个月内，他（华商）的货被火烧了，他亏钱了，那我给他赔钱，我是这样操作的……一般不给担保，必须要相互之间信任、了解才担保。

（13/4/2012，pm，访谈Z于青田开元大酒店一楼咖啡厅）

综上所述，华商之间的赊款采购、赊款物流及贸易担保的存在，完全是以相互之间的信任为基础的。在华商网络中，信用已经成为一种资产，一种保障。建立在信用行为之上确立的信任关系，催生了各类欠账现象，成为华商网络得以建立、运转、扩大的重要原因。

三　信任何以存在？

信任并不是凭空产生的，与交易过程中的信用表现紧密相关，存在一个培育的过程。在经济学中，"信任"、"信用"主要出现在市场交易问题的讨论中，常常不加区分地被混用，而实际上两者是有区别的。在市场交易中，信用是一种交易行为，又称信用行为，即人们之间的一种合乎道德的受社会肯定评价的交往行为和过程，它体现在交易主体在交易时在产品的数量、质量、型号、功能等方面与约定或承诺的内容一致，没有欺骗交易对方的行为。而信任是市场交易中交易一方对另一方的履约行为及能力所持的认可态度及正向预期，并包含了愿意进行交易的内容。也就是说，信任就是交易一方对另一方信用行为的认可，交易过程中交易双方的信用实践是人际信任产生的前提。就一次交易来说，信任问题总是发生在交易之前，而信用问题总是出现在交易过程中。[1]

人际信任的基础是信用。信用与网络的关系是互为因果、相辅相成的。作为缔结关系的试金石和指示器，信用是促成网络的动因；作为契约的替代和回报的担保，信用又是网络运行的结果。华人交易事务的高效率和低成本，便是经由这种双向互动关系来加以实现的。[2] 很多成功的华商

---

[1]　马本江：《经济学中信任、信用与信誉的概念界定与区分初探》，《生产力研究》2008年第12期。

[2]　陈衍德：《网络、信用及其文化背景——海外华人企业文化的初步探索》，《中国经济史研究》1997年第4期。

都将信誉和信用视为做人的道德准则及企业发展的生命线。访谈中，经常听华商说及信用的重要性，如斯洛伐克华商 L 说及，"做人本身信用最重要"；① 坦桑尼亚华商 Z 说，"人必须要有信用"② 等。信用成为国际贸易中人际信任确立的基础。

在国际贸易实践中，人际间信任关系的确立，需要经历时间及交易实践的考验，跟交易双方在日常生活中接触的频率、接触后的交往等贸易实践密切相关，也即存在一个培育的过程。在华商贸易实践中，为了搞好和供货商的关系、建立起相互之间的信任，获得质优价廉的商品以及商品的新信息，有不少华商专门派亲戚或员工常驻义乌，负责组织货源。如从厄瓜多尔回国的福建籍华商 Y，因姐夫在厄瓜多尔从事鞋、包等商品批发，他常年包住在国际商贸城三期附近的一个酒店，全权负责熟悉市场行情、采购最具性价比的商品。

> 南美那边，姐夫在负责，我常住义乌。你不去市场里转转，不认识市场里的老板，是不行的。跟市场里的老板熟悉后，价格就优惠，还可以欠款。
>
> （4/7/2011，pm，访谈 Y 于义乌 RST 汽车酒店）

市场交易过程中培育起来的信用及在此基础上产生的信任，还可以作为一种"口碑"、"品牌"进行"代际传递"。"信用是可以积累的象征资本……如果一个人遵纪守约，信用必将提升，这就积累了象征资本，从而获得来自外界的更多信任。"③ 西班牙华商 Z 自 1995 年起便到义乌小商品市场进货。因为他讲究诚信采购，在义乌市场拥有较好的口碑，很多市场业主的第一单外贸生意都是他帮忙做的。正如他儿子所说的，"别人说你帮我把货带出去，照顾一下，他就做了。"④ 进入 21 世纪，Z 逐渐将西班牙的批发贸易生意分给女儿和儿子。为了锻炼儿子，儿子第一次到义乌市场的采购是独自完成的，并借用父亲的口碑获得了

---

① 2011 年 7 月 7 日访谈 L 于义乌市青田商会。

② 2012 年 4 月 13 日访谈 Z 于青田开元大酒店一楼咖啡厅。

③ 范可：《当代中国的"信任危机"》，《江苏行政学院学报》2013 年第 2 期。

④ 2011 年 7 月 6 日访谈 Z 于义乌盟德会所。

义乌市场业主的信任。

> 到我儿子的时候，不再是几十个品种拼柜了，就是一个柜里面几个品种，用的量多了。人家怀疑我儿子年轻。我儿子说我老爸是××，人家就相信了，就跟他订货了。有的呢，他没有跟我做过生意，就会给我打个电话，我说是，这个是我儿子，我现在让他实习。
>
> （23/10/2011，am，访谈Z于义乌幸福湖国际大酒店）

然而，通过私人性的联系建立起来的人际信任，使得这种信任先天地具有明显的不确定性和不安全性。上述华商之间或华商与义乌市场业主之间的这种赊款发货、运输的现象，必定带来一定的风险。以赊款发货来说，依托于信用基础上的这种人格化交易方式，对于买方——华商来说是最好不过的事，有助于华商以最少的资金进入国际贸易领域，当然对于义乌市场的业主（卖方）来说，却要冒着一定的风险。毕竟信任只是一种"供—销"双方构建跨国经贸网络的"软约束"，一旦身在海外订购商品的买方（华商）接收商品之后拒绝付款，赊款发货的卖方也往往一筹莫展。

在田野调查中，曾多次听到某位市场业主收不回货款的事情，也曾听到某几位中国新移民出国的原因是因为"讨债"。如浙江浦江籍老板L的工厂生产文化衫、T恤衫，20世纪90年代初，一位南非上海籍华商经常向他拿货。合作了很多年后，因为对方讲信用，L对这位华商产生了信任，渐渐允许对方欠款拿货。然而，后来对方一直拖延着不付货款。于是，1998年L就跑到南非去找对方要货款。"往往做生意，开始做的时候，他们付款很及时。你到了几个货柜、几百万的货给他之后，好了，不利于我们资金去周转，那我们货出去了，肯定要去追回来的。"[1]"讨债"即反映了华商与国内厂商、义乌市场业主交易时存在的信用缺失问题。柬埔寨华商S也说及，"我们也有，一年有10万、8万收不回来。"[2] 然而，总体来说，虽然有风险，但到目前为止还是有一定数量的义乌市场业主在沿用这种交易"惯例"。

---

[1]　2011年10月23日访谈L于义乌幸福湖国际大酒店。

[2]　2011年5月8日访谈于S在义乌的物流公司。

因此，一个值得思考的问题是：义乌市场业主或从事国际物流的华商明明知道赊款发货、运输的风险，可是他们为什么还要与海外华商进行这样的交易？为什么绝大多数华商网络成员会遵循信任与合作的原则？这种原则是基于什么样的原因而存在的？

维系华商网络存在与运作的纽带是人际信用。上述赊款式商品销售、赊款式国际物流、贸易担保都是基于人际信用的一种独特交易现象。这些现象之所以有存在的合理性，除了上述所说的信任产生于市场交易过程中的信用实践之外，还有着以下两方面的原因。

其一，跟华商与义乌市场业主（包括背后的千万家大中小型企业）在产业链中各处于某一单独环节紧密相关。

在小商品的跨国贸易中，义乌市场业主与海外华商之间处于一种相互依存的关系之中：义乌市场业主作为商品的生产者或供应者，华商作为商品的批发贸易商，两者之间的"交集"非常少，也即义乌市场业主和华商各自占据了产业链中某一环节。这种独特的位置，注定了双方之间的相互依赖、合作关系。企图打入国际市场的义乌市场业主以及背后所代表的20多万家国内中、小企业，如果想使自己的小商品大量外销到国际市场，还缺乏独自开拓海外新市场的能力，必须要仰仗商品的采购方——华商在海外大力拓展销售市场，借助于海外华商已经构建起来的销售网络，达到事半功倍的效果。基于双方之间的互利共赢考量以及市场交易实践中的信用行为，义乌市场业主、从事国际物流的华商才甘愿冒着一定的风险以赊款方式进行交易。在他们看来，一个真正想做生意并成功的华商，是不敢冒失信的风险的，因为一旦他失信于人，便难以获得卖家的信赖，难以在市场里立足。正如代帆（2010）对菲律宾华商的田野调查中所指出的，"绝大多数人都非常珍惜这种信用。"①

其二，与华商网络能提供一种独特的"集体制裁"功能息息相关。龙登高（2007）在对华商网络的研究中指出，人际信任归根结底是建立在经济利益约束基础之上的——谁不遵守规则或破坏规则，就再也不可能得到网络内的资源。② 也即一旦在华商网络内部出现了违反互助思想的商

---

① 代帆：《近三十年中国人移民菲律宾原因探析》，《华侨华人历史研究》2010 年第 1 期。

② 龙登高：《跨越市场的障碍：海外华商在国家、制度与文化之间》，科学出版社 2007 年版，第 90 页。

人，那么他将受到网络内部其他华商的排斥或惩罚，对他实施制裁的将不仅仅是直接受欺骗的华商或义乌市场业主，而是华商网络内部的众多成员，也可谓"集体制裁"。

众多海外学者的研究也认为，华商网络内部通过集体制裁机制有助于降低违约行为的发生，从而促进国际贸易。历史制度分析的著名代表人物阿夫纳·格雷夫（Greif，1989；1993）的研究认为，在不成熟的国际法律环境下，族群网络提供了集体制裁机制（community enforcement of sanctions），使成员不敢违背合同，有助于提升国际贸易。[1] 威登鲍姆（Weidenbaum，1996）等学者指出，"如果一个生意人违背了一项协议，他便被列入黑名单。这比受到起诉还要糟糕，因为整个华人网络将不再与当事人做生意。"[2] 劳奇（James E. Rauch，2001）认为，海外华商网络阻止了机会主义倾向。[3] 上述众多的研究表明，人格化网络虽然对失信者的惩罚缺乏强制性与即时性，但一旦某人失信的消息传开，失信者未来在他所赖以生存的族群圈中、商业圈内可能会身败名裂，同时也必将严重影响其事业。暂时一次性欺骗所获取的利益，有可能毁灭他今后在华商网络内做生意的口碑和前途。如果族群网络里的成员通过相互合作的长期收益要大于一次性欺骗所获得的暂时收益的话，那么团体信任与合作的结果就可以得到实现。

华商网络所具有的对失信成员的群体制裁机制，在网络内部发挥了重要作用。义乌市侨联秘书长 G 讲述了一对温州籍欧洲华商夫妻想赖账的故事：

> 大概是 04、05 年的事情，他们夫妻两个，以前是丈夫来义乌进货，某次货到了，账单让老婆来义乌签字，后来他们不想出这个钱了。电话打过去也不接，义乌这个老板想想也没有办法了。偶尔有一天，这个老婆来义乌进货，被人家看见了，有朋友就跟义乌老板说了，某某人来了，就赶快冲过去，把她堵住……

① James E. Rauch and Vitor Trindade, "Ethnic Chinese Networks in International Trade", *The Review of Economics and Statistics*, Vol. 84, No. 1, 2002, p. 116.

② Weidenbaum, Murray, and Samuel Hughes, *The Bamboo Network*, New York: The Free Press, 1996, p. 51.

③ James E. Rauch, "Business and Social Networks in International Trade", *Journal of Economic Literature*, Vol. 39, No. 4, 2001, p. 1180.

（3/5/2011，am，访谈义乌市侨联秘书长 G 于义乌市侨联办公室）

福山指出，信任不是口号，而是塑造世界经济的主轴，忽视信任的生意人，只有失败。[①] 失信的华商，不仅仅被受欺骗的交易一方列入"黑名单"，而且在一定的范围内被众多的义乌市场业主列入"黑名单"。正是这种集体制裁机制的存在，当这位温州籍失信华商再次进入义乌市场采购时，也是被其他的非受害方的义乌市场业主发现而被"堵住"的，最后迫使这位华商把 17 万元余款付清。虽然事情最终得到了解决，但经历这一事件之后，这对华商夫妻在华商网络内部交易时面临着信用危机，对自身的生意产生了负面的影响。正如青田籍坦桑尼亚华商 Z 所说的，"赖皮的话，你出去不要回来了，回来的也出不去。"[②]

综上所述，维系华商网络的纽带是基于血缘、地缘、业缘等社会关系之上的人际信用及基于信用之上的信任。由此，我们可以知道，海外华商在海外华商网络的建构及拓展过程中并不能脱离中华传统文化及历史的脉络，而是要受到传统文化的形塑和影响。

关系与信任对于海外华商网络构建及拓展的重要性，既成为海外华商网络的独特建构特点，又有可能成为今后其进一步全球拓展的限制。阿夫纳·格雷夫（2002）关于前现代社会地中海地区马格里布商人及热那亚商人的远距离贸易史的比较性研究，带给我们的启示是：市场的扩大及贸易的拓展会导致人格化交易方式向非人格化交易方式的转变，在市场活动中胜出的交易方式一定是更有效率的交易方式。[③] 在全球化时代背景下，如果海外华商在海外华商网络的构建及拓展上始终遵循着人格化交易方式的"代际锁定"，必将无助于海外华商网络在新时期的进一步拓展。

---

① 林勇：《非正式制度对海外华人经济发展的作用初探》，《八桂侨刊》2004 年第 5 期。

② 2011 年 4 月 13 日访谈 Z 于青田市开元大酒店一楼咖啡厅。

③ 史晋川：《温州模式的历史制度分析——从人格化交易与非人格化交易视角的观察》，《浙江社会科学》2004 年第 2 期。

第三章

华商网络构建模式：
"义乌模式"的海外"克隆"

华商网络的构建与华商在移居国的文化适应紧密相关。学术界关注到了海外移民在移居国的文化适应往往存在一种"移植"现象。李亦园（1984）就华南移民在海外移植的适应问题提出一个全面的分析框架。这个框架把华人海外移植的环境适应分成两大类：一类是"本土移植"，又分为"台湾"和"海南岛"两种类别；另一类是"非本土移植或海外移植"，这一类又再分为两种形态：一种为弱势客地文化区域，如东南亚；另一种则是优势客地文化区域，如北美、欧洲等。① 这一分析框架显示了源自同一祖籍地的华南移民，因移居地人文环境的差异而呈现出不同类型的调适形态。

同样地，面临完全陌生的社会、文化环境，从事义乌小商品等中国商品贸易的海外华商在移居国也面临着文化适应的问题。他们是如何克服文化、历史、种族、法律等差异、挑战而在异国寻求生存、发展？他们运用什么样的适应模式构建起跨国的商业网络从而推动义乌小商品等中国商品跨国界的顺利流通？

依据田野调查获知，在移居国从事义乌小商品等中国商品贸易的海外华商在华商网络的海外构建过程中完全"克隆"了"义乌模式"，以实现

---

① 李亦园：《中国海洋发展史论文集第一集》，"中研院"三民主义研究所1984年版，序言。后来，李亦园（2002）修正了海外华人文化适应的分类架构，把海外华人研究的相关领域分成"辅助性研究领域"和"主体性研究领域（海外华人社会）"两大类。前一类，包括"华南侨区"与"台、港、澳"两部分；后一类则分成"弱势客地文化区域（东南亚地区）"和"强势客地文化区域（欧、美、澳地区）"两种类型。参见李亦园《中国社会科学院海外华人研究中心成立并举办"海外华人研究研讨会"祝贺词》，载郝时远主编《海外华人研究论集》，中国社会科学出版社2002年版，第15页。

"本土化"。所谓"义乌模式",学术界有较多的争论①,在此不作专门的阐述,但其主要内涵无疑是以小商品市场为中心的发展模式。② 这一模式主要展现为市场的平台、商品的聚集、商人的聚集。自20世纪90年代初义乌小商品市场一跃而成为中国第一大小商品市场以来,义乌市场的成功经验成为国内众多城市经济发展的仿效对象,国内各地出现了众多以义乌冠名的分市场。与国内各地义乌市场的"复制"情形相仿,自20世纪90年代后期以来尤其是21世纪以来,海外华商在义乌小商品等中国商品跨国销售网络的构建过程中也自觉或不自觉地"克隆"了"义乌模式",在海外建造了一个个的"小义乌",如迪拜的"龙城"、南非的中国商贸城、匈牙利的四虎市场、莫斯科的义乌国际商贸中心,等等。这些中国商城都有一个共同的特征,即市场、商品和商人的聚集,也即以"族群聚集区经济"模式开展"中国制造"的批发、零售贸易,构建起中国商品在移居国的销售网络。

"义乌模式"的海外"克隆",在较大程度上促成了海外华商在异环境下的社会文化和经济适应。这种族群聚集区经济模式的形成,既跟移居国移民政策、社会环境相关,也跟移民自身社会适应能力、移居心态等相关,是在多重"作用力"之下的一个特殊产物。当然,族群聚集区经济并非只具有"封闭"的、消极的面相,还具有外向性的特征,具有与主流经济交融、与祖(籍)国经济互动的"桥"的正功能。

第一节　华商网络与"族群聚集区经济"模式

华侨华人初达移居国,往往可以得到来自族群网络内部的帮助:前期到达的移民向后来者提供有关移居国的社会、商业等信息,并给后来者提供就业、创业等实际帮助。正是这种社会关系网络的巨大作用引发的连环套式的互动,使后来者不断地跟随先行者的步伐到达其聚居的区域,进而

---

① 相关研究可参见陆立军等学者的一系列著作,如陆立军、王祖强、杨志文《义乌模式》,人民出版社2008年版。在书中,将"义乌模式"界定为:坚持"兴商建市"总体发展战略,以持续、全面的创新为根本动力,推动产业优化升级、城市功能完善提升、社会和谐稳定进步、城乡统筹协调发展、区域协作互惠互利;依靠和发挥商贸优势、国际化环境优势,推进城市向创新能力强、商贸优势大、国际化程度高的创新型国际商贸名城迈进。见"绪论"第6页。

② 鲍洪俊:《义乌模式:已有研究和新的解释框架》,《浙江学刊》2008年第5期。

在移居国形成"族群聚集区"或"族群飞地"现象，其经济被称为"族群聚集区经济"或"族群飞地经济"。这种经济模式在较大程度上促成了跨国移民在异环境下的社会适应以及华商族群网络的海外构建，与此同时，华商网络的构建也有助于"族群聚集区经济"模式的持续繁荣。

一　"族群聚集区经济"模式

（一）"族群聚集区经济"研究

西方围绕外来移民的社会适应、与主流社会关系问题的理论研讨，众说纷纭，但按其基本取向，则主要有"同化论"和"多元主义论"两大流派。主张"同化模式"的学者大多认为，跨境移民在接受国一般要经历定居、适应和同化三个阶段。在定居、适应的过程中，有的移民可能较先获得"成功"而得以提升自己在移入国的社会地位，并为同伴积极仿效。于是，越来越多的移民将接受主流社会的文化，认同于主流族群，进而实现完全同化。周敏（1995）运用社会学的理论和分析方法，通过对纽约唐人街的实证研究，以独特的角度和敏锐的眼光，反驳了经典的同化论对唐人街将"不可避免地衰落和消失"的预测。她认为，一百多年来唐人街仍充满生机和活力的主要原因，在于唐人街为很多华人新移民提供主流社会无法提供的生存与发展的机会，也使华人移民得以保持自己特有的文化习俗，而不至于在融入主流社会的过程中丧失殆尽。[①]

"熔炉论"是以美国为实证基础的同化模式的形象表述。该理论后来被不断延伸、发展，如弗雷德里克·杰克逊·特纳（Frederick Jackson Turner）于19世纪中叶提出的"边疆熔炉论"、社会学家鲁比·乔·里维斯·肯尼迪（Ruby Jo Reeves Kennedy）于20世纪40年代提出的"三重熔炉论"、乔治·斯图尔特（George R. Stuart）提出的"变形炉论"等。这些理论都认为：各外来民族应当而且必然会在美国这个"上帝的伟大的熔炉"中同化为具有同一性的"美国人"。[②]

犹太裔美国学者霍勒斯·卡伦（Horace Kallen）在批判"熔炉论"的基础上于1924年进一步提出了"文化多元论"，他认为，在民主社会的

---

① 周敏：《唐人街——深具社会经济潜质的华人社区》，鲍霭斌译，商务印书馆1995年版，第12页、第260—263页。

② 李明欢：《20世纪西方国际移民理论》，《厦门大学学报》2000年第4期。

框架内保持各族群的文化，将使美国文化更加丰富多彩。①"文化多元论"引起学术界乃至后来政界的关注。自 70 年代起，"多元文化"作为解决国内种族、民族矛盾的理论基础，被加拿大、瑞典、澳大利亚等多个西方国家正式采纳。作为对"同化论"的反叛，20 世纪七八十年代，探讨"多元文化论"在移民学界成为热门话题。②

除"同化论"、"多元文化论"之外，艾勒占德罗·波特斯（Alejandro Portes）及其同事率先提出了"族群聚集区经济模式"来描述少数民族群体（尤其是移民群体）融入主流社会的另一条可供选择的途径。③"族群聚集区经济"从"族群聚集区"概念上发展而来。在学术研究中，族群聚集区的一个常用代名词是"族群飞地"（Ethnic Enclave）。"族群飞地"，是学术界对唐人街之类的族群社区所使用的专有名词，既含有"飞地"，也有"封闭"的意味，或译作"种族领地"，是一群有别于他族的、拥有真实的或想象的共同文化遗产的特殊社区。④

族群聚集区或族群飞地，是外来移民普遍存在的现象。在 20 世纪早期，芝加哥学派生态学者发现了移民族群飞地（immigrant enclaves）现象，并命名为诸如小西西里（Little Sicily）、希腊城（Greektown）。⑤华人的族群飞地现象也非常典型，英国的伦敦、曼彻斯特、利物浦等都有唐人街及牌坊，是华人商业和社交中心。⑥ 在北美，美国华人高度"扎堆"于一些大都会区。新移民的持续增加使得美国各地的老唐人街

---

① 李明欢：《20 世纪西方国际移民理论》，《厦门大学学报》2000 年第 4 期。

② 李明欢：《欧洲华侨华人史》，中国华侨出版社 2002 年版，第 10—19 页。

③ 周敏：《唐人街——深具社会经济潜质的华人社区》，鲍霭斌译，商务印书馆 1995 年版，第 20 页。后来周敏在文章中又将这一概念表述为"聚居区族裔经济"，参见周敏《少数族裔经济理论在美国的发展、共识与争议》，《思想战线》2004 年第 5 期。西方学术界还提出另一种"中间人少数族群"（middleman minorities）理论，认为这也是移民社会适应的一种模式。如参见 José A. Cobas，"Ethnic Enclaves and Middleman Minoritiese：Alternative Strantegies of Immigrant Adaption？"，*American Sociological Review*，Vol. 38，No. 5，Oct. 1973，pp. 583 – 594.

④ Min Zhou，"Understanding Ethnicity from a Community Perspective"，参见张国雄、周敏、张应龙主编《国际移民与侨乡研究》，中国华侨出版社 2012 年版，第 17 页。

⑤ John R. Logan，Wenquan Zhang，Richard D. Alba，"Immigrant Enclaves and Ethnic Communities in New York and Los Angeles"，*American Sociological Review*，Vol. 67，Iss. 2，2002，p. 300.

⑥ 《世界侨情报告》编委会编：《世界侨情报告（2011—2012）》，暨南大学出版社 2012 年版，第 178—179 页。

不断扩展，新唐人街陆续兴起。有一半以上的中国新移民居住在加州和纽约两地。① 唐人街的典型特征表现为"在一个或多个街区华人人口及其经济活动的集聚中心，是该城市构成的一个独特部分，是在以西方人为主导的城市环境中具有东方社会特质的一个社区"。② 当然，华侨华人聚集区并不仅仅局限于英美等西方国家。庄国土（2011）认为，华侨华人聚居区几乎遍及全球各大洲的各个国家，尤其是以前中国移民很少光顾的拉丁美洲、非洲和中东各地，近年来也出现了若干人数过万的华侨华人聚居区。③

族群聚集区经济（即"族群飞地经济"），往往指地理上集聚的族群商业圈。④ 艾勒占德罗·波特斯及其同事（1985）提出的"族群聚集区经济"模式，强调族群聚集区经济是主流经济的一个组成部分；但同时又具有独特而鲜明的族群色彩，即它是由以族裔为主的劳务市场、资本市场和消费市场三方面组成，并在一定的地域范围内相对独立运行的一个族裔经济结构。⑤ 这个模式把"族群聚集区经济"看作移民接纳国经济的一个组成部分，是一个具有独特的劳务市场并在一定程度上独立自主的经济结构。族群聚集区经济的功能是支持移民族群的工商业，并且帮助他们在大经济体系中更有效地进行竞争。有了族群聚集区经济及其劳务市场的存在，移民就不需要从附属经济或从社会阶梯的最低一级开始攀登，相反，他们可以自己组织起来在内部做生意或者与外界进行贸易。约翰等学者（2002）认为，移民聚集区的出现和维持是因为"它们迎合了新来者的需要：可承受的住房、家庭纽带、熟悉的文化和有助于找到工作等"。⑥ 王春光（1999）通过对巴黎的温州移民进行研

---

① 《世界侨情报告》编委会编：《世界侨情报告（2011—2012）》，暨南大学出版社 2012 年版，第 207 页。

② 刘宏：《海外华人研究的谱系：主题的变化与方法的演进》，《华人研究国际学报》2009 年第 2 期。

③ 庄国土：《世界华侨华人数量和分布的历史变化》，《世界历史》2011 年第 5 期。

④ Ivan Light, Georges Sabagh, Mehdi Bozorgmehr and Claudia Der – Martiosian, "Beyond the Ethnic Enclave Economy", *Social Problems*, Vol. 41, No. 1, Feb. 1994, p. 77.

⑤ Alejandro Portes and Robert L. Bach, *Latin Journey*: *Cuban and Mexican Immigrants in the United States*, Berkeley: University of California Press, 1985.

⑥ John R. Logan, Wenquan Zhang, Richard D. Alba, "Immigrant Enclaves and Ethnic Communities in New York and Los Angeles", *American Sociological Review*, Vol. 67, Iss. 2, 2002, p. 299.

究，也认为通过群体的聚集和互助找到合理的谋生和发展手段是非精英
移民社会融入的有效途径。①

艾勒占德罗·波特斯（Alejandro Portes，1994）研究指出，移民"族
群飞地"具有两大特征：其一，大量移民拥有并雇用同族工人的企业；其
二，企业的空间集聚。② 再如周敏（2004）指出，一个族裔群体之所以有
自己的聚居区族裔经济必须满足几个条件，其中"也可能是最重要的一个
条件，聚居区族裔经济需要一个特定的区域，即一个族裔聚居区来支
持"。③ 然而，这一地域上的限制引发了争论：族群飞地成员是就移民族
群的居住地而言还是以他们的工作地来界定？莱特（Ivan Light，1994）
认为，移民族群地理上的聚集引发的争论忽视了在族群经济圈外存在的大
量族群企业。而且，很多族群经济如洛杉矶的伊朗族群经济缺乏这样的经
济圈，因此将族群经济限定为地理上的聚集是不可能的。④ 正是基于这些
现实，后来波特斯等（Portes，1992）也强调族群飞地经济是"一个族群
企业聚集的网络，这一网络为企业家创造了就业和机会"。⑤ 格雷夫（Ar-
ent Grave，2005）等认为，族群飞地作为独立的缝隙市场，并不一定是地
理上的聚集，相反是以不断互动的网络结构为特征。这种结构形塑了族群
飞地经济及其与其他经济部门的关系。⑥ 贝利（Bailey，2001）等学者将
唐人街内外的族群生意连接起来进行研究。⑦

受上述研究的启发，结合海外华商构建的华商网络的实际，笔者认

---

① 王春光：《温州人在巴黎：一种独特的社会融入模式》，《中国社会科学》1999 年第
6 期。

② Ivan Light，Georges Sabagh，Mehdi Bozorgmehr and Claudia Der – Martiosian，"Beyond the
Ethnic Enclave Economy"，*Social Problems*，Vol. 41，No. 1，Feb. 1994，p. 68.

③ 周敏：《少数族裔经济理论在美国的发展、共识与争议》，《思想战线》2004 年第 5 期。

④ Ivan Light，Georges Sabagh，Mehdi Bozorgmehr and Claudia Der – Martiosian，"Beyond the
Ethnic Enclave Economy"，*Social Problems*，Vol. 41，No. 1，Feb. 1994，p. 77.

⑤ Alejandro Portes and Leif Jensen，"Disproving the Enclave Hypothesis"，*American Sociological
Review*，Vol. 57，Iss. 3，1992，p. 419.

⑥ Arent Grave and Janet W. Salaff，"Social Network Approach to Understand the Ethnic Economy：
a Theoretical Discourse"，*Geo Journal*. Vol. 64，No. 1，2005，p. 7.

⑦ Thomas Bailey and Roger Waldinger，"Primary，Secondary，and Enclave Labor Markets：A
Training Systems Approach"，*American Sociological Review*，Vol. 56，No. 4，1991，pp. 432 – 445.

为，虽然"唐人街"一直以来是中国海外移民族群聚集区经济的一种典型①，然而，族群聚集区经济并不仅仅局限于我们所认为的传统的唐人街的地域范围。就从事义乌小商品等中国商品贸易的华商构建的族群聚集区经济而言，并不仅仅单指某一唐人街，不仅仅为海外华商、华商企业在物理空间上的集聚，而且也是互动的华商网络的集聚，是一个由各种关系网络交叉集聚的社会空间，是指华商族群及其内在组织系统、社区结构和社会关系，即"族群聚集区经济"也是指一个具有延伸性的社会空间，或具有拓展性的华商网络空间，而不仅仅指局限于某一地域范围内的外来移民族群集聚的地理边界，不仅仅是华商族群集中居住、工作的某一个族群商业圈。在这一社会空间内，血缘、地缘、业缘关系等社会关系构成了族群互动的空间。正如格雷夫（Arent Greve，2005）等学者所说的，"这些关系并不依赖于地域，外来移民族群只是将族群飞地看作一个社会空间。"② 这一社会空间或华商网络空间的覆盖面远远超越了地理上聚集的族群商业圈，除了传统的唐人街之外，还包括华商兴建的、参与兴建的或移居国当地兴建的销售中国商品的各类商城，甚至包括那些不在族群聚集区内的其他华商企业，如遍布于移居国各个市镇的华商零售店铺。正是这种华商网络的广布性及所具有的互动的社会网络结构形塑了族群聚集区经济，构建起族群聚集区经济与移居国主流经济、祖（籍）国经济之间的关联。

　　族群聚集区经济是艾勒占德罗·波特斯等人用以解释从低收入国家移居西方国家移民的社会适应模式。这种社会适应模式是否也适用于从发展中国家进入发展中国家的移民？依据笔者的田野调查所知，从事义乌小商品等中国商品贸易的海外华商，不管是移居至发达国家还是发展中国家，都在不同程度上存在族群聚集的现象，在移居国创造了游离于主流经济却又与主流经济存在各种关联的边缘经济形态——族群聚集区经济或族群飞地经济。这种经济模式既在较大程度上促成了跨国移民在异环境下的社会适应，又有助于华商族群网络的海外构建。

---

　　① 当然，并非从事义乌小商品等中国商品销售的华商所在移居国都有唐人街。以俄罗斯为例，俄罗斯政府绝不允许中国以及外来移民在俄罗斯建立类似唐人街那样的移民社区。因此，虽然在俄罗斯华人最多的时候达到约 20 万，却一直没有唐人街。

　　② Arent Greve and Janet W. Salaff, "Network Approach to Understand the Ethnic Economy：A Theoretical Discourse", *Geo Journal*. Vol. 64, No. 1, 2005, p. 8.

（二）华商"族群聚集区经济"

外来移民受制于移居国的社会环境、劳动力市场结构及政策等的约束，往往会自我组织起来，充分发挥及利用各种血缘、地缘等社会关系网络，在自发组织的移民族群社区之中，从事族群性的商业活动，建立起移民族群经济。

早期中国移民离开亲人、远涉重洋，到一个完全陌生的国度去谋生，是一件异常艰辛的事。共同的来源国、风俗习惯、文化背景，使得这些外来移民在移居国聚族而居，于是慢慢形成最初的聚集地。以拥有集居传统的浙江青田籍移民为例，他们在法国里昂、西班牙马德里和巴塞罗那有"青田区"，罗马尼亚有"青田村"，美国纽约有"青田楼"，葡萄牙里斯本有"青田家"等聚集区。① 这类聚集地，对于刚进入移居国的中国移民来说，具有特殊的吸引力。中国移民因语言不通，受教育程度不高，缺乏灵活的谋生手段，不熟悉寻找工作的门路等，往往利用血缘、地缘等人际关系，在本族群聚集的地方寻找工作机会及创业机会。中国海外移民的这些聚集地往往被称作"唐人街"或"中国城"（China Town 或 China City）。无论是出于保护自己的本能，还是联络乡亲感情和沟通家乡信息的需要，唐人街以合作、互助和自卫为主的目的性均是显而易见的。后来，出于生活上和管理上的需要，唐人街还出现了氏族公所、同乡会馆、秘密会社或宗教团体、祠堂寺庙、私塾和华校等②，把家乡的那套风俗习惯、文化生活等"移植"过去。这样，唐人街就成为一个集生产（商业活动）、生活、娱乐和社交为一体的重要活动中心。唐人街的存在，既是移居国社会政策环境下的特殊产物，也是中国海外移民为了尽快适应异国他乡生活的现实需要。

从事义乌小商品等中国商品贸易的华商，虽然绝大多数是在 20 世纪 70 年代末之后出国的新移民，但也逐渐形成了如先辈移民那样的族群聚集现象，而且因为这些华商从事中国商品的批发、零售贸易，以中国商城为主要表征的族群聚集现象甚至更为突出。跟唐人街聚集区相比，这类新的聚集区更为凸显其经济功能。如坦桑尼亚华商都聚集在卡里亚克 TTC 市场；尼日利亚华商集中在尼日利亚大厦（Nigeria House）、尼日利亚市

---

① 《青田华侨史》编纂委员会编：《青田华侨史》，浙江人民出版社 2011 年版，第 158 页。

② 沈立新：《世界各国唐人街纪实》，四川人民出版社 1992 年版，第 4 页。

场（Balogun）；罗马尼亚华商聚集在欧罗巴市场、尼罗市场、红龙市场等；葡萄牙华商聚集于波尔图的 Vila de Conde、里斯本的 Porto Alto 等仓储批发区；西班牙华商聚集在 Fuenlabrada 区、Lavapies 区、Badalona 区等批发区。

以南非为例。自 20 世纪 80 年代起，中国大陆新移民开始大量进入，他们逐渐替代先期到达的台湾人、香港人而成为南非华侨华人的主体。据纳杜（Naidu，2008）估计，目前在南非的中国新移民为 20 万—30 万。[①]最初进入南非的中国移民，在约堡（Johannesburg）西区位于中央商务区的专员大街（Commission Street）聚集，形成南非第一条唐人街，即所谓的"老唐人街"。[②]老唐人街是早期南非华人社区的标志。在不足 200 米长的街面上，店铺最多时曾达到 30 家。[③]因约堡西区专员大街上的治安不好，老唐人街上的华侨华人商家和顾客经常被劫，店主往往不到晚上 7 时就要闭门歇业。有鉴于此，进入 21 世纪以来，一些老唐人街的商家及许多华人店铺逐渐迁到了约堡东区位于布鲁玛湖（Bruma Lake）附近远离中央商务区的西罗町（Cyrildene）[④] 大街。随着中国新移民不断迁入，西罗町逐渐取代了日渐衰落的老唐人街，而成为"新唐人街"。目前新唐人街共有 90 余家店铺，华商经营业务已从原先单一的餐馆、超市扩展到旅行社、旅馆、美容美发、通信器材、服装店、网吧等。居住在唐人街周边社区的华人已达 6 万人之多。[⑤]唐人街成为南非华商的族群聚集区。新移民可以在这里吃到广东、福建、四川、东北等口味的菜肴，买到来自家乡的特产、调料、蔬菜以及中文报纸杂志、书籍、碟片等。

南非华侨华人积累了财富后，并不满足于在新唐人街发展。约堡作为南非的经济中心，商贸网络延伸到全非洲。进入 21 世纪以来，有实力的

---

① Kweku Ampiah, Sanusha Naidu, *Crouching Tiger*, *Hidden Dragon*?: *Africa and China*, Cape Town: University of KwaZulu – Natal Press，2008，p. 188.

② Rachel Laribee，"The China Shop Phenomenon: Trade Supply within the Chinese Diaspora in South Africa"，*Africa Spectrum*，Vol. 43，No. 3，2008，p. 357.

③ 王昭：《非洲第一条唐人街》，《人民日报海外版》2009 年 11 月 13 日第 12 版。

④ 据说西罗町的得名是由于其地名 Cyrildene 和台北一个蔬菜批发市场西罗定发音相近，当时的《华侨新闻报》社长冯荣生先生就给这个地方起名为西罗町。

⑤ 王起鹍：《走近南非，透视华人社会》，http://www. xmqs. org/2007 – qs – tw/2007 – qswy/2007y – qswy/071010 – wqk2. htm，2010 年 1 月 10 日。

华商开始投资当地的房地产，兴建或参与兴建商城，中国城、东方商城、非洲商贸、百家、香港城、中国商贸城、红马商城、中非商贸城、家居建材城等主要由华人经营的大型批发零售商城相继建立，并且与新唐人街一起共同构成了约堡华侨华人的族群经济圈。这些商城中，东方商城是小商品零售中心；中国商贸城（第二期）即中国商贸城·小商品城，有近百家店铺，面积为 18 平方米/间，是连接义乌小商品市场的交易新平台。这些中国商城成为华商族群聚集区经济的"新鲜血液"。随着华商人数的壮大及中国商城的扩建，大量福建籍华商将店铺开到了更具商机的市镇——黑人的住宅区，在空间上拓展了华商族群聚集区经济。由此，中国商城、唐人街与类似星星点灯般地镶嵌于约堡各个黑人市镇的福建籍华商零售店铺一起拓建了华商网络。

值得指出的是，在海外中国商城的兴建上，以浙江温州籍、义乌籍、青田籍等为代表的华商借助价廉物美的"义乌制造"、"温州制造"等各类"中国制造"，在移居国兴建了各类市场，建立起义乌及其他批发市场乃至产地市场的商品走向世界的销售平台及销售网络。据不完全统计，自 1998 年温州人建立首个境外中国商城——巴西圣保罗中国商城至今，截至 2007 年年底，温州商人先后在喀麦隆、俄罗斯、荷兰等多个国家建立了 15 个境外"中国商品城"。[1] 目前，浙商已经在 30 多个国家和地区创办了 50 余个上规模的专业市场，形成了一支海外建市场的"联合舰队"。[2]

华商族群聚集区及在此基础上形成的族群聚集区经济，不是一国一地的独特现象，而成为移居国华商社会适应、建构商业网络的一个普遍性特征。族群聚集区经济成为多数外来移民难以越过的社会适应阶段。毫无疑问，族群聚集区经济为移民在异环境中的尽快适应、创业提供了一个途径。正如托马斯等学者所说的，来自同族源的族群聚集区经济，使得跨国移民在异国他乡"找到了一个社交世界……有名有份，在群体中扮演角色……找到回应和安全感"。[3] 在这种高度分工的聚集区经济内部，其成

---

① 陈晓鸣、黄旭敏：《温籍华商角色的两面性》，《浙江经济》2010 年第 6 期。

② 吴晶：《发挥侨联优势 服务转型升级 在推动科学发展上实现更大作为》，《钱江侨音》2011 年第 6 期。

③ ［美］W. I. 托马斯、［波兰］F. 兹纳涅茨基：《身处欧美的波兰农民》，译林出版社 2000 年版，第 8—9 页。

员不必与主流社会多交往而仍然能正常地进行自己的工作和文化娱乐活动。

二　华商网络与"族群聚集区经济"构建

华商网络是华商"族群聚集区经济"构建的主要资源。华商网络有助于移民基于社会关系网络创建族群产业，形成族群经济。卡斯特（Stephen Castles，2004）指出，移民过程一旦展开，便产生各种特殊服务的需要，"移民产业产生自移民网络"。①受移民自身的受教育程度、语言能力及移居国社会环境、劳动力市场结构等因素的影响，外来移民进入移居国主流经济部门就业的概率非常小，这就迫使外来移民依据自己既有的社会关系资源及自身经验积累转向族群聚集区内寻找工作或创业。而借助于华商网络提供的资金资助、族群劳动力市场及其他资源，大大便利了华侨华人在移居国的创业。与族群经济有着直接的、间接的或多重联系的人，嵌入华商族群网络之中。②

（一）华商网络与创业资金

基于血缘、地缘、业缘等社会关系构建起来的华商网络，在华商创业融资问题上发挥了独特的作用。中国移民初到移居国，往往从最基层做起，从打工仔做起。在经历了多年的工作经验积累及资金积累后，得到亲友的协助，再开始自主创业，转身成为老板。在从打工仔到老板的身份转变过程中，基于血缘、地缘及业缘等多重社会关系之上的族群网络，提供了其创业资金上的重大支持。只要想开店，往往全家族的长辈都会主动凑钱支援，有的甚至由没有血缘关系的老板支持，相当于无息贷款，这种融资方式高效而稳定。过些年，等他赚了钱还清大家的集资后，又会主动资助下一个创业者。"就像漂在水上的浮萍一样，以宗族和地域为纽带，迅速繁衍开来。"③

血缘、地缘等社会关系成为海外华商创业时的最大依靠。以2010年

---

① Stephen Castles, "The Factors that Make and Unmake Migration Policies", *International Migration Review*, Vol. 38, No. 3, 2004, p. 859. 卡斯特认为，移民产业包括旅行社、律师、银行家、雇主、中介人、翻译及房地产代理商。

② Arent Greve and Janet W. Salaff, "Network Approach to Understand the Ethnic Economy: A Theoretical Discourse", *Geo Journal*. Vol. 64, No. 1, 2005, p. 11.

③ 魏一平：《高平事件背后》，《三联生活周刊》2012年第4期。

12 月—2011 年 1 月在南非约堡八大中国商城及唐人街针对华侨华人的问卷调查收集的数据为证。依据问卷调查所知，在资料完整的 188 位华商中，有 146 位华商的创业资金主要来源于家里的积蓄及亲友的协助，占总人数的 78%。如来自辽宁的一对夫妻，在约堡打了几年工后，于 2009 年在红马商场（Ormonde China Mall）开了一家服装零售店。创业资金，除了夫妻俩几年打工的积蓄外，还向朋友借了小部分资金，以支付店铺租金，而批发服装所需的 8 万块资金则来自姑姑的支持。①

　　在其他移居国的华商也是如此。斯洛伐克有近 4000 名青田籍华侨华人，绝大多数都在从事贸易，而且以家族性为特征。按照青田籍斯洛伐克华商 L 的估计，起码有五六十个青田籍家族在那里创业。这些家族大力支持家族内部成员的创业。就 L 家族而言，在斯洛伐克创业从事义乌小商品等批发贸易的亲戚有几十人。L 妻子的姐姐、妹妹、弟弟都在斯洛伐克创业，都是在 L 负责出资、进货等全力支持下而起步的。

　　　　小商品是我妻子的姐妹、弟弟一起合股的。当时我去斯洛伐克之后，把他们从奥地利、意大利、德国叫过来。他们在那些国家打工。我说你们过来负责开店，亏损我来负担，钱赚来是你们的。店面都是我帮他们装修好的，所有的货都是我进的。

　　　　（2/11/2012，am，访谈 L 于义乌欧陆风情文化主题大酒店）

　　族群关系、地缘关系也成为华商创业的资源。青田籍华商 Z 初到坦桑尼亚时，在创业资金上得到了一位江苏籍华商的帮助。此后，Z 也热心帮助后来者在移居国谋生、创业。

　　　　"2009 年之后，浙江人开始多起来了，有四五十家民营企业。他们开店时，我们帮他们。我们去的时候，人家帮我们，现在我们也帮人家。"

　　　　（13/4/2012，pm，访谈 Z 于青田开元大酒店一楼咖啡厅）

---

　　① 2010 年 12 月 7 日访谈于约堡红马商场。红马商场或许是约堡租金最便宜的商场。有华商告知大概是每平方 65 兰特。这对夫妻选择在红马商场开零售店主要基于租金便宜。

（二）华商网络与劳动力市场

中国新移民不仅在出国之前沿袭着既有的移民网络进入族群聚集的移居国，在到达移居国后也依循血缘、地缘等关系网络在族群聚集区内寻找工作。

自 20 世纪 70 年代末以来移居海外的中国新移民，虽然不乏高学历、高技能的精英移民，但绝大多数是来自中国农村、乡镇的"草根"移民。这些人由于语言、受教育等方面的局限以及移居国固有的社会结构对劳动力分层化需求的影响，难以进入移居国主流经济领域寻找到工作。格雷夫（Arent Greve，2005）的研究指出，移居国劳动力市场的核心部门，更多地依赖于信息的制度化流动，而第二劳动力市场，雇佣关系为非正式的，甚至更多的是非正规的，则更多地依赖于人际的信息流动。[①] 然而，有关工作的信息流动并不是人人都可以获得的，不同的关系提供不同的劳动力市场的相关信息。在劳动力市场中，拥有较好社会关系的个人，将获得较多的有关工作的信息。而中国海外新移民初到移居国，极少在移居国核心劳动力市场拥有各式社会关系，也就难以获得相关工作的信息，加上自身受教育、语言等方面的局限，因此很难在当地找到合适的工作。

而来自同族群移民创建的族群聚集区经济，对于新移民所具有的独特优势——共同的文化，即没有语言、风俗习惯等方面的不适应，因而有助于外来移民的尽快适应，成为吸引新移民劳工的最佳聚集地。格雷夫（Arent Greve，2005）研究指出，"（华商）雇主在族群飞地里寻找所需要的雇员，雇用那些跟雇主有实际的或象征性的关系的人，或别人所熟悉的人。"[②] 另据安东内拉·切卡尼奥在意大利罗马、普拉托和卡尔皮工业园区进行的田野调查表明，华人经营的贸易与服务业店铺里，从业人员一般都很少，主要是家族成员，少有外姓雇员（餐饮业也许除外）。[③] 华商族群聚集区经济的顺利运行，便是依靠来自同族群的新移民不断填补就业岗位而获得了产品及服务上的竞争优势。因而，从某种程度上可以说，族群网络对进入族群商业圈的人具有制约作用。

[①] Arent Greve and Janet W. Salaff, "Network Approach to Understand the Ethnic Economy：A Theoretical Discourse", *Geo Journal*. Vol. 64, No. 1, 2005, p. 11.

[②] Ibid., p. 9.

[③] ［意］安东内拉·切卡尼奥：《意大利的中国移民在欧洲市场上的竞争》，载罗红波编《移民与全球化》，中国社会科学出版社 2006 年版，第 154 页。

以西班牙华商为例。在西班牙 Fuenlabrada 市 CoboCalleja 工业区，是来自义乌等地的中国小商品批发仓库区，200 多家华商批发仓库共雇用了 2000 多名中国打工者。在这里打工的中国人都是从国内通过各种各样的熟人关系带过来的，一个人过来，家人和亲戚便慢慢跟了过来，久而久之便形成了一张错综复杂的关系网。①

以南非华商为例。目前在南非约堡各大中国商城或黑人村落里自主创业的华商，大多是在先期到达南非的华商那里打工起步的。血缘、地缘及族群关系，成为众多南非华商选择雇员的主要考量。绝大部分华商店铺内雇用了中国新移民雇员或"老侨"②雇员。如从事义乌的五金建材批发、零售的义乌籍华商 F，在"非洲商贸"的店铺里，雇用了 2 个"老侨"；"东方商城"店铺雇用了 2 个中国人，负责店铺里的管理、经营业务。③

需要指出的是，一些华商青睐于雇用"老侨"作为在移居国拓展商业网络的一种手段。"老侨"因为在移居国居住的时间较长，具有独特的语言、文化优势，成为华商开拓义乌小商品等中国商品销售市场的得力帮手。不仅南非的部分华商青睐于雇用"老侨"，其他地域的华商也存在这种情况。意大利华商 Z 1999 年去柬埔寨开拓义乌小商品的销售市场，起初也是借用"老侨"的能力，以提成的方式让"老侨"负责市场的开拓。当时因为柬埔寨的商品市场被越南货、泰国货占据，要开拓中国商品的销售市场必须经历一个长时间的推销过程。"柬埔寨当地流行的货，是越南和泰国的货，中国的货当地人不用的。"④为开拓具有潜在商机的柬埔寨市场，华商 Z 等人便雇用了来自广东的"老侨"。"我们雇的都是些潮州的华人，都讲柬埔寨语的，他们在柬埔寨那里世世代代扎根的，他普通话能说一点……他们拿我们的货去推销，我们呢

---

① 李梁：《西班牙华人异乡生存之路》，《南方周末》2005 年 7 月 21 日。转引自《西班牙华人异乡生存之路》，http：//news. sina. com. cn/w/2005 - 07 - 21/11027284642. shtml，2010 月 7 月 21 日。

② "老侨"一般指 100 多年前来南非的中国人的后裔，现在已是第三代至第五代了。目前，南非"老侨"的后代有 1 万人左右。这些人中，大多数已经不会讲中文了，但因为其有良好的语言能力，成为华商雇主青睐的对象。

③ 2010 年 12 月 11 日访谈于南非约堡东方商城。

④ 2011 年 5 月 8 日访谈于柬埔寨华商 S 设于义乌的国际物流公司。

就是提成给他。"①

（三）华商网络与商品流通

华商网络对于商品的流通、华商商业活动的成功无疑起到了重要作用。

义乌小商品到达华商移居国后，血缘、地缘、业缘等社会关系成为义乌小商品等中国商品在移居国"流动"的重要网络资源。以青田籍旅西华侨高平为例。高平在 21 世纪初创办了股份制的国贸城集团，销售的义乌小商品曾一度成为集团的主打商品。国贸城集团实行家族信任和科学管理并举的制度。在组织上充分利用家族优势，集团中有家族成员 200 多人。目前在西班牙有 67 家连锁店，同时为 6000 多家零售店提供货源。②这些连锁店的建立主要基于血缘、地缘、业缘等各类社会关系之上。集团驻广州办事处的员工 C 告知，国贸城集团下辖的零售店"有自己开的；有亲戚开的；有朋友开的。亲戚带着亲戚，朋友带着朋友"。③借助于血缘、地缘、业缘等关系网络，国贸城集团无疑成为中国小商品在西班牙的较大终端供货方。

以南非华商为例。血缘关系成为义乌小商品等中国商品在华商移居国顺利流通的凭借及资源。约堡的中国城、东方商城、非洲商贸中心、百家商场、香港城、中非商贸城、中国商贸城等商城里，经营义乌小商品等中国商品的批发或零售业务的华商，大都实行夫妻店、夫妻与子女合营、兄弟姐妹合营等家族式经营管理，核心家庭及扩展家庭构成的血缘关系成为华商拓展商品销售网络的基本"细胞"。依据我们在 2010 年 12 月—2011 年 1 月期间对约堡上述八大中国商城及西罗町唐人街的问卷调查显示，在接受调查的 377 位华商中，独自在南非管理生意的仅为 45 人，占总人数的 13%；而有家属陪伴的占了 87%。其中，有一位家属（往往是配偶或子女）陪伴的为 98 人；有两位家属陪伴的为 91 人；有三位亲属陪伴的为 44 人；四位以上亲属陪伴的高达 99 人（见表 3.1）。华商家族"扎堆"，不仅成为华商商业经营中的帮手或合作伙伴，而且也成为华商网络拓展的最实在的抓手。如一位在香港城替四姐看店铺的广西籍女士说，她的 2 个

---

① 2012 年 1 月 16 日访谈 Z 于义乌市青田商会。

② 《青田华侨史》编纂委员会编：《青田华侨史》，浙江人民出版社 2011 年版，第 133 页。

③ 2011 年 3 月 19 日 QQ 访谈。

姐姐、1 个妹妹在南非拥有 5 个店铺。这 5 个店铺的服装都是四姐统一从国内订货柜发过来的，然后分发给几个姐妹销售，由此构建了商品的流通网络。① 调查中，还接触到一个比较独特的家族经营的案例。一位受过大学教育的福建江阴籍老板，20 世纪 90 年代到达南非创业，目前其家族已经购买了约堡乡下众多店铺。联合家族势力购买店铺，成为其扩张商品销售网络、拓展商品流通规模的一种手段。他说，"我们家族人很多。西北省（在太阳城 Sun City 附近）一个 Mafikeng 市（属于西北省的省府），都是我们家族的势力范围。我们一看到有店铺，就买下来。90 年代，就在乡下买下了几十家店铺。"② 南非华商的家族式经营、销售模式，在从事义乌小商品等中国商品销售的海外华商中具有普遍性，极大地便利了商品的"向下"流通。

表 3.1 南非华商与雇员家属伴随人数比较

身份 亲戚人数	老板	雇员
没有	45 人	52 人
1 个	98 人	31 人
2 个	91 人	10 人
3 个	44 人	9 人
4 个或以上	98 人	21 人
	总计：377 人	总计：123 人

综上所述，华商"族群聚集区经济"不仅仅是华商族群集中居住、工作的一个族群商业圈，尤其重要的是指一个具有延伸性的社会空间，或具有拓展性的华商网络空间。这一社会空间或华商网络空间的覆盖面远远超越了有地理边界的唐人街或中国商城。基于血缘、地缘、业缘等社会关系构建起来的华商网络，在创业资金、劳动力市场及商品流通等方面为族群聚集区经济提供了保障，成为华商族群经济建构的主要文化资源。

---

① 2010 年 12 月 14 日访谈于约堡香港城。
② 2010 年 12 月 20 日访谈于约堡中国商贸城。

第二节 华商网络与族群经济之超越

自从以唐人街为代表的"族群聚集区"在华侨华人移居国特别是以美国为代表的西方国家出现以来，在相当长的时间里，西方主流社会及学术界对它就持有负面的看法。随着 20 世纪 80 年代以来中国新移民人口的急剧增多，加上一些固有的生活陋习，使得以唐人街为代表的"族群聚集区"的生活环境恶化，生活质量受到很大影响。在很多移居国当地人看来，唐人街等同于美味的中餐馆、中国民族商品与风俗、与主流社会相隔离的封闭体系，以及"脏、乱、差"、黑社会等。据龙登高（2007）对纽约唐人街的研究，有一些地方脏乱到了常人难以忍受的地步，同美国定义的"贫民窟"越来越接近："贫困、犯罪、卖淫与疾病在这个地区悄然蔓延，并且这种蔓延势头正在扩大……为了生存竞争，人们依然缺乏足够的环境保护意识和公民自觉意识。"[1] 美国其他城市的唐人街都不同程度地存在类似的问题。再如南非约堡西罗町唐人街，垃圾随处可见，街上稀稀拉拉地放着几只垃圾桶，但垃圾桶附近总有未扔进桶内的一些垃圾，天气炎热的夏季，散发出一些异味，并引来了一群"嗡嗡"忙碌的苍蝇。在约堡市中心的中国城（China City）外围的华人餐厅旁边，有很多随地乱扔的快餐盒，窨井盖下散发出令人窒息的气味。在其他各国的某些华商集中的批发商场里，华商乱丢纸箱，不按照时间丢弃垃圾和不按照规定地点打捆堆放的现象时有发生。据西班牙《欧华报》报道，马德里批发区华商凌乱不堪的公共卫生状况，一度引起了中心区政府的高度关注。[2] 很显然，环境问题已经成为各大唐人街族群聚集区华商改善族群形象的一大问题。

然而，上述这些只是唐人街或以中国商城为代表的新族群聚集区的一个面相。亚当斯·博多莫（2009）在研究广州的非洲人聚居区时提出了"作为桥梁的移民社区"理论，认为广州的非洲人移民团体是来源地与居

---

① 龙登高：《跨越市场的障碍：海外华商在国家、制度与文化之间》，科学出版社 2007 年版，第 73 页。

② 晨阳：《马德里批发区卫生状况堪忧 华商协会吁华商改进》，http://news.sohu.com/20071028/n252909503.shtml，2010 年 10 月 28 日。

留地之间的一种联系、纽带。① 聂保真（Pál Nyíri，2007）研究指出，在俄罗斯和东欧从事商贸业的中国移民实际上是一个跨国的中间人群体。"虽然他们（中国移民）所从事的职业介于当地社会的精英阶层和下层大众之间，从另一种意义上来说，更重要的是：他们成了中间商，在远离西方与中国的边缘地区周旋于西方文化和资本主义的思维方式以及中国的全球化之间。"② "桥梁"、"中间商" 的作用也同样适用于海外华商族群聚集区。华商族群聚集区经济的功能，绝不像某些西方学者所说的缺乏生气与活力，不仅仅只具有消极的 "封闭" 的一面，还具有积极的 "桥" 的正功能。周敏（1989）等学者通过大量实地调查和数据分析，考察了北美地区最古老的唐人街之一——纽约市的唐人街。他们把唐人街定义为可以为其成员创造在大社会中得不到的机会的族群飞地。③ 此后，周敏（1995）指出唐人街是充满活力的族群经济体，是华人经济与文化的中心，不了解唐人街这样的族群聚集区及经济，就难以把握族群经济的渊源流变。唐人街经济实质是族群经济的基础，也是族群经济扩张的源地，构筑了族群经济与主流经济交融的桥梁。④ 龙登高（2007）在研究美国纽约唐人街时，也指出唐人街是族群经济扩张的源地。⑤ 上述学者对于族群经济的这些论点，指出了唐人街经济具有的 "超越性"、"外向性"：不仅仅局限于地理上的族群聚集区域，实质上已经不可避免地嵌入移居国主流经济。正如格雷夫（Arent Greve，2005）的研究所指出的，"族群商业网络并不必然局限于某个地理空间，这些网络实质上相互嵌入并融入移居国经济之中。"⑥

---

① ［加纳］亚当斯·博多莫：《全球化时代的非中关系：在华非洲商贸团体的角色》，《西亚非洲》2009 年第 8 期。

② Pál Nyíri, *Chinese in Eastern Europe and Russia*：*a Middleman Minority in a Transnational Era*, London：Routledge, 2007, p. 139.

③ Min Zhou and John R. Logan, "Returns on Human Capital in Ethnic Enclaves：New York City's Chinatown", *American Sociological Review*, Vol. 54, No. 5, 1989, pp：809 - 820. 转引自刘宏《海外华人研究的谱系：主题的变化与方法的演进》，《华人研究国际学报》2009 年第 2 期。

④ 周敏：《唐人街——深具社会经济潜质的华人社区》，鲍霭斌译，商务印书馆 1995 年版。

⑤ 龙登高：《跨越市场的障碍：海外华商在国家、制度与文化之间》，科学出版社 2007 年版，第 71 页。这是龙登高在论述美国唐人街时的观点。

⑥ Arent Greve and Janet W. Salaff, "Network Approach to Understand the Ethnic Economy：A Theoretical Discourse", *Geo Journal*. Vol. 64, No. 1, 2005, p. 10.

在经济全球化及跨国主义的时代背景下，从事义乌小商品等"中国制造"国际贸易的华商在移居国开创了"族群聚集区经济"模式，成为华商创业、谋生的孵化地，成为华商经济扩张的源地，成为华商族群搭建起移居国与祖（籍）国经贸、文化等交流通道的立足点。艾勒占德罗·波特斯（Portes，2012）指出，移民对移居国和输出国社会都会产生重大的影响。[①] 在这一族群经济中，华商并没有坚守一地及维持封闭的族群边界，而正好相反，他们时刻关注着移居国和祖（籍）国变化了的经济状况、市场形势并及时地进行商业策略的调整，以维持跨国商业活动的持续增长。而且，移居国是华商赖以创业的大环境，尤其促使华商更加主动地去了解移居国的风土人情、政策法规、经济形势、市场商机及民众消费偏好等，以利于自己的跨国贸易活动能够获得最大利益。从这个角度上来说，华商的族群聚集区经济必然具有超越族群经济之上的特性，即外向性特征。

一　网络与族群经济的外向性

经济活动是没有界限的，华商族群聚集区经济并不仅仅局限于一个狭小、固定的地理区域，而是嵌入移居国主流经济之中，成为主流经济的有机组成部分之一，连接了族群聚集区内外的经济，显示出其所具有的外向性特征。具体来说，族群聚集区经济的外向性包括消费市场的外向性、就业市场的外向性以及族群产业的外向性。华商族群经济的外向性反映了族群经济具有超越族群的特性，也反映了华商族群网络的拓展。

（一）消费市场的外向性

当前，以中国商城为代表的族群聚集区经济成为海外华商拓展族群经济圈及华商网络的立足点。这种族群聚集区经济，有别于早期移民开创的唐人街经济，是华商从事商贸活动的新抓手。尽管以中国商城为代表的华商族群聚集区不如传统的唐人街那样具有生活、娱乐等多重功能，但是与传统的唐人街经济相比，这种由从事跨国贸易的华商拓展的族群聚集区经济则不再封闭于族群内部，而更具消费市场的外向性特点：商品贸易的对

---

① Alejandro Portes，"Migration and Social Change：Some Conceptual Reflections"，参见张国雄等主编《国际移民与侨乡研究》，中国华侨出版社 2012 年版，第 4 页。

象不仅仅局限于同族群华商，还包括当地国的商人及其他外来移民商人，甚至辐射到周边国家的商人；商品消费的对象也面向当地国及周边国家处于中、低收入水平的民众。

以南非为例。约堡作为南非的经济中心，商贸网络可以延伸到全非洲。进入 21 世纪以来，南非涌现出了 14 个大小不一、或批发或零售的中国商城。商城的兴建，为华商提供了进行安全、有序交易的平台，促成了商人的聚集、商品的聚集，同时也使得族群聚集区经济开始拥有外族市场，与外界的经济紧密地联系在一起，受到大经济动荡起伏的影响。南非的经济具有明显的二元化特点，包括白人经济和黑人经济。有数据显示，2009 年，南非黑人的人均支出仅为 452 兰特（南非货币单位），远低于同期该国白人的 5750 兰特。① 白人经济是以欧洲为准的消费体系，而 "58% 的南非（黑）人还生活在贫穷当中，他们每天都必须为了生存而挣扎……"② 南非华商商品销售的终端目标群体主要是占南非人口 90% 以上但消费能力有限的黑人。此外，也有极少数华商将批发零售对象定位为白人，销售中、高档商品，希图打开南非白人市场。他们不希望与同胞进行同质化竞争，努力以优良的商品质量、创新的设计以及允许买主分期付款等方式吸引中、高层次消费者。如在百家商城经营中高档窗帘的一位哈尔滨籍华商以及在香港城批发、零售窗帘布的一位绍兴籍华商，都注重窗帘的材质及设计、做工，以吸引白人消费者。③ 从访谈中获知，还有华商将生意拓展到白人大商场如 Killarney Mall。

中国商品的贸易商除了华商外，还包括从华商手中二手批发的外族中间批发商或零售商，如南非商人、南非的印度商人与巴基斯坦商人，以及来自南非周边如莱索托、津巴布韦等国家的商人等。许多外族商人从物美价廉的中国商品中看到了商机，纷纷加入义乌小商品等中国商品的批发和零售业务。在离约堡唐人街最近的中国商品批零兼营的东方商城（Orient City），共有 174 家店铺，店铺的面积有十来个平方米。除了

---

① 黄河：《南非可能禁止外国人拥有土地》，《南非华人报》2011 年 1 月 10 日第 4 版。

② 南非总工会：《南非仍存在严重不平等现象》，（南非）《非洲时报》2010 年 4 月 29 日第 4 版。

③ 2010 年 12 月 29 日访谈于南非约堡百家商城；2011 年 1 月 7 日访谈于香港城。

华商主体外，还包括 19 位外籍商人，其中有 18 位印度及巴基斯坦老板，主要经营手机套、耳塞及电子产品等小商品，还有 1 位卖箱包的南非籍商人。① 一位巴基斯坦籍商人所说，"（东方商城里）所有的商品都是'中国制造'。'中国制造'很好。同样的一件衣服，去 Eastgate 买要几百兰特，'中国制造'只要几十兰特，那我为什么不买'中国制造'呢？"② 再如约堡的非洲商贸（China Mall）一共有 200 家商铺，有很多家印度人、巴基斯坦人开设的销售中高级窗帘、床上用品的店铺。这些店铺的原材料大多数来自中国。每到周末，非洲商贸人满为患，当地人消费占总销售额的 20% 左右，南部非洲其他国家也有不少人来商城进货，运回本国销售。③ 南非周边国家的商人通过陆路入境到约堡的各大中国商城批发采购。例如，仅从津巴布韦经林波波省墨西拿关口进入南非的采购货车每天达 400 多辆，每辆车的采购商平均采购金额约 2 万美元，总额高达 800 万美元。④ 正是义乌小商品等中国商品的廉价优势，受到华商移居国众多外族商人的青睐。

　　另以东欧为例。聂保真（Pál Nyíri，1999）认为，东欧中国新移民以贸易为基础的经济是开放的经济，并整合进移居国当地的经济之中。即使在最原初的贸易形式中，也包含了中国新移民与非华人（当地的或其他移民）中间商、分销商、顾客和船运公司、工人之间各种经济互助方式。⑤ 罗马尼亚的欧罗巴和尼罗两个批发市场不仅有布加勒斯特市民来购物，还有许多来自罗马尼亚各地的商贩。他们把很多中国商品批转到罗马尼亚全国各地出售。此外，采购商中还有很多来自保加利亚、乌克兰、前南斯拉夫地区和摩尔多瓦共和国。⑥

---

① 数据来自本人在 2011 年 1 月对于东方商城的实地统计。

② 2010 年 12 月 11 日访谈于南非约堡东方商城。

③ 裴广江：《华商拓展海外经营路》，http：//world. people. com. cn/BIG5/157578/11272230. html，2013 年 1 月 15 日。

④ 马海亮：《中国商贸城给南非带来新气象》，《经济日报》2011 年 12 月 5 日第 10 版。

⑤ Pál Nyíri, *New Chinese Migrants in Europe：The Case of the Chinese Community in Hungary*, Aldershot：Ashgate Publishing Ltd. , 1999, p. 124.

⑥ 周荣子：《欧洲最大的"中国城"正在布加勒斯特崛起》，《羊城晚报》2006 年 4 月 12 日。转引自《欧洲最大的"中国城"正在布加勒斯特崛起》，http：//news. xinhuanet. com/fortune/2006－04/04/content_ 4384267. htm，2011 年 4 月 12 日。

值得指出的是，消费市场的外向性还包括文化消费市场的外向性。世界各地的族群聚居区，如唐人街、意大利城和韩国街，等等，一直以来被视作母国文化在海外的"飞地"和对移居国社会的抗拒。但是在 20 世纪 90 年代以后，随着新移民的大量增加、唐人街的繁荣，移居国民众开始发现，中国海外移民的族群聚集区逐渐脱离了原来在经济、文化上的孤立，逐步构成了居住地一道独特的风景线，凸显出旅游与文化、独特消费市场的资源与价值，成为全球化背景中保留和延续本土性的典型，或本土性的"再造"，并逐渐得到当地社会的认可和接纳。由此，"本土性的内容和价值在全球化的背景下具有了多样性，也获得了表现的舞台和存在的意义。这种文化交汇的例子，反映了本土性借助于全球化而得以展现的现实姿态和积极趋势。"①

以唐人街为代表的族群经济不仅仅是华商在异国他乡继续保持出国前的生活习惯、习性的"移植"场所，还成为中国特色文化的汇集地和展示地，吸引了移居国当地族群的经济消费和文化消费。"文化消费是将外来的、异国的文化拿来消费。"这种消费包括视觉、触觉、味觉与其他的感觉。② 移居国当地人及其他族裔也会到唐人街享受美味的中餐，节假日会到中国商城购买性价比高的中国鞋服、日用品、小商品等。中国食料除了用于中国餐馆外，不少南非当地餐馆也采用中国的酱油、佐料和原材料。在销售中国食品的超市里，也出现了当地消费者的身影。

尤其是在中国的传统节日里，唐人街便成为传统中国文化的展示场所，大量其他族群会参加中国的传统节日庆典活动，感受中国的独特文化。如南非华侨华人保留了"过春节"、"闹元宵"、"赛龙舟"等许多传统习俗。在约堡，华侨华人已经连续十多年在唐人街举办春节和元宵节庆祝活动。元宵节时，南非华商挂灯笼、看灯会、猜灯谜，有时候还敲铜锣、打大鼓、耍雄狮、舞长龙，热闹的庆祝活动不仅吸引了华侨华人、港澳台胞参与其中，还吸引了部分兴趣浓厚的南非人。华侨华人、港澳台胞协力举办的"彩虹杯龙舟赛"，目前在南非已经家喻户晓，深

---

① 吴前进：《当代移民的本土性与全球化——跨国主义视角的分析》，《现代国际关系》2004 年第 8 期。

② 范可：《移民与"离散"：迁徙的政治》，《思想战线》2012 年第 1 期。

受当地人喜爱。① 龙舟赛不但提供了海外同胞之间相互交流、沟通的机会，也向南非当地人展示了延续 2000 多年的中华民族文化和体育相结合的运动。

中国的传统文化节日经由华商社团组织的庆祝活动的展示，成为中国文化的一种符号，有助于提升移居国民众对中国文化的认知及消费。此外，华商还积极参与兴办华文学校、华文补习班等，致力于民族文化的传承、传播与嫁接工作，促进中国传统文化在移居国的弘扬、传承及移居国民众的消费。华商参与、组织的上述文化活动，不仅促进了移居国当地民众对与华商族群相关的文化消费，也促成了华商族群和移居国其他族群之间的相互接触和了解。

（二）就业市场的外向性

华商移居国的各类中国商城不仅提供了本族群劳工以工作机会，还为大量当地人及周边国家进入的合法或非法劳工提供了就业岗位，使族群聚集区经济的就业市场具有外向性特点。

如在罗马尼亚欧罗巴、尼罗等老市场经营的华商达数千人，他们通过合法途径购买了店铺的所有权或使用权，并雇用着上万名罗马尼亚籍雇员。② 另据西班牙富恩拉夫拉达政府提供的数据，Cobo Calleja 工业区大约有 800 家华人仓库，每年的贸易额约 8.7 亿欧元，当地 1 万劳动人口中有 3000 人受雇于华人经营的商铺。③ 以捷克华商而言，摩尔等（Markéta Moore，2001）研究指出，如果没有华商，捷克难以计数的翻译、职员、会计、律师、店员及批发仓库工人都将失业。④ 另据估计，南非约堡 13 家商贸城大约提供了 13000 个就业岗位。⑤ 这些就业岗位除了提供给来自同

---

① 梁铨：《2011 年南非华人龙舟赛在约堡佛罗里达湖举行》，http：//news. 163. com/11/1102/11/7HRP0NLM00014JB6. html，2011 年 12 月 24 日。据在南非调查时华人介绍，最初南非华人内部台湾人和大陆人的政治分野非常明显，最初的龙舟赛也是分开进行的。后来在部分华人的努力下，最终两岸同胞一起举办这个传统的节日。

② 《罗马尼亚拆除中国商品市场》，《义乌商报》2007 年 5 月 22 日第 5 版。

③ 颜昌海：《"海外侨领"成阶下因敲响中国价值警钟》，http：//yanchh. blog. ifeng. com/article/20859338. html，2012 年 11 月 13 日。

④ Markéta Moore and Czaslaw Tubilewicz，"Chinese Migrants in the Czech Republic"，*Asian Survey*，Vol. 41，No. 4，2001，p. 627.

⑤ 马海亮：《中国商贸城给南非带来新气象》，《经济日报》2011 年 12 月 5 日第 10 版。

族群的中国新移民之外，也提供给南非当地黑人及周边国家的大量移民。①

"劳动力市场分层理论"认为，发达国家内部已经形成了"多重劳动力市场"。迈克尔·皮奥雷（Michael Piore）认为，现代发达国家业已形成了双重劳动力需求市场，上层市场提供的是高收益、高保障、环境舒适的工作，而下层市场则相反。由于发达国家本地劳动力不愿意进入下层市场，故而需要外国移民填补其空缺。然而，雇主提供给移民的是收入不高的、非主流的工作（Doeringer and Piore，1971；Piore，1979）②，如此便阻止了外来移民整合进移居国的劳动力市场，而只能够在边缘经济中寻找工作。在"双重市场理论"基础上，艾勒占德罗·波特斯（Alejandro Portes）和罗伯特·巴赫（Robert Bach）进一步提出了"三重市场需求理论"，即再加上一个"族群聚集区"③，或曰"族群飞地"。

依据在南非的田野调查所知，其实"多重劳动力市场"并不仅仅存在于发达国家的市场结构之中，在南非的社会政策环境以及《劳工法》对当地黑人就业的过度保护带来预料不到的影响下，仅仅在南非华商族群聚集区经济圈内部（而不是南非劳动力市场结构），实际上也已经形成了一个"三重劳动力市场"④。处于南非华商族群聚集区经济圈劳动力市场第一层次的，是中国雇员、白人雇员及"老侨"雇员，替代雇主负责店铺内的统筹管理。这些人的工资收入是雇员中最高的，一般不涉及货物搬运等体力劳动，工作相对比较轻松。一般来说，中国商城里中国雇员的工资，试用期月薪至少要 3000 兰特左右，之后表现好的起码要五六千，有时也会高达七八千。

处于华商族群聚集区经济内劳动力市场第二层次的，是南非黑人雇员。他们受到《劳工法》的诸多保护，而且不管工作表现如何，每年要

---

① 据田野调查所知，个别华商雇用了南非当地的白人管理店铺。如从事义乌五金建材批发兼零售贸易的 F 先生，在从事零售的"东方商城"的店铺内便雇用了 1 位白人雇员。

② Arent Greve and Janet W. Salaff, "Network Approach to Understand the Ethnic Economy: A Theoretical Discourse", *Geo Journal*. Vol. 64, No. 1, 2005, p. 7.

③ 李明欢:《20 世纪西方国际移民理论》,《厦门大学学报》2000 年第 4 期。

④ 此处借用这个概念用以说明南非华商雇主面对的劳动力市场也是分层的，这种分层是跟移民本身的能力、技能、态度、族群、收入等息息相关的。

加薪10%。南非自1994年首次不分种族的大选以来实行的《劳工法》，对黑人权益的保护作用非常突出，如规定，雇主不得随意解雇雇员，必须要有合理的原因；每年都要求加薪10%；如果雇主与雇员之间没有协议，雇主不能要求雇员在公共假日工作以及要求雇员加班，等等。南非《劳工法》注重保护劳工的正当利益，是一件值得称道的事，然而，如果法律一味从劳工的立场对劳工实行过度保护，则既不利于南非生产效率和生产力的提高，又会造成劳动力市场竞争力的严重缺失。中国雇主常常谈及南非黑人的某些特性，如有时候无故几天不来上班，有时候又偷窃店里的商品等。然而，雇主也不敢随意解雇他们，因为一旦解雇的程序不合理（法律规定在解雇之前要符合合理的程序要求）、证据不足，反而会被雇员以《劳工法》为依据告发。部分中国新移民雇主曾面临被解雇的雇员告发的事例。南非的情形并非单独现象。从事皮鞋批发贸易的西班牙温州籍华商刘松林说："西班牙人太娇气，他要上社会保险和医疗保障，需要年底双薪和一个月的带薪假期，每周工作时间不得超过40小时，如果他拿来医院的病假条请假，你必须无条件准假。"① 总之，对于绝大多数华商来说，雇用当地黑人是"不划算"的。但在田野调查中，也有极少部分华商基于遵从南非法律的考量而雇用了南非黑人，并按照南非相关规定给予他们休息日、每年提薪10%等待遇。如一位在约堡中国商贸城经营沙发布料批发业务的江苏南通籍华商，雇用了几位南非黑人员工，"我们雇的都是南非黑人，有关部门经常会过来检查，如果查到有雇用非法劳工的话，要罚钱的。"② 一位在约堡中国城从事床上用品批发的江苏籍华商，其拥有的两个店铺都雇用了南非当地黑人，认为这样才是符合南非当地法律的。这位华商每月给黑人员工放假1天，工资按月发放，每月1200元起步，另外，看本月的销售情况、个人的表现，每月给80—150元不等的奖金，每年会涨100元工资。③ 从员工薪酬的角度来看，其实这位华商给予南非黑人的薪酬并不高，但每年涨薪、每月带薪休假一天这些待遇，则是其他非南非籍黑人员工享受不

---

① 李梁：《西班牙华人异乡生存之路》，《南方周末》2005年7月21日。转引自《西班牙华人异乡生存之路》，http://news.sina.com.cn/w/2005-07-21/11027284642.shtml，2011年7月2日。

② 2010年12月22日访谈于约堡中国商贸城。

③ 2011年1月6日访谈于南非约堡中国城。

到的。

处于华商族群聚集区经济劳动力市场第三层次也即最低层次的，是来自津巴布韦、马拉维等南非周边国家的大量跨国劳工移民。他们往往肩负了商城里最累的体力活，比如装卸、搬运货物等，然而收入却往往是处于最底层的。据南非媒体报道，仅在南非的津巴布韦人就有 300 万—500 万，其中大多是非法移民。① 一般来说，中国新移民雇用外籍黑工的周薪从 300—400 兰特不等，具体也因雇主、雇员能力等不同而有所不同。对于华商来说，雇用南非黑人比雇用中国移民、白人及老侨便宜很多，而雇津巴布韦、马拉维等国黑人则比雇南非黑人更具性价比。与南非黑人的自由散漫、较强的权利意识相比，来自津巴布韦等国的移民相对来说比较勤勉，受教育程度也较高，这些合法或非法的跨国劳工自然地填充了族群聚集区经济内部的第三层劳动力市场，同时也最受中国新移民雇主的青睐。

南非华商族群聚集区内"三重劳动力市场"的存在，为华商雇主提供了选择性的劳工市场，使得族群聚集区经济劳动力市场具有显著的外向性特征。

（三）族群产业的外向性

族群聚集区经济的发展，还促使部分华商基于中国商品贸易的经济资本积累之上不断拓展从业领域，或从事与贸易相关的物流、清关等服务行业，或投资于矿产、房地产等领域，带动了移居国当地某些产业的发展。

大量华商从事进口、批发贸易，既带动移居国陆路、海路、空路运输的激增，又促使一些华商及移居国当地民众从事货物进口的报关、清关、运输、仓储等一系列的服务业务，带动了移居国物流业、仓储业、进出口业、清关、船运等服务业的蓬勃发展。围绕着中国商城、唐人街日常运营的需要，移居国当地也出现了清关公司、运输公司、国际物流公司、快递公司、贷款公司等许多便利华商从事批发零售贸易业的服务公司。服务业的发展，有助于降低从事中国商品贸易的海外华商的经营成本以及提升商品的竞争力。进入 21 世纪以来，随着少部分巴西华商涉足清关、提关行业，目前巴西华商的货物进关一般可以减少 70%—80% 的关税，除去 20%—30% 的费用，不仅可以为华商节省 50% 以上的税赋，还能大大提高货物

---

① 苑基荣、韦冬泽：《南非人口普查遇上非法移民难题》，《人民日报》2011 年 10 月 13 日第 22 版。

进关的时效。①

以南非为例。南非的绝大多数轻工产品都依赖进口，物流在南非占据着无可比拟的重要位置。物流运输占国际贸易成本的比重非常大，因此从事这些服务领域的利润相当不错。这自然催生了相当多的华商物流企业，如南非好运散担货运、C2 国际物流、305 零担货运、永泰国际物流、LC国际物流等②，也必然催生外族群创办物流企业。从中国到南非，一个集装箱运货要 3000 美元。③ 100 块钱的出口商品，至少 13 块钱花在了物流成本上。④ 此外，清关公司的利润也不错。一位在中国城（China City）经营皮鞋批发生意的温州籍华商说，"清关费涨得很快，一个柜子就要十六七万。估计清关公司光是一个货柜就可以赚六七万。"⑤

华商中除部分涉足物流、清关等与国际贸易相关联的服务领域外，也有部分有实力的华商开始投资其他领域，如移居国的矿产业、原木采伐等资源类行业。非洲是一个富饶的大陆，黄金、金刚石、铂族金属、铝土矿等重要矿产资源储量均居世界首位，铜矿、铁矿、铀矿及其他金属矿产、石油和天然气等矿产资源也非常丰富，由此吸引了部分华商涉足。2001年起在南非从事鞋服批发贸易的温州籍华商黄建文，在 2003 年与两个同乡合资投入 2000 万美元，获得南非一块 10 平方公里土地的铜矿开采权。到目前，铜矿已经为他带来了丰厚的利润。⑥ 目前，坦桑尼亚华商 Z 在继续从事义乌五金建材出口贸易的同时，还和一位坦桑尼亚当地"老黑"合作，承包了一个坦桑石矿。"这个投入要很多，1000 多万。所有货开采出来都让我销售，在坦桑销售，在国内销售。"⑦

也有部分华商投资于移居国的房地产业，参与了当地的建设。南非地方政府这几年一直在建安置房。南非福建籍华商李新铸，是约堡中国商贸

---

① 张江欧：《我的巴西创业经历》，丽水市政协文史资料委员会、青田县政协文史资料委员会编：《华侨华人（丽水文史资料第九辑）》，团结出版社 2013 年版，第 8 页。

② 《公告》，《非洲时报》2010 年 4 月 1 日第 11 版。

③ 张妍婷：《五千浙商闯南非，捅破中国制造低价"天花板"》，《钱江晚报》2012 年 8 月 9 日第 B8 版。

④ 同上。

⑤ 2011 年 1 月 5 日访谈于中国城。

⑥ 陈义、晓敏：《南非温商在新领域中谋求商机》，《温州商报》2008 年 3 月 14 日第 20 版。

⑦ 2012 年 4 月 13 日访谈 Z 于青田开元大酒店咖啡吧。

城的投资者，是全非洲中国和平统一促进会会长，也拿到了 1 万套的大单，目前已经造了 1000 套。[①] 南非华商 L，在南非从事运动服装、文化衫等的批发销售，目前在安哥拉搞工程建设，承接过的以及尚在进行中的项目主要是建造安哥拉的民房，"跟当地政府合作的也有，跟那边老板合作的也有"。[②]

华商在移居国兴建或参与兴建的中国商城，也可以看作华商投资于移居国房地产业的一个面相。以南非为例。位于约堡市中心的中国城（China City），成为"中国制造"在南非的第一个室内场馆式的销售平台。由于中国城租金昂贵、管理不善等原因，进入 21 世纪以来，积累了财富的部分华商开始直接投资兴建中国商城。东方商城、非洲商贸、百家、香港城、中国商贸城、红马商城、中非商贸城等主要由华侨华人投资兴建的大型批发、零售商城相继建立，为华商销售"中国制造"提供了便利的平台。到目前为止，约堡有大大小小的中国商城 13 家，其中 9 家是 2001 年中国加入世界贸易组织之后的 10 年间兴建的。[③]

中国商城的扩建，带动了当地经济的繁荣，也带动了商城商铺价格的上升及当地房地产业的发展。当笔者于 2010 年 12 月去南非约堡调查时，很多华商告知中国商城内店铺近几年来价格的飞涨。在东方商城（Orient City）从事服装批发、零售的福建籍华商说，"一年半、两年前，商城内外围店铺转让费只要 2 万左右，内围店铺转都转不出去，没人会来内围开店。近一年来，转让费突飞猛涨，外围转让费最起码要十几万，也有几十万的。我这个店是 2008 年年底开的，当时租金 5000 多，现在要 8000 多了（这个价格都包括水、电）。"[④] 另一位帮助姐姐在香港城（Dragon City）做服装批发的广西人说，"我四姐在百家（China Mart）的店，以前店租是三万六一个月，现在主人说要加到七八万，一年下来光是店租费就要百来万，实在是租不起。"[⑤]

此外，华商大量聚集于唐人街，也推动了唐人街及附近房产价格的上

---

① 张妍婷：《五千浙商闯南非，捅破中国制造低价"天花板"》，《钱江晚报》2012 年 8 月 9 日第 B8 版。

② 2011 年 10 月 23 日访谈 L 于义乌市幸福湖国际大酒店。

③ 马海亮：《中国商贸城给南非带来新气象》，《经济日报》2011 年 12 月 5 日第 10 版。

④ 2010 年 12 月 11 日访谈于约堡东方商城。

⑤ 2010 年 12 月 14 日访谈于约堡香港城。

涨。福建籍华商 Z，2003 年左右在唐人街附近的 Edenvale 买了一栋面积近1000 平方米的独立别墅，当时的价格是 150 万兰特。但到 2010 年，这个房子的市值已经飙升到 500 万兰特左右，其涨幅之大远远高于白人住宅区。①

此外，中国商品的热销还带动了部分华商转向实业，就地组装或生产轻工产品，既推动了华商产业链条的延伸，也在某种程度上促进了移居国当地制造业的发展。部分华商基于避开贸易壁垒以及缩短商品的流通时间、适应市场瞬息万变等多方考虑，从义乌或国内其他市场采购原材料、半成品等到移居国，在移居国设立加工工厂进行简单加工，便可以以移居国制造的品牌投入当地市场，以扩大产品的市场占有率、增加产品的利润。在约堡中国城（China City），碰到两位经营床上用品、分别来自绍兴、上海的华商，在当地都有自己的加工工厂。工厂聘用当地的黑人从事简单加工，并有专门的技师负责指导黑人的工作。

二　商会、网络与族群经济之超越

华侨华人社会形成于移居国当地，呈现出许多祖籍地所没有的社会结构和文化形态。在社会结构上，华侨华人建立了自己的商会、社团组织以维持侨社的运作。早期移居国外的华侨华人为了团结互助、自救自卫、联络感情、共谋生存与发展，或以血缘宗亲，或以地缘同乡，或以业缘同行为纽带，自发建立起血缘性、地缘性、业缘性等各种互助联谊与自治的社会组织。华侨华人商会、社团组织的产生大大促进了华侨社会的形成和发展，有助于华侨华人融入移居国社会及华侨华人族群经济成为移居国经济的有益组成部分。

地缘性社团是海外华侨华人社团组织中较具普遍性的组织。以青田籍华商为例。青田县作为著名侨乡，有着 300 多年的华侨史，现有 33 万华侨华人遍布世界 121 个国家和地区②，其中约有 5 万华侨从事义乌小商品等中国商品的贸易。青田籍华商参与组建了众多社团。目前，仅在青田华侨广场上，便飘扬着旅居世界 32 个国家的青田籍移民参与组建的 139 个

---

① 2012 年 12 月访谈于 Z 家中。我们在约堡做田野调查期间就住在其家中。

② 青田县侨务办公室：《青田县基本侨情调查分析报告》，2015 年 1 月 25 日。

社团的旗帜。① 仅在欧洲，于1996年便成立了全欧性的青田同乡组织——欧洲青田同乡会②，下辖荷兰青田同乡会、比卢青田同乡会、法国青田同乡会、意大利北部青田同乡会、西班牙青田同乡会、德国青田同乡会、奥地利青田同乡会、意大利青田同乡会、捷克青田同乡会、斯洛伐克青田同乡会、匈牙利青田同乡会等分会。在这些社团中，不乏从事义乌小商品批发、零售贸易的华商。如自20世纪90年代起先后在乌克兰、斯洛伐克从事义乌小商品销售的斯洛伐克华商L，即为斯洛伐克青田同乡会及华侨华人联合会会长。从事义乌小商品等中国商品贸易的海外华商参加的这些地缘性及其他业缘性商会，在增进与移居国有关政府部门的沟通方面起到了华商个人难以企及的作用，也在华商跨国网络的构建和运行中发挥着极其重要的作用。

由海外华侨华人组建的华商组织或社团，在促进华人社会内部的协调与合作、增强华人与主流社会的沟通、加强华商之间的交流以及与中国相关政府部门之间的联系等方面，起到了重要的"桥梁"作用。李明欢（1995）专门做过海外侨团研究，认为"社团"是人际关系结合的实体，并且总是运行于一定的社会关系网络之中，因此，其社会功能的基本点，应是在某一特定群体与相对于该群体之整体社会之间架起相互沟通的桥梁。③ 在此基础上，李明欢（1999）又进一步指出，华人移民社团是一种能适时、因应而变的社团组织，它既是华人移民力图与东道国主流社会进行沟通的桥梁，也是有助于祖籍地经济发展的纽带。④

以南非华商社团为例。仅仅在南非约堡西罗町唐人街上，便设有南部非洲中华福建同乡总会、南部非洲浙江商会、全非洲浙江企业家协会等地缘性、业缘性商会会址。南非的其他商会还包括南非紫荆会、南非洲中华工商总会、南部非洲华人协会、南部非洲华侨华人工商联合总会、全非洲中国和平统一促进会等商会，以及众多行业性商会、来自全国各地（包括港台）的地缘性商会等。每当端午、中秋、春节等中国传统佳节来临之

---

① 2012年4月13日在青田县侨办会议室听取青田县统战部部长吴飞飞的介绍。

② 李明欢：《欧洲华侨华人史》，中国华侨出版社2002年版，第680页。

③ 李明欢：《构筑华人族群与当地国大社会沟通的桥梁——试论当代海外华人社团的社会功能》，《华侨华人历史研究》1995年第2期。

④ Li Minghuan, ' *We Need Two Worlds* ': *Chinese Immigrant Associations in a Western Society*, Amsterdam: Amsterdam University Press, 1999.

际，南非华商社团经常会组织、发动会员开展一系列的庆祝活动，如端午节举行龙舟比赛、元宵节举行灯会，既有助于增强华商族群的自我认同，又有助于当地民众加深对中国文化、华商族群文化的了解。在这些节日里，移居国当地民众成为参与者，而华侨华人成为活动的举办者，同时，"作为精神层面的纽带，中国传统文化的仪式象征更有力地强化了华侨华人在当地的自我认同。"① 正是通过商会操办的这些中国传统节日的仪式以及仪式象征，有助于华侨华人形成在身份上和文化上的归属感，进而维系其族群认同。

很多华商组织经常或适时地开展一些活动，以促成会员尽早融入当地社会。如南部非洲浙江商会在 2003 年成立后，专门举办免费的英语培训班，为初来乍到的浙江商人提供学习机会。商会还开设了税法讲座，让同乡们了解当地政策。②

此外，华商组织还成为沟通华商与当地政府相关部门的一种中介。以南非华人警民合作中心为例。2004 年，福建籍华商李新铸等几位热心的南非华商成立了面向所有侨胞的"南非华人警民合作中心"。警民合作中心是个非营利性组织，当地所有的华侨华人同乡会、商会和行业协会的会长都在中心担任职务，各商会的骨干人员都担任理事会成员，在某种程度上可以说是建立起了一个众多独立社团之间进行沟通、联络的平台，或曰"执事关联"。警民合作中心在唐人街设有专门的办公地点，并招聘了两名全职工作人员，开通 3 条热线电话，负责接听华人求助电话，帮助他们处理因为语言障碍、法律生疏等问题而面临的难题。警民合作中心成立后的前期工作计划，包括与当地警政单位建立业务联系，熟悉警方工作程序，构建华人与南非警政单位互动的渠道，让南非警方更多地了解华人社区面临的困难，同时尽全力协助警方工作等。③ 华人警民合作中心荣誉主任李新铸说，"我们每年年底都和南非警方有一次大型的联谊活动，从

---

① 张慧婧：《名古屋华侨社会的历史变迁及新型社区的形成》，载刘泽彭主编《世界华侨华人研究（第 3 辑）》，广西师范大学出版社 2010 年版，第 173 页。

② 黄小忠、张德贤编：《富之经：中国平民百姓致富启蒙第一书》，浙江人民出版社 2005 年版，第 114 页。

③ 《南非华人警民合作中心正式运作》，《华声报》2004 年 3 月 31 日。转引自 http://www.china.com.cn/chinese/ChineseCommunity/527634.htm，2011 年 10 月 15 日。

2004 年开始至今，每年都没有中断过。"① 在华人商会领袖、华人警民合作中心与南非有关部门的互动下，2012 年 6 月，南非豪登省警察厅唐人街警务室在约堡西罗町唐人街正式成立，这是南非警方第一个在唐人街设立的专门为华人服务的警务室。南非警方在警务室内安装了各种警用设施，并配备有中英文翻译，还开通了一条华人求助热线。一旦发生诸如抢劫的案件，华人可拨打该热线向警务室求助，警务室接到报警后，将会立即通过覆盖豪登省的警察内部网络将案情及时反馈到事发地附近的警局，以最快速度保护南非华人人身和财产安全。

南非华商在自身获得经济资本积累的同时，也积极参与慈善活动以回馈南非社会，建立起华商与移居国民众之间的和睦关系。"58% 的南非人还生活在贫穷当中，他们每天都必须为了生存而挣扎……"② 向贫困社区的捐赠活动始于 2004 年，由约堡地区华商、中国驻约堡总领馆与南非豪登省议会联合举办。随着中南贸易的跨越式增长，华商们的捐赠活动也一年上一个台阶。2005 年，华商针对亚历山大社区的捐赠只有 200 多个贫困家庭受益，2006 年增加到 300 户，2007 年上升到 350 个家庭，目前每次捐赠活动的受益贫困家庭都在 320 户以上。③ 与此同时，捐赠活动扩展到贫困社区的学校。从 2008 年开始，华商对约堡地区的 3 所贫困社区学校给予长期捐助，内容包括现金、书报和文具。据南非《非洲时报》报道，2010 年 1 月 22 日，由南非约堡华侨华人社团、中国驻约堡总领事馆、南非豪登省议会联合举办的向约堡地区贫困家庭和学校的捐赠活动，在约堡地区最大的黑人聚居区索维托 DIEPKLOOF 地区举行。约堡华人社团捐赠的现金和物品高达 40 万兰特（南非货币单位）左右，索维托地区有 300 多户贫困居民和一所小学接受了捐赠物品。该活动已经历时五年，总计捐赠了约价值 500 万的生活用品。④ 同时，南非其他省份华商的扶贫捐赠活动也在踊跃展开。2012 年 5 月 18 日，十几辆汽车组成的南非约堡华商扶贫捐赠车队在警车鸣笛开路护送下，驶向位于约堡西北角的迪普斯

---

① 《非洲华人融入当地存在隔阂》，《华侨华人资料》2012 年第 3 期。

② 《南非总工会：南非仍存在严重不平等现象》，（南非）《非洲时报》2010 年 4 月 29 日第 4 版。这是南非总工会发言人开尔文在 2010 年南非自由日（4 月 27 日）之前说的话。

③ 马海亮：《非洲民众受益中非经贸合作》，《经济日报》2012 年 5 月 24 日第 4 版。

④ 梁铨：《南非华侨华人向索维托贫困居民学校捐赠献爱心》，《非洲时报》2010 年 1 月 23 日第 2 版。

卢特贫困社区。该社区始建于 1995 年，目前人口 25 万，70% 以上的居民没有工作和生活来源，生活在贫困线下。这次捐赠的物品有棉被、毛毯、毛衣、玉米粉、食糖、食油以及拖鞋和书报，采购这些物资的金额达 30 多万兰特，320 名受赠贫困家庭获益。8 年来，华商向迪普斯卢特贫困社区捐赠的物资金额近 300 万兰特，从中受益的贫困家庭达到了 2800 户。①据不完全统计，近 5 年来，约堡华商的扶贫捐赠面在不断扩大，除了每年一度的联合扶贫捐赠，还在不同地点举办多种扶贫捐助活动，捐赠的现金和物资超过了数百万兰特，受益的贫困人口近 3 万多人。浦江籍华商 L 及南非浙江商会的部分会员积极地参与每年的捐赠活动，以表达爱心。

华商的经贸活动改变了移居国当地的经济和社会发展面貌。如希腊首都雅典的奥贸尼亚地区，在没有华商进驻之前，大部分地方都是陈旧的楼房，现如今，这里华人商店林立，商贸繁荣，是一派现代化都市氛围。从拉动当地经济来看，有人以希腊萨洛尼卡市华人经营的 100 多家店铺为例，做过一个调查统计，仅 2005 年一年，41 位华人个体商户所交纳给希腊有关部门的个人所得税就高达 30 万欧元。② 如富恩拉夫拉达是西班牙马德里郊区一个只有 30 万人口的小卫星城，以前是重工业区。大量工厂倒闭后，废弃的厂房被闲置。2000 年之后，原先在马德里经营的华商陆续把一些批发仓库转移到富恩拉夫拉达，这个一度陷入孤独荒凉、无人问津的小城这才逐渐热闹起来，并成为西班牙华商的主要集聚地。再如 20 世纪 90 年代中期兴建的位于匈牙利布达佩斯八区的四虎市场，一度成为中国货在中欧地区的集散地。然而，四虎市场原本是一个废弃了的机车修理厂，铁轨纵横交叉，被人租下改建成了露天市场。商亭是用集装箱改装的，通常两个铁皮柜摞到一起，底下卖货，上面存货。市场内有 3000 多个露天摊位，其中 90% 出租给了华人，卖卖从中国进口的廉价服装、鞋帽等日用品，其主要客户群是低收入阶层。匈牙利的华人十个里有八个在那里练摊。③ 经过十多年的发展，尤其是随着近几年中国产品档次的很大提高，中国商品已经从地摊走入欧尚、Tesco、Metro 等大型连锁超市，摆上了环境优雅的大型购物中心柜台，商品

①　马海亮：《非洲民众受益中非经贸合作》，《经济日报》2012 年 5 月 24 日第 4 版。

②　陈仁光口述：《闯荡希腊》，丽水市政协文史资料委员会、青田县政协文史资料委员会编：《华侨华人》（丽水文史资料第九辑），团结出版社 2013 年版，第 93 页。

③　余泽民（匈牙利）：《四虎市场》，《深圳商报》2013 年 8 月 7 日第 C05 版。

种类也从单一的服装、鞋帽、玩具发展到包括电脑零配件、电视、通信产品、饮水机等在内的上百种商品。现在，匈牙利几乎家家都有中国产品，人人都有中国服装。2003 年相继竣工的中国商城和亚洲中心，更成为集中展示中国商品和服务的窗口。品牌商家的进驻也让当地人能够在舒适的环境中购买到档次高的中国商品。①

综上所述，族群聚集区经济是华商立足的基础，也是拓展的源地。立足于族群经济之上，华商经常与族群聚集区之外的同族群或异族群之间进行经济、文化、社会活动上的互动，这凸显了族群经济在消费市场、就业市场等方面所具有的外向性特征。族群聚集区经济所具有的外向性特征及华商组织所发挥的"桥梁"作用，使得族群经济逐渐超越了族群聚集区的藩篱，有利于族群经济逐渐融入当地主流经济之中，有利于族群经济的繁荣和发展。

然而，我们应恰当地评价华商网络及族群聚集区经济的作用。在国际移民的众多文献中，都会或多或少地提及移民对移居国的社会、经济影响，如"移民改变了美国"是当前移民文献中的常用话语。在海外从事义乌小商品等中国商品贸易的华商族群对于移居国的具体影响程度该如何评价？结合田野调查资料，笔者认为，虽然华商族群聚集区经济具有超越族群地理界限及族群经济范围的发展趋势，虽然华商族群聚集区经济已经成为移居国经济的一个组成部分，但是我们必须清醒地看到华商族群聚集区经济对移居国社会影响力的有限性。"真正的革命性的社会变迁要求在价值体系及社会的阶级结构上的显著改变，而外来移民往往是移居国的少数族裔，因而由移民驱动的改变是有局限的。"② 从这个角度来看，从事中国商品贸易的海外华商族群聚集区经济对于移居国的影响是有限的。在一定的时期内，华商族群聚集区经济仍将处于移居国主流经济的边缘地位。

---

① 《靠练摊起步促文化交流　匈牙利华人赢得尊敬》，http：//news. xinhuanet. com/overseas/2006 - 06/27/content_ 4755337. htm，2012 年 7 月 8 日。

② Alejandro Portes，"Migration and Social Change：Some Conceptual Reflections"，参见张国雄等主编《国际移民与侨乡研究》，中国华侨出版社 2012 年版，第 6—7 页。

第四章

华商网络拓展：以义乌市场
为中心的个人化策略

对于华商网络的既有研究，大多认识到华商网络的特殊性，但往往因强调其特殊性而有意无意地夸大了关系与网络在华商经营活动中的作用，忽略了一般性的投资理性与策略。实际上，华商构建的各种商业网络以及对商业网络的拓展，都是有意或无意、个人或群体的一种以提升经济收益为目标的商业策略。华商网络的拓展策略，大致可以分为个人化的策略及组织化的策略两种，虽然在现实社会中这两类策略总是重叠在一起。① 以下将分两章进行探讨。本章专注于探讨华商网络拓展的个人化策略。

从事义乌小商品等中国商品贸易的海外华商的经营活动属于民间贸易，对于中国与华商移居国经贸关系的发展是一种有益的补充，具有政府或大公司无法替代的作用。然而，正是因为华商经贸活动的这种"民间性"，而凸显出其所具有的个人主义倾向。雷切尔（Rachel Laribee，2008）认为，当面临华人商店之间日益激烈的竞争时，南非的中国店以个人主义的争夺方式获得比较优势，而不是寻求一个协力控制市场的统一的华商网络以提升边际利润。② 雷切尔说及的华商个人主义的竞争策略，反映了华商在商业网络拓展中存在的普遍性现象，即他们在应对市场饱和、全球化风险、移居国政策改变等状况时，总是基于华商个人力量而非群体力量之上作出应对策略。因此，可以说，个人化策略成为绝大部分华商拓

---

① Denice E. Welch, Lawrence S. Welch, Louise C. Young and Ian F. Wilkinson, "The Importance of Networks in Export Promotion: Policy Issues", *Journal of International Marketing*, Vol. 6, No. 4, 1998, p. 68.

② Rachel Laribee, "The China Shop Phenomenon: Trade Supply within the Chinese Diaspora in South Africa", *Africa Spectrum*, Vol. 43, No. 3, 2008, p. 367.

展商业网络的一种普遍性策略。需要指出的是，这里所说的华商"个人主义"策略并不是指古典及新古典经济学中的"社会性孤立"的经济行动。① 华商的个人主义策略不可能孤立于社会关系的影响、他人的决定与行动以及先前的人际关系等之外。

华商基于个人主义的商业网络拓展策略，主要包括流动策略及产业转型策略。华商的流动策略及转型策略，都是以中国及义乌市场为中心，类似于"风筝模式"② 般的拓展策略：放眼全球，却又立足于中国（义乌），构建起中国（义乌）与其他国家之间的跨国商业网络。中国自 20 世纪 70 年代末实施改革开放政策以来，国内经济的蓬勃发展、强大的商品生产能力以及义乌小商品市场之类的专业贸易平台的逐渐繁荣，成为华商在移居国从事中国商品贸易的强大依靠和支持。没有中国国内如义乌小商品市场批发平台这样的"圆心"、"中心节点"，华商的网络构建及拓展、跨国界流动及转型就失去了支撑点。因此，中国（义乌）往往是华商跨国流动、转型策略的基点和中心，也即华商网络构建及拓展的中心，华商基于个人主义之上的策略都以中国（义乌）为出发点。

第一节 "流动"策略与华商网络拓展

全球化时代，随着喷气式飞机、跨国高铁等现代交通工具的改善，人口的跨国迁移已经成为一种更为频繁、普遍的现象。周宇（音）（Yu Zhou，2001）等学者指出，"海外华人策略的核心是空间的流动性，以抵抗和逃避华人家庭、资本主义工场和民族国家的约束"，移民通过流动而获得了生存发展的社会空间。③ 彭轲（Frank N. Pieke，2004）等学者也从空间流动的过程分析欧洲福建人的跨国特征，"迁移使许多移民形成一种根深蒂固的世界主义态度：他们的生活、社会环境和抱负从不限制在一个

---

① ［美］马克·格兰诺维特：《镶嵌：社会网络与经济行动》，罗家德译，社会科学文献出版社 2007 年版，第 9 页。格兰诺维特认为，"低度社会化观点"（强调拥有完全意志的行动者）与"过度社会化观点"（文化、规范或次文化对行动者具有压倒性的影响）都忽略了行为当时的社会情境，以及行为往往发生在人与人互动的过程中这一事实。

② 项飚：《跨国华人》，《读书》2004 年第 5 期。

③ Yu Zhou and Yen－Fen Tseng, "Regrounding the 'Ungrounded Empires': Localization as the Geographical Catalyst for Transnationalism", Global Networks, Vol. 1, Iss. 2, 2001, pp. 133－134.

地方。"① 多布勒（Gregor Dobler，2008）在研究纳米比亚北部小镇 Oshi-kango 的华商时指出，他们并不把纳米比亚当作自己的家，而是抱着"只是在这里做生意"的态度，并且都愿意流动到其他有更好商机的地方。② "流动性"特征在从事义乌小商品等中国商品贸易的海外华商群体中尤为突出。华商因应不断变化的市场行情、全球化风险、国家政策等而采取不断地"流动"策略。

鲍曼（2002）以"流动的"一词来指涉现代性的特征。"'流动的'现代性的到来，已经改变了人类的状况，否认甚至贬低这种深刻的变化都是草率的。"③ 鲍曼所谓的"流动的"现代性指的是一种漂泊不定的感觉，一种不安全感、不稳定感、不确定感。海外华商群体中普遍存在的"流动"现象，实际上也隐含漂泊不定的意思。

一　华商"流动"之原因

一位在义乌从事小商品贸易的玻利维亚（Bolivia）商人亨利说："义乌的节奏踩在市场和商机上。"④ 与义乌节奏相匹配的从事义乌小商品等中国商品贸易的华商，则是"追逐市场和商机而流动"的群体。"流动"成为从事义乌小商品等中国商品贸易的海外华商的生存、发展策略。海外华商及其企业的成功所依赖的，更多的是几乎不间断的流动性：既包括知识、讯息、商品方面的流动，还包括人力及资金方面的流动。因此，从某种程度上来说，华商群体好比"逐水草而居"的游牧民族一般，秉持着"逐市场而动"的特质，正在全球范围内不断地迁徙、游走。

市场、全球化风险、国家（移居国和祖籍国）政策等成为华商"流动"的主要原因。然而，这些因素的单独分类，只是为了阐述上的便利，事实上，它们往往交织在一起，难以分割，是它们的"合力"促成了华商的"流动"。

---

① Frank N. Pieke, Pál Nyíri, Mette Thuno and Antonella Ceccagno, *Transnational Chinese*：*Fujianese Migrants in Europe*, Stanford：Stanford University Press, 2004, p. 18.

② Gregor Dobler, "From Scotch Whisky to Chinese Sneakers：International Commodity Flows and New Trade Networks in Oshikango, Namibia", *Africa*, Vol. 78, No. 3, 2008, p. 425.

③ ［英］齐格蒙特·鲍曼：《流动的现代性》，上海三联书店 2002 年版，第 12 页。

④ 张遥：《44 万外商义乌讨"生活"》，《国际先驱导报》2012 年 6 月 1 日第 7 版。

（一）市场与流动

市场是商品经济中社会分工的表现，是随着商品经济的发展而变化的，因此在不同的历史时期、不同的场合，具有不同的含义：市场是商品交换的场所；市场是某种产品的所有现实买主和潜在买主需求的总和；市场是卖主、买主力量的集合，是商品供求双方的力量相互作用的总和；市场是指商品流通领域，反映的是商品流通的全局，是交换关系的总和。① 本研究中的市场，主要包括前两个含义，即现实的市场和潜在的市场的含义。就现实含义而言，市场是一个地理上、空间上、时间上的概念，是"作为场所的市场"。② 从事义乌小商品等中国商品贸易的海外华商，面对着多类现实的商品交易场所：最初华商聚集到义乌采购，是因为义乌小商品市场这个"市"；华商在移居国销售义乌小商品等"中国制造"，是因为移居国有"中国商城"类的专业市场平台。就潜在的含义而言，"市场是指一种商品或劳务的所有潜在购买者的需求总和。"③ 华商从事中国商品的跨国贸易，是因为移居国存在潜在的消费市场；而当面临市场饱和、全球化风险等时，部分华商为追逐潜在购买者的需求总和、商品的销售前景，依据社会关系网络、社会资本等而进行适时的跨国界流动，流向更具商机的"市"。

美国未来学家约翰·奈斯比特（1996）认为，"在华人圈里，企业联络范围也可以无限扩大，并且企业自治意识又很强，没有权力中枢，大家唯一遵循的一条共同法则就是：市场挂帅。"④ 从事义乌小商品等中国商品销售的海外华商自产生之日起，便是一个以市场为中心、追逐市场而不断流动的群体。当面临市场饱和时，流动成为他们应对不良状况、追逐更好商机的一种普遍性策略。

因中国国内制造业多数不重视产品的设计研发，缺乏自己的品牌，其生产的商品存在很强的同质性，在质量、环保、设计、包装等方面都难以跟发达国家相媲美。中国制造业的水平，也在某种程度上决定了华商销售的中国商品的档次以及销售的对象。绝大多数华商在海外

---

① 王延荣主编：《市场营销学》，河南人民出版社2005年版，第5—6页。

② 同上书，第5页。

③ 同上。这是美国市场营销协会于1960年给市场下的定义。

④ ［美］约翰·奈斯比特：《亚洲大趋势》，外文出版社、经济日报出版社、上海远东出版社1996年版，第13—14页。

销售廉价、劣质的中国商品，尤其是在非洲、中东、南美洲等地区，使得移居国民众将"中国制造"等同于"廉价商品"。当我在南非约堡香港城（Dragon City）做调查时，一位销售耳饰的黑龙江籍华商告知我，"这种饰品质量很差的，我们进过来也就两三块钱。你不要买。有些皮肤敏感的人，戴上去后，会发炎什么的。"① 义乌小商品等中国商品的质量决定了其主要的消费群体是移居国当地消费能力有限的中低收入者。如在南非，占南非人口绝大多数的黑人成为义乌小商品等"中国制造"的大众消费者；在希腊，"中国制造"的主要消费对象是在希腊打工的 50 多万阿尔巴尼亚人，还有来自东欧各国以及巴基斯坦和孟加拉等国的打工者以及当地的吉普赛人，这些价廉但质地一般甚至低劣的产品正好迎合了他们的需要。② 随着 21 世纪以来越来越多的华商跻身跨国贸易行业，鉴于销售商品上的同质性及商品销售市场的有限、饱和，竞争的激烈程度可想而知。为求生存和发展，华商往往在群体内部以压价倾销作为竞争手段，最终造成了同族群同行业之间你损我亏的恶性竞争局面。

豪根等学者（Heidi Ostbo Haugen，2005）对佛得角华商的研究表明，华人百货店在数量上的增长导致了每一家百货店更低的成交量。③ 拉勒比（Rachel Laribee，2008）也认为，在南非从事中国商品贸易的华商不仅仅跟非华商形成高度竞争之势，在很多时候也显示出华商之间存在日益增长的竞争状态。④ 上述学者的研究真实地反映了华商中普遍存在的激烈竞争现状。近几年来，南非华商之间的恶性竞争非常明显。南非温州籍华商黄建文说，"因杀价严重，服装鞋帽利润率已不足 2000 年时的 1/10"，甚至更低。⑤ 在南非约堡东方商城、非洲商贸城从事五金建材批发的义乌籍华商 F 感叹道："床板大小的隔离板原来能卖 700 元一块，现在只能卖 320

---

① 2010 年 12 月 14 日访谈于约堡香港城。

② 《希腊人惊呼：雅典冒出"中国城"》，《福建侨报》2002 年 1 月 17 日。

③ Heidi Ostbo Haugen and Jorgen Carling，"On the Edge of the Chinese Diaspora：the Surge of Baihuo Business in an African City"，*Ethnic and Racial Studies*，Vol. 28，Iss. 4，2005，p. 647.

④ Rachel Laribee，"The China Shop Phenomenon：Trade Supply Within the Chinese Diaspora in South Africa"，*Africa Spectrum*，Vol. 43，No. 3，2008，p. 353.

⑤ 陈义、晓敏：《南非温商在新领域中谋求商机》，《温州商报》2008 年 3 月 14 日第 20 版。

元，价格低了，成本还涨了。"① 在毛毯批发业，竞争尤其激烈。约堡的温州城（即香港城第三期）以及南通毛毯城（中国商贸城对面），有很多来自江苏南通的华商在销售质地差不多的毛毯或床上用品，竞争的激烈程度可见一斑。一位在香港城经营小商品的温州籍华商告知，"以前毛毯的批发利润可以高达200%，现在一条毛毯只赚三四块钱，甚至有的赚 1 块钱也卖……如果在南非的生意不能赚钱，也有我国政府 13% 的出口退税补贴，基本上可以收支平衡。"② 有了出口退税补贴政策，很多华商以低廉得让人难以相信的价格销售中国商品，无怪乎一位南非浙江浦江籍华商 L 说："利润越来越薄。有的时候你都想不到，现在卖的价格，国内都买不到。"③ 部分华商便是秉持"以量取胜"的理念从事跨国贸易，每年销售的货柜越多，"走的量越大"，获得国家的出口退税补贴也就越多。

市场饱和、恶性竞争的现状，迫使部分海外华商作出新的抉择。在如何应对市场饱和问题上，从事中餐业的华侨华人已经给出了"示范"。聂保真（Pál Nyíri, 1999）研究认为，当从事中餐业的华商发现移居国当地的市场已经达到饱和状态时，便会倾向于移居到中国餐馆较少的国家，并继续在新国家里经营餐馆。首先从英国移居到荷兰和法国，然后到德国和意大利，最后到西班牙和斯堪的纳维亚。④ 彭轲（Frank N. Pieke, 2004）也指出，在战后欧洲，中国餐馆从英国扩展至欧洲大陆，首先是荷兰，然后至比利时、法国、德国、斯堪的纳维亚、西班牙和葡萄牙。⑤ 与此同时，在华商移居国，中国餐馆从大城市扩张到市镇和村庄。

在面临市场饱和时，从事义乌小商品等中国商品贸易的华商也往往不由自主地"仿效"中餐业华商的流动策略。这方面已引起了有关海外学者的关注。聂保真（Pál Nyíri, 1999）的研究表明，目前在西欧的中国移

---

① 张妍婷：《五千浙商闯南非，捅破中国制造低价"天花板"》，《钱江晚报》2012 年 8 月 9 日第 B8 版。南非的货币单位为兰特，21 世纪初，兰特比人民币值钱，这几年来兰特贬值很多。依据 2012 年 12 月 31 日汇率，1 兰特等于 0.73 元人民币。

② 2011 年 1 月 7 日访谈于香港城。

③ 2011 年 10 月 23 日访谈 L 于义乌幸福湖国际大酒店。

④ Pál Nyíri, *New Chinese Migrants in Europe*: *The Case of the Chinese Community in Hungary*, Aldershot: Ashgate Publishing Ltd., 1999, p. 124.

⑤ Frank N. Pieke, "Introduction", in Gregor Benton and Frank N. Pieke (eds.), *The Chinese in Europe*, London: Macmillan, 2004, p. 7.

民，最初在1987年左右移居到俄罗斯远东地区，后来散布到俄罗斯和匈牙利，随后，从事中国鞋服贸易的华商也到达了东欧，率先在罗马尼亚和捷克立足。在匈牙利，中国商店从主要城市扩展到偏远的村庄，在布达佩斯，从工业区扩展至市中心的繁华地带。① 豪根（Heidi Ostbo Haugen，2005）在对佛得角（Cape Verde）中国"百货店"的研究中表明，面对市场饱和，销售义乌小商品的华商的百货店从佛得角首都普拉亚（Praia）扩展到圣文森特岛（Sao Vicente）和其他岛屿，目前华商开设的百货店已经遍布佛得角的所有岛屿和居民点；也有部分华商流动到安哥拉和莫桑比克。② 拉勒比（Rachel Laribee，2008）的研究也表明，华商面对市场饱和的一个具有普遍性的解决之道是地理上的扩张。这种地理上的扩张，不仅有助于解释中国店如何遍布非洲，也有助于解释为什么南非的中国店从主要的港口城市扩展到小镇。③

　　当"流动"成为华商面对市场饱和、寻求更佳商机的策略时，华商在跨国界流动时呈现出自身的特点：不以华商较多的移居国（地）为目的地，而是向华商人数少的地方尤其是"处女地"进发。对于华商来说，中国移民人数少的地方比人数多的地方更具商机，新近才开始有移民定居的地方比拥有长期移民历史的地方更具优势。正如豪根（Heidi Ostbo Haugen，2005）的研究所指出的，华商普遍认为好生意位于华人移民聚集的边缘地带，这种地区因市场尚未饱和而更具商机。④ 华商跨国界流动的这一特点，反映了流动时机的把握对于华商商业成功的关键性影响：华商创业成功与否，与他们在哪个时期进入移居国从事商品贸易息息相关。一般而言，越早进入具有商机的移居国从事义乌小商品销售的华商，因最早获得先机，成功的概率越高，获得的经济收益也会越大。反之，则不然。在

---

① Pál Nyíri, "New Migrants, New Community: The Chinese in Hungary 1989 – 1995", in Gregor Benton and Frank N. Pieke（eds.）, *The Chinese in Europe*, London: Macmillan Press, Ltd; 1998, pp. 350 – 379.

② Heidi Ostbo Haugen and Jorgen Carling, "On the Edge of the Chinese Diaspora: the Surge of Baihuo Business in an African City", *Ethnic and Racial Studies*, Vol. 28, Iss. 4, 2005, p. 656.

③ Rachel Laribee, "The China Shop Phenomenon: Trade Supply within the Chinese Diaspora in South Africa", *Africa Spectrum*, Vol. 43, No. 3, 2008, p. 367.

④ Heidi Ostbo Haugen and Jorgen Carling, "On the Edge of the Chinese Diaspora: the Surge of Baihuo Business in an African City", *Ethnic and Racial Studies*, Vol. 28, Iss. 4, 2005, p. 646.

南非田野调查期间，经常听到有华商叹息说："我们过来得太迟了，早几年过来就好了。"这便是解释流动时机对商业成功的重要性的最为通俗的表达。

华商跨国界流动中呈现出的上述特点，可以从华商历时性流迁的角度得到进一步的印证。20 世纪 80 年代末 90 年代初，处于社会转型期的罗马尼亚、匈牙利、捷克等东欧国家，生活物资严重短缺，到处充满着商机，吸引了大量来自浙江青田、温州以及全国各地的移民涉足商贸业。而早先已经到达西班牙、意大利乃至美国等国家的青田华商，听闻东欧市场的贸易商机后，也纷纷转往东欧淘金。与此同时，西班牙等中国移民基数较小的欧洲国家也受到青睐。涅托（Gladys Nieto，2003）研究指出，80 年代的西班牙，华人移民并不多，内在的经济竞争也不激烈，可谓一个新的、未开发的处女地，有待中国移民在贸易和商业上寻求运气。① 因此，这些国家的中国新移民人数的增长非常显著。

然而，进入 21 世纪，部分华商不再认为欧美国家是从事中国商品贸易的好地方。尽管非洲、南美洲等国家有许多不利因素，如社会治安问题等，但对于这些尚未被华商完全"开发"的市场，商机是明显的。因此，非洲、南美国家受到从事义乌小商品等中国商品贸易的华商的大力欢迎。目前，在福建移民中普遍存在这样的观点：去美国只能当打工仔，而去非洲则可以当老板。言外之意为，非洲是可以让移民实现"上向流动"的国度，廉价的中国商品在贫困的非洲具有极大的市场，也成为中国新移民创业的好去处。

（二）全球化风险与流动

全球化促进了人员、物资、资本、信息的跨国界流动，以及国家之间、人们之间相互联系和依赖的增强。然而，现代性社会是一个"风险社会"（贝克，2004）②，衍生了风险的全球化，原来仅局限于一个国家或一个地区的风险扩散到更多的国家和地区。在过去十多年中，东亚金融风暴、SARS、全球金融危机等风险次第出现，让我们更真切地体会到这把"双刃剑"的锋利。全球化风险时代，华商的流动

---

① Gladys Nieto, "The Chinese in Spain", *International Migration*, Vol. 41, Iss. 3, 2003, p. 220.

② ［德］贝克：《风险社会》，何博闻译，译林出版社 2004 年版。

更为频繁。

　　受 2008 年金融危机以及随后的欧洲主权债务危机的影响，欧盟国家纷纷出台了相关政策，以减少危机对国内经济的负面影响。以罗马尼亚为例。近年来，罗马尼亚华商面临的市场经营环境持续恶化。2010 年，华商聚集的尼罗市场被市场管理方突然拆除①，造成华商上亿欧元的经济损失。为应对日益严峻的经济形势，罗马尼亚政府又连续出台了一系列财政紧缩、增加税收等措施，加大了打击偷税漏税等违规经营的力度，以规范市场秩序。2011 年 8 月 1 日，罗马尼亚政府通过的外国人新移民法开始正式实施。该法规定，凡是持商务签证在罗居留的外国人，有限公司每个股东需要至少 7 万欧元的注册资金以及 10 个当地雇员的工作合同；股份公司每个股东至少要具有 10 万欧元注册资金和 15 个雇员的工作合同等。②这一法律对于增加本国失业人口的就业率无疑是有帮助的，但却不顾及公司的实际情况而强制要求公司雇用一定的人数，则未免不符合市场规律。同时，这些规定提高了外来移民的签证门槛，直接影响了旅罗华商的居留签证以及华商经贸活动的开展。特别是新移民法要求在罗国从事商业活动的外国人，每个股东至少要具有 10 个雇员的工作合同的规定，忽视了商业活动的客观规律性：一个商业实体具体雇用多少个劳动力才能满足其需要，要视不同情况而定，而不能在法律上作出"一刀切"的规定。罗马尼亚华商，大多从事进出口和商品批发生意，很多店铺根本不需要那么多雇员，而要想继续留在罗马尼亚经商，即使公司不需要那么多雇员也要想办法达到这个要求，这就必然使华商承受更大的经济压力。同时，罗马尼亚还提高了企业的营业税，由原先的 19% 提高到 24%。在罗马尼亚红龙市场（Red Dragon）里从事服装批发生意的华商 L 说：

　　　　现在，罗马尼亚对中国人的税是很重的。营业税要交 24%。公司要提供 10 个工作岗位，也就是要给 10 个工人报税。这个是 2011 年刚出的规定。一年的税差不多要到 1 万欧元……撑不起的就回去了，

---

　　①　2010 年 4 月 21 日罗马尼亚尼罗市场管理方不顾广大拥有店铺长期使用权商家的激烈反对，一意孤行将市场内的 3000 多间店铺强制拆除，造成在尼罗市场经营的华商直接经济损失达上亿欧元。

　　②　《世界侨情报告》编委会编：《世界侨情报告（2011—2012）》，暨南大学出版社 2012 年版，第 259 页。

做二手代销的就这样回去了。2008 年有一批人回国。2011 年又有一批人回国。

（6/3/2012，pm，QQ 访谈 L）

受金融危机影响，近些年来，西班牙、意大利、法国、匈牙利、俄罗斯、罗马尼亚等国加大了对经济活动中违规经营活动的打击力度，华商遭受各种检查的消息不时出现。通常都是当地警察、劳工、海关、税务等几大部门的人员组成检查队伍，检查内容涉及是否规范用工，所销售、库存商品是否具备正常的通关手续，是否规范使用发票，是否涉嫌偷税漏税等。移居国政府相关部门对华商店铺的频繁检查，也往往夹带着某些不良公务员"捞油水"的隐性目的。如在南非约堡中国商贸城（China Shopping Center）从事布料批发的江苏南通籍华商说："有时候国内的货发过来，但清关文件滞后几天才到。海关警察经常来商城转转，借此敲竹杠。以前一个小车三四个人放过来，后来觉得过来有油水，就一个中巴车过来。"①

此外，经济不景气，导致移居国的消费需求锐减，华人批发市场货物滞销，绝大多数华商的贸易额大幅度下降。希腊是从事义乌小商品等中国商品贸易的华商聚集的国家。希腊债务危机对华商的打击很大，市场销量下降 30%—40% 比较普遍。② 从服装、义乌饰品批发贸易中积累了经济资本的温州籍华商徐伟春遭受重创。"与往年相比，服装贸易业绩下滑最严重，在 30%—40% 之间。饰品的业绩也下滑了 25% 左右。"③ 希腊华人华侨福建联合总会常务副会长谢作香的展望商行是雅典规模最大的华人家纺商行，但现在也难以为继。"前年（2010 年）一年能走 80 多条柜，去年是 50 多条，今年到现在只有 10 多条，而且还有大量积压。"④ 据初步统计，巅峰时希腊华人有两三万，而现在，只剩 1 万多，一半左右的华商选择离开，转向第三国或回国发展。⑤ 金融危机极大地影响了西班牙马德里郊区百元店的经济效益。到 2009 年 2 月时，一家面积为 500 多平方米的店，日营业额由过去的 1200 元下降到 500 多元；一家面积为 1000 多平方

---

① 2010 年 12 月 22 日访谈于约堡中国商贸城。

② 李显：《我们的产品卖到希腊 2000 多个岛》，《温州商报》2010 年 6 月 10 日第 2 版。

③ 章映：《温商逆势而动做"逆向"贸易》，《温州日报》2010 年 5 月 11 日第 6 版。

④ 《一年内数千华商撤离希腊 留守者变招寻出路》，《泉州晚报》2012 年 6 月 18 日第 8 版。

⑤ 尹晓琳、李莎：《危机！半数华商撤离希腊》，《法制晚报》2012 年 5 月 29 日第 A30 版。

米的店，日营业额由过去的 2000 多元下降到 800 多元。一位季姓老板说，圣诞节前和新年后的一段时间是销售的旺季，2008 年圣诞节前后，他的店里光礼品包装纸就卖了 12 箱，但 2009 年只卖出去一箱。① 在英国伯明翰开设以义乌小商品为主的"英国中国商品批发中心"的薛晓平，2007 年圣诞节前他从中国进了 24 个货柜的礼品和饰品，但 2008 年圣诞节前两三个月，薛晓平只进口了 10 个货柜。② 危机之前，青田籍罗马尼亚华商 L 女士一直在红龙市场从事服装及其他小商品的一级批发。危机之后，她面临艰难处境。"我现在挣扎在温饱线上。不过只发点货，赚点费用。其实也很难做了，赚点费用也比较艰难。"目前整个红龙市场里坚持经营的 1000 多个华商，总体来说是"赚钱的少，维持的多，利润都不高。"③ "2005—2006 年，一天赚几万美元很正常。而 2008 年，亏了，货跟店面亏了千把万。我从国内进的 500 万元的货，到那边只卖到 100 万元。"④ 类似的情况也出现在俄罗斯、中东等区域的华商中。

金融危机中汇率波动的金融风险越来越高，削平了海外华商的贸易利润，带给华商极大的损失。受金融危机影响，人民币在外界压力下不断升值。"2008 年金融风暴，贬值 2 倍，以前是 1 美元换当地货币格里（乌克兰货币格里夫纳，简称格里） 4 块多，后来到 8 块多，有的时候是 10 块多……格里贬值了，我们做生意就难做。"⑤ 另以 2008 年年初汇率计算，意大利华商从中国大陆进口 100 万元人民币的商品，当时只需支付 9 万多欧元。根据国际贸易的惯例，货款一般要延至数月后支付。现在支付年初订购的 100 万元人民币商品货款，则要付出 11 万多欧元，仅汇率一项损失就已达到商品价值的 10% 左右。⑥

南非籍华人 W 也受到了危机带来的重大负面影响。

---

① 一木：《经济危机给旅西华商跟风的"百元店"以教训》，《青田侨报》2009 年 3 月 2 日第 3 版。

② 郭招金等：《2008 年世界华商发展报告》，载世界杰出华人年鉴编辑部《世界杰出华人年鉴（2008 年版）》，世界杰出华人年鉴编辑中心出版 2009 年版，第 24 页。

③ 2012 年 3 月 6 日 QQ 访谈 L。

④ 2013 年 9 月 16 日访谈青田籍乌克兰华商 C 于青田县船寮镇政府办公室。

⑤ 2013 年 10 月 27 日访谈乌克兰华侨 L 于青田开元大酒店。

⑥ 郭招金：《金融危机下的世界华商》，《海内与海外》2009 年第 6 期。

　　金融危机的话，对出口贸易有影响的。像我，举个例子，南非的生意，很多朋友他们下的订单，钱都汇不出来，都受到影响，南非兰特一直在贬值，我这里国内帮他们预付的运费也好，工厂的订金也好，我都收不到钱，我还要付出去，所以那个时候两头亏损很厉害。

　　　　　　（6/5/2011，am，访谈 W 于义乌国际商贸城非洲产品展销中心）

（三）政策与流动

　　移居国的经济政策、移民政策极大地影响了从事义乌小商品等中国商品贸易的华商的流动。安东内拉（2006）指出，华商选择在哪个国家停留，取决于各个国家的情况，主要是看能否让他们举家迁居并实现他们的经济利益。①

　　20 世纪 80 年代末 90 年代初，随着东欧体制的转型，从边境贸易中获利的"倒爷"们看到了潜在商机，而涌往东欧国家。东欧的地理优势、缺乏应对非法移民的经验以及宽松的移民政策等，都有助于吸引移民。当时对中国实行免签政策的匈牙利较早成为中国新移民的"淘金"地。与此同时，经历了 1989 年剧变的罗马尼亚也效法匈牙利向外国人打开了大门。20 世纪 90 年代当罗马尼亚批发零售生意兴旺时期，许多浙江和福建商人背着大包小包来到罗马尼亚，来到首都布加勒斯特近郊的欧罗巴市场。② 随着东欧贸易业的蓬勃发展，部分先期到达西班牙等周边国家的华商也进入匈牙利、罗马尼亚等国寻求发展。如浙江青田籍华商林万荣1993 年从西班牙转赴罗马尼亚做起了国际贸易。③ 然而，自 1991 年 10 月匈牙利内政部正式颁布并实施"移民控制法案"（Immigration Control Project）（该法案试图打击非法贸易商或缺乏有效居留许可的移民）以来，尤其是自 1992 年 4 月匈牙利撤销了从 1988 年开始实施的免签证制度、恢复对中国公民入境需持有签证的规定、拒绝办理华人的工作签证以来，致使大量持有临时签证的华商在签证到期后不能再次进入已经熟悉的贸易市场。④ 这些政策致使匈牙利的中国移民人数从 1991 年春季的 4.5 万缩减到

---

① ［意］安东内拉·切卡尼奥：《意大利的中国移民在欧洲市场上的竞争》，载罗红波编《移民与全球化》，中国社会科学出版社 2006 年版，第 149 页。

② 李强：《华商市场：东欧已不再是天堂》，《世界博览》2010 年第 13 期。

③ 李明欢：《欧洲华侨华人史》，中国华侨出版社 2002 年版，第 560 页。

④ 吴晶主编：《侨行天下》，大众文艺出版社 2006 年版，第 99 页。

1992 年年底的 1.6 万。① 众多中国移民因得不到匈牙利的居留权而回国，或转往西欧、中东欧，尤其是捷克、斯洛伐克、罗马尼亚和波兰。② 在 90 年代末的东欧移民潮中，南斯拉夫因华人增长而迅速成为中国新移民的新聚集地。1998 年，北约的轰炸使得南斯拉夫的经济大幅度倒退，加上西方不少商品因为制裁而无法进入，于是一些善于捕捉商机的中国人接连进入南斯拉夫，如青田人项品荣在这时从奥地利来到南斯拉夫，抓住这一时机，从义乌大量进口服装等日用品到当地销售，赚取了人生中第一桶金。进入 21 世纪之际，东欧华人社会面临着非法移民"借路东欧"的问题。③ Marek Okólski 等学者（2000）把当时的中、东欧视为"绝佳的等候区"，认为对于大多数的中国移民而言，中、东欧只不过是他们移居到西欧目的国的一个跳板。④ 总之，自 20 世纪 80 年代末 90 年代初开始，在欧洲各国政策的直接影响下，借助于华商网络提供的众多信息以及华商自己对市场的灵敏感知，华商不断追逐市场而"流动"，铺设了从中国—俄罗斯—东欧—西欧不断延伸乃至折回的贸易轨迹，同时也在欧盟内部通过各种方式进行流动，甚至也进行着跨洲际的流动。

俄罗斯政策的不断变化与中国新移民的"流动"之间的关联非常明显。1992—1993 年，俄罗斯当局实行免签证边贸制度⑤，为倒爷进行跨国贸易提供了方便，许多中国人涌往俄罗斯倒卖商品。嗅觉敏锐的青田人贾国平便携带皮衣等商品，从陆路至东北边陲绥芬河市踏出国门，从俄罗斯哈巴罗夫斯克市乘火车到莫斯科倒卖皮衣。因俄罗斯商品奇缺，倒卖皮衣的利润非常高。"卖一件皮衣可以是当时一到两个月的生活费。"⑥ 不久，俄罗斯政府采取措施严格控制包括中国人在内的外来移民，并加强两国公

---

① Markéta Moore, Czaslaw Tubilewicz, "Chinese Migrants in the Czech Republic", *Asian Survey*, Vol. 41, No. 4, 2001, p. 614.

② 同上。

③ 李明欢：《欧洲华侨华人史》，中国华侨出版社 2002 年版，第 562 页。

④ Marek Okólski, "*Recent Trends and Major Issues in International Migration: Central and East European Perspectives*", *International Social Science Journal*, Vol. 52, Iss. 165, 2000, p. 333.

⑤ ［俄］弗拉基米尔·波尔加科夫：《俄罗斯的中国新移民：阶段性总结》，载潘兴明、陈弘主编《转型时代的移民问题》，上海人民出版社 2010 年版，第 326 页。

⑥ 毛伟霞：《人生因创业而出彩 生命因奉献而升华——访义乌青田商会监事会主席贾国平》，义乌市青田商会主办：《青田人》第 2 期。

民入境签证制度，加上俄罗斯不稳定的经济局势、俄罗斯民众对"中国蔓延式扩张"的担忧，导致了 1994—1998 年期间俄罗斯华商另寻他处创业，人数大为减少。一些华商转向欧洲和北美，也有一些人去了非洲，尤其是南非、津巴布韦和尼日利亚。① 近几年来，俄罗斯新近出台的众多政策进一步限制了华商经贸活动的开展，迫使部分华商采取"流动"策略。自 2007 年 1 月 15 日起，俄罗斯颁布的《俄罗斯联邦外国公民和无国籍人士移民登记法》、《俄罗斯联邦外国公民法律地位法》、《关于修改俄罗斯联邦外国公民合法地位联邦法》等法律法规先后开始生效。2007 年 10 月 15 日，俄罗斯政府颁布《俄罗斯联邦禁止外国人在售货摊位和市场从事零售工作政府令》。依据俄罗斯颁布的上述新法规，从 2007 年 1 月 15 日到 4 月 1 日，外国人在售货摊点、自由市场及"商店以外的场所"从事零售业的人数应限制在零售业职工总人数的 40% 以内；从 2007 年 4 月 1 日到 12 月 31 日，全面禁止外国人从事零售业。② 从 2007 年 4 月 1 日起，俄罗斯逐步关闭全国 115 个大型露天市场。据俄罗斯移民局统计，截至 2006 年，在俄中国人中商人所占比例是 59%；而另据俄消费监督部门的统计，中国商人的数量占俄境内外国商人总数的 61%，可见在俄从事商贸业的中国人占大多数。③ 自从俄罗斯 2007 年起实施限制乃至逐渐禁止外国人从事零售业的禁令之后，全俄罗斯有大量华商被迫返回中国或另寻出路，其中，"约有 20 万中国商人选择了回国"。④

移居国的移民政策也极大地影响了外来移民的流动。从身份角度而言，跨国界流动的中国新移民，既包括已经获得移居国居留身份的华商，也包括以非正规途径进入移居国后潜伏在社会底层的移民以及以正规途径进入而非法滞留的移民，他们时刻关注着移居国的移民政策以获得改变身份的机会。这里就后者作一展开。获得移居国的正式居留身份或公民身份，往往成为中国海外移民跨国流动的诱因，也是他们转身成为华商的身份基础。20 世纪八九十年代大量中国新移民的跨国流动，

---

① Hong Song, "Chinese Private Direct Investment and Overseas Chinese Network in Africa", *China &World Economy*, Vol. 19, No. 4, 2011, p. 122.

② 《世界侨情报告》编委会编：《世界侨情报告（2011—2012）》，暨南大学出版社 2012 年版，第 153 页。

③ ［俄］A. T. 拉林：《在俄罗斯的中国人现状》，《西伯利亚研究》2009 年第 3 期。

④ 古漠：《俄罗斯禁商令与华商》，《侨园》2007 年第 3 期。

尤其是在欧洲范围内的跨国流动，往往还有一个非常明确的目的，那就是拿到某一个国家的永久居留证或者入籍身份，因为这可以提供给他们从业上的便利和某些保障。所以，一个国家的边界开放程度、是否定期采取让外国移民享受合法地位的"合法化"政策，成为中国新移民作出流动策略的基本依据。

以欧洲为例。欧洲的中国大陆新移民不乏以非法、半合法半非法等各种方式到达移居目的国或因某些原因被迫在中转国谋生的。从底层做起、打工起步，是绝大多数中国新移民创业前的必经阶段。他们因非法身份问题，往往潜伏于华人社会底层，而努力寻求身份改变的政策机遇。因为身份的转换是外来移民在当地国开展贸易、从黑工转变成自雇企业主的前提。中国移民因难以进入移居国主流经济之中，寻求自雇成为移民"上向流动"的普遍性目标。然而，众多移居国对经商者的资格作出了严格的规定。如要在法国当老板，在拿到合法居留证之后，还需在 3 年内没有违法记录，并申请到 10 年期的居留证。[①] 为寻求身份的转变，中国新移民随时准备流向即将实行"大赦"的国度。在新移民的流动过程中，基于血缘、地缘的移民网络，大大便利了"大赦"等相关信息在网络内部的流通，也促进了中国非法移民实现从"非法"到正规的转变。20 世纪 90 年代中后期，东欧各国调整了移民政策，对大陆新移民进行限制。与此同时，法国、意大利、西班牙和葡萄牙等国家则多次实行身份合法化政策，大大吸引了原先停留于东欧的中国移民。这些国家实行大赦的本意，一是维护国家利益，二是缓和国内劳动力市场的紧缺状况，同时也维护被雇用者的合法权益，本无可厚非。然而，这一系列大赦的重要潜功能，却给了非法移民以合理的心理期待，成为吸引非法移民继续涌入的诱惑。[②] 在大赦政策的潜在作用下，进入欧盟的非法移民在 20 世纪 90 年代迅速飙升到原来的 10 倍，从 1993 年估计的每年 5 万人增加到 1999 年的 50 万人。[③]

20 世纪 80 年代到 90 年代末，法国政府先后采取了三次大规模的合法

---

① 金辉：《全球化生存的温州人》，《财富智慧》2007 年第 6 期。

② 李明欢：《欧盟国家移民政策与中国新移民》，《厦门大学学报（哲学社会科学版）》2001 年第 4 期。

③ 世界银行编写组主编：《全球化、增长与贫困》，中国财政经济出版社 2003 年版，第 56—57 页。

化行动，以温州籍占多数的中国移民获得了合法身份，部分人在身份合法化后从事起义乌小商品等中国商品的贸易。第一次是 1981 年 8 月，密特朗当选法国总统后颁布了以家庭团聚为内容的移民大赦令，共使 13.2 万非法移民合法化。当时，非法身份的温州人还不算多，他们中的大部分获得了合法身份。第二次合法化运动发生在 1992 年，当时叫放宽移民政策。据说这次合法化运动使近 1.2 万温州人获得了居留权。第三次"无证者身份合法化行动"从 1997 年 6 月开始，全法国总共有 14 万无证者提出合法化申请，到 1998 年年底已经有 8 万多人获得合法身份。其中有 1.2 万华人提出申请，有 8000 多人获得合法身份，而 90% 以上是温州人。①

另一个自 80 年代以来多次实施大赦的国家是意大利。意大利曾先后于 1982 年、1986 年、1990 年、1995 年、1998 年和 2002 年分批实行过合法化政策。实行合法化政策的公开目的是改变因关闭边境而形成的一些非法入境群体的不幸结果，但每次都引发了滞留在欧洲其他国家的非法入境者涌入意大利的高潮。1982 年，意大利劳工部颁布法令，要求所有雇主为其所雇用的"无证非欧共体劳工"办理"合法化"手续，共有 1.6 万人在规定期限内办理了"合法化申请"。② 1986 年 12 月 30 日，意大利通过第 943/86 号法令，规定"凡是从未办理过居留登记的非共同体国家工人，在 1987 年 1 月 27 日之前实际上已从事非法劳动的工人"，或者"未办理过居留登记的非共同体国家的失业工人，本人愿意在安置工作名单上登记者"，均可由其本人或雇主按一定程序向政府有关部门提出"身份合法化申请"。时至 1988 年 9 月 30 日，共有 118706 人依据该法令获得了合法身份。③ 近 90% 的华人（主要来自温州）在 1987 年之后到达意大利。④时隔不到两年，1990 年 2 月 20 日，意大利政府又颁布第 39/90 号法令，再次大赦非法移民，这一延续到同年 6 月 30 日的大赦令，共使 21.7 万非法移民获得大赦。再过五年，1995 年 11 月 8 日，意大利总统又签署了新

---

① 王春光：《温州人在巴黎：一种独特的社会融入模式》，《中国社会科学》1999 年第 6 期。

② 李明欢：《欧洲华侨华人史》，中国华侨出版社 2002 年版，第 494 页。

③ 同上。

④ Pál Nyíri, *New Chinese Migrants in Europe：The Case of the Chinese Community in Hungary*, Aldershot：Ashgate Publishing Ltd.，1999，p. 129. 在这里，作者对这一数据的具体说法非常模糊，在此只能用来说明移民进入的时间跟大赦政策的关联。

的大赦令，时至次年 3 月，又有大约 23 万非法移民实现了身份合法化。①
1998 年，意大利又通过"关于移民问题的法律总则"，其基本精神是：控
制新移民进入，但着手解决境内 30 万已有工作的非法移民的合法化问题，
并首次决定将流动零售商贩视为有工作者给予临时居留证。② 青田籍华商
Z 便是在这一时期进入意大利而获得居留身份的。③ 1995 年和 1998 年的
大赦期间，有许多中国新移民经由中欧和东欧国家转到意大利，其中经过
匈牙利转来的最多，也有经过斯洛文尼亚、克罗地亚和俄罗斯转来的。④
2002 年，意大利实行合法化运动，从西班牙、法国和荷兰就转过来许多
中国移民。⑤ 这次大赦让华人增加了一半多，从 6.2 万人增加到 9.7
万人。⑥

　　在 20 世纪 90 年代中期以前，中国新移民对葡萄牙和西班牙少有兴
趣，然而，90 年代中期之后，大批中国新移民进入这些国家从事中国商
品的批发零售贸易，甚至部分原先在意大利的华人也转到这些国家加入贸
易行列。南欧国家葡萄牙，自 90 年代起也曾多次对境内非法移民实施大
赦。依据温州籍葡萄牙华商周一平的回忆，"到了 1990 年、1993 年的时
候，葡萄牙赦（免）了一批温州人；1996 年也是赦（免）了一批温州
人，大赦了 1000 多人，就是从匈牙利那边过来的；到了 1998 年，又大赦
了一次，大赦了三四千人。2000 年、2001 年、2002 年大赦的人就特别
多，广东的、福建的、青岛的一大批人。这些大赦中很多人都把朋友接过
去……"⑦ 另一南欧国家西班牙，于 1986 年、1991 年、1996 年、2000
年、2005 年实行"无证者合法化运动"，几乎每隔四五年实行一次，大大

---

　　① 李明欢：《欧洲华侨华人史》，中国华侨出版社 2002 年版，第 494 页；另可参见李明欢
《欧盟国家移民政策与中国新移民》，《厦门大学学报（哲学社会科学版）》2001 年第 4 期。但该
文中的人数是 20 万。

　　② 李明欢：《欧洲华侨华人史》，中国华侨出版社 2002 年版，第 494—495 页。

　　③ 2012 年 1 月访谈 Z 于义乌市青田商会。

　　④ ［意］安东内拉·切卡尼奥：《意大利的中国移民在欧洲市场上的竞争》，载罗红波编
《移民与全球化》，中国社会科学出版社 2006 年版，第 149—150 页。

　　⑤ 同上书，第 149 页。

　　⑥ 张子宇、马欢、刘舒羽、刘伟倩：《活在边缘：温州人在罗马》，《大经贸》2012 年第
Z1 期。

　　⑦ 陈野等：《葡萄牙华商周一平先生访谈记录》，载吴晶主编《侨行天下》，大众文艺出版
社 2006 年版，第 289 页。

吸引了中国移民进入。据涅托（Gladys Nieto，2003）的估计，1986 年西班牙实施的、被中国移民称为"小赦"的第一次合法化运动，使得华人人数比上一年增加了 53%；1991 年大赦则使中国移民较上一年增长了 58%，并吸引了葡萄牙、法国和荷兰的中国移民进入西班牙寻求身份地位的合法化。[①] 1996 年、2000 年的两次大赦，使中国移民人数分别增长了 18%、16%。[②] 2004 年，在西班牙的华人数量为 66486 人，而 2000 年仅为 28693 人。[③] 2005 年年底的"大赦"，约有 100 万非法移民向政府递交了申请，中国移民申请"大赦"居留的人数是 5.6 万名左右。[④] 虽然被拒率高达 40%，但仍有许多中国移民得益于这一政策实现了身份的转变，并由此开始了在西班牙的创业。

目前从事义乌小商品出口及西班牙食品进口贸易的西班牙华商 Z，20 世纪 80 年代末跟着父母出国，1991 年从巴西转往西班牙，当年西班牙有大赦政策。

> 在巴西待了两年，然后去的西班牙……当时可能是因为移民身份的问题，巴西不好办理，刚好碰到西班牙是个移民国家，当时大赦政策下来，这个可以。那我爸妈就去了西班牙，拿到了合法的身份。
>
> （6/7/2011，am，访谈 Z 于义乌盟德会所）

进入 21 世纪以来，在希腊的很多华商也是借着希腊大赦的机会而获得居留身份的。温州籍华商徐伟春，1992 年赴德国法兰克福留学。2001 年，希腊加入欧元区，国内有一波移民大赦，徐伟春进入希腊获得身份[⑤]，以服装贸易为事业开端，继而在义乌饰品贸易上大获成功。

随着欧洲一体化进程的推进，中国移民有了某一国居留权之后，即可在欧盟成员国内流动，这也使得无论是哪一国的合法化行动，都对非法进

---

① Gladys Nieto，"The Chinese in Spain"，*International Migration*，Vol. 41，Iss. 3，2003，p. 222.

② 同上。

③ 参见［意］安东内拉·切卡尼奥《意大利的中国移民在欧洲市场上的竞争》，载罗红波编《移民与全球化》，中国社会科学出版社 2006 年版，第 152 页。

④ 刘娟：《福清赴阿根廷新移民研究》，硕士学位论文，厦门大学，2008 年，第 29 页。

⑤ 李显：《我们的产品卖到希腊 2000 多个岛》，《温州商报》2010 年 6 月 10 日第 2 版。

入欧洲的中国新移民具有强烈的吸引力。由于移民内部高度流通的信息网络，加之欧洲各国边境缺乏天然屏障，因此出现了一种人潮流动的特殊动向：意大利大赦时，中国非法移民涌向意大利，而一旦西班牙大赦，又涌向西班牙，形成一次次欧洲境内特殊的移民人流涌动。

除欧洲之外，南美洲国家也不时有大赦。2004 年 2 月，查韦斯总统宣布对所有在委内瑞拉的外国侨民实行"大赦"，申请时间到 2005 年 2 月。据中国驻委国大使馆提供的粗略数据，在委国的华侨华人中，估计有 6 万人申请办理长期居留或者入籍手续。[①] 2009 年，巴西大赦法案规定，只要是 2009 年 2 月 1 日以前进入巴西的人，都有合法申请居留权的资格。法案签署后有 180 天的申请两年临时居留身份证的期限。[②] 这又成为大批中国移民涌入巴西的催化剂。此次大赦，共有 5492 名中国移民获得巴西合法居留权。[③]

综上所述，在市场饱和、金融危机及移居国移民政策等因素影响下，在海外从事中国商品贸易的华侨华人纷纷选择"流动"策略，以获得发展。以西班牙为例。2013 年 7 月中旬，西班牙统计局公布了旅西华人自 2008 年以来的有关统计资料。据该资料显示，华人进入西班牙的人数从 2008 年开始就急剧下降。当年年初尚有 20015 人进入西班牙，而年底的数字则为 12000 多人。此后，这一数字不断走低，到 2012 年年初，则降到 9583 人。与此同时，离开西班牙的中国人人数则不断走高。从 2008 年年初的 5000 人，一直上升到 2012 年年初的 17827 人。其中在 2010 年的中旬，离开西班牙的华人人数，自从有相关统计数据以来，首次超过进入西班牙的人数，并在 2011 年以后急剧升高。[④]

---

① 《世界侨情报告》编委会编：《世界侨情报告（2011—2012）》，暨南大学出版社 2012 年版，第 236 页。

② 《7 月 3 日起巴西大赦非法移民》，《温州日报》2009 年 7 月 5 日第 11 版。

③ 吴志华：《巴西大赦非法滞留者　五千多中国人获合法居留权》，http：//www. 022net. com/2010/1－8/423547182280393. html，2010 年 10 月 8 日。这是巴西在最近 20 年里第三次对非法滞留巴西境内的外国人实行大赦。第一次大赦是在 1988 年，共有 3.8 万外国人获得合法居留权。第二次大赦是在 1998 年，有 2.5 万人申请办理了合法居留手续。

④ 《旅西华人"逃离"西班牙 西民众："走好，不送！"》，http：//www. gqb. gov. cn/news/2013/0807/30680. shtml，2013 年 8 月 11 日。

二 华商"流动"之方向

华商"流动"的方向主要包括跨国界的流动及"回流"两种。虽然"回流"也可以归类于跨国界的流动之中，但此处，为凸显这种新近涌现出来的"流动"趋势而进行专门分列。跨国界的流动，包括华商在移居国内部的流动，也包括华商的跨国流动，从当前移居国流动到另一个新的移居国。华商"回流"即华商返回中国寻找新的市场和商机。

上面探讨了市场、全球化风险、政策等因素促成了华商的"流动"，其中，风险全球化是近几年来促成华商"流动"的重要宏观因素。以下结合风险全球化时代背景探讨华商"流动"之方向。

（一）跨国界流动

自 20 世纪 90 年代后期以来，不仅众多亚洲、美洲、欧洲等区域的企业深深感受到了两次金融危机的影响，从事义乌小商品等中国商品跨国贸易的华商及企业也难以幸免。

发生在 20 世纪 90 年代后期的亚洲金融危机，使当时在乌克兰从事义乌小商品批发贸易的青田籍华商 L 深受冲击。L 于 1996 年到达乌克兰从事中国商品的一级批发，但还没等熟悉市场、获得盈利，便于 1998 年遭受了亚洲金融危机的冲击。

> 我们当时去的时候，汇率是一块九换一块美金。后来涨到四块多换一块美金。等于我们的人民币十块钱只有五块钱了⋯⋯这个货卖了就亏。在乌克兰，亏了几百万。
>
> （7/7/2011，am，访谈 L 于义乌市青田商会）

因受金融危机的影响，初到乌克兰不久的 L 便亏损了几百万。在危机背景下，部分在乌克兰做生意的华商，"转到匈牙利、捷克、法国、西班牙、意大利等。去西欧的就是又去打工了。"[①] 为寻求新的商机，1998 年 L 妻子先行前往斯洛伐克考察市场。经过考察，L 妻子发现了从事商品贸易的商机，并在那里开设了公司。2000 年，L 以"第三国签证"的方式从乌克兰转往斯洛伐克与家人协力从事义乌小商品的零售、批发贸易。

---

① 2012 年 11 月 2 日访谈 L 于义乌欧陆风情文化主题大酒店。

　　2008 年的金融危机，欧美市场的华商受到较大的负面影响，开拓中国商品的新兴市场势在必行。近几年来，非洲、南美洲虽然也受到金融危机的影响，但相对而言，受影响的程度较小。在坦桑尼亚从事义乌旅游鞋批发贸易的华商 Z 说："金融危机碰到了，当时对坦桑尼亚没有影响。"①南非华商也较少受到金融危机的影响。据南非官方统计数据显示，2009 年 1 月、2 月的进出口贸易额与去年同期相比呈下降趋势，但其中下降幅度最大的是南非与美、德等国的贸易额，中南双边贸易额没有明显降低。② 2011 年，中国与南非双边贸易额达 454.3 亿美元，同比增长 77.1%。其中，中国对南非出口 133.6 亿美元，同比增长 23.7%；自南非进口 320.7 亿美元，同比增长 116%。③ 2010 年 12 月，笔者在南非约堡中国商贸城做调查时，碰到一位金融危机后从欧洲流动到南非继续从事皮鞋贸易的温州籍华商，希图开拓新兴市场，而她的丈夫和儿子依然坚守在欧洲销售皮鞋。华商发现南美的市场也还有开拓余地。希腊华人华侨福建联合总会常务副会长谢作香去南美多米尼加考察后，得知那里的华人主要从事餐饮业，做贸易的只有 10 多家，而且当地雇工薪水低，每月只需要两三百美元，只相当于希腊的 1/4，于是决定去多米尼加开创新事业。"我们已经在南美的多米尼加选好了店面，货也发过去了，我十多天之后就要过去打理了。"④ 南美智利也逐渐成为华商流动的目的地，危机后到智利淘金的华人数量比以前更多。⑤ 巴西和中国同属"金砖四国"，发展前景广阔，巴西 2014 年的足球世界杯和 2016 年的世界奥运会将带动巴西经济快速发展，也吸引了部分华商前往巴西寻求商机。

　　（二）"回流"

　　在全球化时代背景下，与传统的国际移民经历出发、到达和同化的过程相比，移民"回流"提供了另一项选择。近些年来，移民的"回流"

---

① 2012 年 4 月 13 日访谈 Z 于青田开元大酒店一楼咖啡厅。

② 郭招金、陈建、蔺安稳：《世界侨商的现状与发展趋势》，载国务院侨务办公室政策法规司编《国务院侨办课题研究成果集萃 2009—2010 年（中册）》，第 923 页。

③ 张妍婷：《五千浙商闯南非，捅破中国制造低价"天花板"》，《钱江晚报》2012 年 8 月 9 日第 B8 版。

④ 《一年内数千华商撤离希腊 留守者变招寻出路》，《泉州晚报》2012 年 6 月 18 日第 8 版。

⑤ 《经济危机阴霾仍在 智利成为旅西华商投资新去向》，http://www.chinanews.com/hr/2011/07 - 03/3152989.shtml，2011 年 9 月 3 日。

引起了海内外学者的关注。针对移民的这种流动现象，学术界提出了"本土回归运动"、"人才环流"等新概念，在研究范式上也发生了转换。吴前进（2004）认为，"本土回归运动"指的是接受了西方社会价值理念的一部分移民，在政治、经济、文化和社会生活等各方面对祖籍地施加影响，以推进祖籍地的发展和改进。① 周聿峨、郭秋梅（2010）从跨国主义视角来审视当前留学生和高技术人才的环流实践，分析了跨国华人环流的形成因素等。② 刘宏（2009）以英国和新加坡为例，以跨国性和人才环流理论为出发点，对两国华人高技术新移民的组织建构以及英、新两国政府政策对新移民的影响进行了比较分析。③ 王苍柏（2007）从"归"的含义的角度研究了"海归"现象，提出运用中国—海外移民互动关系的分析框架有利于我们审视"海归"潮及其走向。④ 安娜莉·萨克赛尼安（AnnaLee Saxenian，2006）通过对加州硅谷的华人和印度科技人才及其同母国的关系的分析，提出了"人才环流"（Brain Circulation）的新取向，强调通过人才环流，高科技人才对移民的输出和输入国双方都作出重要贡献。⑤ 戴维德·雷等学者（David Ley，2005）认为当前回归移民将其移民的"天线模式"延伸成"环形模式"，回归母国后面临着再适应和同化。对于很多回归移民来说，这不是一种最后的适应，而是提供了具有更广阔活动的持续旅行的另一个舞台。⑥ 曼宁（Manying IP，2006）的研究也显示了新西兰的高技术专业华人回流中国的明显趋势，并从跨国主义的视角探讨了新西兰华人群体循环式的移民流动，认为这种新的流动趋势已经脱

---

① 吴前进：《当代移民的本土性与全球化——跨国主义视角的分析》，《现代国际关系》2004 年第 8 期；吴前进：《冷战后华人移民的跨国民族主义——以美国华人社会为例》，《华侨华人历史研究》2006 年第 1 期。

② 周聿峨、郭秋梅：《跨国主义视角下的华人环流思考》，《八桂侨刊》2010 年第 3 期。

③ 刘宏：《当代华人新移民的跨国实践与人才环流——英国与新加坡的比较研究》，《中山大学学报（社会科学版）》2009 年 6 期。

④ 王苍柏：《"归"的含义》，《读书》2007 年第 1 期。

⑤ AnnaLee Saxenian, "From Brain Drain to Brain Circulation: Transnational Communities and Regional Upgrading in India and China", *Studies in Comparative Interntional Development*, Vol. 40, Iss. 2, 2005, pp. 35 – 61.

⑥ David Ley, Audrey Kobayashi, "*Back to Hong Kong: Return Migration or Transnational Sojourn?*", Global Networks, Vol. 5, Iss. 2, 2005, p. 112.

离原先单向的人口流动，而表现为往返于原居地与移居地之间的循环流动。[1] 总体而言，国内外学者对"回归"、"环流"的华侨华人的既有研究，多关注于高层次人才、留学生、技术精英，而忽视了对其他类型的中国海外移民的流动研究。

学术界对华人移民回流原因的既有研究中，多强调经济、文化的因素。如姜兰虹（Lan–hung Nora Chiang，2004）对于澳大利亚华人回流台湾的研究发现，有四个因素促成回流：寻求更好的工作机会，接掌父母的实业，寻找华人配偶及家庭团聚。[2] 戴维德·雷等（David Ley，2005）研究发现，加拿大回流香港的华人承认经济利益是他们回流的最主要动机。[3] 叶宋曼瑛（Manying IP，2006）研究发现，中国的文化环境——熟悉的语言、社会环境及亲友的亲密性和新西兰存在的"文化差异"是吸引他们回流的重要原因。[4] 徐荣崇（2012）对于加拿大1.5代台湾移民的回流研究中，发现环境、家庭及个人因素成为移民回流台湾的影响因子。[5]

而就在海外从事中国商品贸易的、来自"草根阶层"的华商而言，经济利益上的考量无疑居于首位。特别是近些年来，在全球金融危机局势下，中国国内良好的经济形势、政府鼓励海外移民回国投资及创业的政策等，成为移民回流的重要拉力因素。吴前进（2004）认为，在中国政府鼓励海外移民回流投资的政策及社会氛围中，经济意义上的移民本土回归运动实际上是一种移民群体和祖（籍）国政府的双向选择和共同意愿。[6] 即正是输出国政府在致力于促成移民的"本土回归运动"，特别是就发展

---

① Manying IP, "Returnees and Transnationals: Evolving Identities of Chinese (PRC) Immigrants in New Zealand", *Journal of Population Studies*, No. 33, 2006, pp. 61 – 102.

② Lan – hung Nora Chiang, "Dynamics of Self – Employment and Ethnic Business among Taiwaneses in Australia", *International Migration*, Vol. 42, Iss. 2, 2004, pp. 153 – 173.

③ David Ley and Audrey Kobayashi, "Back to Hong Kong: Return Migration or Transnational Sojourn?", *Global Network*, Vol. 5, Iss. 2, 2005, pp. 111 – 127.

④ Manying IP, "Returnees and Transnationals: Evolving Identities of Chinese (PRC) Immigrants in New Zealand", *Journal of Population Studies*, No. 33, 2006, p. 90.

⑤ 徐荣崇：《加拿大1.5代台湾移民的回流意向与适应》，载张国雄等主编《国际移民与侨乡研究》，中国华侨出版社2012年版，第152—164页。

⑥ 吴前进：《当代移民的本土性与全球化——跨国主义视角的分析》，《现代国际关系》2004年第8期。

中国家而言，需要拥有技术、知识和资金的海外移民来共同参与祖国的经济建设和社会发展。因而从这个意义上说，民族国家并不总是跨国互动的消极方、被动者，它可以促进跨国互动，也可以阻止跨国互动。当然，除了经济利益上的考量外，华商回流也有文化适应、认同上的原因。华商在移居国，因自身的非融入心态及移居国社会环境对外来移民的排斥等原因，面临着文化适应及文化认同、族群认同、国家认同的问题。一位20世纪80年代末到达南非、在约堡百家商城（China Mart）经营运动服装的江苏籍华商说："过几年，我要回国去养老。南非，虽然很多方面还不错，气候啦，饮食啦，但总觉得南非的文化与自己的文化不同。生活的文化环境很重要。"① 另一位在约堡中国商贸城（China Shopping Center）经营服装批发的江苏籍华商说："肯定要回国的。这里不是我的国家，在这里没有家的感觉。"②

近几年来，因受到国际金融危机的影响，面对移居国市场萎缩、人民币被迫升值、中国国内政策鼓励进口的宏观背景，部分在海外从事义乌小商品等中国商品贸易的华商适时地实施贸易转型，悄然回国寻求新的发展机遇。华商回流中国国内发展，也成为他们"移中取胜"的策略之一。华商在海外的移居及从业经历，成为他们在中国义乌或国内其他地方创业的文化、社会资本。截至2014年年底，放弃海外身份回国的青田籍华侨华人为6345人，其中1999年之前回国的人员只占了1.88%；而2008年之后，回国的人数呈大幅度上升态势，累计达5048人，比重达79.56%。③ 另外，依据本人在2011年10月22日"第二届中国义乌世界侨商大会暨世界采购商大会"期间的问卷调查，众多华商表示金融危机以来国外亲友返回中国寻找商机的人数越来越多。在信息有效的63名华商中，46位华商认为亲友"回流"现象突出，占总人数的73%。继本届义乌世界侨商大会之后在杭州召开的首届世界浙商大会上，海外浙商回流现象也较为普遍。在与会的35位来自法国的浙商中，八成在金融危机过后开始在国内有所投资，涉及各个行业。④ 希腊华侨、

① 2010年12月27日访谈于南非约堡百家商城。

② 2010年12月20日访谈于南非约堡中国商贸城。

③ 青田县侨务办公室：《青田县基本侨情调查分析报告》，2015年1月25日。

④ 《乡音难改，桑梓情深》，《钱江晚报》2011年10月26日第A8版。

义乌市温州商会会长 J 说："欧华联会很多人回国内来发展，中国市场大，发展空间大。"①

　　不办侨商会的时候（2009 年 3 月之前），也有很多人回国投资，2008 年金融危机以来，更多的人愿意回来，把资金带回来，在国内搞一些项目，因为他们看好国内。从 2010 年开始，大批温州籍的华侨在全国各地投资，包括在温州本地也有投资。有很多投资项目在搞。

　　（6/7/2011，am，访谈温州籍港胞 L 于义乌市侨商会会议室）

　　在人民币被迫升值、中国国内政策鼓励进口的宏观背景下，小部分华商回国后适时地实行贸易转型，从原先从事出口或者其他产业转型做起了进口贸易。如希腊华侨华人总商会会长徐伟春做起了希腊红酒的进口生意，"我们已经买断了希腊一家酒庄 7 年的红酒，成为它在中国地区的总代理。现在，温州、广州、北京、深圳、安徽、福建都已经在销售了。"②也有的华商在义乌进口馆或非洲产品展销中心做起了进口生意，销售来自移居国的特色产品及奢侈品。如智利义乌籍华商 C、西班牙青田籍华商 Z、意大利温州籍华商 W、奥地利青田籍华商 S、坦桑尼亚华商 Z 等销售来自移居国的红酒、火腿、服饰、宝石等特色产品及奢侈商品（详见本章第三节）。也有部分华商在国内某地投资于房地产、餐饮业、矿产开发等。总体来说，从事义乌小商品等中国商品贸易的"回流"华商，以转型涉足进口贸易、房地产、宾馆、餐饮业、矿产开发等"短、平、快"的项目为最多，真正想进入实业投资的意愿并不强烈。

　　然而，相当一部分在海外从事中国商品贸易的华商则处于观望状态。"有的，怕回来没项目可做，有的又担心回来后，干不下去。"③ 乌克兰青田籍华商 C 说："我身边的朋友，大部分想回国。""这两年，青田华侨回来的多，在国内发展的少，一直潜伏在那里。"④

---

①　2011 年 5 月 16 日访谈 J 于义乌市温州商会。

②　《希腊金融危机引发半数华商撤离》，《法制晚报》2012 年 5 月 31 日第 A30 版。

③　2013 年 9 月 16 日访谈乌克兰华侨 C 于青田县船寮镇政府办公室。

④　2012 年 4 月 14 日晚访谈《青田侨报》记者 Y 于青田县夏威夷咖啡美食。

　　值得指出的是，海外华商"回流"并不意味着与移居国的各种关系、网络的断裂，而实质上成为海外华商拓展商业网络、开辟新的创业空间的一种策略。如《青田侨报》记者Y所说，"据我所知，真正从西班牙撤回来的人非常少。"① 斯洛伐克华商L说："我们觉得斯洛伐克的生意也不可能一下子放弃掉，那么多家产在斯洛伐克……再一个生意不像我们过去，现在你在中国也可以把全世界的生意做起来，关键是看你怎么做。"② 坦桑尼亚华商Z也很典型。虽然他把在坦桑尼亚的塑料制品厂转让给其他中国人经营，自己将生意的重心转到义乌非洲产品展销中心从事坦桑尼亚宝石的销售，但依然从事着建材出口贸易，将义乌市场采购的建材销往坦桑尼亚。"贸易呢，鞋子不做了，做建材，到现在为止还做建材。"③

三　华商网络与"流动"策略

　　全球化时代，华商网络的构建、拓建与华商流动处于一种互动发展的状态之中：一方面，既有的华商网络为华商的流动奠定了基础；另一方面，通过华商的全球性流动，扩展了华商网络。如日本知名学者游仲勋（1990）指出，华人全球化的趋势使华人的经济网络也在扩大和重组之中。④

　　全球化是华商跨国界流动的时代背景。关于全球化的研究，总是难以绕过全球化与民族国家的关系问题。日本学者大前研一（2011）认为，当贸易上的相互依赖和投资一体化横扫全球时，边界与经济活动越来越不相关，预测了全球化时代是一个"崭新的无国界的世界"。⑤ 托马斯·弗里德曼（2008）则提出"世界是平的"观点。⑥ 然而，到目前为止，"无

---

① 2012年4月14日晚访谈《青田侨报》记者Y于青田县夏威夷咖啡美食。

② 2011年7月7日访谈L于义乌市青田商会。

③ 2012年4月13日晚访谈Z于青田开元大酒店一楼咖啡厅。

④ 游仲勋：《华侨——经济网络化的民族（日文版）》，日本讲谈社1990年版，转引自郭梁《游仲勋教授与华侨华人研究》，《华侨华人历史研究》2005年第1期。

⑤ ［日］大前研一：《无国界的世界》，凌定胜、张瑜华译，中信出版社2011年版，引言 XIII。此书1990年首次出版，已被翻译成12种语言。

⑥ ［美］托马斯·弗里德曼：《世界是平的——21世纪简史》，惠新华、龚艺蕾译，湖南科技出版社2008年版。后来，他又提出"世界又热又平又挤"的新观点。

国界"仍只是一种理想，世界是不平的。虽然全球化背景下，似乎在某些方面削弱了民族国家的管制权限，但是作为市场的对立面或者障碍，国家的力量有时似乎越来越强。丹尼·罗德里克（2011）认为，"国界确实给贸易造成了很大的交易成本。"① 国家可以通过关税壁垒或非关税壁垒强行阻止外来商品的输入，可以通过外汇管制阻挡资本的流动，可以通过移民政策的调整将某些移民拒于国门之外。"国家，通过纵向一体化的体系进行组织和管理，在特定地域内进行制度的建设与秩序的维护，尤其是对外部经济势力的渗入进行防范与保护，甚至不惜诉诸武力。这种防护同时会对外部资源产生屏障，成为跨国资源流动的障碍。从全球化的角度而言，国家的地理疆界与经济边界及制度差异，是对资源配置的壁垒。"② 由此，罗纳尔多·阿罗尼卡等学者（2006）指出，"我们这个世界是'尖'的。纯粹从经济力量和创新的关键性方面来讲，当今全球经济中真正举足轻重的地区没有几个。还有最高的山峰——推动世界经济的城市和地区——变得越来越高，而大部分山谷则更加衰退。"③

全球化时代，世界确实不平坦。虽然在全球化时代背景下，移民、商品、资本的流动是世界各国经济发展不平衡的产物，同时，也是国际间政治、经济、文化交流日益频繁的结果，然而，长期以来，民族国家有形的、无形的边界对国与国之间的贸易、人员流动等制造了各式各样的障碍。以人口的流动来说，事实上，跨越国界的迁徙者甚至稍少于全球总人口的3%！绝大部分人口实际上仍然生活在原来的地方。④ 造成这种情况的原因之一是基于民族国家设置的障碍。这种障碍实质也是国家与市场的关系呈现出的悖论：国家基于公权力，致力于管理或控制，有着有形的边界，且是边界范围内暴力的合法垄断者；市场基于劳动分工，聚焦于利润，借助于信息技术，越来越有力地超越国家边界挑战着政治领域的主权

---

① ［美］丹尼·罗德里克：《全球化的悖论》，廖丽华译，中国人民大学出版社2011年版，第219页。值得注意的是，丹尼·罗德里克认为，大多数国际贸易的成本不是保护主义引起的，不同的标准、货币、法律制度、社会关系是成本提高的主要原因。

② 龙登高：《跨越市场的障碍：海外华商在国家、制度与文化之间》，科学出版社2007年版，第83页。

③ ［美］罗纳尔多·阿罗尼卡、姆特瓦·罗杜：《世界是平的吗？——与弗里德曼〈世界是平的〉针锋相对的观点》，群言出版社2006年版，第3页。

④ 范可：《移民与"离散"：迁徙的政治》，《思想战线》2012年第1期。

国家的地位。①

在民族国家设置的种种障碍之下，从事义乌小商品等中国商品跨国贸易的华商，不但要跨越民族国家划定的地理上的国界，还必须跨越社会制度的边界。这种国界、边界的存在，为移民、商品、资本等的跨国流动、族群商业网络的拓展以及族群经济的全球化设置了种种障碍。然而，令人欣喜的是，在既存的藩篱之间，总是存在相反的解构力量。从事义乌小商品等中国商品贸易的华商，作为来自底层社会的草根阶层，在融入全球化经济浪潮的过程中，也是他们运用既有的关系网络、运用各种智慧对民族国家设置的制度之障进行突破的过程，也是华商网络拓展的过程。华商在跨越不同市场与制度、促进不同地区间经贸活动的同时，既在不同的国家和制度间进行套利，又有所超越，促成制度间的交流沟通乃至优化与自觉选择。②

（一）华商网络与信息流动

日本学者西口敏宏认为，"以亲戚、血缘关系连接起来的关系网，通过跨越国界的'远距离交际'，为这种关系网创造了大量信息，并给他们的发展带来了无数的机会。"③作为社会网络的华商网络，提供了网络内成员相关商业信息或流动到其他地域（国家）从事贸易、投资的信息。华商网络内部的商业信息交流机制对克服民族国家设置的非正式壁垒、减少交易中的风险与不确定性、降低交易双方"搜寻成本"、推动国际贸易和投资活动等都起着非常重要的作用。华商网络提供的信息交流机制，在海外华商突破民族国家设置的制度之障的过程中发挥了重要的作用。

为了进一步对华商网络内部的信息交流机制进行分析，本文把华商之间的信息交流方式大体归纳为以下几类。④

其一，借助于血缘、地缘、业缘等社会关系，华商之间进行人际互动、交流。在这种人际交流方式中，基于血缘关系之上的交流最为直接，但也不乏通过地缘、业缘等社会关系进行的交流。

---

① 郑雪飞：《论全球化进程中的国家定位》，《中州学刊》2011 年第 2 期。

② 星云：《东西方的跨越、游离与超越》，《华侨华人历史研究》2007 年第 4 期。

③ 董平、余泽权、王青桃：《侨胞"亲帮亲"日本教授：侨乡全球关系网蕴商机》，《江门日报》2010 年 3 月 15 日第 A10 版。

④ 蒙英华：《华商网络内部信息交流机制研究》，《南洋问题研究》2009 年第 2 期。

其二，立足于血缘、地缘、业缘等社会关系之基础上，华商加入各类社会团体，如血缘性社团、地缘性社团、行业协会等组织，借助于制度性的、组织化的华商网络建构，而进行相互的交流。劳奇等学者（James E. Rauch，2002）认为，华商组建的正式、非正式社团成为信息交换的节点。①

依据田野调查所知，在海外从事义乌小商品等中国商品销售的华商，因绝大多数为20世纪80年代之后出国的新移民，其在海外组建及参与的社团组织以地缘性社团较为突出，如意大利南部温州同乡会、西班牙温州同乡会、法国青田同乡会、南部非洲浙江商会、南部非洲中华福建同乡总会、南部非洲义乌商会，等等。其次，随着从事某一领域商品贸易的华商人数的不断扩大，业缘性社团也逐渐增多，如意大利那不勒斯华侨华人贸易总会、意大利（中国）鞋业商会等。

其三，华商加入各种社团组织以后，以社团、行业协会等名义参加以"世界华商大会"为代表的全球性大会，借此加强跨国界华商之间的经济合作，促进相互了解和交流。世界华商大会是全世界华商之间进行联系、交流的最高平台。2011年10月在新加坡召开了第11届世界华商大会，义乌市侨商会两位副会长出席了大会。

其四，随着近些年来信息技术的极大发展，大大便利了华商之间的交流。华商逐渐运用E-mail、Internet上的各种商业网站（如B2B、B2C）以及Skype、博客、QQ或微信、电话、传真等多种现代化交流方式进行商业信息的交流。

依据以上分析，华商网络内部借助于血缘、地缘、业缘等社会关系构建起了多重信息交流机制：华商个人之间的交流，借助于华商社团的交流，借助于世界华商大会等全球性华商大会构建起来的交流，以及借助于现代化信息技术构建起来的即时交流。上述多种信息交流机制大大便利了华商网络内部信息的流动，有助于华商国际贸易、国际投资的成功。

在国际贸易中，信息对交易成本的影响是显而易见的，而族群网络则提供了信息流动的通道，有助于降低交易成本。这方面，海外学者有众多相关研究。穆拉特（Marina Murat，2006）的研究将移民的贸易创造效应归因于网络效应，指出信息渠道是网络效应发生作用的关键，网络通过增

---

① James E. Rauch and Vitor Trindade, "Ethnic Chinese Networks in International Trade", *The Review of Economics and Statistics*, Vol. 84, No. 1, 2002, p. 116.

加信息量而消除不确定性，进而加大国际经济活动密度。移民网络能够供给大量有价值信息，包括商业机会、政府效能和风格、贸易伙伴的商业氛围与环境质量以及企业信誉度等。[①] 古尔德（Gould，1994）及劳奇（Rauch，1998）等强调族群网络提供了市场信息、供应匹配和中介服务，也有助于提升双边贸易。[②] 海德（Head，1998）等学者通过实证研究发现，商业和族群网络可以利用网络内部的信息共享机制有效克服信息阻力，从而促进国际贸易的发展。[③] 美籍华裔社会学家林南认为，"在市场不完备、信息不对称的情况下，网络充当了信息桥，把不同界限和等级的人联系起来，个体通过社会关系网络可以获得许多有价值的信息。"[④] 劳奇等（James E. Rauch，2002）将华商网络的信息传递作用与市场对商品的需求信息联系起来，认为"国际贸易是买方和卖方在独特的空间中相互匹配的过程"，在这个匹配过程中，华商网络因提供市场信息而有助于供应商获知目的市场消费者的消费倾向，因而可以调整产品生产、产品销售以适应国外市场需求。[⑤] 威登鲍姆（Weidenbaum，1996）等学者在对东南亚华商的研究中，说及"竹子网络成员运作于贸易世界的缝隙中。他们为其他人生产组件、产品，从事组装工作。他们也深深地卷入批发、金融、采购和交通运输……大商人相互之间都认识并合作做生意，信息通过非正式网络而不是传统渠道流通"。[⑥]

　　上述诸多海外学者的研究，都表明了华商族群网络可以极大地减少国际贸易中的信息成本和执行成本。海外华商在从事义乌小商品等中国商品贸易之前，虽然未必都很清楚地知道义乌市场等国内专业商品市场，但是借助于血缘、地缘等社会关系网络总能便利地获得相关的市场信息，有助

---

① 赵永亮：《移民网络与贸易创造效应》，《世界经济研究》2012 年第 5 期。

② 贺书锋、郭羽诞：《对外直接投资、信息不对称与华商网络》，《山西财经大学学报》2010 年第 2 期。

③ Keith Head and John Ries, "Immigration and Trade Creation: Econometric Evidence from Canada", *Canadian Journal of Economics*, Vol. 31, No. 1, 1998, pp. 47 – 62.

④ Nan Lin, *Social Capital: A Theory of Social Structure and Action*, Cambridge: Cambridge University Press, 2001, p. 22.

⑤ James E. Rauch and Vitor Trindade, "Ethnic Chinese Networks in International Trade", *The Review of Economics and Statistics*, Vol. 84, No. 1, 2002, pp. 116 – 130.

⑥ Murray Weidenbaum and Samuel Hughes, *The Bamboo Network*, NY: Free Press, 1996, p. 55.

于降低交易成本，而转化为经济资本。如法籍华商 Z 在出国前就知道义乌，而于 20 世纪 90 年代初到义乌市场采购；福建泉州籍菲律宾华商 C、青田籍西班牙华商 Z 等，都是在亲友的告知下而到义乌采购小商品的。

从事国际贸易的华商，往往需要采购多类商品，而不是专一做某一个产品。多类商品的跨国采购，不但商业信息要灵通，采购地域也要足够宽广，而且如果采购量足够大，直接绕过义乌市场去产地市场采购则更具价格优势。正如斯洛伐克华商、义乌青田商会会长 L 所说，

> "采购的话，广东、福建、浙江都有。浙江就是义乌、温州、慈溪这边，还有嘉兴这边羊毛衫市场……主要看进什么货。因为我们这边信息是比较灵活的。什么季节到哪里采购。你要没这个资源，生意就做不好了。"
>
> (7/7/2011，am，访谈斯洛伐克华商 L 于义乌市青田商会)

而外籍商人（没有中国血统的外国籍商人），如果没有"中间媒介"的桥梁作用，在商业信息获得方面总难免存在一些障碍，比如要获知小商品的主要来源地——义乌总是免不了要大费周折。最终选择在义乌采购的很多外商大多是借助于参加"广交会"而获知义乌的，这跟义乌商城集团在广交会期间进行大规模推广和宣传义乌、将义博会的会展时间跟广交会休会期间对接等有极大关联。此外，也有很多外商是借助于当地的华侨华人、留学生而辗转获知义乌市场的，"意大利外商用圆规发现义乌"的真实故事便是一个典型。①

---

① 意大利商人弗朗切斯科先生早在 20 世纪 90 年代就创办了欧洲嘉世集团，主要经营轻工产品和日用小百货，商品辐射德、意、法、西班牙、葡萄牙等国家。但他一直都是做韩国和中国台湾、香港客商手中的转口贸易。那些中间供货商也不告诉他这个商业秘密，他只知道"YIWU"这个城市名字的拼音。1997 年冬，他从中间商手中进的一批工艺品做工精致，价格非常便宜，可找来找去找不到生产厂家的地址，只看到一张《义乌日报》，当即向当地华侨朋友询问义乌在什么地方，华侨朋友告诉他义乌是中国小商品的集散地，离上海约 300 公里的小城。于是，他找来圆规和地图，以上海为中心、300 公里比值为目标画了一个圈，经过一番搜索，终于在放大镜下找到了义乌！2001 年 4 月，弗朗切斯科先生第一次到达义乌，很快就被琳琅满目的义乌商品吸引住了。经过几天的考察，他决定在义乌设立嘉世集团办事处，并随即在小商品城边的春江路租下了办公用房。现在，每周有三个标箱的义乌商品直送他的总部。

此外，在跨国投资中，借助于华商网络提供的信息流动机制也有助于华商及中国人的跨国投资。瓦尔尼等学者（Vahlne，1993）认为，基于地理距离之上的心理距离，将影响中国人的跨国投资活动。心理距离是指"阻碍或干扰公司了解外国投资环境的因素"。[①] 基于血缘、地缘、业缘等社会关系之上的华商网络，大大便利了信息的流动，有助于华商在流动之前了解目的国的政策、市场等相关信息，减少心理距离产生的障碍，进而促进海外投资。部分学者（Chen，1998）指出，中小企业投资国外市场之后，社会关系的建立可能会是投资之前社会关系的延伸。[②] 赵宏新（音）等（Hongxin Zhao，2007）在研究中指出，对外投资者在投资目的国拥有的社会关系有助于其做出快速市场进入的决定以获得先发优势。[③] 就国际投资而言，华商网络内部所具有的信息流动机制，有利于提供网络内成员关于移居国当地劳工、原材料成本、供应商、分销商及其他市场状况的信息，进而有助于华商及中国潜在移民认清国际投资项目的未来获利前景，便利于正确的投资决策的实施。

以投资非洲为例。自从 20 世纪 90 年代以来，很多来自浙江、江苏的中国人，是以直接投资的方式进入非洲"淘金"的，在非洲开设销售义乌小商品等中国商品的贸易公司、店铺。然而，他们初到非洲，因为对非洲国家法律、语言和风俗了解较少，而从官方渠道获得的信息又非常有限，面临着很多与国内完全不同的环境及问题。许多在中国人看来是习以为常的知识和经验并不一定能在移居国通行，因而将不可避免地面临生意上的挫折。以工人为例。在中国，工资越高，工人越愿意超时工作，但是这种观念在非洲行不通。南非的法律对于劳工的保护非常明显，南非籍工人很可能在拿到薪酬后就不想再工作了。很多南非华商告知，其雇用的南非黑工经常无缘无故地不来上班。"他工资拿到了，就去潇洒了。玩了几天，没钱了，又来上班了。"同样地，很多在中国视为理所当然的商业惯例及规则，在非洲则是成问题的。例如，中国的企业只需要专注于经营自

---

① Jan – Erik Vahlne and Kjell A. Nordstrom, "The Internationalization Process: Impact of Competition and Experience", *The International Trade Journal*, Vol. 7, No. 5, 1993, pp. 529 – 48.

② Tain – Jy Chen, Homin Chen and Ying – Hua Ku, "Foreign Direct Investment and Local Linkages", *Journal of International Business Studies*, Vol. 35, No. 4, 2004, p. 321.

③ Hongxin Zhao, Chin – Chun Hsu, "Social Ties and Foreign Market Entry: An Empirical Inquiry", *Management International Review*, Vol. 47, Iss. 6, 2007, p. 823.

己的生意而不需要关注让生意运行的配套业务。然而，在非洲，企业也需要参与其核心生意之外的相关事务。宋宏（音）（Hong Song，2011）的研究也表明，"如果在非洲投资建立起一个生产工厂，投资者必须关注跟新建工厂相连的交通设施，甚至工厂所需要的电力供应。公司在非洲开展业务，几乎所有需要的东西都要从中国进口，因为没有地方可以买到所需要的小商品。"① 正如青田籍坦桑尼亚华商 Z 所说的，"在非洲国家办工厂，就是有个问题，你少个螺丝、螺帽，都没有地方买的，必须从中国进口。所以在国外投资，是有难度的。"② 很显然，借助于海外华商网络以及内部的信息交流机制，必将有助于提高华商或中国私企跨国投资的成功率。

（二）华商网络与突破流动的制度之障

从事中国商品贸易的海外华商构建的跨国商业网络，便利了商业、政策等信息的流通，在一定程度上有利于华商突破民族国家设定的对于人口流动和商品流通的制度之障。

1. 突破人口流动的制度之障

经济全球化加速了国际移民。20 世纪 70 年代末，当中国实行改革开放之后，伴随一波又一波出国移民的浪潮，数以百万计的中国人以各种方式移居到发达国家乃至发展中国家，加入了全球化的跨国迁移大潮。据李明欢（2011）估计，从改革开放到 21 世纪第一个十年止，源自中国本土的合法新移民数量总计约为 550 万。③ 中国的跨国移民成为当今国际移民潮中一个引人注目的组成部分。

然而，在全球化的过程中，劳动力的流动显然比商品和资本的流动要困难得多，劳动力市场的全球化远远落后于商品和资本的全球化，原因主要在于主权国家对移民设置了各种限制。当今世界，移民跨国流动需要办理的手续虽然有越来越透明之势，却变得越来越烦琐。移民接收国比以往任何时候都更注重对移民进行分类甄别，如投资移民、技术移民、家庭团聚类移民，等等。在众多国家的移民政策中，针对技术人员的商务签证、工作签证进行大幅度简化，但并没有放开对普通移民的管制。正如佐尔伯

---

① Hong Song, "Chinese Private Direct Investment and Overseas Chinese Network in Africa", *China & World Economy*, Vol. 19, No. 4, 2011, p. 115.

② 2012 年 4 月 13 日访谈 Z 于青田开元大酒店一楼咖啡厅。

③ 李明欢：《国际移民政策研究》，厦门大学出版社 2011 年版，第 288 页。

格（Zolberg，1989）所说的，潜在的接收国建立了带有"允许特殊移民进入的小门"的"保护墙"，以严格限制移民进入。① 由此，将来自大量发展中国家的没有任何技术也不具备投资实力及家庭团聚条件的潜在移民拒之门外。这里需要提及的是，非正规移民的出现其实是民族国家对移民进行类别化对待、实行国家边界管制的结果。世界银行的一份政策研究报告表明，从劳动力流动角度来看，世界的全球化程度要比 100 年前低很多。② OECD（经合组织，Organization for Economic Co‐operation and Development）对移民实行差别对待，优待高技术人才。来自发展中国家的合法移民在 OECD 人口中所占比例较低。以七国集团（G7）③ 来看，来自发展中国家的合法移民在加拿大大约占 10%，美国是 8%，德国是 6%，法国是 3%，英国、意大利、日本则是 2% 或以下。④ 由于移民一方面受到发达国家经济的吸引，一方面又受到高度限制，自然就产生了不断上升的非法移民和人口贩运现象。对于如中国这样的发展中国家潜在的移民来说，一边是农村剩余劳动力需要寻找出路，一边是移居国劳动力市场的需求、预期收入的诱惑以及移居目的国对边界的严格管制，使得人口流动与国家控制这种冲突越来越尖锐。卡斯特（Stephen Castle，2004）指出，欧美国家在移民政策和预测其政策效果上的失败，主要在于政策制定者忽视了千百万移民及其家庭改善自身处境的自主力量，不懂得国际移民有其自身内在的机制和动力，经历了长期的演进过程。⑤ 欧美国家试图以区别对待的移民政策来严堵非法移民，然而，结果却是非法移民越来越多。

　　面对民族国家设置的障碍，为追求去异国他乡致富的梦想，各国移民以各种合法、非法、半合法半非法等方式突破国界、制度之障碍。依据涅

① Stephen Castles，"The Factors that Make and Unmake Migration Policies"，*International Migration Review*，Vol. 38，No. 3，2004，p. 855.

② 世界银行编写组主编：《全球化、增长与贫困》，中国财政经济出版社 2003 年版，第 87 页、第 8 页。

③ 是八国集团（G8）的前身，是主要工业国家会晤和讨论政策的论坛，成员国包括加拿大、法国、德国、意大利、日本、英国和美国。

④ 世界银行编写组主编：《全球化、增长与贫困》，中国财政经济出版社 2003 年版，第 56 页。

⑤ Stephen Castles，"The Factors that Make and Unmake Migration Policies"，*International Migration Review*，Vol. 38，No. 3，2004，pp. 852 – 884.

托（Gladys Nieto，2003）的研究，中国移民主要通过非正规的移民渠道进入西班牙。① 在中国的海外移民浪潮中，合法与不合法、正规与非正规移民方式一直在不同层面上交织。一方面，"家庭团聚"、"自费留学"、"旅游探亲"、"投资移民"或"劳务输出"等看似正常的出入境手续，其中可能因为潜藏非法操作，或因当事人在入境后"逾期滞留"、"无证打工"等原因，而使"合法入境者"沦为"非法移民"；反之，"无证出入境"等非法偷渡行为，当事人则可能因为遇到移入国"大赦"、"获准难民申请"、"与有正式身份者缔结婚姻"或通过在移入国"国际军团服兵役"等方式，摇身一变成为"合法移民"。② 上述种种方式，成为移民突破民族国家设置的人口流动之障的应对办法。

以南非为例。20 世纪 90 年代初期，中国新移民大部分持蛇头办理的"商务考察"或旅游签证进入南非，然后再申请工作签证等。如在约堡中国商贸城（China Shopping Center）经营义乌小百货的上海籍华商 Y，在南非朋友的帮助下，1991 年以旅游签证方式到达南非。之后，再办理工作签证。③ 在南非，申请永久居留身份有几种途径：投资移民、技术移民和婚姻等。相当一部分中国移民特别是台湾、香港的同胞率先通过前两种方式得到了身份。当时申请投资移民的投资额为 25 万镑（相当于 8 万多美元）。④ 后来，香港、台湾和当地移民公司都用投资汇钱的方法，帮许多台湾人、香港人、上海人、广东人申请到了永久居留身份。几年后，南非内政部发现了纰漏，重新制定了较为严格的投资移民新条例。那时技术移民的门槛也不高，只要求证明提供给外来移民的工作职位是当地人无法担任的。另一条捷径是与当地人（真/假）结婚，但这种方法毕竟不是每个移民都有资格或者说都愿意的。除了要拿出单身证明等，关键还要找到合适的、肯和中国移民（真/假）结婚的当地人。一位在百家商城（China Mart）经销义乌小商品的黑龙江籍华商便是通过婚姻的方式——嫁给当地白人，获得了南非的身份。在她来南非之前，已离异，带有一子。

---

①　Gladys Nieto，"The Chinese in Spain"，*International Migration*，Vol. 41，Iss. 3，2003，p. 225.

②　李明欢：《"侨乡社会资本"解读：以当代福建跨境移民潮为例》，《华侨华人历史研究》2005 年第 2 期。

③　2010 年 12 月 21 日访谈于约堡中国商贸城。

④　《中国商人在南非》，http://www.onlylz.com/postcache/k8/page.html，2012 年 9 月 8 日。

2001 年来南非。先帮表姐看店。当时表姐说像我这样的，很难拿到南非的身份。在南非，移民有三条路：投资移民、技术移民、婚姻。前两条我沾不上边……所以一来南非，我就留意找个当地白人。后来就跟现在的丈夫结婚了。当时也是跟赌博一样。

　　　　　　　　　（27/12/2010，pm，访谈于约堡百家商城）

自 21 世纪以来，大量中国移民或以商务签证、旅游签证等正规途径进入南非，或以非法的途径进入。据南非海关移民局统计，目前在南非工作、生活的华人超过 30 万，其中福建籍华人占了约 2/3①，相当一部分福建人是以非法方式进入南非的。据公安部通报，中国国内的偷渡团伙与莱索托、莫桑比克、斯威士兰、博茨瓦纳及津巴布韦等南非周边国家 "人蛇" 集团已经形成了产业利益链，相互勾结，组织福建省公民转道莱索托偷渡南非。② 偷渡进入南非后，中国移民便会想方设法获得身份漂白。方式之一是 "去（中国驻南）大使馆说明自己的护照被抢了，重新办理护照和签证，就可以洗白了。"③ 除了以非法方式进入南非外，还有一部分人以合法方式进入南非却自愿或非自愿地非法滞留。早期很多华商持商务签证进入南非，在到达南非之初便开始申请转成工作签证，当时这种身份转换并不难。但近几年来这种方式已经越来越难成功了，在签证转换的过程中，部分华商被迫成为 "非法移民"。④ 一位在约堡香港城（Dragon City）经商的华商告知，她以商务签证方式进入南非，落地后就申请办理工作签证，但 4 个多月过去了，一直没有办下来，逾期滞留，现在变成了黑户。⑤ 另一位准备开设皮鞋批发店的温州籍华商说："我是 6 月过来的，以商务考察的名义过来，签证期限是 1 个月。过来后，就申请办理工作签

---

①　陈肖英：《民族聚集区经济与跨国移民社会适应的差异性——南非的中国新移民研究》，《开放时代》2011 年第 5 期。

②　《公安部通报 7 大非法出入境案 非法移民魂断海外》，http：//www. china. com. cn/chinese/law/1037720. htm，2010 年 11 月 22 日。

③　2010 年 12 月 30 日访谈于约堡西罗町唐人街，被访者是江西人，做签证办理业务。

④　据华商反映，近两年这种身份转变的机会已经越来越少了。最新信息是，南非驻中国北京大使馆及上海总领事馆签证处 2012 年颁布了新政策，明确规定 "凡持商务签证者不可以在南非改变签证目的，违者会被没收保证金或注销签证"。

⑤　2010 年 12 月 8 日访谈于南非约堡香港城。

证，到现在，5 个多月过去了，都没有办理下来。"① 目前在南非，像上述这样情形的人并不在少数。当这些人签证不能及时转换时，便成为非法滞留，通过各种方式获得身份"漂白"成为他们的努力目标。

潜在移民在走上非法移民道路之前，做过多方面的权衡，可谓基于多方考量的一种理性选择。李明欢（2005）指出，当代福建侨乡的移民潮，以进入发达国家劳动力市场为主要流向，其实是一种以民间方式运作的跨境劳务输出。从长远来看，是中国自身极其丰富却又无法充分消化的人力资源伴随全球化进程而不可避免地融入世界劳动力大市场需求的必然过程。②

据南非的田野调查所知，偷渡到南非的福建籍移民，主要基于两个方面的现实性考虑。其一，偷渡南非的费用相对较低。2010 年，福建连江籍 Z 在"蛇头"的运作下，办理了以赞比亚为目的国的签证，在南非约堡机场中转的时候，被人接应出来，因为她的叔叔在南非打拼几十年，所以有很多"关系"，交给"蛇头"的费用只需 3 万元人民币。而 2006 年时她曾偷渡去英国，但没有成功，当时蛇头给出的价格是 26 万元人民币。而偷渡去美国的花费则又远远高于偷渡去英国的花费。Z 最终选择偷渡到南非，其实是综合衡量各方面因素之后的一种理性选择。

> 如果想来南非的话，早就来了，因为叔叔在这里。总觉得南非治安不好，不想来。现在想想，还是来南非比较好，过来这里的费用也便宜，只要 3 万，而去英国要 20 多万，偷渡费便宜这么多，还不如到南非来开个店什么的。
>
> （12/2010，am，访谈于约堡 Z 叔叔家）

其二，也是最主要的，南非的创业成本相对较低。福建人偷渡到北美、西欧等发达国家的，几乎都集中于中餐业、制衣业和建筑装修业打工，靠超时超量工作换取报酬③，要翻身成为老板，总显得遥遥无期。而

---

①　2010 年 12 月 19 日访谈于南非约堡中非商贸城。

②　李明欢：《"侨乡社会资本"解读：以当代福建跨境移民潮为例》，《华侨华人历史研究》2005 年第 2 期。

③　同上。

偷渡至非洲、南美等国家，则可以凸显自身的"高段位"，能尽早实现当老板的目标。成为老板，是众多移居海外的中国人的目标。福建人在南非创业，大致经历：打工→租用摊位零售或去乡下做零售→批发贸易。一般来说，做一个打工仔的收入将远远低于做老板的收入。在南非各大中国商城里打工，每个月的收入也就四五千兰特，除去房租、吃饭、交通花费等，所剩不多。而成为一位销售中国商品的零售店或批发店的老板后，其利润便非常可观。正如一位从事中国服装销售的南非福建籍华商所说："在这里，一年赚个几十万的，不算赚钱。"① 很多福建籍移民在南非打工几年便可以转身成为零售店的老板。

2. 突破商品流动的制度之障

全球化促进了商品的全球流动，但商品的流动并不是完全自由的。民族国家为保护自身的利益而设置的关税壁垒、非关税壁垒乃至制度性壁垒等无处不在。关税壁垒、非关税壁垒是传统的国际贸易壁垒。近些年来，在关税壁垒被弱化、非关税壁垒逐渐被限制和禁止的情况下，受到国际社会许可的制度性壁垒成为异军突起的一种贸易壁垒。制度性国际贸易壁垒有绿色贸易制度、蓝色贸易制度等。前者是面对国际贸易领域环境污染日趋严重的问题所制定的一些环保法规和贸易规则，以及相应的环境保护标准；后者是关于保护劳工利益、强调企业社会责任的贸易制度。② 从国际贸易角度而言，谁能突破民族国家设置的种种公开的或隐性的贸易障碍，谁将开辟要素组合的途径从而获取较高的边际收益，谁就能在商品跨国贩运的地域差价中获得利润回报。

面对来自移居国设置的各种制度性壁垒，为推动中国商品的全球流动及获取跨国贸易的利润，华商在边界、制度的壁垒之下寻求变通之道。然而，要突破民族国家设置的市场障碍并非易事，非但如此，它们通常又是现行社会秩序与规则的基础，人们首先必须遵从。于是矛盾出现了——既然市场存在障碍，就必须去突破才能获得收益；既然是规则，就必须遵从，才能获得秩序。③ 在这种悖论下，华商个体与组织充分运用在移居国

---

① 2010 年 12 月 9 日访谈于约堡西罗町。

② 黄蕾：《制度性国际贸易壁垒》，《经济问题》2007 年第 3 期。

③ 龙登高：《跨越市场的障碍：海外华商在国家、制度与文化之间》，科学出版社 2007 年版，前言 vi。

当地拓展的网络资源以及基于血缘、地缘等社会关系的华商网络优势，以各种变通的方式突破民族国家设置的各种制度之障。

以意大利为例。意大利是南欧国家中第一个接纳中国新移民的国家，至今仍然是南欧华人人口最多的国家。[①] 从事义乌小商品批零贸易的华商也大量聚集于意大利。以义乌市侨商会为例，意大利是侨商会会员最为集中的国家。早在2004年，贸易业在意大利华侨华人经济中所占比重就达到60%以上，已取代中餐业成为意大利华侨华人经济的首要支柱行业。[②] 目前罗马、那不勒斯、佛罗伦萨和米兰已经形成华人华侨集中进行批发和零售的众多商圈。[③]

华商大量聚集于意大利事出有因。一是意大利和欧洲市场对义乌小商品等中国商品需求的拉动。中低收入阶层在意大利人口中占有很大比例，加上意大利有大量外来移民和非法移民，价廉物美的中国商品迎合了他们的消费。

二是意大利华侨华人人数较多。据意大利国家统计局（ISTAT）公布的数据显示，截至2009年年末，意大利合法外国移民人数达到423.5万人，占其总人口的7%。其中，中国移民人数为18.8万人，占外国移民总量的4.4%。[④] 华商D说："意大利经常有大赦，所谓大赦就是原来不合格的都给你转正了，身份转正了。法国严了，德国就更严了。也就造成了意大利的华侨人数比较多。人数多了，门路也就多了。"[⑤]

三是意大利独特的地理条件。埃及苏伊士运河开通后，意大利重新成为所有途经地中海贸易、货运的枢纽，是中国及亚洲商品进入中西欧的第一集散地。那不勒斯和热那亚是全地中海最为忙碌的海港。这种独特的地理环境为华侨华人从事跨国贸易提供了有利的条件。

四是比较宽松的经营环境。与英、法、德等其他欧洲国家相比，意大

---

① ［意］安东内拉·切卡尼奥：《意大利的中国移民在欧洲市场上的竞争》，载罗红波编《移民与全球化》，中国社会科学出版社2006年版，第151页。

② 朱凌峰：《意大利米兰地区侨情概况》，《侨务工作研究》2009年第2期。

③ 王磊：《义乌小商品如何直接打入美国市场》，http：//www.jhnews.com.cn/xwzx/2010 - 06/14/content_ 1078261.htm，2010年9月14日。

④ 《意大利中国移民数量快递增长 位居外国移民人口第四》，http：//www.gasheng.com/ht-ml/gscomhangye_ list/2010 - 10 - 22/2027.shtml，2010年11月24日。

⑤ 2011年10月23日访谈D于义乌大酒店。

利在劳工制度、海关准入、税务检查等方面相对宽松，善于变通和"打擦边球"，为华侨华人从事贸易提供了"良好"的土壤。在 2003 年夏季之前，南欧的意大利是从事进口贸易的华商人数最多的国家，在欧洲仅次于匈牙利。据安东内拉·切卡尼奥（2006）对意大利华商的调查证实，在 2003 年以前，意大利的那不勒斯海关是华人进口商使用最多、对他们最有利的进口港，那里检查不严，可以通过分开发票、少缴关税等方法大量进口商品。[①]

田野调查中，意大利华商 D 讲述了这样一则故事：

> 我刚才是说意大利的法律或者说法律的执行比较宽松，造成了意大利会先做贸易。我举个例子。当时温州有一个集装箱的打火机，原来是出口到法国，结果法国商检不合格，要退回来。退回来的话损失就大了，那怎么办呢？然后当时温州机械进出口公司就找到意大利的华侨，问能不能想办法转口到意大利。结果意大利没事，进去了。商检也是比较宽松的。
>
> （23/10/2010，pm，访谈 D 于义乌大酒店）

正是因为意大利具有上述独特的"优势"，使得在法国不能进口的温州打火机[②]，却能进入意大利销售。再如青田籍华商 Z，1997 年开始在意大利罗马从事中国鞋子的批发贸易。"当时配额很严格，鞋子进不去。我当时先把鞋子运到马来西亚，以马来西亚货的名义再转到意大利，从那不勒斯港进关。"[③]

立足于华商对意大利、法国等不同国家的进出口政策的了解以及他们在移居国当地构建的社会关系网络，华商不断突破市场的壁垒、推动商品"自由"流动，在让"中国制造"进入意大利后，通过欧盟国家内部商品的自由流通机制，也能够辗转进入法国、意大利、希腊等最终目的国。

---

① 安东内拉·切卡尼奥：《意大利的中国移民在欧洲市场上的竞争》，载罗红波编《移民与全球化》，中国社会科学出版社 2006 年版，第 176 页。

② 很多产自温州的打火机并不一定从温州生产工厂直接出口，而往往通过如义乌小商品市场等销售平台出口国外，因为一般生产工厂都会设定一个最低生产数量，华商如果采购商品的数量不能达到工厂生产最低数量的要求，往往选择从义乌市场等处拿货。

③ 2013 年 9 月 16 日访谈于青田县油竹街道办公室。

善于了解移居国当地商品的关税税率、进出口政策等的华商，也是最善于抓住商机的华商。

> 不同的眼镜，关税的差别很大。比如说这个是玻璃片还是树脂片，它这个税率就不同了……我们是开餐馆的，海关的客人经常到我们这里吃饭，关系也很好，他就教你钻他们法律的漏洞。第二个，产地，你说中国产或者说弄个手续在香港转一下，那这个税率也不同。
>
> （23/10/2010，pm，访谈 D 于义乌大酒店）

在义乌小商品等中国商品的跨国贸易实践中，存在众多如意大利华商D、Z 所说的事实。华商 D 关于商品税率差异性知识的获得，完全得益于他与移居国海关人员建立起来的良好关系。在移居国建立的与外族群的人际关系，便利了有关信息的流动，有助于华商熟悉移居国对进口商品的关税税率及相关政策，并找到从事跨国贸易、获取经济收益的最佳办法。

然而，自 2003 年 9 月起，意大利政府抱怨来自中国的商品存在不公平竞争，建议在欧洲范围内采取加大海关监管力度、严查进口商品的认证等限制措施。中意贸易以及与此相关的中欧贸易，尤其是从中国出口到意大利，再转口到其他欧洲国家的贸易都陷入了危机。例如，当时希腊华商往往批发经营从意大利转口到希腊的各式中国货，从皮衣、大衣、风衣、夹克、毛衣、内衣等各类服装到钟表、收音机、计算器、指甲刀、化妆品、头饰等各类日用百货。[①] 意大利新制度的实施，使很多华商濒临破产的边缘，有的出于无奈而撤出意大利，寻找其他"通途"。到 2006 年 7 月时，从中国抵达意大利各港口的商品，80% 都要接受严格甚至苛刻的检查。这样做的结果是每天只能有 80 个集装箱通关。[②] 这一政策明显减缓了在意大利港口通关的速度，减少了华商从中国直接进口商品的数量，加上西班牙、希腊等国家在 2004 年之后相继放开进出口限制，结果出现了中国商品分销中心由意大利向其他欧洲国家转移的现象，尤其是向西班牙转移，然后再从西班牙把商品运到其他地方，包括意大利。就是说，转往南

---

① 《纠结 面临公投的希腊人》，《潇湘晨报》2011 年 11 月 3 日第 C03 版。

② 《意大利限制中国商品进口 华人进口商生意不好做》，http：//www.chinaqw.com/news/2006/0720/68/37278.shtml，2011 年 7 月 10 日。

欧其他国家的销售中心，已经移出了意大利。①

另以非洲华商为例。2005年，南非开始对中国纺织服装实施配额制度，试图保护国内的纺织业。然而，依据伊登等学者的（Johann van Eeden, 2007）研究，南非对中国纺织品服装配额政策收效甚微，并没有提高南非本地纺织业的竞争力。导致这种状况的原因主要有两个。其一，在中国产品受配额限制后，南非市场对于廉价服装需求的空档被其他亚洲国家如越南、孟加拉和印度的纺织品所取代。其二，基于南非的配额制度，部分华商从第三国如迪拜进口来自中国的纺织品及服装。② 借助于迪拜的转口功能，有助于华商突破南非对华纺织服装的配额限制。再看尼日利亚。尼日利亚是非洲人口最多的国度。2006年之后，尼日利亚政府对包括服装、鞋、自行车、大米等在内的47个商品品种实行贸易保护，限制进口。以纺织品为例，尼日利亚出台了"禁止从国外进口纺织品"的规定。③ 尼日利亚的贸易保护政策，直接影响了华商进口中国商品的数量。浙江温岭籍华商Y自1998年起，便作为一级批发商在拉各斯的尼日利亚大厦（Nigeria House）销售中国商品。"2005年之前，我每年最起码发100多个集装箱的，最多的时候要发200个集装箱。2006年开始，尼日利亚政府对47个商品品种实行限制后，我现在就只是三四十个集装箱。"④ 面对这种制度性的障碍，华商看到了邻国贝宁科托努港是重要的国际转口贸易港，便将贝宁作为中国商品进入尼日利亚的中转站。2010年，从科托努港再出口至尼日利亚的货物达1600亿西法郎，关税收入占贝宁财政预算收入的20%。⑤ 现在Y每年采购的三四十个集装箱的商品都是通过贝宁等周边国家辗转进入尼日利亚。⑥

① ［意］安东内拉·切卡尼奥：《意大利的中国移民在欧洲市场上的竞争》，载罗红波编《移民与全球化》，中国社会科学出版社2006年版，第179—180页。

② Rachel Laribee, "The China Shop Phenomenon: Trade Supply Within the Chinese Diaspora in South Africa", *Africa Spectrum*, Vol. 43, No. 3, 2008, p. 364.

③ 张子宇、周程施、赖宇航：《华商在非洲：挑战刚刚开始》，《青年商旅报》2012年6月8日第4版。但尼日利亚的法律朝令夕改，一会儿合法，一会儿不合法，即便禁止时，又允许周边国家的纺织品大量通过边境买卖、走私等方式进入。

④ 2012年5月18日访谈Y于浙江师范大学中非商学院L院长家。

⑤ 《贝宁转口尼日利亚贸易》，http://www.mofcom.gov.cn/aarticle/i/jyjl/k/201203/20120308013648. html, 2012年3月20日。

⑥ 2012年5月18日访谈Y于浙江师范大学中非商学院L院长家。

再以阿塞拜疆华商 Z 为例。关税是民族国家设置的对出入境货物征收的一种税。关税支出成为华商国际贸易成本中的一个重要支出。如果在中国商品流入目的国的途中，采用一种变通的方式进入，则可以在关税上节省不少花费。21 世纪之初，很多华商经济资本获得快速积累的原因之一是商品流动的迂回路线给华商节省了关税支出、增加了利润。迪拜是一个闻名世界的免税港，为了吸引投资，制定了大量优惠政策，取消了所得税和消费税，以几乎免税的贸易开放政策吸引全球投资者。当时，有华商了解到了不同国家之间的关税差异。阿塞拜疆华商 Z 说："国外对不同国家的商品，收取的关税不一样。中国进到那里的关税，打个比方，是 15%。迪拜是个贸易港，迪拜的货进入他们的国家可能就只收 5%。"① 基于这种关税差距，少部分华商想出了一种变通手法：将义乌的货发往迪拜，在迪拜拆箱后，以迪拜商品的名义转运到其他国家，以节省关税花费。

> 义乌的货运到迪拜，迪拜再拆箱，再运到伊朗去、运到阿塞拜疆去。那从他的提单上显示就是迪拜的货，不是中国的货，迪拜的货就按照迪拜的货来收取费用。
>
> （15/5/2012，am，访谈 Z 于义乌港集海物流仓库）

在阿塞拜疆等有关当局没有发现这种"变通手法"之前，所有以这种方式运送义乌小商品的华商因为大大节省了关税费用而获利多多。正如阿塞拜疆华商 Z 所说的，"我们经营了两年，关税是一个利润点。"②

突破商品跨国流动的制度之障，并不仅仅表现在义乌小商品等"中国制造"流向国外的途中，在"中国制造"即将"出关"之前，其实也存在华商突破祖（籍）国制度之障的务实性操作。这种操作实务主要由货代、物流公司全盘负责。在中国商品出口时，选择哪一个通关口岸出口，也存在突破制度之障的情况，当然这种操作是隐蔽的、非公开的，但在货代、物流业界已是一种"潜规则"。为什么有时候大量商品都集中在义乌发往海外？而有时候大量的货又集中到广州、深圳去出关？阿塞拜疆华商 Z 给出了他的解释：

① 2012 年 5 月 15 日访谈 Z 于义乌港集海物流仓库。

② 同上。

　　有时候我们义乌通关便利一点，有时候广州便利一点，有时候深圳便利一点，这是不一定的，要根据政策……一段时间我们义乌海关的政策比较宽松，那我们义乌海关生意就比较好，他们的出货就挪到这边来。如果我们义乌这边查得紧，那就都往其他地方挪了。

　　（15/5/2012，am，访谈 Z 于义乌港集海物流仓库）

　　综上所述，为了突破民族国家设置的商品跨国界流动的制度之障，从事义乌小商品等中国商品贸易的海外华商运用构建起来的华商网络及新的社会关系网络资源，采用"打擦边球"的方式寻求突破之法。

　　（三）华商流动与华商网络拓展

　　科特金（Kotkin，1992）认为，"华人企业家本质上是套利者，他们的广泛散布成为把握最好商机的一种重要手段。"① 科特金所说的"广泛散布"与"商机"的关系，实质上也可以从流动与华商网络拓展的关系角度加以说明。华商流动与华商网络拓展处于一种相互依存的关系之中：一方面，华商网络成为华商流动的基础；另一方面，华商的流动有助于华商网络的拓展。

　　其一，华商网络是华商"流动"的基础。绝大多数华商在跨国流动之前，都与流动目的国之间存在某些联系，如有亲戚、老乡在那里，借助于这种血缘、地缘等关系网络，获得或多或少对移民目的国的一些信息，也即先前的社会关系网络成为华商流动及华商网络拓展的基础。如伯特（Burt，1992）认为，有效的关系建构要求行动者维持和滋养原先的关系，借助于它投资于衍生性关系，这种衍生性关系能动员独特的资源，以支持原先的关系。②

　　其二，华商在跨国界流动中扩展了商业网络，即华商的"流动"与华商网络的拓展是并行不悖的。历史制度分析表明，以人格化交易方式为特征的商人群体在向原有区域之外的地区进行贸易扩张时，必定要借助大规模移民的方式来完成贸易扩张，原因在于人格化交易方式的维系无法离

　　① Joel Kotkin, *Tribes: How Race, Religion, and Identity Determine Success in the New Global Economy*, New York: Random House, 1992. p. 169.

　　② Burt, R. S., "The Social Structure of Competiton", in Nohria, N./Eccles, R. G. (eds.), *Ties and Organizations*, Boston: Harvard Business School Press, 1992, pp. 57 – 91.

开一个特定的人群。[①] 同理，以人格化交易方式为主要特征的海外华商的商业网络也主要有赖于华商族群，有赖于华商的全球性散布或流动。流动到新地域的华商，扩展了新的关系网络，与此同时，华商并没有因流动而放弃原先移居地域的商业基础、社会关系，因此，华商借助于流动而拓展了商业网络。可以说华商的流动更多的是拓展商业网络的一种策略。这从海外学者的相关研究中可以得到佐证。日本学者滨下武志（1997）研究东南亚华侨汇款网络后指出："移民的网络是贸易的网络。"[②] 约翰森等（Johanson，1992）将国外市场进入过程看作新的商业关系网络在国外市场的获得过程，同时，国外市场的进入也依靠投资者公司在投资国的社会网络以积累信息流。[③] 豪根等（Heidi Ostbo Haugen，2005）研究指出，面对佛得角市场的饱和，部分华商流动到安哥拉及莫桑比克，然而他们并没有放弃佛得角的百货店，依然让雇工和亲戚经营。[④] 佛得角华商借助于流动而扩展了华商网络。

　　从家庭的角度有助于更好地理解华商流动与网络拓展的关联。华商的流动并不必然指华商家庭的"拔根"式流动，更为普遍的则是家庭某一成员或某几位成员的流动，从而因家庭成员的散布而拓展了商业网络。如西班牙华商 Z，将西班牙马德里市中心的批发店交由妻女两人经营，自己则于 1995 年带着两个儿子进入南斯拉夫寻找小商品贸易的商机。华商 Z 家族构建的跨国网络图景是：两个儿子在南斯拉夫从事贸易，妻子、女儿负责西班牙的业务，Z 往返于义乌、西班牙、南斯拉夫之间，将从义乌市场采购的小商品分拨到西班牙和南斯拉夫，交由家人销售。[⑤] 当 20 世纪 90 年代后期西班牙从事中国商品贸易的华商人数逐

---

　　① 史晋川：《温州模式的历史制度分析——从人格化交易与非人格化交易视角的观察》，《浙江社会科学》2004 年第 2 期。

　　② ［日］滨下武志：《香港大视野：亚洲网络中心》，香港商务印书馆 1997 年版，第 66—67 页。

　　③ Hongxin Zhao/Chin‐Chun Hsu, "Social Ties and Foreign Market Entry: An Empirical Inquiry", *Management International Review*, Vol. 47, No. 6, 2007, p. 819. Nordstrom 和 Vahlne（1992）将心理距离定义为"阻止或干扰公司获得和理解国外环境的因素"。

　　④ Heidi Ostbo Haugen and Jorgen Carling, "On the Edge of the Chinese Diaspora: the Surge of Baihuo Business in an African City", *Ethnic and Racial Studies*, Vol. 28, Iss. 4, 2005, p. 656.

　　⑤ 2011 年 10 月 24 日访谈 Z 于义乌幸福湖国际大酒店。

渐增多、整个市场旺起来时，Z 留下大儿子、儿媳在南斯拉夫发展，带着小儿子返回西班牙开拓小商品的批发贸易。Z 氏家族借助于流动而拓展了商业网络。

在很大程度上，华商的跨国界流动是一种跨国主义实践，华商是实质上的跨国移民。跨国移民不同于落地生根的移民，而是那些至少与两个地方、两种国家认同、两个国家保持联系的人，他们的生活、经济和家庭是跨越国界的。① 就这些经历流动的华商而言，他们至少与祖（籍）国、早先移居国及新近移居国三地之间保持了艾勒占德罗·波特斯（Alejandro Portes）所说的"经常性的"、"非制度化的"、"个人和家庭的"跨国实践。② 此外，因为事业的重心散布多地，有时候基于商机及销售份额的考量，华商很可能要作出取舍：选择在义乌或某一个国度驻扎较长时间，以构建、拓展他们认为重要的商业网络。如菲律宾华商 C，在中国创办了几家制造工厂，在义乌有物流公司、投资公司、市场摊位等，同时自己工厂的产品又在菲律宾、日本等多个国家有连锁超市。一年中，他常常在这几个地点之间奔波。③ 在跨国实践中，华商如何尽力维持以上一时一地、既跨国又需要扎根的贸易生意，实际上跟他们着意构建尽可能完善的华商网络息息相关。

（四）华商流动与理性选择

值得指出的是，华商的流动并不是恣意妄为的行为，而是一种理性的抉择。聂保真（Pál Nyíri，1999）在访谈一位匈牙利华人领袖时获知，"生意人关心利润。如果这里的利润比别处高，他们就会居留在这里；如果不是，他们就会流动。"④ 如果某国开展跨国贸易有较大利润、有可以借助的资源等，哪怕社会环境险恶，也总是有一些华商会选择前往，可谓

① Linda Basch, Nina Glick Schiller, and Cristina Szanton Blanc, "Nations Unbound: Transnational Projects, Postcolonial Predicaments, and Deterritorialized Nation – States", *American Ethnologist*, Vol. 22, No. 3, 1995, p. 638.

② Alejandro Portes, Luis E. Guarnizo, Patricia Landolt, "The Study of Transnationalism: Pitfall and Promise of an Emergent Research Field", *Ethnic & Racial Studies*, Vol. 22, No. 2, 1999, pp. 217 – 233.

③ 2011 年 7 月 5 日访谈 C 于义乌市泉州商会。

④ Pál Nyíri, *New Chinese Migrants in Europe: The Case of the Chinese Community in Hungary*, Aldershot: Ashgate Publising Ltd., 1999, p. 120.

"明知山有虎，偏向虎山行"。这种看似疯狂的行为，其实是一种理性的选择：基于移居目的国（并不仅仅局限于一个）的政策、经济收益、市场前景、社会关系网络、自身优势等多重考量作出的选择。

以南非福建籍华商为例。在南非的福建籍华人小商贩，有一个让很多浙江籍、江苏籍等华商乃至当地白人看起来都疯狂的举动，他们竟然不顾危险，将杂货铺开到了约堡最危险的黑人区：索韦托、亚历山大、肯比萨。① 正如来自浙江浦江的南非华商 L 所说，"福建人的吃苦精神比较好。南非可以说，那些偏僻的小镇里边都有福建人……所以，前几年南非那个治安不太好，福建人发生问题的概率最高。因为他们都分布在乡村、贫民区里边。"② 这些地区，很多华商除非迫不得已，根本不敢踏进一步，因为那里是有名的"地雷区"、"危险区"，社会治安非常糟糕。那么是否福建籍华商这种商业活动的地域选择是"头脑发热"时的作为？事实上，这是福建籍华商在权衡各方面因素之后作出的理性选择。他们不是不知道黑人区危险，而且经常听说亲戚、朋友的店铺被抢劫，但是鉴于自己的创业资金不足，在约堡市内难以开店创业，以及黑人区有着巨大的消费需求，经营的利润大概有 300%③，又是一个尚未被华商开拓的市场，上述种种因素促成了他们选择在黑人区"火中取栗"般地谋发展。

华商流动之前，往往收集过不同移居目的国的相关信息。吸引华商流动的地方，要看当地是否有对中国商品的需求，是否有现成的营销网络，以及移居目的国的社会治安、政治稳定、移民政策、官僚体系的效率等。此外，资金、技术及是否具有语言优势等也成为华商流动前的一个重要考虑。豪根等学者（2005）的研究表明，大多数在佛得角从事中国商品贸易的华商懂得一些葡萄牙语或深受葡萄牙语影响的克里奥尔语（Kriol），如果要流动的话，更喜欢移居到说葡萄牙语的安哥拉和莫桑比克。④ 法籍华商 Z，一直在法国从事义乌市场上的厨卫等产品的批发贸易，最近几年在西非马里、几内亚寻找商机。Z 之所以选择前往这几个西非国家发展，语言成为他的主要考量之一。"我们到那里去有什么优势呢？因为我们都

---

①　孙永军：《南非华商富贵险中求》，《京华时报》2010 年 6 月 28 日第 T14 版。

②　2011 年 10 月 23 日访谈 L 于义乌市幸福湖国际大酒店。

③　孙永军：《南非华商富贵险中求》，《京华时报》2010 年 6 月 28 日第 T14 版。

④　Heidi Ostbo Haugen and Jorgen Carling，"On the Edge of the Chinese Diaspora：the Surge of Baihuo Business in an African City，*Ethnic and Racial Studies*，Vol. 28，Iss. 4，2005，p. 647.

是法语国家，我们过去投资，说法语就很亲切，容易沟通。我到现在为止，英语国家还不敢去碰它，我们还是要发挥自己的优势。"①

市场调查往往成为华商跨地域流动的基础。市场调查不足，必然影响国际贸易；而市场调查充分，则将助推华商在短期内获得较高利润。温州籍华商黄建文于 2001 年用了 4 个月的时间几乎跑遍了南非约堡的所有批发城和商业中心，做了很详细的调查，了解当地人的着装特点。之后，果断地在两个多月时间里，连续发出 20 个货柜的鞋服，价值 800 多万元人民币。结果，销售情况超乎预料，甚至几家连锁公司还找上门来。② 华商 Z 在坦桑尼亚做旅游鞋等批发贸易之前，也去考察过市场。"后来我自己跑过去，05 年下半年去的。我一看，这个市场可以呀，这个市场那么大，浙江人做贸易的没有几家。"③ Z 出国之前长期在义乌市场开贸易公司，鉴于对义乌市场的熟识，敏锐地看到了旅游鞋在坦桑尼亚的市场前景，于是马上返回义乌组货，2006 年春节之后在坦桑尼亚开设了贸易公司。

原本在义乌有工厂、外贸公司的 Y 女士，2005 年与丈夫去德国考察市场，发现义乌小商品在那里所具有的价格优势，并最终确定在德国从事义乌文具等小商品的批发、零售生意，先后在法兰克福和柏林开设了销售义乌小商品的两家批发店和两家零售店。

　　德国好像有 8000 万人口……我们当时想呢，8000 万人口，这个生意总归怎么样都能够做吧！呵呵！这样想的，然后就跑德国去……那边做生意的，利润也比较高，比如说这支笔，批发价可能是 2 块钱，那我在那边做批发至少可以卖 0.65 欧元，那时候汇率大概十块多。那样的话，差不多是 6 块多一支，那你进价只有 2 块钱，所以说利润是很高的。你算运费、关税加上去，算 1 块钱好了，也可以赚 3 块钱。

（28/6/2011，am，访谈于义乌进口商品馆德国馆）

---

① 2011 年 7 月 4 日访谈 Z 于义乌洲际商务宾馆。

② 陈义、晓敏：《南非温商在新领域中谋求商机》，《温州商报》2008 年 3 月 14 日第 20 版。

③ 2012 年 4 月 13 日访谈 Z 于青田县开元大酒店一楼咖啡厅。

综上所述，"追逐市场而流动"成为销售义乌小商品等中国商品的海外华商所采取的较为普遍性的个人主义策略。华商的流动受到国家（祖籍国及移居国）市场、政策等多方面因素的影响，市场饱和、全球化风险、移居国政策以及华商个人的经济资本、社会关系资源等因素合力促成了华商的流动。可以说，华商的流动是多重"力"交织作用下的一种应对性策略：他们的流动都是寻求经济利益最大化的理性选择，并借助于流动拓展了商业网络。

当然，需要指出的是，并不是所有销售义乌小商品等中国商品的华商都处于不断地追逐市场而流动的过程之中。因出国时间的先后、出国方式、在移居国身份的差异等，从事义乌小商品等中国商品贸易的华商各自拥有的社会资源也不同，内部呈现出多元分化情况，其流动也呈现出差异性。大多数已经在移居国从事批发或零售贸易的华商，受到经济资本、关系网络等局限性影响，并不总是能自由地、不断地从华商网络的一个地理节点流动到另一个节点。相比较而言，那些在出国之前就在中国改革开放的浪潮中获得了经济积累的华商，那些在移居国从事跨国商品贸易而积累了较多财富的华商，那些拥有较多商业网络资源的华商，他们的流动性更强，对市场的敏感度也更高。

第二节　转型策略与华商网络拓展

转型策略一直以来是海外华商依据移居国市场需求、市场前景等变迁而寻求拓展国际贸易市场及华商网络的方式之一。近些年来，在美国金融危机及欧洲主权债务危机的背景下，"转型"成为华侨华人圈内使用频率较高的词汇之一。一般来说，转型是指事物的结构形态、运转模式和人们观念的根本性转变过程，是主动求新求变的过程。海外华商依据全球的经济风向、移居国的政策及市场行情等因素，不断地作出不同内涵、不同层次的转型升级，以拓展商业网络，进而增加经济资本。

转型往往伴随华商在移居国的创业过程。马尔凯塔·摩尔等学者（2001）在对捷克华商的研究中指出，捷克华商最早涉足的是餐饮业。但因为捷克民众没有外出吃饭的习惯及中餐馆的消费昂贵，只能吸引捷克商界、文化界和政治界的精英顾客及西方游客。20世纪90年代初期开始，中国的纺织品进口生意成为捷克国内一个具有商机的领域，很多从事餐饮业的华商转型进入纺织品领域，销售起内衣、T恤衫和夹克衫等轻工产品。90年代中期之后，部分捷克华商又从贸易领域转型进入中药、制造业、食品加工行业，并将捷克商品和原材料出口到中国。① 中餐业华商的适时转型现象在海外华商中具有一定的普遍性。很多华商并非一开始便是从事义乌小商品等中国商品贸易的，多数是从中餐业、服装或皮包加工等其他领域转型过来的；而且他们在涉足中国商品的出口贸易之后，为适应不断变化的市场环境，提升其竞争能力及获取更多的利润，也处于不断地转型调整、升级改造之中。

从事义乌小商品等中国商品贸易的海外华商的转型策略，具体来说主要体现为：业务内容的转型，从原先单纯从事出口贸易转型成为从事进口贸易；华商企业延伸产业链，从贸易领域拓展到制造业、国际货代、房地产等领域；华商在销售、经营等方面实行理念创新。华商的上述转型策略，往往立足于原先构建的华商网络基础之上，但转型的同时，也极大地拓展了华商网络。

一　华商网络与进口贸易

借助于血缘、地缘、业缘等社会关系之上构建的个人化的、组织化的华商网络，不仅有助于义乌市场实现对外贸易方式的转型，还有助于华商获取义乌市场进口馆的信息并及时抓住商机，实现自身贸易方式的转型或延伸。在这里，华商网络成为义乌市场和华商实现贸易转型的依靠；同时，义乌市场和华商的转型，也拓展了华商网络。

近几年来，部分华商逐渐涉足进口贸易，这种转型受到众多宏观因素的影响。受2008年金融危机及随后的欧洲主权债务危机的影响，美元、欧元贬值明显，使得人民币被迫升值，在不利于中国商品出口的同时，也增加了人民币的国际购买力，给中国的进口贸易带来了好处，有助于华商贸易的转型。另外，我国贸易政策由"奖出限入"转向"进出平衡"，在双边优惠贸易安排、进口信贷支持、进口贴息以及进口展会等方面频频出手，也成为华商转型的重要宏观背景。与此同时，中国经

---

① Markéta Moore and Czeslaw Tubilewicz, "Chinese Migrants in the Czech Republic", *Asian Survey*, Vol. 41, No. 4, 2001, pp. 618 – 619.

济的发展使得国人的购买力在不断增强。根据世界银行统计，2006年，中国的购买力总量排名已升至全球第二位，仅次于美国。随着人均收入的增长和对生活品质要求的不断提高，进口商品在中国市场展现出强劲的消费需求。

在这些宏观背景下，为大力推进义乌市场向进口、转口贸易发展，义乌市政府先后设立了"进口商品馆"和"非洲产品展销中心"（一般被义乌市政府统称为"进口馆"）。部分华商借助于个人性的、组织性的社会关系网络，适时地实行贸易转型，从原先从事出口贸易或其他相关产业转型进入进口贸易，成为义乌进口馆中的最早业主之一，在义乌市场贸易结构由单一的出口贸易向进口、转口贸易转变的过程中，起到了重大的推动作用。华商在海外构建的个人性的、组织性的关系网络以及移居经历，成为他们在中国义乌或国内其他地方创业的文化、社会和经济资本。

（一）华商网络与义乌进口馆

自21世纪开始，义乌小商品市场的外向度逐渐高达50％乃至60％以上。然而，对于进口生意"怎么做起来"、"能不能做起来"的问题，义乌市政府领导秉持"摸着石头过河"的态度，从最初的台商馆做起，发展到香港馆，再发展到国际馆、进口商品馆、非洲产品展销中心，一步步地摸索。在义乌市场贸易方式的转型过程中，华商及其构建的华商网络起到了相当大的作用。

早在2003年、2004年，义乌商城集团先后在国际商贸城内设立了台商馆、香港馆，经营主体为台资、港资企业，产品出口中东、欧美、东南亚等地区。2005年，设立了韩国商品馆，经营主体为韩国生产企业和贸易商在大陆的独资或控股企业。从2007年起，义乌市政府真正开始规划将进口商品馆集中于某一馆区，扩大进口馆的经营面积，集中展销来自国外的商品。最初，义乌市政府将国际馆经营区放在国际商贸城二期三区5楼，利用这个闲置的区域尝试做进口生意，给予进场主体一定的孕育时间及相关优惠政策，即市场培育期。商城集团确定了国际馆的政策、入驻国际馆商家及商品的标准后，开始借助于华侨华人的商业网络及华商社团组织的关系网络，到意大利、日本、美国等国进行招商，首先推介的对象，是华商社团及华侨华人。

　　最早进入国际馆的是美国白宫政府采购顾问美籍华人吴高林①设立的标霸美国馆。过去十几年，吴高林的任务是帮助中国制造企业通过采购程序把更多的中国货卖给美国政府。早在 2006 年 9 月，标霸公司就专门派人到义乌考察市场。在看到义乌市场有庞大的供应商队伍，且商品类别异常齐全、集中后，标霸公司决定把美国政府商品采购点放在义乌，有助于义乌市场供应商吸纳美国政府采购大单。2007 年 7 月，标霸公司与商城集团共同打造的"标霸美国馆"正式在美国招商，依托吴高林的商业关系网络引进美国商品，成为义乌国际馆中最先上马的项目。到当年 11 月初，已有 30 余家美国本土企业和 3 家美国大型采购商签约入驻美国馆，并有 200 多家美国企业把样品发往该馆，场馆装修也正在进行。2008 年 4 月，标霸美国馆正式开业，经营范围包括洗涤剂、化妆品、汽车润滑油、红酒、保健品等。标霸美国馆的员工有 30 多个，既可见吴高林的经济实力，也可见他想以义乌为平台发展事业的雄心。②

　　继标霸馆之后，欧洲华商经营的欧盟馆也逐渐开设起来。2007 年 8 月，时任义乌市委书记的吴蔚荣（后提拔调任浙江台州市市长）率义乌商城集团总裁吴波成等组成的经贸考察团访问意大利，在米兰召开义乌市场国际馆"欧盟馆"的专场招商投资推介会。旅居意大利 30 余年的老华侨陈家祥利用自己与意大利国家高层领导的人脉优势和已有的资本积累，邀请意大利政界、工商界、企业界人士、华人企业家代表等200 余人出席了推介会。推介会后，华商陈家祥与商城集团总裁吴波成

---

　　①　吴高林，祖籍湖南，曾经在中国外交部翻译室工作 3 年，后又从美国伊利诺伊大学公共管理系获得硕士学位。2001 年 9 月建立了一个专注于美国政府采购的网站，2003 年在英国获得了正式域名 Bid8.com，随后在美国芝加哥成立运营公司，提供采购信息服务，帮助企业了解采购信息，甚至代他们竞标。由于"中国制造"在国际上越来越有竞争力，吴高林决定开设网站全力从事与中国企业的对接工作，引领那些价廉物美的杯子、铅笔或工作服走进白宫。2004 年，吴高林在上海成立上海标霸信息咨询有限公司，2006 年 7 月在深圳成立分公司。所有标霸网的运营体系全部由吴高林个人出资组建。与马云的阿里巴巴的 B2B（Businesse to Businesse）交易模式有所不同，吴高林的标霸网采用的是 B2G（Business to Government）的最新交易模式，该交易模式将帮助中国的制造企业通过采购程序把产品卖给美国政府。标霸公司作为美国 4 家专门从事政府采购信息发布的机构之一，拥有中文网络服务平台，这对于协助国内企业顺利进入美国政府采购市场起着重要作用。吴高林的几个头衔引人注目：美国华商资讯创建人兼总裁、美国总统商务委员会委员、美国国际商务中心顾问委员会委员等。

　　②　2011 年 10 月 13 日于义乌国际商贸城进口馆办公室访谈负责人 Z。

签订了欧盟馆《合作备忘录》，以合力创建欧盟馆。随后，陈家祥带着一大批欧洲一、二线品牌的中国总代理权来到义乌。2008 年 10 月 21日，欧盟馆开业。据当时在欧盟馆内销售来自德国、意大利服饰的青田籍华商 S 说，"早在 9 月就装修好了。开业时大概有 7 家店，6 个卖衣服的，一个卖酒的，是卡特罗。"① 馆内销售的产品分别来自意大利、瑞士、德国、法国等，经营范围包括时装、洋酒、化妆品以及钟表等。其中，西班牙馆、卡特罗馆均由旅居欧洲的浙籍华商经营。卡特罗酒庄由温州籍旅意华侨 L、W 共同投资，专门销售来自意大利的中、高档红酒。西班牙馆是青田籍华商 Z 设立的，独家代理西班牙餐饮和食品在中国的推广与批零。② 在数千平方米的展示台内，Z 引入西班牙著名食品，如红酒、火腿和橄榄油等 8 大类 1000 多个品种，其中 7 公斤左右的一只火腿开价是 8000 多元人民币。值得指出的是，西班牙华商 Z 获得义乌国际馆的招商信息并入驻，得益于组织化网络所具有的独特优势。Z是西班牙中国青年协会会长，2007 年义乌市政府市长、商城集团总裁等一行人去西班牙考察，由 Z 所在的协会负责接待。借此，Z 及协会成员率先了解到了义乌国际馆的信息。2008 年，Z 带领协会内的部分华商及西班牙当地的几家企业一起到义乌考察国际馆项目，并最终确定从事西班牙食品进口贸易。

在标霸美国馆、欧盟馆的示范作用下，销售其他国家和地区商品的进口店铺也逐渐开设起来。"乐梦呀，它是 2008 年年初进来的，是台商投资的，主要经营日本、台湾商品。那个时候，有乐梦、日本馆、意大利馆，还有非洲馆，南美巴西馆，还有儿童座椅，这几个是最早进入进口商品馆的。"③

2008 年 10 月义博会期间，国际馆正式开业。国际馆总经营面积 2 万余平方米，包括西班牙、巴西、意大利、马来西亚、非洲、泰国、欧盟等主题展馆以及高尔夫、进口儿童用品、进口汽车模型等特色馆共 17 个主体馆，吸引了来自意大利、日本、巴西、西班牙、马来西亚等 28 个国家

---

① 2011 年 6 月 28 日访谈 S 于义乌国际商贸城进口馆。后来由于众多原因，欧盟馆被分割成几个欧洲国家进口馆。

② 2011 年 7 月 6 日访谈 Z 于义乌盟德会所。

③ 2011 年 10 月 13 日访谈进口馆办公室负责人 Z 于义乌国际商贸城进口馆办公室。

和地区的近万种商品入驻经营。这些主体已形成四大贸易阵营：欧美的、东盟的、日韩的和非洲的。据商城集团统计显示，至 2009 年 6 月底，国际馆各经营主体共发展批发商、代理商 474 家，实现销售 1900 万元，其中 90% 左右为国内批发商和代理商。[①]

国际馆的培育主要靠义乌市政府的政策支持和配套服务。国际馆设立后，在义乌市政府的全力支持下，给予了进口馆入场主体众多优惠：场地费用全免，税收全免，市场提供的硬件设施也都全免。经营主体唯一要花费的是店铺的装修费以及电费，足见义乌市政府对进口生意的扶持力度。这种优惠政策实施了近 3 年。在这 3 年中，从餐饮业转型做服装进口贸易的奥地利华人 S 说，在 2010 年的时候生意已经渐渐好起来了。

为进一步发挥义乌作为进口、转口贸易枢纽的重要作用，自 2011 年 3 月起，义乌市政府决定让国际馆经营户从原先的国际商贸城三区五楼搬迁至新建立的国际商贸城五区一楼。市政府考虑通过场地位置的调整，充分互补与国际商贸城五区相对的位于四区的义乌旅游购物中心资源，提升市场服务深度和宽度。2011 年 4 月 18 日，位于义乌国际商贸城五区一楼的新一代进口商品馆开门试营业，5 月 5 日正式开业。新一代进口馆拥有商位 370 余个，经营面积达 10 万平方米。试营业时，该馆内有国内外商户 150 多家，经营来自 81 个国家和地区的 4.5 万余种商品，其余的商位需再经由新一轮的招标。原先在国际商贸城三区五楼的华商店铺如欧盟馆内的西班牙馆、得意洋洋馆、欧韩馆、卡特罗馆等都搬到新地址继续经营。目前义乌进口商品馆内聚集了来自马来西亚、法国、智利、南非、西班牙、奥地利、巴西等国的红酒、品牌服饰、清真食品、厨具、工艺品、箱包、水晶、零食等进口商品。进口商品馆正式开业后，义乌商城集团开始对入场的主体收取比较低廉的店铺租金。场地租金大约 2 万元人民币一年，面积大概 70 平方米。

除了在国际商贸城专设进口馆以外，义乌市政府于 2010 年 10 月在农贸城设立了义乌副食品市场名特优新产品展销中心，中心内还设立了泰国、西班牙、澳大利亚、中国台湾等 5 个海外馆。其中，台湾

---

① 蒋中意、方楚楚：《义乌进口商品馆站在国家战略高度》，《金华日报》2009 年 8 月 3 日第 2 版。

馆经营面积 1000 平方米，拥有多达 1500 余种台湾各类"名特优新"农产品。①

（二）华商网络与非洲产品展销中心

近年来，随着中国与非洲各国友好关系的进一步增强，中非双边贸易得到了快速发展。2000 年中非贸易突破 100 亿美元，此后连续七年保持年均 30% 以上的增长。2007 年，中非贸易达 733.1 亿美元，同比增长 32.2%。2009 年中非贸易额达到 910.66 亿美元，中国已成为非洲第三大贸易伙伴。义乌市场作为全球小商品贸易的共享式平台，是中国对非贸易的桥头堡。从 2007 年起，义乌市场商品已出口到 46 个非洲国家和地区；2008 年，义乌小商品十大出口国中，非洲国家就占了 3 席。据义乌市涉外服务中心的数据显示，到 2011 年年初，非洲在义乌设立的常驻贸易机构有 360 多家，常驻的非洲商人达 1000 多人，非洲已成为义乌市场的重要贸易伙伴。② 中非贸易发展迅速，但中国对非洲地区有着大量贸易顺差。为平衡中非贸易以提升非洲经济的发展，中国政府在国内搭建非洲商品贸易平台，扩大非洲商品的对华出口。

在商务部、外交部等国家有关部委的大力支持、推动和促成下，义乌市场的"非洲产品展销中心"作为中方支持非洲国家发展的举措，被纳入中非合作论坛第四届部长级会议行动计划。2009 年 11 月 8 日，中非合作论坛第四届部长级会议在埃及沙姆沙伊赫开幕。温家宝在会议讲话中指出，中国政府将以实际行动来推进中非合作，其中一条新举措是"扩大对非产品开放市场，逐步给予非洲与中国建交的最不发达国家 95% 的产品免关税待遇，2010 年年内首先对 60% 的产品实施免关税"。在中非合作第四届部长会议之后近一年的时间里，义乌市政府和商城集团加紧了非洲产品展销中心的筹备工作。2010 年 10 月 20 日，义乌市政府专门召开"非洲产品展销中心新闻发布会"，标志着"非洲产品展销中心"正式落户义乌。此后，展销中心处于场地布置和招商洽谈阶段，规划面积约 5000 平

---

① 王旭航：《义乌副食品市场名特优新产品展销中心昨开业》，《浙中新报》2010 年 10 月 22 日第 3 版。

② 《义乌非洲产品展销中心将于今年 4 月开业》，http：//www.yw.gov.cn/pub/zgywmh-wz/swb/25577/scdt1/201101/t20110119_ 295739.html，2011 年 1 月 19 日。

方米，将面向 49 个非洲国家招商。

非洲展销中心的摊位面向非洲商人、华商及其他商人招商。非洲商人
要想在非洲产品展销中心设立摊位，如果有非洲国家驻华大使馆写的推荐
函，可以享受三年租金免费政策（如免交 3 年场地使用费、物业管理费、
空调费、公共区域电费，等等）；① 拿到中国驻非洲各国大使馆推荐函的
华商，也可以享受上述类似的优惠政策；那些没有拿到中国驻非洲各国大
使馆的函件，但却具备了义乌商城集团规定的从事进口生意的必备条件
（如商品必须原装进口）的华商或其他商人，也可以申请非洲产品展销中
心的店铺，但要象征性地交纳店租。义乌市政府对于非洲产品展销中心的
政策，显然是为了提高入驻商家的资格，但是从一个侧面则表明了华商拥
有良好人际关系的重要性：将直接决定能否享受义乌非洲产品展销中心的
租金免费政策。那些能够获得中国驻非洲各国大使馆推荐函的华商，往往
是事业有成、担任商会领袖的华商。青田籍坦桑尼亚华商 Z，身为坦桑尼
亚浙江商会会长，目前在非洲产品展销中心销售坦桑尼亚宝石。Z 因拿到
了中国驻坦桑尼亚大使馆经商处的推荐函，而享受到了店面三年免费使用
的优惠。② 上海籍南非华人 W，原先在南非从事鞋服贸易，目前在非洲产
品展销中心开设了销售南非、莫桑比克等非洲国家木雕制品的店铺。W
没有拿到中国驻南非大使馆推荐函，要为店铺付租金。"付租金的话也不
贵，300 块一平方一年。像我这家店就是 21000 块一年，70 个平方。"③
此外，还有南非华商 W 在销售南非红酒、芦荟产品；尼日尔华商 F 销售
尼国的工艺品等。

当然，海外华商入驻进口馆、非洲产品展销中心，不仅因为义乌市政
府给予他们在租金等方面的优惠，更为看重义乌小商品市场已经形成的集
聚效应及全球辐射能力。到 2011 年 10 月为止，依据义乌商城集团进口馆
办公室提供的资料，在进口馆和非洲产品展销中心设摊的华侨华人市场主
体共有 16 位。其中，来自欧洲国家的最多，占 9 位；马来西亚的有 2 位；
南美 2 位；非洲 2 位；美国 1 位（见表 4.1）。

---

① 2011 年 5 月 6 日访谈 Z 于义乌国际商贸城五区进口馆办公室。
② 2012 年 4 月 13 日访谈 Z 于青田开元大酒店一楼咖啡厅。
③ 2011 年 5 月 6 日访谈 W 于义乌国际商贸城五区非洲产品展销中心 Janmbo 店。

表4.1　　　　　　　　　　　　　进口馆华侨华人经营情况①

序号	商位使用权人	经营进口商品	祖籍	侨居国家
1	C	休闲食品、工艺品、日用品	福建	马来西亚
2	Z	红酒	温州	法国
3	C	红酒	义乌	智利
4	Z	红酒	温州	法国
5	Y	酒	青田	匈牙利
6	H	红酒	温州	西班牙
7	Z	红酒、啤酒、橄榄油、火腿	青田	西班牙
8	W	意大利服饰、箱包、红酒	温州	意大利
9	B	马来西亚清真食品	陕西	马来西亚
10	C	皮包	哈尔滨	美国
11	S	服装	丽水	奥地利
12	Z	厨具	温州	荷兰
13	P	服装	温州	意大利
14	C	工艺品	义乌	巴西
15	L	红酒、工艺品	义乌	南非
16	C	家居及工艺品	浙江	埃及

　　以上从义乌市场进口馆及非洲产品展销中心的角度，梳理了华商借助于华商网络实施的产业转型策略。需要指出的是，转型从事进口贸易的华商并非只是在义乌一地从事进口业务。以青田华商为例，作为著名侨乡的青田也成为红酒等进口商品贸易的集中地。部分想回国投资的青田籍华商，看到了青田华侨华人及眷属因"炫耀性消费"②观念所烘托起来的消费市场，便在家乡从事进口红酒生意。在这些华商看来，葡萄酒的利润是高额的：在西班牙采购一两欧元一瓶的，拿到中国来便可以卖几百元人民币。目前，在青田县城里有30多家酒庄销售进口自西班牙、法国、奥地

①　这一数据由义乌国际商贸城五区进口馆办公室提供。这一数据是不完整的，如坦桑尼亚华商Z、南非华商W并没有包含在这个名单中。

②　李明欢：《"相对失落"与"连锁效应"：关于当代温州地区出国移民潮的分析与思考》，《社会学研究》1999年第5期。

利、意大利的红酒。①

二　产业链延伸与华商网络拓展

产业链延伸指从事义乌小商品等中国商品贸易的华商在继续商品贸易业务的同时，在义乌或国内其他城市涉足了其他生意领域，如制造业、国际货代、房地产业等。产业链的延伸，跟华商个人的关系网络、经济实力、经营能力等因素息息相关。因此，只有少数华商会选择以延伸产业链的方式获得市场竞争的比较优势及扩展商业网络。

绝大多数从事义乌小商品等中国商品销售的华商，只局限于批发贸易或零售业务。这些从事贸易的华商，一般总是处于国际贸易链条中的某一个中间环节，而且往往是获利非常少的一个环节，大量的利润被物流、终端销售商等拿走了。但也有小部分有实力的华商，看准某一个环节的盈利前景以及自身贸易发展的需要，大大延伸了跨国贸易的产业链条，涉足国际贸易的"上游"——实业及（或）国际货代，乃至国际贸易的终端销售即零售店、超市等业务，以"一条龙"式的经营模式构建起自己独特的商业网络；也有部分华商在贸易之外，涉足房地产业、酒店业、矿业等其他产业，以增加自己的经济资本。

（一）从贸易拓展至实业

近些年来，义乌市优厚的引资政策和良好的投资环境，吸引了部分港台同胞、意大利及美国等华商投资于实业。据不完全统计，至 2008 年，在义乌置有厂房、房产或设立公司（办事处）的华商有 500 余人。② 另以义乌市侨商会为例，侨商会中 100 多位华商，"绝大多数都拥有自己的工厂，办厂的目的也是做外贸"。③

从贸易领域延伸至实业的华商，实现了从商品流通领域向生产领域的拓展。这些华商深感市场采购受制于人的束缚，开始向"上游"产业挺进，在义乌、义乌周边县市或国内其他具有产业优势、政策优惠的城市创

---

① 2012 年 4 月 14 日晚访谈《青田侨报》记者 Y 于青田县夏威夷咖啡美食。2015 年 1 月，青田县在油竹设立了青田侨乡进口商品城，来自欧洲、南北美洲的华商纷纷进驻商品城，销售来自侨居国的红酒、奶粉等特色商品。

② 义乌市志编纂委员会、《义乌年鉴》编辑部编：《义乌年鉴 2009》，上海人民出版社 2009 年版，第 130 页。

③ 2011 年 5 月 5 日访谈义乌市侨商会秘书长 Z 于侨商会办公室。

办工厂，生产具有自己品牌的产品。他们期望充分利用原有的销售网络，延伸其国际贸易链条，实现产销一体化，尽可能消除不必要的中间环节，实现利润最大化。此外，华商涉足实业也有助于依据市场需求而对商品种类、质量、包装等作出改进、提升。近些年来，越来越多的华商意识到海外消费者在商品需求观念上的改变，商品集中于海外低端市场上的不可持续性，因此涉足实业，这样有助于华商根据消费者的需求、市场产品的流行趋势聘用专业人员设计出符合市场需求的产品，缩短产品从设计到出样、投放市场的时间。在涉足制造业的同时，他们又将义乌作为其跨国商业网络中的一个中心节点，在市场内设摊接洽来自全球各地的采购商，借助于市场的辐射力，将自己工厂生产的"中国制造"销往世界各地。

以制造业投资为例。部分华商在国内设立了制造工厂，实现"国内制造、国外销售"。2002 年，温州籍意大利华商、浙江省侨联青年总会义乌分会副会长、义乌市侨商会副会长王慧斌以外资的身份在义乌后宅特色工业区创立了专业生产有缝针织内衣、箱包的生产基地。青田籍乌克兰华侨张雪琴，2006 年将杭州的床上用品工厂迁到义乌苏溪镇，专业加工绒毯及各种不同规格的床上用品，年产值 1000 余万元。从事百货贸易的西班牙华商夏永平，2007 年在义乌后宅工业园区成立了凯美特日用百货有限公司，生产高、中档的五金、厨具、卫浴。看到中国皮鞋在西班牙的销售前景后，西班牙温州籍华商刘松林立足于义乌小商品贸易，做起了皮鞋批发，并在中国设立了皮鞋工厂，聘请两位兼职西班牙设计师设计皮鞋，专门生产自己注册的品牌皮鞋"SA Beautiful"，主打中高档成熟女性皮鞋。[①]也有部分华商，立足于国际贸易之基础上，在移居国当地设立了加工工厂，将国内半成品运至移居国进行简单加工后投放市场，实现产销一条龙。

以酒店投资为例。依托于义乌市场的客源优势，进入 21 世纪，一些手握资本又富有投资眼光的华商，开始到义乌投资酒店。他们接手了当地一批旧的酒店，建立了各式高档酒店，融入了一些新元素，推动了义乌酒店业的个性化、人性化发展。在投资义乌酒店业的老板中，以温州籍、青

---

① 李梁：《西班牙华人异乡生存之路》，《南方周末》2005 年 7 月 21 日。转引自《西班牙华人异乡生存之路》，http：//news. sina. com. cn/w/2005 - 07 - 21/11027284642. shtml，2010 年 9 月 21 日。

田籍华商最多。据保守估计，温州籍海外华商在义乌开设的上档次宾馆至少已经有十多家，此外，参股义乌商务型宾馆的温籍华商则更多。2006年，在斯洛伐克从事义乌小商品等中国商品贸易的青田籍华商林军洪投资2000万元，创建了义乌控股城市花园酒店。该酒店建筑面积 2.6 万余平方米，设 200 间客房，现公司员工 200 人，资产约 4000 万元。[①] 2007 年，曾在希腊从事贸易的文成籍华商姜永忠以年租金 918.7 万元拿走只有 27 间房间的义乌日月岛大酒店的年租赁权。青田籍罗马尼亚华侨周永平，1996 年远赴乌克兰经商，后前往老挝、柬埔寨经销电器、日用百货。2008 年在义乌投入 800 万元人民币，租赁 3500 平方米房舍，创办德丰概念酒店，年入住率达 85%。[②]

伴随义乌酒店业的繁荣，也有部分华商涉足餐饮业，给义乌的消费社会增添了更多来自异国的风味和健康的理念。在美国、义乌各开设了贸易公司的美籍华人 D，在义乌城区开设了两家赛百味（SUBWAY）三明治连锁餐饮店。赛百味推崇健康理念，食品都采用烘烤而不是油炸方式。

也有少数华商投资于义乌的房地产业。东方之星集团董事长童昌茂，在迪拜开拓国际贸易长达十多年。2010 年 8 月，历时近三年的由东方之星集团公司投资兴建的东方之星国际公馆如期交付，成为义乌市首个别墅式公馆社区，一度成为购房者抢购的焦点。

值得指出的是，这些实行产业转型的华商，并不意味着放弃原先从事的产业。如温州籍华商刘松林，他在西班牙不仅拥有一个中餐馆以及皮鞋批发仓库，他爱人打理一家塑料花店，儿子和外孙还开了一家服装店，一年营业额能有 2 亿元。[③]

（二）从贸易拓展至国际货代

国际货代在义乌小商品的跨国流动中起着至关重要的连接作用。华侨华人到义乌市场采购商品后，往往面临着如何将义乌小商品出口到海外的问题，这就衍生出第三方的服务业务，外贸公司、货代公司便是主要的第

---

① 《青田华侨史》编纂委员会编：《青田华侨史》，浙江人民出版社 2011 年版，第 140 页。2012 年该酒店进行重新装修，改名为欧陆风情文化主题酒店。

② 《青田华侨史》编纂委员会编：《青田华侨史》，浙江人民出版社 2011 年版，第 142 页。

③ 李梁：《西班牙华人异乡生存之路》，《南方周末》2005 年 7 月 21 日。转引自《西班牙华人异乡生存之路》，http://news.sina.com.cn/w/2005 - 07 - 21/11027284642.shtml，2010 年 9 月21 日。

三方服务。何为国际货代？根据我国1995年公布的《中华人民共和国国际货运代理业管理规定》，国际货物运输代理业（简称国际货代）是指接受进出口货物收货人、发货人的委托，以委托人的名义或者以自己的名义，为委托人办理国际货物运输及相关业务并收取服务报酬的行业。①1988年之前，中国的国际货运代理行业进入门槛很高，全国只有两家货代公司，即中国对外贸易运输总公司和中国远洋运输集团公司，政府对自然人直接设立国际货代一直没有开放。1988年3月国务院下文，"船舶代理、货运代理业务实行多家经营，他们分别由船公司和货主自主选择，任何部门都不得进行干预和限制。"这一开放政策，促进了中国国际货代行业的快速发展。

华商涉足义乌市场的国际货代行业，存在一个历时性的发展过程。以下依据田野调查资料，分别以菲律宾、阿塞拜疆两位华商为个案阐述其从贸易领域逐渐延伸至货代服务的转型策略。

1997年，菲律宾华商C第一次到义乌市场采购日用商品。后来因商品采购的数量日渐增加，他便在义乌开设了外贸公司，并雇有专门的经理、采购员开展业务。但因为当时国家对从事进出口业务的企业的审批比较严格，有一定的资质要求，C退而求其次，没有向工商局注册，选择挂靠方式完成小商品的出口业务。所谓"挂靠"，就是个人或企业挂靠在有出口经营权的外贸公司之下，外贸公司收取管理费或代理费，为个人和企业代理出口。华商与外贸公司签订出口代理协议后，有关小商品出口的手续交外贸公司办理，而外贸公司向华商收取一些手续费（通常为0.7%—2%不等）。②挂靠双方实际上是一种有偿使用资格证照的合同关系。借助于这种挂靠关系，C公司的一些日常事务依靠外贸公司来完成，包括开具增值税发票、获得出口退税等，可以使用被挂靠方提供的介绍信、合同书、银行账号、印章等经营资格、证明。对外，C公司以外贸公司名义从事经济活动，对内则依照双方合同约定享受权利、承担义务。

> 以前我们是这个样子的，我们是挂靠人家，其实我们很早就设立

---

① 《中华人民共和国国际货代运输代理业管理规定》，http://www.people.com.cn/zixun/flf-gk/item/dwjjf/falv/8/8-1-17.html，2013年3月14日。

② 柳夕良：《挂靠——外贸体制改革面临的尴尬》，《对外经贸实务》2004年第9期。

公司了，我们这些经理、采购员也是全部齐备的，但是我们没有向工商注册，只是挂靠，之前挂靠在××外贸公司，然后业务啊，发票啊全部由他们向我们提供。之前我们实行这种形式，因为之前我们觉得用不到，后来我们就全部独立了，进出口都需要用到这一块。

（5/7/2011，pm，访谈 C 于义乌市泉州商会）

自从中国加入 WTO 之后，从 2002 年年底开始，我国开放中外合资企业的外方可以控股国际货代公司。从这时起，义乌的外向型经济蓬勃发展起来，来义乌采购的华商、外国人也越来越多，义乌的国际物流企业也开始起步。从 2005 年 4 月起，商务部发布的《国际货物运输代理企业备案暂行办法》开始实施，企业申请从事国际货物运输代理业务，商务主管部门不再对其进行资格审批，申请人直接向所在地工商行政管理部门办理登记注册。至此，国际货代业正式由审批制变革为登记注册制，准入门槛大为降低。根据中国加入世界贸易组织的承诺，2005 年 12 月 11 日后，中国货运代理行业全部对外开放，允许外商设立独资国际货物运输代理企业。随着中国对国际货代行业的开放以及自身采购量的扩大，菲律宾华商 C 抓住时机，通过与国际大型运输公司合作，以这些"大牛"的一线代理身份涉足国际货代行业，于 2005 年在义乌注册设立了自己的国际货代公司。

做外贸的都知道，每年在运输成本这块的投入也是十分巨大的。但是如果自己做国际运输，硬件投入成本太大，而且不好掌控。如果成为国际大型运输公司的一线代理，一方面可以有效节约公司商品输出的国际运输成本，另一方面还可以扩大经营国际物流业务。

（5/7/2011，pm，访谈 C 于义乌市泉州商会）

如今，C 旗下的物流公司，已成为菲律宾的一线代理。而且他又开始筹划自己的船务公司。

阿塞拜疆华侨 Z，从贸易转向外贸服务业，开创了一条海上的"丝绸之路"。Z，20 世纪 90 年代起在乌鲁木齐经商，后来经常往返于乌鲁木齐和阿塞拜疆之间做义乌小商品贸易。1999 年回到义乌老家，同来的还有三位阿塞拜疆客商，做起了外贸服务业。以前在乌鲁木齐时，外商采购商品，走的是陆路的货物运输。现在外商跟随 Z 到义乌市场采购商品，在商品的采购价格上肯定比在乌鲁木齐采购要低，但是如果不开辟新的货运航线，还是通过公路从义乌将商品运到乌鲁木齐，再转运到阿塞拜疆，便没有很大的价格优势。而在交通运输方式中，航空运输是最昂贵的，公路运输居中，海运是最廉价的。为了替三位客户节省运输成本，Z 对着地图寻找一条新的、廉价的货运通道——海运。当时依据国内的经营惯例，义乌小商品往往通过迪拜港中转到周边国家。依靠他在阿塞拜疆的商业关系，他找到一个合作伙伴。这位阿塞拜疆合作伙伴运用其关系网络去疏通义乌小商品到达迪拜中转口岸之后的清关、转运至阿塞拜疆的各个环节。

> 我自己翻着地图在看。我们第一个货柜是直接从宁波港到迪拜，迪拜再换集装箱运到伊朗。伊朗清关清出来之后，再用拖卡运到阿塞拜疆。我本来想运到阿巴丹，但阿巴丹根本就没有这个港口，人家这个设施根本就不存在。后来想运到伊朗，货代公司说这个不行呀，原先都没有操作过。那我没办法，只能运到迪拜。迪拜的话，海运比较成熟。运到迪拜之后，我要跟迪拜的清关公司洽谈，这个柜子清完了之后给我运到伊朗去，伊朗之后又要给我转运到阿塞拜疆去，中途还不能有关税，因为这里每个国家都收关税的话，我就吃不消了，成本就高了。

（14/5/2012，am，访谈 Z 于义乌港集海物流仓库）

由此，Z 摸索出了一条义乌到阿塞拜疆的海上"丝绸之路"。这条"丝绸之路"从 2000 年起一直畅通无阻。按照以前陆路运输的模式，中国商品往往是通过乌鲁木齐的边境贸易辗转发到中亚五国，不仅这些国家的局势不稳定，而且每过一个国家，就要收取关税。这样整个货运流程下来，一个集装箱发到阿塞拜疆，仅仅运输费用就要 15000 美金。而 Z 开创的这一条海运线路，从迪拜到伊朗，伊朗再用拖车运到阿塞拜疆，整个流程下来，只需要 4000 美金。这条线路开通之后，通过 Z 采购商品的阿塞拜疆商人盈利颇丰，Z 也通过向客户收取佣金而获利。

三位阿塞拜疆客商把这当作重大商业机密，不让 Z 将其他老客户带来义乌，连他在义乌的信息也不让透露。当然，这样的"丝绸之路"是不可能让几位阿塞拜疆客商垄断的。2000 年春，部分阿塞拜疆外商已发现这一重大商业信息，大批客商蜂拥而至。Z 本来就是新疆边贸小商品生意的开拓者，如今又开拓了义乌到阿塞拜疆的海上"丝绸之路"，被阿塞拜疆客商称为"财神爷"。因为有在乌鲁木齐的经商经验以及客户的积累，那些曾经的客户都"跟"着他从新疆转到义乌来"掘金"。不但大批阿塞拜疆客商找到他，阿塞拜疆的清关公司、运输公司等大公司也纷纷找上门来，要求与他合作。如今，Z 已成为阿塞拜疆国际运输公司驻华代表，所有义乌市场甚至整个华东市场运往阿塞拜疆的货运业务都由他负责，每天都有许多集装箱经宁波港海运到阿塞拜疆。

这十年以来，Z 的业务量一直非常可观。2002 年的时候，便有两三千个货柜，这样的业务量在当时已属罕见。此后业务量逐年增加。2008 年的时候，Z 的业务量超过 6000 个货柜。这些发往阿塞拜疆的商品，并不仅仅局限于在阿塞拜疆销售，还辐射到伊朗、格鲁吉亚、俄罗斯北部等地。依据 Z 的业务记录，这十年来，经由他之手到义乌市场采购的阿塞拜疆客户就有 5000 人次。目前，中国国内所有发到阿塞拜疆的商品，除了深圳、广州、乌鲁木齐，剩下的货基本是到义乌来整合的，全部都是 Z 的公司进行操作。

三　购销创新与华商网络拓展

近些年来，面临移居国市场的饱和、风险的全球化等状况，部分华商在中国商品购销上实行创新策略以维持市场竞争力，并力图扩大华商网络。具体来说，主要表现在销售网络拓展、购销理念及采购方式上的创新。在销售网络上，华商运用血缘、地缘、业缘等社会关系在移居国构建了层级化的销售网络；在购销理念上，部分华商逐渐具有品牌意识，向工厂下单生产自己设计并具有自主品牌的商品；在采购方式上，借助于信息网络技术尝试着运用网络采购及销售模式。

（一）销售网络创新：层级化

在义乌小商品的跨国流动过程中，为了促成义乌小商品在移居国的顺利流动，华商运用血缘、地缘、业缘等各种关系在移居国构建起了金字塔式的层级化的销售网络。

商品从工厂生产出来，最后到达海外消费者手中，需要经历一段商品的流通过程，每一个过程都有一个纵横交错的网络。整个国际贸易链条往往由生产网络、销售网络、流通网络构成。当义乌小商品等中国商品到达华商移居国后，开始进入了境外的分销、流通阶段。为推动商品在移居国的顺利流通，海外华商借助于血缘、地缘、业缘等社会关系构建起了层级化的、完善的销售网络。

与移居国当地主流经济已经构建起来的中、高档商品的流通网络不同的是，因众多海外华商销售的商品以"价廉"为特征，主要面向当地国或移居国周边市场的中低收入者，因此中国商品的销售网络，需要华商之间以及华商与移居国中间批发商、零售商的合力建构。为了开拓生意，部分华侨贸易商以允许赊欠货款的方式，建立起中国商品的层级销售网络。

> 在意大利，刚开始做鞋的时候，是没有生意的，没有下面的二级批发商、零售商。开拓的人难就难在这里。我后来就想出来一个办法，让当地的华侨华人先把我的货拿去卖，等货卖了后慢慢把货款还给我。当时，温州地区的（华侨华人）比较多，青田人少。我的货就让温州人拿去卖。
>
> （16/9/2013，am，访谈意大利青田籍华商 Z 于青田油竹街道办公室）

进入 21 世纪，随着"中国制造"规模的不断提升，其在世界市场上的占有率也越来越高，加上华商的不懈努力，中国商品在海外的分销体系已经日趋完善，形成了一个相互关联的层级销售体系：一级批发商（或大贸易商）→中间批发商（二级、三级等贸易商）→零售商，呈现出"金字塔"状（见图 4.1）。绝大多数华商只是在整个国际销售链条中占据一个环节，每级商户都在挣自己应得的那部分利润。

在这种层级流通机制下，位于金字塔顶端的是年采购额在几百万、几千万乃至上亿元人民币的大贸易公司，直接从义乌市场以货柜的方式进口大量小商品，即一级批发商。他们的人数只占海外华商群体中的小部分。一般来说，有实力的华商，总会力图做一级批发商，以减少商品流转的次数，从而降低商品的成本及提升利润。他们往往每个星期都要从义乌市场发货柜出口，发货的频率非常高。一个标准货柜的商品需要的成本高低不同，少则几十万，多则上百万。如旅居巴西从事相框、箱包等小商品贸易的青田籍华商尹霄敏，目前一年要从义乌等地发 4000 多个集装箱货柜进

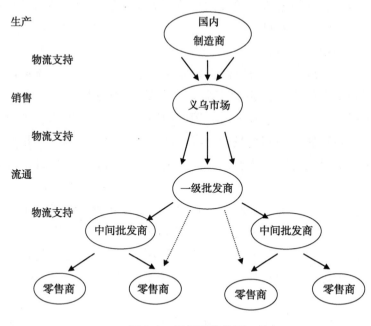

生产

物流支持

销售

物流支持

流通

物流支持

图 4.1　层级销售体系

入巴西。[①]

部分实力稍逊的华商不直接从国内发货，而是从移居国当地华商那里进行二手批发。如在罗马尼亚红龙市场经商的华商 L 近年来都从当地华商那里拿货销售。这些贸易公司处于"金字塔"层级销售链的中间，即中间贸易商，或称二手批发商。

处于金字塔底层的是那些自身经济实力不够但又刻苦勤奋的零售商。他们的经济活动被称为"搬砖头"。"搬砖头"这词在南非华商中使用率较高，即指"从大批发商手里拿货来做零售，价格比批发高几块"。[②] 凭借对中国市场和商业渠道的了解以及华商网络的支持，新移民往往选择从事成本低、投资少、操作简单且赚钱快的零售生意，把零售店拓展到移居国各个偏僻的角落。他们从一级或二级批发商手中拿货，然后直接将商品

---

① 《尹霄敏简介》，http://biz.zjol.com.cn/05biz/system/2011/10/09/017899762.shtml，2011 年 11 月 9 日。

② 2010 年 12 月 13 日访谈于约堡温州城，雇员，来自江西。实际上，所有的一级、二级批发商在某种程度上都是在"搬砖头"，只是有大小之别。这里特指零售商。

销往郊区、小城市以及农村，与消费者实行"面对面"的交易。零售商的构成主要有两类，一类是华商，如在希腊有很多温州籍华商分散于2000多个岛屿上从事零售业；如南非有很多福建籍华商将零售店铺开到了黑人生活的市镇；如遍布匈牙利的零售店经营者也以福建籍华商为主。[①] 勤劳、勇敢的华商把零售商店开到了移居国的各个生活区，便利了当地民众消费的同时，也真正打开了中国商品的销售市场。另一类零售商是移居国当地籍商人或其他外来移民商人，如在南非从事中国商品零售的，还有印度、巴基斯坦等外来移民及南非本地人。因华商所在的移居国不同，对于谁有资格成为零售商的规定也不同。有些国家规定外籍人士不得从事零售业，如尼日利亚以及最近出台了禁止外国人从事零售业的俄罗斯等国，有的国家则允许外来、未入籍的移民从事零售业。

当然，上述从一级批发商→中间批发商（二级、三级批发商）→零售商的商品流转层级图示并不是唯一的，部分零售商也许绕过中间批发商直接从一级批发商那里进货，拿到优惠的商品价格；而有的国家只有一级批发商与零售商两个层级的销售网络。

以西班牙为例。西班牙华商逐渐建立起大型批发仓库、百元店的两级销售链。在西班牙已经形成了华人集中的仓库批发商区，如巴达洛纳（Badalona）华人仓库区、富恩拉夫拉达（Fuenlabrada）仓库区等。富恩拉夫拉达仓库区的占地面积从以前的1000平方米发展到3000多平方米乃至上万平方米。批发仓库的下家是华人百元店（被称作TODO CIEN）。百元店的顾客对象主要是南美人、吉普赛人、西班牙底层百姓等低端消费群体。进入21世纪，百元店店面面积、规模逐渐扩大，随后遍布西班牙各城市。2000年，巴塞罗那百元店还处于刚刚起步阶段，2002年，已经达到200余家，2003年增加到500多家。到2006年，迅速发展到1000多家。[②] 到2010年，在西班牙有9000多家百元店是华商开设的，其中的90%是由来自浙江青田的华商开设的。以每家店从业人员为2到3人来推算，至少有2万人在从事百元店工作。以最新统计数据旅西华人约20万

---

① 杨烨：《中国新移民在匈牙利的生存现状与华文媒体的发展》，载王晓萍、刘宏主编《欧洲华商与当地社会关系：社会融合·经济发展·政治参与》，中山大学出版社2011年版，第98页。

② 麻卓民：《巴塞罗那华人经济扫描》，《侨园》2006年第3期。

来计算，有 10% 的华人在从事百元店的工作。① 批发仓库和百元店属于相互依存的关系。一家华人批发仓库的生存，取决于每年销售旺季向百元店的零售商提供多少品种的新货，同时以新货来带动库存的销售。

同样地，葡萄牙华商也建立起了类似于西班牙华商的二级分销系统——仓储批发和"三百店"（百货零售店）。葡萄牙华商在 20 世纪 90 年代百货业发展的基础上，逐渐推动了批发贸易业的发展。1998 年到 2002 年是葡萄牙华商百货业大发展的时期，三百店不断出现。随着中国小商品在葡萄牙的畅销，经销中国商品的人越来越多：除了华商之外，来自印度、巴基斯坦、巴西等国的移民以及葡萄牙人也开始销售中国小商品。鉴于葡萄牙市场对中国商品的强劲需求，仅靠以前的小商店显然已经不能满足市场需求，于是 90 年代后期一些有实力的华商便开始从零售业中转身从事仓储批发，直接从义乌等国内专业市场大批量采购商品，再批发给零售商。到 2004 年，葡萄牙大致已经形成了波尔图的 Vila de Conde、里斯本的 Portu Alto 两个规模较大的仓储批发区以及像 21 世纪维达、安特国际等大型批发企业。②

（二）经营理念创新：品牌化

华商经营理念的创新主要体现于品牌意识的增强。随着部分华商贸易量的增大、经济资本的积累，从原先仅仅局限于义乌小商品等专业商品销售平台的市场采购，发展到市场采购、工厂下单采购等多种采购方式并用。工厂下单的采购方式，并不是每一个华商都能运用的，因为一般的工厂都会设定一个起订量（MOQ），即下单采购的最低数量。如果华商采购的商品数量足够庞大，一般都会直接向义乌市场背后的工厂下单生产，以降低商品的生产成本。"只要你有量，工厂肯定会给好的价格。"③ 华商采购方式的变迁，不仅有助于降低采购成本，更为重要的是，这种采购方式往往融入了一种非常重要的经营理念的转变，即华商

---

① 晨阳：《各地政府使"杀手锏"旅西华人百元店成待切"肉"》，http://www.dayoo.com/roll/201008/21/10000307_ 103319852. htm，2010 年 10 月 23 日。金融危机导致批发商为减少损失相应调高了商品的批发价格，这使华人百元店的价格优势减弱。

② 吕伟雄主编：《海外华人社会新透视》，岭南美术出版社 2005 年版，第 109 页。

③ 2011 年 3 月 19 日 QQ 访谈西班牙国贸城集团广州办事处员工 C。现在国贸城集团的绝大多数采购是借助于广交会、香港展、义博会等展会获得新款商品的信息，而直接向有关生产工厂下单的。

意识到在商品同质化严重的情形下，拥有自主品牌的商品对于增强市场竞争力具有的关键性作用，因而向工厂下单生产时特别注重商品在设计上的独特性及其品质、包装上的提升等。在义乌国际商贸城四区从事内衣批发的 L 女士说，

> 现在工厂里按照华商的要求做得比较多。以前呢，他们是看到你这个东西，问什么价格，有多少货，还要订多少，要么现货先拿走，再下订单。现在很多人是要加工的，不喜欢跟人家卖同样的东西，他自己有他自己的风格。
>
> （27/10/2011，pm，访谈 L 于义乌国际商贸城四区）

越来越多的华商在移居国注册了自己的品牌，并聘请专业设计师进行设计，将自主设计好的商品样品交由义乌市场背后的生产厂家生产，并贴上自己的商标，即委托生产厂家进行贴牌生产，而最后进入流通市场的商品便成为自主品牌的商品。

西班牙华商 Z 原本从事日用品批发贸易，目前从事袜子批发贸易。现在，Z 虽然没有成立自己的工厂，但销售的袜子都是自主设计的，并以贴牌加工的方式委托义乌本地或西班牙华商的工厂进行加工，最后进入市场销售的都是贴上自有商标的商品。

> 我做这个行业的针织品，比如袜子，70% 以上的产品在西班牙有自己的加工工厂，有我们品牌的加工。还有一部分在义乌加工的……因为我做的都是带有设计性、流行性的东西，拿版本回来，借义乌这边的加工厂代加工。
>
> （6/7/2011，pm，访谈 Z 于义乌盟德会所）

斯洛伐克华商 L 1996 年出国之前就已经在中国改革开放的大潮中积累了经商经验及经济资本。从 2001 年开始，华商 L 就奔波于义乌和斯洛伐克两地，成了"空中飞人"。一开始，"市场采购"——在市场里看商品、下单成为他的主要采购模式。但随着自己经济实力的增强，为迎合斯洛伐克民众对商品质量提升的要求及消费需求，L 开始直接向工厂下单生产具有稍高品质的商品，同时注重采购商品的质量，而不像以前那样注重

采购的规模，以开辟中高端市场。

> 采购的量比过去少，营业额比过去高了。我现在是选产品，看中几个做几个。有可能一个工厂里有100来个产品，我只会看中其中的5个或8个，不像以前拿很多了。
>
> （2/11/2012，am，访谈 L 于义乌欧陆风情文化主题大酒店）

从价值的角度来说，以义乌小商品为代表的中国商品，作为商品的物具有抽象、普遍或同质的交换价值；而作为品牌的物，用鲍德里亚的话讲，则具有"符号价值"（sign value）。交换价值体现在商品的买卖上，符号价值体现在品牌的差异性上。① 可以预见，今后必将有越来越多的华商着意于商品的品牌化，以品牌提升商品的"符号价值"，进而提升商品的市场占有率。

（三）购销模式创新：网络化

受科学技术的限制，不同时空背景下，华商网络的构建可以凭借的技术手段是不同的，其便利程度、效率也是不一样的。传统的市场交易方式，一般是华商从国外专程返回义乌市场等国内专业市场进行商品采购，也即"面对面的交易"。而在经济全球化和信息化的背景下，与传统的华商网络不同，现代华商网络的持续发展，除了依靠血缘、地缘和业缘等关系网络之外，还必须充分运用信息技术的优势。随着现代信息技术的迅猛发展，越来越多的华商采用网络新技术，促成了购销模式的改变，由此华商之间的经济联系逐渐发展成有别于传统的现代性华商网络。

华商的网络化交易有着一个历时性的发展过程。在前网络时代，华商采购商品往往是亲自回到国内采购各式商品，最大限度地携带几十公斤的小商品出国，或委托货代公司运输出国。在网络兴起之初，华商在国际贸易中往往借助于网络发送图片或借助视频来了解商品，将网络作为一种具有实时传播声音、图像功能的工具。葡萄牙温州籍华商陈坚算得上是较早运用网络技术开展义乌小商品跨国贸易的先锋。早在1993年，陈坚在拿到葡萄牙的居留证之后，便带着从大哥和温州老乡那里借来的80多万元

---

① ［英］斯科特·拉什、西莉亚·卢瑞：《全球文化工业：物的媒介化》，要新乐译，社会科学文献出版社2010年版，第10页。

人民币回国进货，第一站就是义乌。陈坚采购了工艺品和首饰等上百种商品，足足装满了两个集装箱，发往葡萄牙波尔图，赚取了他生意中的第一桶金。此后，陈坚开始在国外了解市场，组织销售，母亲陈小梅和大姐负责在义乌市场等地采购。为了让儿子更好地看到市场上的样品，1997年，陈坚64岁的妈妈成为温州第七个登记上网的人。陈妈妈开始学习电脑，甚至学会了使用电脑视频。妈妈在电脑的这端，对着摄像头，手里拿着样品，不断变换着角度，给大洋彼岸的陈坚讲解。"那时候网速很慢，画面时常断断续续，电脑里的我像机器人一样，卡卡卡，动作一节一节，回想起来太有趣了。"[1] 正是较早借助于网络开展采购，让陈坚获利颇丰。2000年世纪之交，陈坚差不多垄断了整个葡萄牙的小商品市场。

　　进入21世纪以来，虽然仍有相当数量的华商会选择自己来义乌采购小商品或者委托国内亲戚或专门雇用员工负责小商品采购，但网络也逐渐成为华商采购时的一种现代化辅助手段，已经有越来越多的华商运用网络与义乌市场业主进行直接沟通、看样、商谈、下单等。到2005年时，青田华商群体在国外批发、零售、仓储业务上不同程度地采取了电脑联网式管理，在义乌定点的青田华商的外贸公司中80%都雇有大学生及相应的外贸专业人员。[2] 斯洛伐克华商L在义乌专门聘请了一位采购员，当采购员发现市场上有新产品时，就会以发邮件或借助QQ视频聊天软件将新产品的信息发送给L在斯洛伐克的家人，由家人依据市场行情决定是否采购。"我妻子如果觉得好，就进货。"[3] 奥地利籍华商S的姐姐做服装批发，义乌市场供货商出什么新款了，就把样品的图片通过电脑发给她。她姐姐在电脑上看到合意的样品就报个编号，国内这边就给她发货。[4]

　　随着网络的普及，QQ、微信已经成为国内民众每天难以离弃的沟通工具，同时也成为众多华商与生意对象的沟通平台。借助于QQ或微信的聊天和视频等功能，很多华商可以便捷地与义乌小商品市场上的业主进行沟通，有些商品通过网上沟通便可以确认下单，大大缩短了商品采购的时

---

①《关于中国梦的十个样本》——《中国故事》之一：戴洁天，http://vip. book. sina. com. cn/book/chapter_ 85048_ 54653. html，2011年3月5日。

② 吴晶主编：《侨行天下》，大众文艺出版社2006年版，第215页。

③ 2012年11月2日访谈L于义乌欧陆风情文化主题酒店。

④ 2011年9月26日访谈S于义乌国际商贸城五区进口馆。

间、精力和金钱。在义乌国际商贸城四区市场经营女士内衣的 L 女士说，

> 华商在国外，打个电话；要么上网……通过 QQ，我们把款式给他看，这个是怎么样的款式，要多少货，什么价格。现在都是很发达、很先进的，很多是这样的：你需要什么款式，或者你在上网，把这个产品通过视频给他看，他们就知道了。他们也省时间，还有省路费，来一下就要半个月，还要住下来。
>
> （27/10/2011，pm，访谈 L 于义乌市国际商贸城四区）

当然，运用网络平台浏览商品信息、看样、下单，这还只是对网络的初级运用。部分有实力的华商还利用专业的电子商务平台发布自己工厂生产的商品，与阿里巴巴、支付宝等合作，直接把"义乌货"通过网络销到了世界各地，同时运用信息技术对购销、配送环节进行现代化管理，以增加网络交易量。菲律宾华商蔡辉煌便是这方面的一个典型个案。

华商蔡辉煌，在菲律宾攻读了工商管理硕士（MBA）学位，借助于自身的专业、实力建立了完整的国际贸易链条。1997 年，蔡辉煌开始到广州、义乌采购钟表等小商品。后来，他授权国内文具生产厂家"贴牌"生产他的自有品牌。这些自有品牌产品不在国内销售，专供自己公司旗下的海外多家连锁百货商店销售。2004 年左右，他的公司已经形成了"产销一条龙"的经营模式。随着生意的发展，公司旗下的连锁百货店也不断增加。如今他的产品在菲律宾已经有了 400 多个销售网点[1]，同时还在其他多个国家开设了连锁超市。随着公司的发展壮大，现在每年单在义乌采购销往菲律宾的百货金额就达 2 个亿。[2] 这些分布于不同社区、区域的销售网点，建构了中国商品的跨国销售网络。

为了借助网络拓展国内外市场、扩大公司品牌的影响力，华商蔡辉煌成为阿里巴巴会员。为在阿里巴巴商城的成千上万个商家中"脱颖而出"，增加客户的点击率，他每年要花费几十万的资金向阿里巴巴购买本公司的排名。

---

① 郭华萍：《蔡辉煌：从"补丁"少年到贸易大亨》，《东南早报》2011 年 12 月 14 日第 C16 版。

② 2011 年 10 月第二届世界侨商大会之后义乌市侨商会提供的数据资料。

成千上万个商家，那我们购买排名，我们有做五金类的排名，差不多第4、5位，一页共10家，我们大概在中间吧。顾客一般是一家一家点击下来。

（5/7/2011，pm，访谈于义乌市泉州商会）

蔡辉煌不仅在对外的市场拓展上运用了网络技术，在对内的管理上也运用了信息化技术。跨国贸易中，连锁店中货物的销售信息反馈极为重要。他花费巨资请厦门一家软件开发公司研发了一套配送软件系统，利用先进的电脑网络技术和集中配送采购系统，提升其散布在世界各地的连锁店的配送效率。借助于这一套软件系统技术，他把分布在中国义乌、菲律宾、印尼、日本等不同国家的公司联结在一起，使各个门店货物的销售量能及时地反馈到总部，便于及时补充即将售罄的货物，提升企业内部的管理效率。这种配送软件系统，也提供了缓解商品滞销的一个解决办法。例如，他可以把在某一网点销售不好甚至滞销的商品调往另一个销售状况良好的网点，缓减库存压力。

我们现在是企业的管理，现在我们菲律宾有一个，就是像那种很大的 CPU 是吧，就是数据中心嘛。我们全球的这些生意，都是跟这个 CPU 连着的。比如说我们菲律宾的生意每天传达到这个中心嘛，每天跟我们这个数据中心联网，它呢需要什么，我们都可以知道，我们去帮它分配过去。比如说，印尼的某一家超市，它的其中的一个叉子的库存已经超过了警戒线，我们这边义乌的公司马上可以知道，可以自动给他配货过去。

（5/7/2011，pm，访谈 C 于义乌市泉州商会）

现代网络技术的运用，直接影响到国际贸易的效果。菲律宾华商 C 借助于网络，为自己的品牌商品打开了更为广阔的市场。随着网络交易的日渐普及，华商将逐渐从家族式的管理方式走向科学管理的公司制模式。

现代华商网络不仅便利了华商的采购，也有助于提升从事外贸代理业务华商的客户的广布性。美籍华人 D 在美国、义乌各开设了一家进出口公司，从事包括义乌小商品在内的中国商品的代理采购业务，网络成为她业务量增长的一个新动力。她说："我有一些客人就是从网上找到我们的。

我们有一个在美国的网站，还有一个在中国的网站，两个网站。"① 现在每年经由 D 之"中介"销售到世界各国的中国商品货值高达 1 亿人民币。

需要指出的是，运用网络技术开展跨国购销活动的大多数华商并非所有的采购、销售环节都运用网络技术，而仅仅是有条件地运用。条件之一是，华商跟义乌市场业主是熟客。长期做外贸生意的华商，由于与义乌市场的不少业主有多年的贸易联系，相互间已建立起信赖、互惠、稳固的业务关系，因此，当他需要采购商品时，他不一定要事必躬亲，专程从国外"飞"来义乌，而是利用网络、电话等现代通信手段看货、洽谈、下单，完成交易，既节省交易费用，又提高交易效率。

条件之二是依据要采购的商品的类型、款式等情况来决定。如果华商新近想采购的商品刚好是以前采购过的、较为大众化的商品，那么往往会借助于网络成交，在网上确定好要多少货、价格如何等，便可以等着收货。正如南非浦江籍华商 L 说，对于常规性的商品往往只需要打个电话、报个编号便可以交易。

> 服装里面其实也有分好几种的，比如你们穿的这个时装，在不断地变化，这个就必须亲自回来采购。有的服装不太有变化，像文化衫，几十年都不会变化的。这种就只要打个电话来，什么颜色多少，规格、款式都是固定的，那个就比较容易……
>
> （23/10/2011，am，访谈 L 于义乌幸福湖国际大酒店）

而如果该商品是新开发的产品，有些如服装、纺织品、饰品之类的商品，只有自己用手摸了看了之后才能真切地感知到质地，为了保险起见，华商往往选择自己亲自回国来看样、下单。再如做小商品贸易的华商，因为小商品种类繁多，更新变化也快，一般华商也都会亲自到义乌来进货。

因此，对于运用现代化网络进行采购、销售的华商来说，电子商务只是占据了整个商品购销流程中的部分环节，有的环节是电子商务难以完全替代的。如西班牙华商 Z 说及自己女儿的采购情况，"厂家电脑打样，用电脑传给她，她选样，然后真正确定数量以及看产品的质量，她还是要回

---

① 2011 年 5 月 19 日访谈于义乌之江大酒店。

来的。"① 这表明了传统购销方式并非与现代网络技术相矛盾，两者是可以互相补充的。

一个值得思考的问题是：在 21 世纪，电脑与通信技术的发达是否会削弱传统纽带、传统交易方式在华人商业活动中的作用？海外华商网络的发展前景如何？刘权、罗俊翀（2004）认为，"相比于过去，信息时代里每一个中国人和海外华人面对的都是整个世界的华人社会，在文化交流和商务交往方面，原有的私人关系已经微不足道；华商网络正在从狭隘的亲属关系、同乡关系向文化关系、跨国族群关系转化；各地华人将为掌握全球华商网络资讯、信息的主导权展开竞争。"② 刘权等学者说及了华商网络的未来趋势，然而，作为从草根社会中成长起来的从事义乌小商品等中国商品国际贸易的华商及其构建的商业网络要走上这样一种趋势，还需要经历一个发展、培育过程。虽然最近几年来，受信息技术普及化、欧美债务危机、成本上升和汇率变动等多重因素影响，海外华商传统经营模式受到了很大冲击，为削减依靠传统实体店采购模式的弊端，降低交易成本，电子商务逐渐成为海外华商的新宠。但是，采用网络采购或销售方式的华商还只是一小部分，绝大多数华商仅仅借助于网络与义乌市场业主进行沟通、看样、下单等，即华商网络的现代化还处于起步阶段。总体而言，虽然电子商务正在成为华商推动义乌市场转型的一个新的经济增长点，但电子商务在华商跨国经贸活动中占比不大，传统的、借助于血缘、地缘等社会关系的交易方式仍是华商普遍采用的方式。

华商（企业）转型受到多种因素影响，不仅源于自身资源和能力等内部因素的影响，而且受竞争环境和行业演变规律等外部因素的较大制约。在转型路径的选择上，很多华商不会仅仅局限于一种类型的转型，而往往会选择多种方式组合的混合路径转型。纵观从事中国商品贸易的华商的转型，不管是转型从事进口贸易，或是产业链延伸，还是理念创新，都是属于关注企业自身变革的内生性转型，是通过自身能力和资源的优化来提高在行业内的竞争力的一种转型。也就是说，在转型问题上，华商更倾向立足于原有生产、经营业务之基础上进行理念转型、产品转型等风险相

---

① 2011 年 10 月 24 日访谈于义乌幸福湖国际大酒店。

② 刘权、罗俊翀：《华商网络研究现状及其分析》，《暨南学报（人文科学与社会科学版）》2004 年第 2 期。

对较小的内生性转型，而很少有人会抛弃原有的事业积累，冒着较高风险投入新领域以实现转型。

海外华商的这种内生性转型选择，事出有因。原因之一，华商的受教育程度普遍不高，知识欠缺的短板成为制约海外华商转型的瓶颈。大多数华商只接受过中等教育，知识储备的有限性使得他们一旦进入批发、零售贸易业，便不愿意轻易放弃从事了多年的贸易业，怕自身难以应对新的从业领域的风险。原因之二，家族式的经营管理模式下，任人唯亲，亲情大于制度，往往会损害治理效率和决策的科学性，不利于企业能力的提升和实现企业的转型升级。

综上所述，当面对市场饱和、全球化风险、移居国政策改变等状况时，海外华商总是基于个人力量而非群体力量之上作出应对策略。"流动"策略和产业转型策略成为华商普遍运用的个人化策略。借助于这些策略，华商构建、拓建了其商业网络。

第五章

华商网络拓展：以义乌市场
为中心的组织化策略

华商网络既是一种非正式的、个人化的网络，也含有制度化的、非人格化的构成因素。然而，在既有的对于华商网络的研究中，大多数学者过多地关注于商业网络中那些非正式的和非制度化的因素，对于正式的制度化组织的角色的研究非常有限。李明欢（2002）着力研究了欧华联会，论及其迅速壮大的原因时指出，"在陌生的西方文化环境中，作为独立化、分散化的经济活动主体奋斗谋生，其力必弱，其势必单。当处于'小打小闹'阶段时，往往借助于亲朋好友的互助互帮以谋求立足，可是，当事业发展到一定规模，尤其是需要形成群体利益代表时，就必须通过制度化途径建立组织。"[①] 刘宏（2000）以新加坡中华总商会为个案探讨了华商网络的制度化建构。他通过对总商会的纵向联系和横向交往的集中研究，描述了新加坡中华总商会如何动用其各种资源来建设、维持区域（东南亚及东亚）商业网络，并使之制度化和渐趋完善，证明了海外华人的社会和贸易组织已经融入华商网络之中，并成为它的制度化基础。[②] 戴一峰（2002）认为，商人组织在华商跨国网络的构建和运行中发挥着极其重要的作用，"如果说近代环中国海华商跨国网络是建构在华商人际关系网络的基础上，那么，这一建构在很大层面上是以各种华商组织为中介，才得以完成的。"[③] 对此，日本学者游仲勋（2000）也指出，广义上的华人经济推动力有两种。第一种是个人的推动力，是基础性的、初步的、狭义的

① 李明欢：《群体效应、社会资本与跨国网络——"欧华联会"的运作与功能》，《社会学研究》2002 年第 2 期。

② 刘宏：《新加坡中华总商会与亚洲华商网络的制度化》，《历史研究》2000 年第 1 期。

③ 戴一峰：《近代环中国海华商跨国网络研究论纲》，《中国社会经济史研究》2002 年第 1 期。

推动力。第二种是数人的、集团或组织的、派生性的、进一步的推动力。① 游仲勋所说的第二种推动力量无疑包括华商社团组织。

与华人社团的广泛联系，是华商网络与西方企业网络的主要区别之一，是华商网络功能性建构的途径之一，也是华商网络的制度化基础。正是这些社团组织，构成了华商网络主要的和稳定的社会基础，也是华商网络发挥作用的重要机制。华商在海外组建地缘性、业缘性、血缘性等各类社团，已经成为非常普遍的一种现象。近些年来，随着义乌市场逐渐成为全球最大的小商品购销平台，其优越的经商环境、蓬勃的发展势头，促使部分海外华商也在义乌参与或组建了一些地缘、业缘性社团。本章以义乌市侨商会为主要考察对象，并兼及国内外其他华商参与组建的商会，以剖析商会组织与华商网络拓展之间的关联。

第一节　华商组织建构

义乌市场国际化程度的提升，海外华商的贡献功不可没。据不完全统计，每年有数以十万计的华商往来于义乌市场与移居国之间从事跨国贸易。② 自从 21 世纪以来，尤其是 2006 年浙江省提出"全省学义乌，全国学义乌"的口号后，人数高达 130 多万的"新义乌人"③ 纷纷在义乌成立地缘性商会。部分跨国游走或常驻义乌的华商参加了义乌市温州商会、义乌市青田商会、义乌市丽水商会、义乌市泉州商会、义乌市澄海商会、义乌市莆田商会等地缘性商会。据不完全统计，上述这些涉侨的商会中，有华侨华人企业会员 200 多家，个人会员 1000 多人，未入会的常驻（义乌）华商企业及采购机构 300 多家。④ 但在以地缘为纽带组建商会的热潮中，在某些人的"着意"推动下，义乌也出现了一个以从事义乌小商品贸易及相关产业的华商为主要会员的业缘性商会组织——义乌市侨商会。经由

---

① 廖小健等：《全球化时代的华人经济》，中国华侨出版社 2003 年版，第 485 页。

② 王晓峰、杨金坤、陈楠烈：《义乌侨商与中国小商品城——关于"义乌侨商"的调查报告》，《浙江社会科学》2011 年第 1 期。

③ 潘逸、陈正明：《义乌外来人口首次突破 150 万》，《金华晚报》2012 年 1 月 14 日第 2 版。

④ 王晓峰、杨金坤、陈楠烈：《义乌侨商与中国小商品城——关于"义乌侨商"的调查报告》，《浙江社会科学》2011 年第 1 期。

包括华商、义乌市政府相关部门的多方努力，义乌市侨商会于 2009 年 3 月建立。自此，加入侨商会的成员在义乌找到了一种"归属感"。以下以义乌市侨商会为研究个案，展示华商组织内部的成员构成及组织建构。

一　义乌市侨商会的建立

布尔迪厄（Bourdieu，1985）说："社会关系网不是天然生成的，也不是社会自动赐予的……能在或长或短的一定时期内发挥作用的社会关系网是个人或群体在有意无意间投资建构的产物。"[1] 从侨商会的构建设想、着手组建到最终建立，前后历经一年多的时间。其建立的过程，有着不同身份的商会组建者的复杂考量和不懈努力，也离不开义乌市政府相关部门的全力支持。

（一）温州人与侨商会

说到温州人，大家都耳熟能详。有人把温州人比作中国的犹太人，反映了温州人独立自主、敢闯敢拼、四海为家、辛勤创业的精神。除了被媒体广泛报道的温州人身上的这种商业禀赋外，温州人在社会交往方面的天分也非常突出——特别看重乡情，有强烈的群体意识，喜欢抱团联合作战。据悉，迄今为止，已经有接近 200 万温州商人在全国各地投资设厂，足迹几乎遍布全国；与此同时，温州企业家在全国各地推动成立了数百家温州商会。[2] 到 2011 年 12 月，广东省梅州市温州商会举行成立庆典，在外温州商会数量已经高达 203 个。[3] 如果把视野再放大一点，我们可以看到温州人的生意早已遍布全球，在欧美，在非洲，也活跃着各种形式的温州商会。组建侨团是海外温州人抱团行事的一种方式。世界各地的浙江商会，会长有一半是温州人。到目前为止，但凡温州人聚居较多的城市都会有自发组织的温州商会、联谊会或同乡会，温籍侨团数量已有 304 个。[4] 在田野调查中，我所接触到的温州商人，不管是侨居海外还是在义乌等国内各地做生意的，名片上除了印着某某公司董事长或总经理等信息外，都醒目地印着其社会兼职，尤其是在商会里的职位。在温州商人群体中，不

---

① Pierre Bourdieu, "The Forms of Capital", in John G. Richardson（ed.）, *Handbook of Theory and Research for the Sociology of Education*, NewYork：Greenwood Press, 1985, p. 249.

② 温克坚：《温州人"结社"情结》，《经济日报》2010 年 6 月 20 日第 1 版。

③ 陈义：《全国各地温州商会达 203 家》，《温州商报》2011 年 12 月 30 日第 22 版。

④ 徐华炳：《区域文化与温州海外移民》，《华侨华人历史研究》2012 年第 2 期。

参加商会，不在社会组织中兼职，似乎就不够有身份和地位。

义乌市侨商会的成立，也离不开温州商人的推动。而且令人吃惊的是，作为义乌市侨商会的第一发起人 Z，自身并没有任何侨居海外的经历，而只是一个侨眷，一个在义乌闯荡了 20 来年的温州人。Z 1982 年就来义乌谋生，经营过家具销售、室内装潢等，现在经营着温州往来义乌的货运业务。因在义乌创业的时间非常久，又爱结交朋友，认识义乌市场里三分之二以上的温州人。正是他，是金华市温州商会的发起人之一，也成为后来义乌市侨商会的第一发起人。他发起成立温州商会后，感觉不受政府重视，就谋求早点从金华市温州商会退出，想另组一个华侨华人参与的异地商会。

> 当时退出温州商会的时候，我就想到华侨华人，不过我还没有底，就是说这种东西成功不成功，是不知道的。当时我天天跟华侨玩，国外回来的要到义乌进货，天天都在一起。在义乌，温州过来的非常多，在义乌搞海运呀、搞货代呀，我都认识的。
>
> （16/9/2011，am，访谈 Z 于义乌市侨商会文化传媒公司）

要组建商会，光靠一个人的力量肯定不行，于是 Z 着手物色商会的主要成员。Z 首先想到了 S。S 是义乌本地人，曾在机关部门工作过。20 世纪 90 年代中期，S 下海经商，做起了联托运。作为地道的义乌人，S 在本地具有较广的人脉优势。Z 又想到了与自己一样在义乌打拼多年的温州老乡 F 和 L。F 在 21 世纪初到义乌，创办了一家塑料制品厂，主要生产和销售饰品。L 有侨的身份，于 90 年代中期在义乌创办了饰品商行，并在浦江和香港等地分别开设了生产基地和销售公司。有了四位发起人后，当务之急还要物色一位合适的会长候选人。他们十分清楚，要成立华侨华人商会，虽然自己热血沸腾，但毕竟自身"侨"的色彩太少，实力也有限，会长候选人必须另择高明。对于会长人选，侨商会第一发起人 Z 运用了自己以前组建过金华温州商会的经验。

> 搞侨商会的时候，我是有温州商会的经验的。当时我选人还是比较认真的，其中有几个不是我找的。基本上，后面我说，侨商会的人不要很多，实力要强，素质要好。当时这个会长我是挑过的。我想这

个老板有没有上进心，他有没有在冲刺，还是在停留，还是在保持。如果是保持了，侨商会大概办不起来了。如果他企业稳定了，稳住不动，也没有用；一定要在冲刺当中。

（16/9/2011，am，访谈 Z 于义乌市侨商会文化传媒公司）

因为有创办温州商会的切实体会，侨商会第一发起人 Z 深知作为华人社团领导人，必须德才兼备。经过四位发起人的思考和推荐，大家想到了一位多元化经营的控股集团公司的董事长 T。T 刚满四十，年富力强，富有闯劲。他早年在义乌篁园市场经商，20 世纪 90 年代中期赴迪拜经商，先后在迪拜创建了多家公司。90 年代末回到义乌创办了饰品等多家公司，并在此基础上组建了控股集团。近些年来，集团公司已发展成一家集产品制造、国际贸易、货运代理、房地产开发、酒店餐饮为一体的、下辖 19 家公司的多元化集团公司。T 在听取了四位发起人的想法后，也非常愿意参与组建这样一个有意义的组织。

基于创办温州商会的经验，Z 认为商会"能否搞起来，并且要搞好"，除了要有一位好的会长外，还要有一位有才能的秘书长。在五员发起人的冥思苦想中，有过从政经历的 S 想到了 Z。Z 曾经当过大学老师，能说会道，有组织能力，还当过"官"，善于跟政府部门打交道。最终，五员发起人的诚意打动了 Z，愿意从杭州来到义乌一起筹建商会。①

有了六员创始大将，便开始了商会的筹备工作。由此，难题也接踵而至。要筹建这么一个组织，经费是必不可少的。虽然对于筹备的结果还不可预知，但必须有一个临时的办公场所、必要的专职办公人员及办公用品，要多方考察和联系，这些都需要经费。对此，五员发起人都有心理准备，最初的筹备经费以自愿掏钱的方式解决，其中大部分筹备经费由会长候选人 T 出资。

（二）政府与侨商会

基于资源优势和权力优势，各级政府在我国的经济和社会生活中仍然占据主导地位。同样地，义乌市政府在侨商会的建立过程中也发挥了不可或缺的作用。

华商组织的建构，对于义乌市政府相关部门来说，也是期望之事。华

---

① 感谢秘书长 Z 对于本研究的支持。此处关于义乌市侨商会成立的过程得益于他的讲述。

商的流动性非常显著，活跃于义乌市场上的华商大多来往于义乌和移居国之间，只有少数人常住在义乌经商、创业。然而不管他们是否常住在义乌，他们都不属于任何一个传统意义上的单位或者组织。华商进入义乌，不需要向某个部门进行登记，平时似乎感觉不到这个群体的存在，而一旦发生事情，则往往有可能上升到外交事件。如何影响这一个存在于"体制"外的庞大群体，如何使他们的力量凝聚起来，使他们的个人事业和义乌的发展、国家的发展方向结合起来，这是一个非常现实的问题。因此，对于义乌市政府相关部门来说，也很想以适当的方式接触并引导好这个特殊群体。

根据我国社团管理的法律法规，成立社团必须要有一个主管部门，然后才可以到民政局登记注册。曾在政府部门工作过的义乌人 S 辗转找到了时任义乌市委常委、统战部部长 G。G 部长听了 S 的想法后，表示全力支持，并批示要主管海外事务的统战部副部长 W 全权负责此事。与此同时，商会会长 T 和秘书长 Z 也找到了时任市委办公室主任的 R 汇报。R 主任也明确表态支持。

商会的几大发起人在向统战部的首次正式汇报会上，W 副部长指出："眼下首要的事情，还不是向民政局申报，而是先召集发起会员……这些会员，大多数应当具备侨商身份，并且在义乌要有投资，起码要有固定住所。"而发起会员的人数，按照《浙江省民政厅关于规范异地商会登记管理工作的通知》（浙民民〔2009〕75 号）的有关规定，异地商会由"企业和个体工商户混合组成的，首批会员不得少于 50 个"。明确了当前的工作之后，各发起人便从自身的朋友和关系圈子里去找寻合适的会员人选。

侨商的特点是来往于义乌和侨居国之间，要联系到一个人并不容易，有时候即使是打个电话也要费很多周折。在各位发起人分头联系入会成员的同时，义乌市委统战部的 W 副部长利用出差机会，也不忘记为商会找到几个骨干会员。在多方努力下，初始会员很快就超过了 50 名。①

> 当时正好要成立侨商会，我说要五湖四海么。然后我正好在深圳
> 开统战部长会议，那个时候在深圳住了半个月，和各地部长天天在一

---

① 在 2009 年 3 月侨商会成立时，有三位青田籍华商参加，但后来因众多原因而退出，另外组建了义乌市青田商会。

起。我让他们提供部分在义乌的侨商名单。然后丽水这个部长么，就提供了三四个名单……

（6/7/2011，am，访谈 W 于义乌市委统战部）

义乌市政府部门中，主管商会组织成立的是民政局。作为合法的商会组织，在政府主管机构民政局注册是一个必备的环节。侨商会首位发起人 Z 的初衷是想延续异地商会的模式在义乌成立一个"温州市侨商会"，毕竟温州地区的华侨华人有 42.5 万；① 而且在义乌经商的温州人也有十多万；同时初始会员中有很多人是温州籍华商。但当时民政部对地级以上的异地商会的组建控制很严（县级城市则基本上不予办理）：规定异地商会应坚持"一地一会"的原则，同一行政区域只能成立一个由同一原籍地外来投资企业组建的异地商会。而当时金华地区早在 2004 年就成立了金华市温州商会，所以在义乌成立温州市侨商会是行不通的。

义乌市委统战部副部长 W 也曾出面与民政局领导就成立温州市侨商会进行过沟通，但民政局没有"网开一面"。后来 W 部长借浙江省侨联青年总会 2008 年年会放在义乌召开，同时这一会议又作为浙江省侨联青年总会义乌分会的成立大会之机，再次去做民政局领导的工作。

然后借那个东风呢，我又去找民政局……我就说这些人是有资产的，属于我们"新义乌人"。义乌要发展，这些"新义乌人"不包容他们怎么行呢？我这么一说呢，他们也想通了。那么他们说，你这些人呢根据三四个方面的条件，有符合其中一条的可以加入，没有的，那就不能加入。所以我们报上去的名单基本上是符合条件的，所以后来他们说以"新义乌人"的概念批下来的。侨商会这样才成立起来。

（6/7/2011，am，访谈 W 于义乌市委统战部）

在民政部政策受限制的情形下，统战部 W 副部长想出的点子是按照市政府将所有"外来建设者"都称为"新义乌人"的思路，将所有从事义乌小商品贸易的华商也都称作"新义乌人"，最后以"义乌市侨商会"

---

① 刘时敏：《四组数据见证新中国 60 年温州华侨华人发展史》，中新网 http://www.chinanews.com/zgqj/news/2009/10－22/1925767.shtml，2010 年 11 月 21 日。

名义去审批也成为顺理成章的事。然而，从义乌市侨商会会员的籍贯来看，会员中绝大多数依然是温州籍。

> 当时我们成立这个侨商会的时候，是有文件规定的，是不能成立的，没有一个领导敢表态、签字。如果成立义乌市侨商会，他们会支持，如果成立温州侨商会，就没办法。而且他们限定会长要义乌本地人。后来呢，义乌统战部推荐了几个义乌人。
>
> （16/9/2011，am，访谈 Z 于义乌市侨商会文化传媒公司）

义乌市政府相关领导给予的大力支持，大大助推了侨商会的筹建过程。2008 年六七月间，在统战部 W 副部长的带领下，义乌市侨商会主要发起人前往北京和杭州拜访相关部门，获得了中国侨联和浙江省侨联领导人的表态支持。浙江省侨联还为此专门向中共金华市委书记 X 写了一份报告。X 书记当即批示，要求义乌高度重视义乌市侨商会的筹建工作。上级党委、政府和有关部门的支持，成为成立义乌市侨商会最有力的组织保障。

2008 年 8 月 15 日，T 等商会发起人向中共义乌市委统战部和义乌市民政局提交《关于要求筹建义乌市侨商会的申请》。8 月 29 日，义乌市委统战部正式批复同意筹建义乌市侨商会，并发文成立侨商会筹备组，筹备组的组长也就是热心的市委统战部副部长 W。这是义乌市商会筹备史上绝无仅有的事，显示了义乌市市委、市政府对侨商会筹备工作的高度重视。筹备组的成立，标志着侨商会筹备工作进入了正式运行的阶段。

正是在义乌市相关政府部门及侨商会发起人的多方努力下，2008 年 9 月 12 日，义乌市民政局正式发出《关于准予成立义乌市侨商会的批复》（义民〔2008〕139 号文件）。这样，从筹备组成立到民政局正式下文批复，前后不到半个月的时间。按照民政局文件的要求，自民政局发文同意成立商会组织后，侨商会应当在三个月内正式成立。但是，当年 11 月，义乌市委统战部主要领导人进行调整。鉴于这一原因，侨商会经请求市民政局同意，成立大会推迟至 2009 年 3 月召开。

与此同时，要求参加侨商会的人数也不断增加。截至 2009 年 1 月，已有 100 多名侨商要求加入侨商会。这些会员的侨居地为欧美地区和阿联酋等，具有一定的代表性。

2009 年 1 月 12 日，义乌市侨商会筹备组召开理事人选会议。义乌市委统战部副部长、侨商会筹备组组长 W 在会上作了重要讲话。T 代表筹备组向全体理事人选报告了侨商会筹备工作情况，提出了侨商会成立以后的主要工作思路。会议决定，于 3 月召开义乌市侨商会第一届会员大会第一次会议暨义乌市侨商会成立大会。1 月 15 日，侨商会筹备组从原先简陋的办公场所搬入"义乌市出入境检验检疫局"大楼五楼，有了独立的办公场所。新办公地承租了五楼近一半的房间，分设会长、第一副会长、秘书长、理事会、办公室五个独立房间，以及包括一个由面积较大的办公室分隔出贵宾室、会议室、常务副会长室等房间在内的综合办公场所。

在会员大会正式召开之前，侨商会几位发起人举行了多次筹备会议。2 月 12 日，几位发起会员碰头，落实入会会员人数。2 月 24 日，成立大会有关筹备工作的讨论会议上，筹备组成员就组织机构、会议地点、会议时间、会议内容、会议流程、人事安排、人员邀请等方面展开讨论定夺。在人事安排上，讨论了侨商会的理事、副会长、常务副会长、第一副会长、会长、监事、监事长、名誉会长、顾问、秘书长的安排。会议还讨论了会员、理事、副会长、常务副会长、会长的赞助费标准等。[①] 3 月 20 日，侨商会正式成立前夕，筹备组召开了由全体理事和监事人选参加的成立大会预备会议。会议通报了会员大会和成立大会准备工作的相关情况，研究了大会的相关议程，并讨论了组织工作和接待工作。

2009 年 3 月 22 日，来自世界各地及在义乌经商的 130 多名会员在义乌大酒店参加了义乌市侨商会第一届会员大会第一次会议暨义乌市侨商会成立大会。截至成立大会之前，侨商会有会员 137 人，实际到会会员 120 人，会员出席率高达 88%。会议选举产生了由 M 等 28 人组成的义乌市侨商会第一届理事会和第一届监事会。在随后举行的第一届理事会第一次会议上，全体理事们选举 T 为义乌市侨商会会长，以及包括几位主要发起人在内的 9 位副会长。理事会议决定聘任义乌市委书记、义乌市市长、统战部部长三位领导为名誉会长，三位华商为海外名誉会长，统战部副部长 W 及外侨办主任 F 为顾问。4 月 10 日，义乌市民政局正式颁发给侨商会社会团体法人登记证书。至此，侨商会成立的相关法律手续全部齐备。义乌市侨商会成为完全合法的社会团体。

---

① T:《成立大会有关筹备工作讨论提纲》，2009 年 2 月 24 日，义乌市侨商会资料。

侨商群体的不断扩大，客观上需要一种利益代表、利益聚合和利益表达的组织和机制。义乌市侨商会的组建，是力图以制度化的形式巩固原先业已存在的松散的跨国网络。从义乌市侨商会的成立过程中，可以看出某些成员在推动侨商会成立时所具有的现实性考量，同时也显示了政府在侨商会成立过程中的推动、指导作用。浓郁的官方色彩是当前我国大多数商会组织共同存在的一个特征，义乌市侨商会也不例外。

二　义乌市侨商会领导和会员

从广义上来说，凡是加入商会组织的，不管其是否担当商会内的职务，都可以统称为商会的会员。但在商会内部，实质上还是存在着明显的身份差别、构成差异的。领导只占会员中的少数，而普通会员则是商会的主体。在这里，为显示商会内部成员之间的差别，将会员分成领导和普通会员两类：领导包括海内外名誉会长、顾问、会长、第一常务副会长、常务副会长、副会长等；普通会员则指理事及以下的成员。

（一）领导构成

领导是一个社团的核心。学者在研究海外华人社团时指出，华人社团的生存和发展较大程度上依赖于领袖而不是成员。如刘宏（1998）认为，传统海外华人社团的建立、维系与发展在很大程度上取决于领导人。[①] 成功的社团往往依赖于领袖的才能：包括领袖的组织能力，理念的表达能力，更重要的是沟通商会会员之间及会员和当地政府相关部门之间关系的能力。

李明欢（1999）在研究荷兰的华人社团时，将社团的领导岗位大致分成三类：实权的；名义上的及荣誉的。[②] 这种分类法具有一定的普遍性。义乌市侨商会的领导层也可以分为三种类型：名誉的，包括国内的名誉会长、顾问和海外名誉会长；实权的（会长、第一常务副会长、常务副会长、副会长、常务理事等）；名义上的，即少数人只想挂个名而已。

1. 名誉的

名誉领袖往往是一种荣誉性职位，对于为商会的组建、发展出钱出

---

①　刘宏：《海外华人社团的国际化：动力·作用·前景》，《华侨华人历史研究》1998 年第
1 期。

②　Li Minghuan，'*We Need Two Worlds*'：*Chinese Immigrant Associations in a Western Society*，Amsterdam：Amsterdam University Press，1999，p. 153.

力、作出过各种贡献者的精神上的回馈。同时，借助于名誉领袖的社会资本，有助于商会在开展活动时得到名誉领袖提供的各类资源和帮助。

侨商会设立了两种荣誉职位，包括名誉会长和海外名誉会长。担任这些荣誉职务的人员往往是海外侨社或国内地方政府中的重要人物，或者是为社团做出过重要贡献的海外社团负责人。名誉会长不主持日常事务，不在侨商会内部担任实职，但是依然有对社团内部决策的影响力。

民间社团设立由政府相关部门领导担任荣誉职位，是一直以来的一种"中国特色"，其中的寓意很深。义乌市侨商会出于扩大影响、增加知名度、创建社会资本的目的，聘请了部分义乌市政界要人担任荣誉职位。2009 年 3 月侨商会成立时，聘请时任中共金华市委常委、义乌市委书记的 W 和金华市副市长、义乌市市长 H 以及义乌市委常委、统战部部长 Z 三人担任侨商会的名誉会长。2009 年 9 月，浙江省委任命 H 担任义乌市委书记，原义乌市委书记 W 调任异地。为此，侨商会专门向市里提出请示报告，要求新任义乌市委书记 H 担任侨商会名誉会长（义侨商字〔2010〕第 2 号）。经义乌市委统战部请示市委，2010 年 3 月 11 日专门下发《关于"建议请 H 书记担任名誉会长的报告"的批复》，同意 H 书记担任侨商会名誉会长。[①] 2012 年上半年，原统战部部长 Z 调离岗位，由 F 接任，F 成为义乌市侨商会的名誉会长。至此，义乌市侨商会的名誉会长为四位，即义乌市委书记 H、义乌市长 H、原义乌市委统战部部长 Z 及时任义乌市委统战部部长 F。

侨商会邀请了三位有影响力的华侨华人担任海外名誉会长。这三人均是浙江籍人士，侨居地分别在意大利、德国和加拿大，他们的主要社会职务分别是"欧洲华侨华人社团联合会执委"、"德国华侨华人联合总会执行主席"、"加拿大浙江商会会长"。这也反映了侨商会想建立跨国联系的良好愿望。其中，来自意大利的海外名誉会长 L 不仅运用自己的人脉资源帮助侨商会邀请侨界重要人士参加侨商会及成立大会，还为侨商会的组织工作出谋划策，为侨商会成立大会的前期准备工作提出了许多具体的指导意见。

除上述海内外名誉会长之外，侨商会还聘请了两位顾问。顾问，往往

---

① 《关于"建议请 H 书记担任名誉会长的报告"的批复》，中共义乌市委统战部办公室，2010 年 3 月 11 日。

是指有某方面的专门知识、供商会咨询的人。顾问一般可对商会的重要问题提供指导或咨询，但不一定参与社团的所有重要决策。据李明欢（1994）对于当代海外移民社团聘请的顾问的研究，将这些顾问分为三大类：一是聘请开业律师担任社团的法律顾问；二是聘请社会各界知名人士担任顾问，协助指导会务，同时也扩大社团的知名度；三是聘请曾为社团发展作出过特殊贡献，但因年事已高或体弱多病等原因不再担任要职者改任顾问，指导会务。[①] 义乌市侨商会所聘请的顾问，也大致符合上述所列的第二、第三类别。义乌市侨商会的顾问有两位，是统战部副部长 W 和外侨办主任 F。一则，这两个部门都与侨商会业务有紧密关联，如统战部是侨商会的业务主管部门；二则，统战部副部长 W 为侨商会的成立作出过较大贡献。

　　值得指出的是，侨商会将义乌市府领导及相关政府部门的负责人聘为名誉会长和顾问，表明了侨商会想加强与政府部门之间的联系，也希望能获得来自政府部门的有力支持，以利于侨商会相关工作的顺利开展，也有助于发挥侨商会"上情下达、下情上达"的桥梁作用。与此同时，义乌市政府领导作为侨商会的名誉会长和顾问具有极大的象征意义，无形中提高了侨商会的地位和社会声望，也有助于提升侨商会的象征性资本。作为地方民间组织，为了其自身的存在与发展，同地方政府相关部门建立制度性关系是至关重要的。

　　2. 实权的

　　有职有权的领导人是商会的中流砥柱。有学者研究指出，"财富精英"往往是商会的较佳人选，即华商的经济资本往往成为选举商会领导层时需要考虑的基础条件。克利斯曼（Crissman，1967）甚至将海外华人社团看作"富豪统治"，"海外华人社会其实就是一种富豪统治，在这种体系中，财富直接产生威望和权力。"[②] 据李明欢（1994）的粗略统计，在海外一些历史比较悠久的传统地缘、血缘、业缘类会馆中，拥有经济实力的人士在领导层中所占比例高达 90% 以上。[③] 另据童家洲（1995）对日

　　① 李明欢：《当代海外华人社团领导层剖析》，《华侨华人历史研究》1994 年第 2 期。

　　② Li Minghuan，'*We Need Two Worlds*'：*Chinese Immigrant Associations in a Western Society*，Amsterdam：Amsterdam University Press，1999，p. 149.

　　③ 李明欢：《当代海外华人社团领导层剖析》，《华侨华人历史研究》1994 年第 2 期。

本、新加坡华侨早期同乡会馆领导人的研究，这些会馆均推财力雄厚且有威望的侨胞担任。[①] 也就是说，华人社团的领导权是建立在财富和威望基础之上的。华人社团的这种领导模式体现了与中国原有统治模式的显著差异。正如王赓武指出的，中国传统理念中的"士"处于社会的顶层并且享有政治特权，"商"则要么处于底层（理论上），要么在"士"之下（现实上）。[②] 值得指出的是，选用有经济实力的企业家担任侨商会的领袖，并不只是海外华商社团的普遍性实践。在中国境内的各个外国商会，也普遍有这种情形。如据王青君（2011）对境外在华外国商会的研究，从主要负责人来源可以看到，日韩的商会更偏重于挑选来自较大公司和企业的负责人，这样可以更好地与本国公司和企业交流。[③]

与海外华商社团、在华境外外国商会相仿，中国国内各级侨商会的领导层也往往由事业有成的侨商来担当。他们不仅生意做得大，而且与政府部门关系紧密，并且自己有一个生意圈子。以 2008 年 1 月成立的中国侨商投资企业协会为例，泰国正大（中国）投资有限公司董事长谢国民被推选为该协会的首任会长。谢国民的泰国正大国际集团是 20 世纪 80 年代以来第一个进入中国投资的外资集团，也是在中国投资项目最多、投贸额最大的外国公司之一，是一个集农、工、商综合性经营的国际性大财团。经过几十年的发展，正大集团业务遍及 20 多个国家和地区，下属 400 多家公司，员工人数近 20 万人。作为中国国内最高层次的侨商组织，中国侨商投资企业协会 300 余位创会会员大多是行业内有一定影响和规模的侨资企业，协会领导层包括中国首富曹德旺、菲律宾前首富陈永栽、印尼"钱王"李文正等。

义乌市侨商会由若干有职有权的领袖人物构成了较为稳定的核心领导层。他们具体担任的均为要职，如商会的会长、第一常务副会长、常务副会长、副会长、监事长、常务理事，等等。这些人既为商会的活动出谋划策，也直接为商会的种种活动出钱出力。

---

① 童家洲：《日本、新加坡华侨地缘社团的发展演变及其比较研究》，《福建师范大学学报（哲学社会科学版）》1995 年第 3 期。

② 刘宏：《海外华人研究的谱系：主题的变化与方法的演进》，《华人研究国际学报》2009 年第 2 期。

③ 王青君：《境外在华商会发展现状、困境及对策分析》，《中国非营利评论》2011 年第 2 期。

义乌市侨商会会长是具有实权的最高领导岗位。按照侨商会《会长办公会议议事规则》，会长要定期召开会长办公会议，商讨、部署商会相关事宜。参加会长办公会议的人员包括会长、常务副会长、副会长。侨商会规定每个月召开一次会长办公会议，时间一般定于每个月最后一个周五晚上。此外，会长还要负责召集和主持理事会，签署有关重要文件，领导及协调常务副会长、副会长、秘书长等工作，对侨商会日常运作起决策性作用。

副会长的人数在侨商会领导层中占据相当大的比例。义乌市侨商会还将这一职务细分成三类：第一常务副会长、常务副会长及副会长。第一常务副会长往往在会长因故不能参加每月一次的会长办公会议时，替代会长主持会议，并作出某些决策。侨商会刚成立的时候，有两位常务副会长，为意大利华侨 W 和澳门同胞 C，其中 W 为第一常务副会长；有 9 位副会长。侨商会的常务副会长和副会长的人数，每年略有增减。如在 2010 年 5 月 18 日侨商会第一届理事会第二次会议上，会议增选在意大利有生意的义乌籍侨商 J 为常务副会长。

3. 挂名的

"挂名的"，或者说是名义上的，多用以指空有名位而不能负起责任者。为了获得某种利益或达到某种目的，个别人士虽然并非侨商会会员，但却挂名在侨商会下，并且以侨商会统一的名片模板印有自己的名片。

2011 年 10 月的第二届中国义乌世界侨商会暨世界采购商大会期间，碰到一位义乌籍人士，在他递给我的名片上赫然写着"义乌市侨商会副秘书长"。在侨商会做田野调查那么长时间，从来没有听说过这个副秘书长呀！后来侨商会办公室主任 H 告知，"这个没有公开过的，我听说过，但只是挂名的。"

在"挂名"现象背后，必定有着一定的利益牵扯，而这种利益关系是否会使"挂名"现象变成一种所谓的"挂名经济"？抑或还有其他什么难以言说的幕后故事？挂名而不做事或者没有做与挂的名相称的事，用意何在？这一现象值得引起进一步的关注。

（二）会员构成

义乌市侨商会实行单位会员和个人会员制。单位会员，是指在义乌市境内依法设立、注册、登记，从事正常生产经营活动的华侨华人、港澳同胞和归侨、侨眷投资企业。个人会员，是指在义乌市境内投资或经商的华侨华人、港澳同胞和归侨、侨眷等。义乌市侨商会会员中，70%以上为侨商，20%以上是在义乌经商的人。

义乌市侨商会秘书长Z在2011年5月义乌市侨商会召开第三次会员大会之前，为会员通讯录的栏目设计而犯愁。在当时的会员名册中，存在一个问题。会员名册记录了会员的姓名、居住地、籍贯、公司、职务、联系电话、通信地址等。但因为会员通讯录是各个会员自己填写的，在居住地和籍贯这两个栏目上出现了一些跟事实不相符的情况。如笔者所知道的C，他常住在义乌，居住地应该是义乌，出生地（籍贯）也是义乌，身份是澳门同胞，而在会员名册上登记的是"居住地：澳门"、"籍贯：义乌"。Z秘书长在跟笔者讨论了之后，认为把会员名册上的"居住地"和"籍贯"两个栏目细分为"出生地"、"户籍地"、"现居住地"、"侨居地"四个栏目可能更为妥当。

在义乌市侨商会的会员身份构成上，按照侨商会及义乌市委统战部的习惯划分法，大致分为"侨"商和非"侨"商两类。

1. "侨"商

参加义乌市侨商会的侨商中，占最大比例的是"华侨"。但是侨商会对"华侨"的界定有别于国务院侨办对"华侨"的界定。按照《国务院侨办关于界定华侨外籍华人归侨侨眷身份的规定》，"华侨是指定居在国外的中国公民"。这里的"定居"包括两种情况：一是"指中国公民已取得住在国长期或者永久居留权，并已在住在国连续居留两年，两年内累计居留不少于18个月"；二是指"中国公民虽未取得住在国长期或者永久居留权，但已取得住在国连续5年（含5年）以上合法居留资格，5年内在住在国累计居留不少于30个月"。国务院侨办对"华侨"的界定是与华侨身份可享有的优惠政策相关的。而参加义乌市侨商会的"侨"，在概念内涵上远远大于国务院侨办界定的"侨"：凡是在国外有公司的、经常去国外做生意的，不管其是否已经取得长期或永久居留权，不管其侨居在国外的时间有多久，都被认定为"侨"。[①] 义乌市侨商会自己界定的"侨"的概念，扩大了"侨"的范围，只要符合侨商会对"侨"的界定，就可以申请成为会员。按照侨商会秘书长Z的

---

① 2011年5月5日访谈Z于义乌市侨商会秘书长办公室。

说法，

> 我们这里的"侨"是"大侨"的概念。包括：一个是华侨华人，
> 这个是硬碰硬的侨；一个是归侨，可以算的，侨眷可以算的，还有留
> 学归国人员。华侨华人是侨，归侨、侨眷、留学归国人员是可以享受
> 国家规定的政策的。我们扩大的是侨商的概念，在国外有公司的，经
> 常去国外做生意的，都视作侨商。这些人按照国务院的规定是不享受
> 政策待遇的，但我们则把他们视作侨商，因为这些人对义乌是有意义
> 的。这部分侨商实际上不是华侨的概念。所以侨商是我们自己扩
> 大的。
>
> 　　　　（20/5/2011，am，访谈 Z 于义乌市侨商会秘书长办公室）

义乌市侨商会的会员人数每年稍有变动。依据义乌市侨商会2011年4
月的统计，会员169人。侨商会成员中有"侨"色彩的为113人，占
69%，侨居在20多个国家或地区，遍布五大洲，具体分布状况：意大利
26人；阿联酋20人；美国18人；西班牙9人；法国7人；香港6人；澳
门5人；马来西亚3人；阿塞拜疆2人；菲律宾2人；印尼2人；赤道几
内亚2人；澳大利亚1人；荷兰1人；德国1人；巴拿马1人；罗马尼亚
1人；尼日利亚1人；伊拉克1人；佛得角1人；苏里南1人；沙特1人；
英国1人。[1]

2. 非"侨"商

商会的初始会员中包含了部分非"侨"身份的会员。义乌市侨商会
最初主要是几位在义乌做生意的温州人动员发起的。当初发起成立侨商会
的第一发起人也没有"侨"的经历，其他几位初始发起人中具有"侨"
经历的也只是少数。这种现象的存在，据后来侨商会秘书长 Z 的解释，他
们也向其他商会取过经，并认为这样有助于搞活商会。

> 别的地方的侨商会也有这种情况的。一般商会都是这样的，主要
> 的发展对象是侨，也有非侨的身份的人加入的。宁波侨商会等这些商
> 会都有这种情况。这样做有利的一个情况是，有利于不同成分的人进

---

[1]　这份名单是2011年义乌市侨商会第三次会员大会之前的统计。

来，把商会搞活。

（23/6/2011，am，访谈 Z 于义乌市侨商会秘书长办公室）

侨商会初始会员的非"侨"身份，必然决定侨商会成员的构成状况。如何将这些非"侨"人士包容进侨商会组织之中？依据 2009 年 3 月 22 日召开的义乌市侨商会第一届会员大会第一次会议审议通过的《义乌市侨商会章程》，对于侨商会成员的构成作了规定。《章程》规定了申请加入侨商会的单位或个人的资格，其中资格之一是"热心本会事业的著名人士或专业人士"也可以申请加入侨商会。① 于是这些非"侨"人士就归之于"热心人士"一类。在 169 名会员中，56 名会员是土生土长的义乌本地人或在义乌经商多年的温州人、江苏人等。

目前，侨商会内部掌握的原则是侨商人数在会员总人数中不得少于70%，其他热心人士大约占 20%。实际上，在会员申请时，这一人数标准没有得到严格执行。据笔者大致统计，目前这些非"侨"人士占侨商会总人数的 31%。侨商会办公室主任 H 说，现在侨商会已经在会员入会资格上严格把关了，基本上要求有"侨"的身份才可以入会。

现在我们最新入会的都是有侨的身份的……现在会员名册上的非侨商，基本上是第一批加入的，侨商会刚成立的时候加入的。会员入会也不是说有第二批、第三批之分的，多数是陆陆续续入会的。成立之前入会的，都算是第一批。第一批的会员的考核相对来说不太严格……所以当时 2009 年成立的时候，有少数的人是没有侨的身份的。因为在筹备期，这些人也参与了。

（21/6/2011，am，访谈 H 于义乌市侨商会办公室）

侨商会在会员入会上的严格化趋向，可以从后来入会会员的身份中反映出来。2009 年 12 月 23 日，侨商会会长办公会议第七次会议，讨论通过了 Y（迪拜）、C（西班牙）、Y（意大利）、H（意大利）、G（意大利）

---

① 《义乌市侨商会章程》（2009 年 3 月 22 日义乌市侨商会第一届会员大会第一次会议审议通过），《义乌侨商》2009 年第 1 期。

等十位新入会会员。① 这些入会会员都来自海外。

　　综上所述，"侨"商和非"侨"商两类人士组建了义乌市侨商会。侨商会会员（这里的会员指广义上的含义，包括领导层）的受教育情况如何？依据义乌市侨商会 2011 年 4 月的 169 名会员的统计数据，接受过九年制义务教育及以下的占多数：初中及以下有 107 人，占总人数的63.3%；高中 28 人；大学及以上 34 人，占总人数的 20.1%。② 总体来说，义乌市侨商会会员中的受教育程度普遍不高。

　　　　这些侨商多数是中小企业家……文化水平都很低的，小学、中学的不错了。像我们这里的话，有大学文凭的很少的。年轻一代里面有（大学文凭）。

　　　　（5/5/2011，am，访谈 Z 于义乌市侨商会秘书长办公室）

　　侨商会对会员的学历统计，是完全按照自己的意愿填写的，实际上是带有水分的。出于面子或其他方面的考虑，有的侨商会更改自己的受教育程度，"拔高"自己的学历。如在参加 2011 年 10 月初在新加坡召开的"第十一届世界华商大会"的报名阶段，侨商会某一领导在报名表"学历"一栏填写了"大学"，而侨商会中很多人都知道，他的真实学历是"初中"。③

　　侨商会中，除了领导和会员外，按照民政部有关规定，一个社团的组建，必须有一定数量的专职人员。侨商会在筹备期间，就专职聘用了一位秘书长 Z。秘书长专职负责侨商会的日常工作，包括筹备策划每年侨商会的会员大会、两年一届的义乌世界侨商大会的举办等，以及具体负责各类大会上侨商会有关领导的宣讲稿、日常提供侨商会成员的《义乌侨商》会刊、《义乌侨商简讯》及《信息参考》等。从某种程度上说，义乌市侨商会的成功大半靠秘书长的能力，包括较强的组织协调能力、与政府的交往能力等。此外，秘书长配备了两位专职助手，负责外勤、档案及日常

---

　　① 《第七次会长办公会议新入会会员名单》，参见《义乌市侨商会会长办公会议第七次会议议程》，义乌市侨商会，2009 年 12 月 23 日。

　　② 数据由义乌市侨商会提供。

　　③ 2011 年 10 月 6 日在义乌市侨商会办公室做参与观察获知。

事务。

第二节　组织化网络及运作

义乌市侨商会在本土热心人士、华侨华人及义乌市政府相关部门的多方努力下，于 2009 年 3 月正式成立。一些值得思考的问题是：为什么华侨华人及非"侨"人士热衷于或愿意加入侨商会？侨商会成立后如何拓展了华商网络？实际成效又如何？

一　商会与社会资本

刘宏（2000）指出，"社会资本可以被作为一个有力的分析构架来描述华人商业网络和跨国华商的本质及特征。"[①] 社会资本（social capital）是当今社会学最热门、运用最广泛的概念之一。但对于如何定义、把握和使用这个概念，却一直存有异议。法国著名社会学家布尔迪厄（1985）指出，世界上存在三种形式的资本：经济资本、文化资本和社会资本，并认为这三种资本之间是可以相互转化的。其中，社会资本是"实际的或潜在的资源的集合体，那些资源是同对某种持久性的网络的占有密不可分的，这一网络是大家共同熟悉的、得到公认的，而且是一种体制化关系的网络"。[②] 布尔迪厄指出，社会资本的形成不是与生俱来的，它是深思熟虑的投资策略带来的结果。"社会关系网不是自然生成的，也不是社会自动赐予的……能在或长或短的一定时期内发挥作用的社会关系网是个人或群体在有意无意间投资建构的产物。"[③] 科尔曼（1988）提出从社会团体、社会网络和网络摄取三个方面来衡量个人的社会资本拥有量，认为个人参加的社会团体越多，其社会资本越雄厚。[④] 艾勒占德罗·波特斯（1988）认为，社会资本指的是某种个人或群体的能力——一种因行动者在其所属

---

① 刘宏：《社会资本与商业网络的建构：当代华人跨国主义的个案研究》，《华侨华人历史研究》2000 年第 1 期。

② Pierre Bourdieu, "The Forms of Capital", in John G. Richardson (ed.), *Handbook of Theory and Research for the Sociology of Education*, New York: Greenwood Press, 1985, p. 248.

③ Ibid., p. 249.

④ James S. Coleman, Social Capital in the Creation of Human Capital, *American Journal of Sociology*, Vol. 94, Suppl 1, 1988, pp. S95 – S120.

的结构和网络中所拥有的成员身份而保证其受益的能力。[①] 虽然学者们因切入的角度不同而对社会资本有不同的理解，但我们可以从中了解到社会资本跟个人加入社会团体紧密相关，这种团体成员资格提供给个人一种社会关系网络及资源。社会资本一旦形成和获得之后，将在经济和政治发展中扮演重要的角色。布尔迪厄指出社会资本和经济资本是可以相互转化的，尽管后者是"所有其他形式资本的基础"。

义乌市侨商会作为以华侨华人企业家为主体组建的社团组织，其所具有的独特资源必将成为吸引会员加入侨商会的主要因素。以下我们尝试从社会资本的角度剖析领袖等核心会员及普通会员两类人士热衷于组建或加入义乌市侨商会的这种现象。从广义上来说，凡是加入商会组织的，不管其是否担当商会内的职务，都可以统称为商会的会员，而领导则是商会中的核心会员。但商会的普通会员与领袖，依托组织性网络可以获得的社会资本存在着差异，为凸显这种差异性，以下将分别从领袖和会员的角度进行探析。

（一）领袖与社会资本

商会的领袖，是组织资源获取的主导性力量和组织发展的主要动力所在。尽管在海外华文报刊上，常有文章批评在华人社团中不乏"出钱垫高自己地位"的领袖人物，但他们在社团里担任职务的同时，实质上也往往需要众多付出。民间社团作为非营利性组织，其领导人不仅不能从社团任职中领取薪水报酬，而且还要花费较多的时间和精力组织会员活动、为会员排忧解难等。经济上的付出是作为商会领袖最基本的要求。[②] 商会的会长、常务副会长、副会长等领导层的赞助费，往往成为维持商会日常工作开展的主要资金支柱。义乌市侨商会的会长，每年拿出的赞助费是30万，5年为一届任期，一共拿出150万。第一常务副会长5年共25万元；常务副会长5年共15万元；副会长5年为7.5万元。[③] 虽然侨商会领袖阶层捐

---

① Alejandro Portes，"Social Capital：The Origins and Application in Modern Sociology"，*Annual Review of Sociology*，1988，Vol. 24. 转引自周敏、林闽钢《族裔资本与美国华人移民社区的转型》，《社会学研究》2004年第3期。

② 当然，目前在欧美一些国家，随着华人社团走上作为所在国少数族群合法社团或外来移民合法社团的轨道，其中一些成绩突出的社团已经或者正在争取获得所在国政府有关方面的财政资助，作为这些社团的领导人，他们所承担的经济压力就可以有所减轻。

③ 《成立大会有关筹备工作讨论纲要》，2009年2月24日，义乌市侨商会资料。

出的赞助费并不少，但是要维持整个商会的运作，开支非常大：不仅要租赁办公场所、配置办公用品，还要聘请专职的工作人员。就办公场所而言，年租金大约 20 万。专职人员聘请了 3 位：1 位秘书长及 2 位办公人员，其中秘书长的年薪是 10 多万。此外，侨商会还有很多接待性的花费、年度会员大会等开支。商会领袖既要自掏腰包为商会提供高额的赞助费，又要投入大量精力处理各类问题，有时候因为在生意方面投入精力有限，而难免影响了企业或店铺的经营业绩。那么，为什么还是有这么多的财富精英愿意加入商会成为实权的甚至是名誉的领袖？

刘宏认为，海外华人社团领导人之所以建立并领导华人社团，是出于"经济上的自我利益与文化生存"这两项考虑。[①] 就海外社团来说，这两项考虑有可取之处，但就华商在中国国内组建的商会而言，谋求"经济上的自我利益"则更为突出。许嘉明（2008）研究指出，侨商组织作为侨商自我服务、自我治理的组织，按照商会模式运行，属于典型的经济性团体，这决定了其主要利益关注点在经济领域。[②] 华商对于经济资本的追求，有时候不是直接的、显性的，而是会借助于商会获得社会资本，并进而转化成经济资本。对于多数常驻义乌发展或来往于义乌与移居国之间从事中国商品贸易的华商而言，加入商会、建立"在地化"的社会关系，不仅是他们从事经贸活动的重要生存策略，也是他们在有别于移居国的政治环境中的一种社会适应方式。

> 每个侨领回来，都会去侨联、侨办报到一下。是侨领么，最起码是常务副会长，一般国外的普通华侨回来，是不会去（报到）的。我们是属于圈子的，圈子很重要，圈子决定一切。我们一般在一起的，是比较有知名度、有影响力的侨领。
>
> （5/9/2011，am，访谈希腊温州籍华商 J 于义乌市温州商会会长办公室）

希腊华商 J 说及"圈子很重要"，表明成为商会的领袖后便可以接触

---

① 刘宏：《海外华人社团的国际化：动力·作用·前景》，《华侨华人历史研究》1998 年第 1 期。

② 许嘉明：《关于侨商组织的若干思考》，《侨务工作研究》2008 年第 1 期。

到一个特殊的圈子，这个圈子的成员不仅仅包括拥有经济资本的、社会关系资源的华商，还包括与政府各级部门领导建立的各种关系。这个特殊的圈子，从集体性拥有的资本的角度为每个会员提供支持，提供为他们赢得声望的"凭证"。① 由此，对于部分华商来说，进入民间商会的核心层，便意味着身份、社会地位的"提升"，进而获得难以估量的社会资本。尤其是在中国这样一个市场不太成熟、制度不够完善的国度，政府这只"看得见的手"在很多方面依然发挥着不可忽视的作用的情况下，华商组建商会并担任领导，有助于建立起与祖（籍）国政府部门之间的关系。借助于与各级地方政府某些部门之间建立的良好关系，侨商不仅可以大幅度降低企业的"交易成本"，也可以为企业带来高额的显性与隐性补贴②，进而实现社会资本向经济资本的积累。

福山认为，"恰当和自愿性的社会组织（社团）的存在"有助于社会资本的获得。③ 聂保真（Pál Nyíri，1999）也认为，匈牙利华人创建的、获得中国政府部门支持的社团组织，成为海外华商和中国官员、公司制度化联结的关键节点，有助于提升他们的经济利益。④ 确实，借助于商会组织的兴建，少数华商当上了商会的领导，在其回国考察、创业时，往往因为其特殊的身份及经济实力，受到祖（籍）国各级政府相关部门的重视，建立起与政府部门之间的联系，获得社会地位的提升及社会资本。而社会资本一旦形成和获得之后，则不仅仅有助于华商经济资本的积累，而且更有助于华商领袖在政治资本上的积累。

（二）会员与社会资本

本处的"会员"，是指侨商会理事及以下的会员，他们是商会的主体。不同的会员参加商会的目的不同，但大多数都非常"务实"。

美籍华人 D，大学一毕业就以亲属移民方式到了美国。目前她在美

---

① 刘宏：《社会资本与商业网络的建构：当代华人跨国主义的个案研究》，《华侨华人历史研究》2000 年第 1 期。

② 黄宗智：《中国发展经验的理论与实用含义——非正规经济实践》，《开放时代》2010 年第 10 期。

③ 刘宏：《社会资本与商业网络的建构：当代华人跨国主义的个案研究》，《华侨华人历史研究》2000 年第 1 期。

④ Pál Nyíri, *New Chinese Migrants in Europe：The Case of the Chinese Community in Hungary*, Aldershot：Ashgate Publishing Ltd. , 1999, pp. 125 – 126.

国、义乌分别创立了自己的贸易公司，从事中国商品的出口贸易服务。一次偶然的机会，让她看到义乌有侨商会这么一个组织，认为加入这样的一个大集体，可以认识一些"渠道"，于是在 2011 年申请加入侨商会。

> 偶然的机会，我看到"热烈庆祝义乌市侨商会……"的横幅，我想也算是找到一个组织，大家可以分享一些信息，互相帮助呀。团体的力量肯定是比个人的强大。认识一些渠道，终归是好的。
>
> （19/5/2011，am，访谈 D 于义乌之江大酒店）

温州籍侨眷 J，在 2009 年侨商会成立的时候就加入了侨商会。他在义乌经商多年，从事皮鞋的外贸批发，50% 的产品是通过华侨华人采购到国外的。他认为加入侨商会能接触到一些有海外经历的人，终归对自己会有好处。

> 我们都是做外贸的，认识一些从国外回来的人么，对自己也有好处。不管是什么，有没有做生意，沟通沟通也总是好的。接触一下，认识一下，沟通一下，都是有好处的。
>
> （1/7/2011，am，访谈 J 于义乌国际商贸城四区）

大体来说，多数会员希望加入义乌市侨商会后，能给他们提供一种接触不同个体、不同思想以及考察并挑选潜在合作伙伴的良好机会，带给他们个人一种实际的或潜在的资本，以扩大各自既有的社会关系网络、商业网络，进而带给每个会员间接或直接的利益，或为他们赢得社会声望。前述温州籍侨眷 J，将自己作为"义乌市侨商会理事"的铜质标牌摆放在义乌市场店铺门口醒目处，必然有借此获得象征性资本的考量。布尔迪厄说，"象征性资本是一种信用。这是一种力量，它能够使已经获得足够威望的人进一步将其影响加之于社会。"[①]

综上所述，以义乌市侨商会为代表的商会组织，其所能发挥的经济、

---

① Pierre Bourdieu, "Social Space and Symbolic Power", *Sociological Theory*, Vol. 7, No. 1, 1989, pp. 14 – 25.

社会功能已经远远超越了那些建立在个人和家族关系基础上的商业网络所能够达到的层次。因此，可以说，海外华商组织的制度化网络补充和巩固了华商个人的社会关系网络，也为华商网络的拓展提供了非常重要的平台。

二　商会与华商网络拓展

义乌市侨商会通过非正式的网络构建以及制度化的网络构建，拓展了其商业网络。非正式的网络构建，主要指侨商会借助于领袖的"执事关联"构建了与国内外社团之间的联系，这些活动往往是因时因景性的，没有形成一定的活动日程。制度化的网络构建，包括两类：义乌市侨商会借助于嵌入中国侨商会的组织系统，构建了与国内各级侨商组织之间的关系和网络；借助于建立义乌市侨商会意大利分会，拓展了制度化的跨国关系网络。

（一）"执事关联"与华商网络

在海外华侨华人中，地缘性、血缘性、业缘性社团是比较普遍的组织。地缘性组织又称同乡会馆，它是以地缘为纽带组成的团体。其组合形式有以华侨华人来自某一市、县或县级市为单位，如意大利南部瑞安同乡会、意大利温州同乡会、西班牙青田同乡会，等等；有的以省为单位，如南部非洲浙江商会、巴西中国浙江商会，等等。血缘性团体又多称宗亲会馆，大多以血缘宗族为纽带组合而成。业缘性团体即人们常说的行业商会、行业公会等以同业为纽带的社团组织。在生意上有一定成就的华侨华人，往往热衷于参加各类社团，借助于社团及社团间的关联，拓展商业网络。每个社团都聚集和联系着众多的华侨华人，很多华侨华人又往往参加一个或多个社团。义乌市侨商会的会员来自海外不同国家，部分会员加入了移居国当地的一个或多个社团组织，使义乌市侨商会也成为遍布全球的"世界华商网络"的组成部分。

李亦园（1985）在分析马来亚华人社区领袖的结构时，提出了"执事关联"这一概念。所谓"执事关联"（interlocking officership），是指一对或数个社团聘用同一人士为董事、理事或重要职员的现象。[①] 也就是各

---

① 李亦园：《一个移植的市镇：马来亚华人市镇生活的调查研究》，正中书局1985年版，第125页。

社团由于领袖人物的重叠而形成的联系。一对社团如执事关联数愈多，则关系愈为密切。社团有了执事关联，也就可借此作为交往的"频道"，而原来没有关系的社团，即可以借此频道而有交往了。

义乌市侨商会的部分领袖，在国内外的某些社团中担任重要职务，因为不同社团之间领袖人物的重叠，而形成了显著的"执事关联"，从而形成了联系、网络，拓展了交往的频道，而有助于华商网络的拓展。义乌市侨商会领袖的"执事关联"状况因关联的社团的地域差异，大致可以分为两大类：一是指国内的执事关联，包括以义乌为地域范围的执事关联和跨省的执事关联；一是跨国界的执事关联。下面以 2009 年 3 月义乌市侨商会成立大会时领导层的构成作具体分析。[1]

1. 国内的

就义乌市侨商会与国内社团之间的"执事关联"来说，可以细分为以义乌为地域范围的及跨省的两类。

以义乌为地域范围，主要是指义乌市侨商会与义乌当地的各个由华商组建的异地商会之间的联系。近些年来，义乌出现了"商会热"，成为异地商会比较集中的县级市。截至 2010 年 6 月，义乌的商会、行业协会总数已逾百家。[2] 在这百家商会、行业协会中，与义乌市侨商会互动比较多的是有部分华商参加的商会，如义乌市温州商会、义乌市青田商会、义乌市泉州商会、义乌市澄海商会、义乌市莆田商会等。这些来自侨乡的异地商会，其会长、副会长往往就是华侨华人或港澳同胞。这些异地商会中的少部分领袖如会长、副会长加入了义乌市侨商会。如澳门同胞义乌市莆田商会会长 X、副会长 Z 均是义乌市侨商会的理事；义乌市温州商会三位副会长也是义乌市侨商会的发起人和副会长。通过这种"执事关联"，义乌市侨商会与这些具有"侨"色彩的异地商会建立起联系。

跨省的"执事关联"。义乌市侨商会领袖中，因为在国内其他省份有投资，还参加了投资所在省份的地缘性商会。如侨商会副会长、温州籍意大利华商 X，生意涉足浙江省、广东省、山东省、湖北省、河北省、温州

---

[1]　侨商会成立大会时领导层的构成名单，与后来的二届、三届会员大会时的领导层的构成稍有变动。个别人因经常不在义乌而无法参与各类会议而自动退出，也有少数人被增选为侨商会副会长、常务理事等。

[2]　辛华：《义乌商会行业协会数量逾百家》，《中华工商时报》2010 年 6 月 1 日第 7 版。

市、瑞安市等省市。他既是湖北省随州市温州商会常务副会长，又是广东省惠东温州人企业家联合会高级顾问等。

2. 跨国的

李明欢（1999）曾谈及海外社团的跨国网络，即欧洲各国华人社团之间跨越国界的合作关系，认为这种跨国网络在全球化背景下在经济领域将发挥特殊作用。[①] 义乌市侨商会与其他社团之间的"执事关联"也表现出跨国性的特点。义乌市侨商会有 3 位海外名誉会长，1 名会长，2 名常务副会长，9 位副会长。这些领袖，不仅侨居地涉及意大利、加拿大、德国、美国、迪拜等多个国家及地区，而且很多都加入了当地的地缘、业缘等各类社团（见图 5.1）。

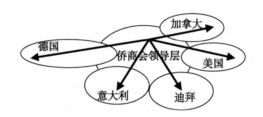

图 5.1 义乌市侨商会与国外社团的"执事关联"

义乌市侨商会的领袖在国外社团组织中担任的职务有欧洲华侨华人社团联合会执委、德国华侨华人联合总会执行主席、意大利南部瑞安同乡会常务副会长、迪拜义乌市侨商会会长、意大利罗马华侨华人联合总会常务副会长兼副秘书长、意大利贸易会副会长，等等（见表 5.1）。其中，一位海外名誉会长参与的社会职务最多。这从他的个人名片提供的信息中就可以获知一二。他的名片上，密密麻麻地写满了 28 个头衔，除了两个是他自己经营的公司之外，其余 26 个都是他的社会职务。他的社会职务中仅在侨居国意大利就有多个：意大利罗马华侨华人联合总会常务副会长兼副秘书长、意大利罗马南部瑞安同乡会常务副会长兼秘书长，等等。

义乌市侨商会领袖存在的这种重叠性的社团领袖结构有助于侨商加强与海内外社团之间的联系以及华商网络的拓展。

---

① Li Minghuan，'*We Need Two Worlds*'：*Chinese Immigrant Associations in a Western Society*，Amsterdam：Amsterdam University Press，1999，pp. 207 – 208.

表 5.1　　　　　　　　义乌市侨商会领袖的"执事关联"

姓名	参加社团及职务	义乌市侨商会职务
L	欧洲华侨华人社团联合会执委	侨商会海外名誉会长
Y	德国华侨华人联合总会执行主席	侨商会海外名誉会长
X	加拿大浙江商会会长	侨商会海外名誉会长
T	迪拜义乌市侨商会会长	侨商会会长
W	意大利南部瑞安同乡会常务副会长	侨商会常务副会长
Z	意大利南部瑞安同乡会常务副会长	侨商会副会长
X	意大利罗马华侨华人联合总会常务副会长兼副秘书长、意大利罗马南部瑞安同乡会常务副会长兼秘书长	侨商会副会长
C	意大利贸易会副会长	侨商会副会长

资料来源：依据华商发送的名片及侨商会资料整理。

（二）侨商会组织网络的嵌入

中国国内侨商组织的产生和发展是侨商在华投资事业发展到一定阶段的内在要求，是侨资企业群体形成后的必然趋势，也是侨商共同应对日趋激烈的竞争与挑战的一种选择。进入 21 世纪，中国各省、地级市先后成立了各级侨商会，侨商会的组织性建构日益完善。从 1990 年全国第一个侨商组织——"广州市华侨投资企业联谊会"成立，到 2011 年年初，全国地级城市以上由侨办主管的侨商组织已近 70 家，涵盖了近 20 个省区市，代表会员企业达 1 万多家。①

义乌市侨商会的成立，"天生"地属于中国侨商组织系统内的一分子。从它成立伊始，便嵌入了由中国侨商会、省侨商会、地市侨商会、县（市）侨商会等构建起来的垂直的组织系统之中。此外，义乌市侨商会成立后，通过加强与国内侨商会组织系统内部兄弟商会的横向联系，又进一步密切了制度化的关系网络。

就纵向而言，即指义乌市侨商会与中国侨商会、浙江省侨商会等之间的上下隶属关系。中国侨商会成立以来，积极推动构筑全国侨商组织网络，建立了各地侨商组织会长、秘书长沟通机制，通过网站、会刊、培训、联谊交流等形式，密切侨商组织之间的联系，促进侨商组织之间的交流与合作。此后，侨商会的组织网络不仅在省级层面得到了扩张和加强，

---

① 倪婷：《"侨商之家"遍地开花》，http://www.zjqb.gov.cn/art/2011/2/12/art_376_37364.html，2011 年 12 月 2 日。

同时以各省侨商会为中心，各地级市也纷纷成立了侨商会，形成了以中国侨商会为中心，以省级侨商会为重点的以点带面的网络体系。以浙江省为例，到 2010 年 11 月，浙江省 11 个地级市已有杭州、宁波、温州、湖州、绍兴、台州、嘉兴、舟山、衢州、金华 10 个市及 4 个县成立了侨商会，会员已由成立之初的几百名发展到了现在的 1860 多名。① 浙江省侨商会是义乌市侨商会的上级主管单位。浙江省侨商会章程规定，其会员实行团体会员、单位会员、个人会员制。"团体会员是指浙江省各市、县（市、区）级侨办、侨联等部门主管的侨商组织。"义乌市侨商会自然而然成为浙江省侨商会的下属团体会员单位。在组织机制上，浙江地级市侨商会的会长，原则上是省侨商会副会长，这样便极大地方便了各地级市侨商会领导参与省侨商会重要工作的决策。由于浙江省侨商会于 2007 年成立，早于义乌市侨商会的成立，因此义乌市侨商会没有进入浙江省侨商会第一届会员。2012 年 1 月，浙江省侨商会召开第二届会员代表大会，进行换届选举。义乌市侨商会虽然不是地级市侨商会，但在该次会议上，义乌市侨商会海外名誉会长 L、会长 T 都破格当选为浙江省侨商会副会长，侨商会常务副会长 J 当选为省侨商会常务理事，副会长 F 当选为省侨商会理事，这进一步加强了其与浙江省侨商会之间的组织性联系。

从横向来说，义乌市侨商会通过加强与各兄弟商会组织之间的联系，尤其是侨商组织之间的友好往来与合作，对于拓展侨商社交网络乃至商业网络提供了更广阔的渠道。在义乌市侨商会成立以来的日常工作中，与其他兄弟侨商会或社团的互访或建立友好关系是重要工作之一。侨商会除了接待来自全国各地主要是浙江省内众多的侨商会的参访外，自己也经常出访兄弟商会。此外，义乌市侨商会还积极寻求与其他兄弟商会建立起合作伙伴关系。到 2012 年年初，义乌市侨商会分别与乐清市侨商会、瑞安市海外华侨华人交流协会、嘉兴市侨商会、舟山市侨商会、广东国际华商会、江苏省徐州市侨商会、上海华商会、大连市海外华商联合会等签订了建立友好合作伙伴关系的协议，以期拓宽跨社团、跨区域的联系网络。到 2012 年年底，义乌市侨商会与全国及海外 20 余家侨商会结对友好商会。②

---

① 《全省侨商组织秘书长工作会议在杭州召开》，http：//www. zjsql. com. cn/20110427/10442. html，2011 年 11 月 1 日。

② 义乌市志（年鉴）编辑部编：《义乌年鉴 2013》，上海人民出版社 2013 年版，第 110 页。

除了加强与侨商会系统内部的网络联系外，义乌市侨商会部分领袖参加了浙江省或其他省政府涉侨部门的相关联谊性组织，进而构建了另一层面的关系网络。侨商会领袖中，有的参加了浙江省海外交流协会、浙江省侨联青年总会等省级联谊性组织，以及浙江省侨联青年总会义乌分会、瑞安市海外华侨华人交流协会等地方性联谊组织。以义乌市侨商会副会长 X 为例，他既是浙江省海外交流协会副会长，也是浙江省侨联委员，还是浙江省侨联青年总会委员。此外，他也是山东省海外交流协会理事、河北省横水市海外交流协会副会长等。有的侨商还参加了国家级联谊性组织，如中国侨联青年委员会委员、中华归国华侨联合会海外委员等。如前述的义乌市侨商会副会长 X，是中华归国华侨联合会第八届海外委员、中国华侨国际文化交流促进会理事。华商加入上述不同组织，为华商之间的信息沟通、交流搭建了平台，也为华商所属的社团之间的互动交流搭建了通道。

（三）跨国网络的制度化构建

李明欢（1998）在针对欧洲华人社团的研究中指出，"与亲属关系一样，跨国社团是建立或延伸经济网络的实用性方式。"[①] 侨商会领袖及成员各自带来的跨国网络及跨国联系，往往是非正式的，如何将这种跨国资源运用起来发挥其潜力，还存在着一个操作问题。通过制度化的建构，侨商会领袖及成员所携带的跨国网络和跨国资源，可以成为发挥组织化网络能量的平台。

成立意大利侨商分会成为义乌市侨商会意图加强、拓展自组织内部网络的初步实践。义乌市侨商会的会员多数移居在欧洲国家，一年中到义乌采购的次数毕竟非常有限，如何加强与这些常住海外的会员的联络并拓展商会关系网络，成为义乌市侨商会面临的现实性问题。为了加强与这些海外会员的联络，义乌市侨商会成立之后便开展侨商会驻海外机构设置的可行性研究，准备相机进行侨商会驻海外机构设置的试点。

关于成立意大利义乌侨商分会的事，已经策划了很久。当初提出这个设想，基于几方面的缘由：其一，跟义乌市侨商会成员中意大利籍华商的比重较大有着直接关联。依据义乌市侨商会第二次会员大会时（2010 年）

---

① Li Minghuan，"Transnational Links among the Chinese in Europe：A Study on Europe – wide Chiese Voluntary Associations"，in Gregor Benton and Frank N. Pieke，*The Chinese in Europe*，Great Britain：The Ipswich Book Company Ltd.，1998，p. 37.

入会的 113 位成员的登记信息，成员侨居在意大利从事义乌小商品贸易的有 26 人，占总人数的 23%。① 同时，在义乌市侨商会内担任理事及以上职务的 46 位华商中，也以侨居在意大利的人数为最多，共有 7 位，占 15%。其二，意大利的华商中绝大多数是温州人，温州人历来就有结社的传统。侨商会中，除义乌籍副会长 J 因生意的拓展在意大利经商外，其余的 25 位意大利华商都是清一色的温州籍。温州人特别看重乡情，喜欢抱团联合作战。随着 70 多万温州人移居欧洲及世界其他国家，到处呈现出温州人的"结社热情"。其三，在意大利建立义乌市侨商会分会，有助于义乌市侨商会加强与海外侨社的联系，有助于内外联络功能的通畅。

> 设立一个分会，跟他们可以联络。侨商会有一个 X，常年在意大利的，他跟我们联系也很多的。他那边设立一个分会，我们联系起来可以互通信息，方便一些。他们那边有什么事情的话，也可以做一个汇总，跟我们这边沟通。
>
> （21/6/2011，am，访谈义乌市侨商会办公室主任 H 于义乌市侨商会办公室）

　　为设立海外分会，侨商会内部就具体事宜经过了多次讨论。2010 年 3 月 23 日，也即侨商会成立一周年的时候，侨商会会长办公会议召开第九次会议，会议首次讨论了在境外设立分支机构的初步规划，研究了侨商会意大利分会的组建筹备工作。为了进一步加强境外分支机构的工作，规范境外分支机构的运作，会议讨论研究了侨商会驻境外分支机构的工作职责，并表决通过了《义乌市侨商会驻境外机构职责》。② 此后，意大利分会进入筹备阶段。2010 年 5 月 18 日，侨商会第一届会员大会第二次会议期间，大会通过了《关于批准设立我会意大利分会的决定》。2011 年 3 月 22 日侨商会会长办公会议召开第十五次会议，研究了意大利分会成立等工作。

　　在意大利分会成立的具体时间方面，主要依据义乌市领导的出访计划而定。由于我国对公务员出国的审批非常严厉，加上义乌市有关领导工作

---

① 2011 年 4 月义乌市侨商会提供的数据。

② 《我会会长办公会议召开第九次会议》，《义乌侨商》2010 年第 4 期。

繁忙、出访时间难以确定，使得意大利分会成立的时间一拖再拖。早在2011年3月24日笔者第一次进入义乌做田野调查，Z秘书长就告知，预计7月在意大利成立"义乌市侨商会意大利分会"。但当笔者6月21日去义乌市侨商会的时候，Z秘书长说为了凑义乌市领导出访的日程，成立意大利侨商分会的事要推迟到9、10月。9月初，笔者在义乌市侨商会做田野调查时，侨商会又接到义乌市外侨办的临时通知，说义乌市政协G副主席等率代表团于9月20日出发去欧洲考察，同时安排23日参加意大利义乌侨商分会的成立典礼。因为时间很紧，只有半个月左右的时间，要落实侨商会有关负责人去意大利参加成立仪式实在有些仓促。最关键的问题是，短时间内办签证有点紧张，侨商会内能去参加的副会长人数有限。侨商会Z秘书长赶紧联系了拥有意大利永久居留证的第一常务副会长W。过了几天，侨商会得到市外侨办的通知，说G副主席的访问要推迟到11月。

2011年11月初，义乌市政协G副主席率义乌代表团访问欧洲。11月7日，意大利（中国）义乌侨商分会在罗马维多利亚华人区的伊甸园大酒店举行成立庆典。意大利中国和平统一促进会会长、义乌市侨商会海外名誉会长L任意大利义乌侨商分会名誉会长，义乌市侨商会常务副会长W任高级顾问，义乌市侨商会副会长X任会长。庆典大会上，有来自义乌的、意大利的众多高级官员应邀出席，包括义乌市政协G副主席率领的代表团以及中国驻意大利大使馆政务参赞、参赞、领事部主任等。在首任会长X的演讲中说及了意大利分会与总会的关系，即"将带领全体分会成员遵循总会的发展方针，积极促进意中两国间的经贸合作与交流，努力为海内外华人经济的发展提供更多更好的机会和服务。"

在等待义乌市委市府相关领导出访意大利的时机举行意大利分会成立仪式的过程中，实际上这一分会的领导班子已经选定了。意大利义乌侨商分会的负责人，即意大利华商、义乌市侨商会副会长X。在2011年10月23日"第二届中国义乌世界侨商大会暨世界采购商大会"期间，碰到了义乌市侨商会副会长X先生。在他递给笔者的名片上，密密麻麻的社会职务中，赫然印着"意大利（中国）义乌侨商分会首届会长"。

意大利侨商分会的成立，一方面有助于义乌市侨商会加强与意大利会员之间的联络，同时也有助于义乌市侨商会跨国网络的制度化构建，进一步凸显侨商会所具有的跨国性。

三 商会运作及成效

侨商会组织的构建被很多会员视为重要的商业策略。借助于纵向、横向、跨国的多重网络建构，义乌市侨商会构建了与其他商会之间、内部会员之间、会员与政府部门之间沟通、交往的通道，具有商业网络拓展的优势。这是单独的华商或公司根本无法做到的，也正因为如此，才成为会员寻求加入侨商会的主要考量。然而，侨商会是否能达到令会员满意的功能，则完全依靠侨商会的作为及日常运作状况。

（一）商会品牌化运作

义乌市侨商会在筹建期间及建立之后，积极通过扩大宣传、参与扶贫结对、助力政府招商引资等一系列活动提升其作为一个社团的影响力及社会地位，在一定程度上促进了内部成员之间的合作、资源共享等，有助于会员商业网络的拓展。

1. 扩大社会宣传

侨商会成立伊始，便注重抓住一切机会宣传自己，提升自身社会影响力和知名度。如在成立大会期间，义乌市侨商会邀请了国内一些主要媒体的记者与会。成立大会后，包括新华网、人民网在内的全球 50 多家知名网站和中央人民广播电台、浙江电视台、浙江日报等 10 多家中央与省市媒体对侨商会成立大会进行了密集报道。此后，侨商会也主动把本会参与的一些重要活动新闻稿提供给有关媒体。此外，在各种涉侨活动中，义乌市侨商会也充分利用机会打响商会的品牌。

2. 参与扶贫结对

义乌市侨商会成立后，与兰溪少数民族低收入家庭结对帮扶，参与社会公益事业，既展示了商会的社会形象，又承担起作为商会的社会责任。根据浙江省委统战部关于少数民族低收入群众增收帮扶工作实施意见，金华市委统战部确定兰溪市水亭畲族乡上朱村为义乌市委统战部结对帮扶对象。义乌市侨商会知道此事后，主动提出愿意参与结对帮扶。"我们跟那个兰溪水亭乡结对，侨商会自己提出来，比较热心参与的，他们说这个少数民族那边比较贫困，他们愿意结对。"① 于是，义乌市委统战部确定义乌市侨商会成为水亭乡上朱村的结对帮扶者。2009 年 6 月 2 日、6 月 19

---

① 2011 年 9 月 6 日于义乌市委统战部访谈办公室副主任 G。

日，义乌市委统战部领导先后率侨商会代表团前往水亭乡上朱村进行专题调研、考察，与乡、村干部和群众进行深入座谈。考察结束后，侨商会提出了《关于支持兰溪市水亭畲族乡经济社会发展的若干建设》，并制定了在水亭乡开展结对帮扶活动的初步计划。2010 年 1 月，义乌市委统战部长 Z 率侨商会考察慰问团，第三次赴兰溪市水亭乡及上朱村，与水亭乡党委、政府进行洽谈，并深入贫困村、户进行慰问。本次慰问，侨商会捐款额度为 3 万元，其中 2 万元捐给村里；1 万元直接捐给水亭乡 10 户贫困户，每户捐 1000 元，其中，500 元以红包形式捐助，另 500 元以油、米等实物捐助。

除了结对帮扶外，义乌市侨商会还实行捐资助学。2010 年 4 月 14 日，水亭乡党政代表团到访侨商会，带来了 50 名结对帮扶困难学生名单。2010 年 8 月下旬，义乌市委统战部长 Z 率侨商会代表团赴水亭乡进行了捐资助学活动。侨商会向水亭乡中心学校捐赠了 200 多册图书，20 多位理事、监事以上人员向结成对子的水亭乡 50 名困难学生捐赠了书包、文具和一年的助学金。按照兰溪市的有关资助标准，小学生每年 700 元、中学生每年 1000 元即可完成 1 年学业，但义乌市侨商会提高标准，分别以小学生 1000 元、中学生 1500 元的标准进行资助。[①] 自 2010 年起到 2012 年 8 月，侨商会共资助水亭畲族乡困难学生 140 人次，总计 20 万余元。

3. 助力招商引资

助力义乌市政府开展宣传义乌、招商引资的有关活动，成为义乌市侨商会成立之后的工作重心之一。在侨商会的年度工作计划中，往往将"发挥自身的资源优势与人脉优势，参与政府组织的其他重大招商与推介活动，协助政府做好重要涉侨活动"列为商会的中心工作之一。[②]

侨商会自成立以来，除了商会的日常性工作、每年一次的会员大会外，还积极配合义乌市政府开展一些涉侨活动。近 3 年来，每年 10 月总是会协助义乌市政府组织有影响力的活动，如两年一届的义乌世界侨商大会，目前已经组织了两届：2009 年义乌世界侨商大会和 2011 年义乌世界

---

① 《关于结对帮扶兰溪市水亭畲族乡困难学生事宜》，《义乌市侨商会会长办公会议第十次扩大会议议程》，2010 年 5 月 4 日，侨商会资料。

② 《义乌市侨商会第二年度工作计划（草案）》（2010 年 6 月 8 日义乌市侨商会会长办公会议第十一次会议通过），侨商会资料。

侨商大会、2010 年首届全国侨商组织会长峰会。这些每年一届的大型活动，虽然义乌市政府是会议的主要承办者，但侨商会在会议的倡议、筹备、组织过程中发挥了重要的协助作用，并且也获得了高调亮相的机会。

举办世界侨商大会的最初设想是义乌市侨商会领导在侨商会成立之后不久提出来的，后来由义乌市政府具体组织、实施。为协助办好这次大会，从 2009 年 7 月起，侨商会先后召开会长办公会议第三次会议、第四次会议和理事会临时会议，专题研究讨论协助办好世界侨商大会工作，并成立了"侨商会协助办好义乌世界侨商大会筹备工作组"，并于 2009 年 4 月 28 日向全体会员发出《关于组织侨商参加义乌世界侨商大会的通知》，要求各位会员通过自己的人脉网络，在海外侨商中进行广泛动员，并对与会人员的资格提出了具体要求。作为首届世界侨商大会的倡议者及协助筹备者，新成立的义乌市侨商会干劲十足，主动争取到邀请 200 个与会侨商名额。[①] 为确保与会人数，侨商会对海外嘉宾邀请采用分头负责制，由侨商会会长、常务副会长、副会长等分工负责邀请、联络海外侨商与会。会议资料、会场布置、接待等工作基本上由侨商会全权负责。

2009 年 10 月 18 日，为首届义乌世界侨商大会报到之日，来自近 60 个国家和地区的 600 余名海内外嘉宾、侨领、侨商代表与会。侨商会邀请参加本次义乌世界侨商大会的嘉宾共有 260 多人，其中非义乌市侨商会会员近 200 人，侨商会会员 65 人。义乌市侨商会邀请的嘉宾，主要来自意大利、菲律宾、美国、西班牙、澳大利亚、荷兰、德国、阿塞拜疆等 23 个国家和香港、澳门等地区。这些嘉宾，祖籍地主要为福建、广东、广西、安徽和浙江杭州、温州、乐清、瑞安、丽水、青田、金华、义乌等地，其中在海外华人社团中担任副会长以上的侨领约有 60 人。[②] 当晚，义乌市侨商会自费出资宴请与会嘉宾。

第一届义乌世界侨商大会是成功的。会议期间正值一年一度的"义博会"，义乌市政府原本预计邀请与会侨商 500 名左右，后来最终确定 600 余名侨商，但实际与会的却有 700 多人。人数庞大的与会嘉宾加上众多著

---

① 《关于组织侨商参加义乌市世界侨商大会的通知》，2009 年 4 月 28 日，义乌市侨商会资料。

② 《协助义乌世界侨商大会工作总结》，2009 年 10 月 28 日，为《义乌市侨商会会长办公会议第六次会议议程》之一，秘书长 Z 宣读。会议时间 2009 年 11 月 22 日，义乌市侨商会资料。

名新闻媒体的密集报道，会议所产生的宣传效果乃至经济效应都是显著的。依据义乌市侨商会在侨商大会期间向与会侨商回收的 178 份"义乌世界侨商大会信息反馈表"[①]，共有 36 位侨商于大会期间在义乌达成了采购意向，占反馈人数的 20.22%，总采购金额约为 1.3 亿元人民币。其中，采购玩具、钟表类的为 1000 万元，围巾、袜子、针织类 670 万元，文具类 100 万元，饰品类 2650 万元，小百货类 8280 万元，农业产品类 300 万元。[②]

基于首届义乌世界侨商大会的成功召开及良好效果，促使义乌市委、市政府意识到要把加强义乌与海内外侨商的交流与合作作为一项长期工作，持之以恒地做下去，并设定了暂定两年一届的计划。鉴于市政府对侨商的重视，2010 年 3 月，义乌市侨商会又向义乌市委统战部提交了举办"义乌中国侨商会长峰会"的报告，希望借此会议把全国各地侨商组织的负责人请来义乌，向他们当面推荐义乌，让他们亲身感受义乌的市场氛围，进一步提升义乌品牌的影响力，加强与全国各地的近百家侨商组织之间的横向联系和相互沟通，集聚全国各地的侨商资源和力量，从而在更高平台上和更大范围内发挥侨商对义乌市场的积极作用。义乌市委统战部领导收到这一报告后，高度重视这个设想，并向市委、市政府主要领导作了汇报，获得了义乌市委书记、市长等党政领导的同意批示。

随即侨商会成员进入会议筹备阶段。2010 年 5 月召开的侨商会第一届会员大会第二次会议上，T 会长向全体会员发出号召，要求认真协助市委、市政府办好全国侨商会长峰会。6 月 8 日，义乌市侨商会会长办公会议第十一次会议通过的《义乌市侨商会第二年度工作计划》，把协助市政府办好全国侨商会长峰会作为工作任务写进工作计划中。7 月 16 日，义乌市侨商会会长办公会议召开第十二次会议，重点研究首届全国侨商会长峰会工作，如何做好会议筹备、与会人员邀请等协办工作。根据市委统战部的要求，7 月中下旬，侨商会有关负责人专程赴江苏、上海、福建和广东四省市的侨商会进行访问，郑重邀请他们参加侨商会长峰会。7 月 23

---

① "信息反馈表"共发放 200 份，其中，菲律宾中国商会代表团为集体反馈，代表团人数 28 人，回收率为 89%。

② 《协助义乌世界侨商大会工作总结》，2009 年 10 月 28 日，为《义乌市侨商会会长办公会议第六次会议议程》之一，秘书长 Z 宣读。会议时间 2009 年 11 月 22 日，义乌市侨商会资料。

日，义乌市委、市政府召开侨商会长峰会、义博会、森博会动员大会，正式确定了侨商会长峰会的举办时间，并在全市范围内正式动员，市委、市政府的筹备工作正式开启。随后，义乌中国侨商会长峰会筹备组正式成立。侨商会派员参与筹备工作，并参加筹备组的所有会议，执行筹备组安排给侨商会的相关工作。在随后的近1个月时间里，侨商会办公室几位专职人员通过各种渠道收集全国侨商组织名录，掌握各侨商组织联络方式，为侨商峰会的召开做好基础工作。9月，义乌市侨商会组团参加第二届全国侨联·商会系统乒乓球联谊赛。比赛期间，拜会了中国侨商联合会副会长兼秘书长A，获得了A副会长对义乌中国侨商会长峰会的支持，并愿意就相关事项进行协调和以中国侨联名义向全国有关侨商组织发出邀请函。9月20日，义乌市委、市政府召开侨商会长峰会、义博会、森博会三大会议通报会。10月7日，侨商会会长办公会议召开第十三次会议，再次研究和部署义乌中国侨商会长峰会具体分工。10月16日，侨商会召开理事会专题会议，成立义乌市侨商会协助义乌中国侨商会长峰会组委会，全体理事为组委会委员，并实行理事联络员制度，每位理事联络两家与会外地侨商会，负责做好对接与接待、沟通、引导等服务工作。

2010年10月19日至20日，义乌中国侨商会长峰会在义乌召开，来自近30个省市的250多位侨商会会长、秘书长以及部分在义侨商、企业代表出席了会议，超过70%的人是首次来义乌。① 10月19日晚上，以义乌市侨商会的名义在义乌大酒店宴请了与会嘉宾。在峰会期间，市政府将很多重要任务分配给了侨商会，如在重要领导和嘉宾的接待上，全国政协港澳台侨委副主任马健是出席本次峰会的最高级别领导人，组委会将此接待工作交由侨商会。义乌之江大酒店是本次峰会嘉宾的主要下榻地之一，侨商会负责之江大酒店入住嘉宾的接待与组织工作。在侨商会长峰会召开的4天时间里，侨商会会长、常务副会长、副会长、监事长、理事和秘书长都放弃其他工作，全力以赴投入峰会组织工作中。侨商会全体理事参与接待嘉宾工作，实行一对一、一对二的接待制。J作为侨商会的理事，负责接待2位商会会长。

　　侨商会规定我们1个理事负责几位哪里过来的商会会长。我负责

---

① 《协助义乌中国侨商会长峰会工作总结》，2009年11月2日，义乌市侨商会资料。

2 个……我按照名单去找他们……

（1/7/2011，访谈 J 于义乌国际商贸城四区三楼）

侨商会长峰会，有助于加强义乌市侨商会与全国各侨商组织之间的联系，也有助于向全国侨商组织推荐义乌及义乌小商品。与会期间，陕西侨商会某负责人在国际商贸城当场下单采购数百万元人民币的小商品。①

世界侨商大会、侨商会长峰会，展示了义乌市侨商会与义乌市政府之间的一种协作关系。在这些大会期间，侨商会理事以上成员把生意暂时放在一边，全部"上阵"接待与会嘉宾及自愿出资宴请嘉宾，既是侨商会组织一种集体形象、组织能力的展示，也是会员对会议召开的一种全力投入的态度展示，在义乌市政府领导面前展示了良好的群体形象，提升了群体效应。鉴于义乌市侨商会对世界侨商大会作出的贡献，义乌市委统战部对其给予了书面的表彰。为补偿侨商会为首届世界侨商大会招待晚宴上的花费，义乌市政府给予侨商会 10 万元的奖励。2011 年 10 月第二届世界侨商大会召开之前，在 9 月 13 日侨商会办公室的例行会议上，秘书长传达了市政府的意思，该次大会报到的当天晚上是以侨商会的名义宴请与会嘉宾，但费用由义乌市政府出。② 也就是说，这两次世界侨商大会，侨商会是在舞台上活动的主角之一，而幕后的全力支持者则是义乌市政府，展示了两者之间的这种独特的关系。

义乌市侨商会借助于参与及组织举办大型涉侨活动，在一定程度上提升了义乌在中国或国际上的影响力。与此同时，侨商会及其成员也借助于这些活动的开展扩大了他们的知名度和影响力，形成整体的品牌效应，提升了整体形象，也有助于提升会员的凝聚力。

像我们侨商会成立那一年，晚上去看焰火晚会，路是封掉的，封起来。就这条路封掉，让你们走的。这种待遇！温州商会搞宴会，哪有这种待遇？！

（1/7/2011，pm，访谈侨商会会员 J 于义乌市国际商贸城四区

---

① 《协助义乌中国侨商会长峰会工作总结》，2009 年 11 月 2 日，义乌市侨商会资料。

② 参与 2011 年 9 月 13 日侨商会办公室例行会议时的记录。

三楼）

（二）典型个案：集海物流

义乌市侨商会是业缘性商会。作为业缘性商会，其核心功能是同一产业链上的企业互助和行业自律，以联结同业和避免竞争，更多地体现为利益性社会资本。侨商会在筹备期间及成立之后，促成了部分拟入会会员企业或入会会员企业之间的合作。在侨商会筹备期间，经侨商会的"牵线搭桥"，迪拜华商童昌茂和阿塞拜疆华商 Z 合作成立的"集海物流"公司成为拟入会会员企业之间开展"资源互补"类合作的一个典型个案，展示商会组织对于华商网络拓展的作用。

国际货代、物流环节与海外华商的跨国贸易以及义乌市场的外向国际化的发展是息息相关的。据海关统计，2010 年、2011 年连续两年经义乌海关监管出口的集装箱都超过 57 万标箱。① 在义乌对外贸易的高速增长过程中，离不开国际物流的支持。国际物流是市场繁荣的关键支撑，是义乌经济社会发展的"助推器"和第一引擎，是华商进行跨国贸易的"桥梁"。只有物"流"得顺了，贸易才能走得更顺。如果物流不畅通，不仅商品在跨国运输途中的时间延续很长，也不利于降低商品在跨国运输上的成本。经济学家郎咸平（2008）说，"物流能否成功，主要就是有没有创造力，能不能够在整个物流系统当中找出灵魂来，这是最难的。"② 近些年来，一些具有远见的华商开始以抱团的方式来整合力量，完善商品贸易的产业链条，提升自己的竞争力。在义乌市侨商会尚处于筹备阶段时，经义乌市侨商会筹备组的牵线搭桥，2008 年 12 月，迪拜侨商童昌茂的公司和阿塞拜疆侨商 Z 的公司合股成立了浙江集海物流有限公司，实现了侨商资源互补及双赢。

迪拜侨商童昌茂早年在义乌篁园市场经商，1996 年、1997 年，在上海人的介绍下两次去迪拜考察。1997 年 6 月，他在迪拜成立了东方之星贸易有限公司。借助于销售饰品，他逐渐积累了资金及在当地树立了诚信经营的信誉。到 1998 年，东方之星贸易公司的饰品已经占据迪拜饰品市

---

① 陈晓文：《义乌首个"公共订舱"平台投入运行》，《义乌商报》2012 年 6 月 15 日第 1 版。

② 郎咸平：《跳离产业链的最差位置》，《中国物流与采购》2008 年第 3 期。

场的半壁江山。有了市场之后，1999 年，童昌茂和弟弟联合投资在义乌义亭工业区购买 30 多亩地，成立中外合资饰品公司、日用品公司等生产基地，构建了产业链中实业与贸易两个环节。自 2001 年 11 月中国加入世界贸易组织后，海外客商也加快了到中国采购的步伐。在迪拜，受越南等地饰品的影响，童昌茂的饰品利润空间越来越小，不少客商也想直接到义乌采购商品；在义乌，义乌市政府也提出"建设国际性商贸城市"的目标，国际物流中心开始建设，其他不少设施的升级也围绕着中国加入世贸组织的要求而展开。由此，童昌茂做出了大胆的决定：把在迪拜经营的客商吸引到义乌来。到目前为止，通过他介绍来到义乌采购的迪拜客商就有2000 多名。来到义乌后，这些客商遇到了"所订的货如何堆放又如何运出去"等问题。基于这种服务类市场的潜力，童昌茂逐渐延伸了产业链条：在苏溪购地 100 多亩，为这些外商建立仓储基地；建立浙江捷捷进出口有限公司、东方之星货代有限公司，为他们提供从采购、收货、装柜、报关、商检到提单各个环节的便利服务。目前，童昌茂旗下的东方之星控股集团已涉足饰品、化妆品、塑胶地毯、新型建材、纸箱、包装材料和酒店、餐饮、房地产等领域，下辖 19 家公司，下属各公司共有员工 3000 多人，其中外籍员工近 500 人。

相对而言，阿塞拜疆华商 Z 的进出口公司虽然规模小很多，但也拥有独特优势，如具有较大自营出口量、在中亚拥有多家分支机构及拥有阿塞拜疆的众多客户，几乎阿塞拜疆的所有采购商都借助于 Z 来完成商品采购以及之后的一系列服务性环节，可以与迪拜华商童昌茂的货代公司实现资源互补。

2008 年 12 月，迪拜华商童昌茂和阿塞拜疆华商 Z 合作成立了"集海物流"，注册资本 1000 万元人民币，总投资达 2 亿元人民币。2009 年，集海物流公司被义乌市列为重点扶持的物流龙头企业，并被金华市评为"金华市道路运输诚信规范企业"。获此荣誉的 7 家企业中，"集海"是唯一一家民营国际物流企业。[①] 2010 年 7 月，"集海"为发展国际化现代物流，通过协商，又引进了新股东——宁波新华物流有限公司。新华物流是宁波市物流行业的龙头企业，拥有一级货运代理的资质，并拥有十多年从

---

① 张年忠：《"集海"努力打造义乌现代物流"航母"》，《义乌商报》2011 年 1 月 21 日第9 版。

事国际物流的运作经验和人才优势。集海物流稳定的物流量与新华物流遍布全国的物流网络、专业化的管理人才实现了优势互补。

彼得·迪肯（2007）说，"流通产业的基本目的是将供应网络的不同环节以最大速度和最小成本联系在一起，克服时空摩擦（或将其最小化）。"[①] 与一般物流公司相比，集海物流公司的优势或创新非常明显。一方面是，集海物流公司注重加强物流基础设施建设，并延伸了服务客户的功能。目前义乌很多小型物流公司，只停留于替客人去做一些简单的服务，只具有"中介"的功能，仓库都是租赁来的，包括拖车、报检、海关都由第三方在做。而集海物流公司，所有仓储都是自己的，也有自己买下的办公楼，报检、报关都是公司内部的一个独立部门负责，而不是挂靠在其他公司。公司自备集装箱卡车，协议合作车辆100多辆，同时配备集装箱吊机、叉车和80吨集装箱地磅。在浙江37省道义北工业园区，公司拥有经营场地180亩（1.2万平方米），现已建成检验检疫局一类监管仓库2万多平方米，办公场地4000平方米，堆场面积6000平方米，可堆放60多个集装箱。物流园区内，集海物流专门设立海关、检验检疫及政府直管部门办公预留房。公司主营国际海运、空运以及商检监装、报关、报检、国际仓储等业务。

另一方面的优势是，以股份制与第三方合作，请第三方专业物流团队负责经营。集海物流公司目前每年有1万个集装箱的货运量，拥有国外客户的资源优势，能让国外客户将货交给集海物流运作到海外，但如何把货安全地运出去，并且以最经济的价格运出去，则全部交给宁波专业的物流团队来做，真正实现"第三方物流"。宁波专业的物流团队依靠他们在宁波口岸的资源，能向船运公司申请到最优惠的运价。

集海物流创造的这样一个模式，是创新性的，也是可持续的。Z目前全权负责从中国进入阿塞拜疆货物的物流清关业务。现如今，集海物流每月运往阿塞拜疆的300余个高柜，其中70%的集装箱都是从全国各地汇集到义乌拼箱再出口的。集海物流成立后短短的3年时间里，已经在巴西、阿联酋、阿塞拜疆、智利等15个国家设立了分支机构，获得了阿塞拜疆等国的清关代理权，并派遣30多名中国员工到国外办事处协助外商

---

① ［英］彼得·迪肯：《全球性转变——重塑21世纪的全球经济地图》，刘卫东等译，商务印书馆2007年版，第403页。

和当地清关公司处理货物清关和派送等事宜，从贸易下单、入库、订仓、报关及国外的清关、货物分送到外商仓库，做到了一站式物流服务。

> 这种模式是最好的。因为我们是跟东方之星有业务上的关系，宁波的物流公司是有管理者的功能，海运的功能，跟口岸的商检、海关等职能部门有资源在那里……在义乌，我们这种模式非常创新。所以很多公司也在学我们这种模式。
>
> （15/5/2012，am，访谈集海物流公司总经理、阿塞拜疆华商 Z 于集海物流仓库）

从目前的运作状况来看，经义乌市侨商会牵线而成立的"集海物流公司"无疑是成功的，这也是义乌市侨商会领袖经常说及的一个借助于商会资源促成会员资源共享的典型。

综上所述，义乌市侨商会的个案展示了海外华商拓展华商网络的组织化策略。① 借助于商会通过非正式的网络构建、制度化的网络构建以及商会内部资源的整合，大大拓展了原先基于单个华商社会关系的商业网络。

---

　　① 义乌市侨商会的运作主要依靠会长、副会长捐献的高额资金以及高薪聘请专职的秘书长开展会务。资金成为义乌市侨商会开展活动的主要支撑。从长远来看，这种运作模式似乎有些不可持续。自2014年以来，因为会长生意状况不佳，义乌市侨商会陷入瘫痪之中。

全球化时代以义乌市场为中心的
海外华商网络空间结构

游仲勋（1990）将华侨定义为"经济网络化的民族"；① 奈斯比特（1996）曾把华商企业之间的关系比作"互联式电脑网络"；② 威登鲍姆（Weidenbaum，1996）等学者将华商之间的网络称为"竹子网络"。③ 然而，一个值得探究的问题是：华商网络究竟以何种方式拓展到全球并联结在一起？很多学者从不同角度提出了自己的见解。单纯（1999）认为，华商网络是海外中国移民根据中华民族的文化在世界资本主义的拓殖过程中产生的，并由华人的世界性移民、再移民而扩展形成的。④ 廖小健（2003）认为，华商网络最终形成于华侨华人聚集的东南亚地区，"随着 20 世纪六七十年代开始的现代再移民，特别是因政局不稳、反华排华而形成的以东南亚为中心向世界各地扩散的现代华侨华人再移民高潮，进一步促使华商经营网络扩大化……各地华商的网络也随着这些新移民或其他途径逐渐与世界每个角落的华商网络接上了联系。"⑤ 王勤（2009）认为，华商海外网络的发展先于中国国内网络，中国改革开放之后，华商经济的国内网络迅速发展，华商海外网络向中国国内扩展，

---

① ［日］游仲勋：《华侨——经济网络化的民族》，日本讲谈社 1990 年版。转引自郭梁《游仲勋教授与华侨华人研究》，《华侨华人历史研究》2005 年第 1 期。

② ［美］约翰·奈斯比特：《亚洲大趋势》，外文出版社、经济日报出版社、上海远东出版社 1996 年版，第 13—14 页。

③ Murray Weidenbaum and Samuel Hughes, *The Bamboo Network*, New York：The Free Press, 1996, p. 55.

④ 单纯编：《海外华人经济研究》，海天出版社 1999 年版，第 195 页。

⑤ 廖小健：《海外华商经济网络简析》，《市场营销导刊》2003 年第 1 期。

并与中国国内网络相互衔接，从而形成区域性的华商经济网络。①

　　上述学者的研究展示出华商网络的发展具有历时性的特点，然而却缺乏空间的概念。对华商经贸活动的成功产生较大影响的华商网络，具有现实性的、物理性的根基，而绝不仅仅是基于文化传统之上或经由移民的扩散而形成的平面化的网络。正如施坚雅（1998）所指出的，"任何要了解市场结构的社会或经济范围的尝试，都不可避免地要对它们的空间特征作出一些假设"。② 从空间的角度研究华商网络，是由华商网络的特点及全球化的时代背景决定的。华商网络本身就是一个跨越地理、社会和文化边界的存在，它要求我们摆脱以国家和地域为单位的传统的研究取向，去关注华商的跨国经贸活动在空间上所呈现出的特点。其次，对空间的关注也是华商网络在全球化时代背景下所发生的新变化的要求。随着新的信息技术和交通运输技术的高速发展，带来了一轮又一轮的戴维·哈维（David Harvey，1989）所称的"时空压缩"③，促进了人口、商品、观念和资本在全球范围内更为快速地流动。在这种情况下，华商经贸活动呈现出前所未有的多维度和流动性的特征。相应地，华商网络的空间结构也必然发生变化，亟待我们的实证研究和进一步的理论化。因此，空间研究对于华商网络的研究是不可或缺的，抛开空间去谈论网络，其看法未必完整。④

　　施坚雅、王苍柏和戴一峰等海内外学者为我们提供了开展海外华商网络空间结构研究的新视角。美国人类学家施坚雅以四川集市为研究对象，研究了中国封建社会晚期的农村市场结构。虽然表面看来，施坚雅的市场理论与华人移民研究并无多大的关联，但却对华商网络结构的理论化具有重要的借鉴意义。施坚雅将中国农村市场分为基层市场、中间市场和中心市场三个层次。"基层市场为这个市场下属区域内生产的商品提供了交易场所，但更重要的是，它是农产品和手工业品向上流动进入市场体系中较

---

　　① 王勤：《东亚区域经济整合与华商》，《亚太经济》2009 年第 2 期。

　　② ［美］施坚雅：《中国农村的市场和社会结构》，史建云、徐秀丽译，中国社会科学出版社 1998 年版，第 21 页。

　　③ David Harvey, *The Condition of Postmodernity*：*An Enquiry into the Origins of Cultural Change*，New Jersey：Wiley – Blackwell Pub, 1989.

　　④ 王苍柏：《华人网络的再认识：一个空间的视角》，《华侨华人历史研究》2006 年第 2 期。

高范围的起点，也是供农民消费的输入品向下流动的终点。"① "中心市场通常在流通网络中处于战略性地位，有重要的批发职能……一方面，是为了接受输入商品并将其分散到它的下属区域去；另一方面，为了收集地方产品并将其输往其他中心市场或更高一级的都市中心。"中间市场"在商品和劳务向上下两方的垂直流动中都处于中间地位"。② 这些市场并不是分离的，而是通过定期的商品和服务流动而系统地联结成一个整体。"市场结构采取连锁网络形式，正是基层市场对两个或三个中间市场体系的共同参与、中间市场对两个或三个中心市场体系的共同参与，等等，使以各集镇为中心的小型地方经济连接在一起。"③

受施坚雅关于中国市场体系和经济区域划分理论的启发，王苍柏（2006）以香港及其周边国家和地区的移民经验为基础，运用空间结构理论来研究华人网络，提出了"华人空间网络"，即一个以香港为中心节点的东南亚华人三重网络的等级体系的理论假设，为本研究提供了重要的借鉴。他认为，在华人海外出生地所形成的网络为"基本网络"，他们出生的城镇为"基本节点"。东南亚的商业中心城市、香港和中国大陆沿海的主要城市为"中间节点"，以它们为中心形成的网络为"中间网络"；而香港不单是中间网络的节点，更是最高层次网络的"中心节点"，以它为中心形成的网络为"中心网络"。该系统的形状恰似一个钻石，即"钻石网络"，形象地反映出华人网络的多维度和多层次结构特点。王苍柏指出，在该网络系统中，起到关键作用的是网络的节点，而不是传统的文化中心。④

戴一峰（2002）也从空间的视角研究了近代环中国海的华商跨国网络，具体从华商网络的空中分布、运作机制、中介等方面进行阐述。在研究华商跨国网络的运作时，他以市场为切入点，研究了商品的流动所依托的市场网络的流动链条：由产地市场、输出口岸市场、中转口岸市场、消费市场、输入口岸市场、内地消费市场构成，其中部分市场承担着复杂的

---

① ［美］施坚雅：《中国农村的市场和社会结构》，史建云、徐秀丽译，中国社会科学出版社1998年版，第6页。

② 同上书，第7页。

③ 同上书，第39页。

④ 王苍柏：《华人网络的再认识：一个空间的视角》，《华侨华人历史研究》2006年第2期。

角色和功能。① 为本研究提供了启发。

上述学者的相关研究提供了华商网络空间研究的新视角,有助于本研究从空间角度把握华商网络的结构体系,把义乌市场、港口市场、海外"中国商城"类销售市场等处于地理上的不同市场连接起来,进而从义乌市场透视全球化时代的海外华商网络。义乌市场是通过各种各样的网络跟外部联系而发展起来的②,成为从事义乌小商品等中国商品贸易的海外华商构建的海外华商网络的中心节点。因此,从空间网络、节点的角度去理解、研究义乌,也是理解、研究华商网络的一个最佳途径。在这里,本书也从空间结构的角度展示华商网络的构建、拓展过程。所谓的空间结构,指的是网络节点空间分布的结构,即网络节点的地域分布形态。

华商网络的运作是建立在华商从事义乌小商品等中国商品跨国经贸活动的基础上的,由此沿着义乌小商品流通的路径,其空间结构也可以看作市场体系在空间上展开的态势,主要表现为产地市场、义乌市场、口岸市场(中转口岸市场、输入口岸市场等)、销售市场等各种市场网络(见图6.1)。③ 这些市场自身的网络及相互之间的网络构建起华商网络的空间体系结构。在该华商网络体系内部,处于华商网络之中的各个市场,在网络中均处于特定的位置,对于商品、资金、信息的流动等起着各自特有的作用;同时,各个市场之间存在各种密切的商业网络的联系。该体系经由义乌市场所发挥的枢纽作用,与中国国内市场、各类海外市场紧密相连。

上述以市场为基础的华商网络空间结构图,可以进一步分解成如下4种市场联结展开的基本模式:

(1)产地市场→义乌市场→输出口岸市场→销售市场

(2)产地市场→义乌市场→输出口岸市场→中转口岸市场→销售市场

(3)产地市场→义乌市场→输出口岸市场→中转口岸市场→输入口岸市场→销售市场

① 戴一峰:《近代环中国海华商跨国网络研究论纲》,《中国社会经济史研究》2002年第1期。

② 此话套用滨下武志对于香港经济的看法。参见滨下武志《香港大视野:亚洲网络中心》,马宋芝译,商务印书馆1997年版,第161页。

③ 此图参见戴一峰《近代环中国海华商跨国网络研究论纲》,《中国社会经济史研究》2002年第1期。

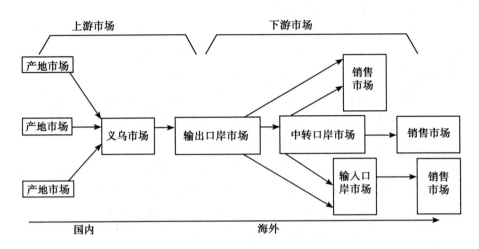

图 6.1　海外华商网络的空间结构

（4）产地市场→义乌市场→输出口岸市场→输入口岸市场→销售市场

为突出义乌市场在华商网络构建中的作用，这一空间结构图也可以用海外华商网络"四重结构模型"表示（见图 6.2）。这一模型类似钻石状，因此也可称为"钻石网络"。处于海外华商网络模型底端的是遍布全国各地的产地市场，这是华商网络的构建起点。这些产地市场与义乌市场之间构建了"第一重网络"。义乌市场集聚了 7.5 万个商位、高达 180 万种的小商品①，这完全得益于来自中国各地 20 多万家大、中、小型制造企业所在的原产地市场②，如诸暨袜子市场、绍兴轻纺市场、海宁皮革市场、永康五金市场、澄海玩具市场、顺德家具市场等。如果没有这些产地市场的支撑，义乌小商品市场则难以达到"集聚效应"。

网络的构建及拓展需要有一个中心节点，而义乌市场便是华商网络构建、拓展的中心节点。义乌虽然是浙江省中部一个县级城市，但却具有经济上的枢纽作用，是将中国市场与世界市场、中国经济与全球经济连接起来的中心节点。义乌市场，既不是理论模式上所谓的独立市场，

---

① 齐慧：《义乌小商品走向高端大市场》，《经济日报》2011 年 7 月 22 日第 11 版。

② 应该说义乌市场本身也是原产地市场之一，如义乌饰品占全国饰品产量的 70% 以上，但在本书中为便于分析而突出义乌市场在华商网络构建、拓展中的中心地位，而不将义乌产地市场单独列出。

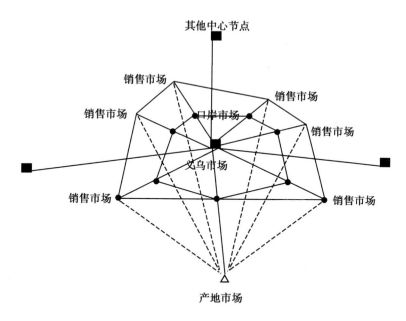

图 6.2 海外华商网络四重结构模型

也不是经济理论上所谓的国内市场，更恰当地可以表述为全球商品、商人、物流、资金、信息等各种网络相互交汇的中心节点。具体来说，其一，义乌是国内外商品的集散中心。义乌是商品的集聚中心，华商在这里可以便利地找到来自全国各地的商品以及众多来自海外的进口商品，并洽谈价格。同时，义乌也是商品的扩散中心。通过义乌市场的辐射效应，小商品销售到200多个国家和地区，进口商品流向全国各地乃至转口贸易至周边国家。其二，义乌是商人聚集的中心。义乌市场内聚集了来自全国各地的商人以及华商、外籍商人进场设摊，从事出口、进口贸易。其三，义乌是商品全球流动的物流中心。义乌已经成为一座"内陆港"，背后有着高效、低成本的全球物流配送网络，成为事实上的商品全球配送中心。① 其四，义乌也是一个资金流通中心（区域金融中心），来自全球各地的采购商将美元、欧元等货币汇入义乌完成商品的交易。其五，义乌也是全球商业信息流通中心。借助于华商网络内部的信息流

---

① 义乌目前有国内货运经营单位600多家，货运线路直达国内250多个大中城市，17家国际知名船务公司在义乌设立办事处或分公司，义乌海关办事处与宁波、上海港实行跨关区一站式通关，年出口标箱50多万只。

通机制，构成了独特的商品信息汇集网络，推动了义乌小商品跟随全球市场走向而不断进行推陈出新。此外，义乌市场发布的"义乌·中国小商品指数"① 又具有信息发散功能，成为全球日用消费品生产贸易价格变动的"风向标"和"晴雨表"。由此，义乌市场作为各种网络交汇的枢纽，同时具有"聚合"和"发散"的双重功能，既是海外华商网络发散的中心节点，又是聚集的焦点。以义乌市场为中心节点的华商网络，更像一张网，而不是一组组从某一点发出的射线。通过义乌这个中心节点，将华商网络中相关产业链的生产、运输、销售等各个环节衔接起来，将产地市场、口岸市场及销售市场等各个市场体系连接起来，成为一个相互咬合的系统，成为地区性网络和全球网络相连接的中心节点，从而构建起华商网络的全球空间布局。

　　处于海外华商网络模型中间层次的，主要是义乌市场与各类中转口岸市场、输入口岸市场之间构建起来的网络，即"第二重网络"，它们是华商跨国网络建构的中间节点。需要指出的是，并非一个口岸市场只具有一种功能，有的口岸市场既是输入口岸市场也是输出口岸市场，有的口岸市场既是输入口岸市场又是销售市场。华商采购的义乌小商品，通过义乌市周边各个邻近的海关（主要包括宁波港②、上海港、舟山港、温州港等）即输出口岸市场，部分到达中转口岸市场，如荷兰鹿特丹港、迪拜港等。经由这些口岸市场的中转，义乌小商品等中国商品最终能到达目的国的销售市场。这些口岸市场也成为海外华商聚集之地，它们构建了以义乌市场为中心节点的地理上较为邻近的"中间网络"。如佛得角华商销售的商品都来自义乌小商品市场，所有商品都经由荷兰中转到佛得角。③ 荷兰鹿特

---

① 2006 年，国家商务部推出了"中国·义乌小商品指数"（简称"义乌指数" The Yiwu China Commodity Index）。是依据统计指数与统计评价理论，采用多层双向加权合成指数编制方法，选择一系列反映义乌小商品批发市场运行状况的指标进行综合处理，用以全面反映义乌小商品价格和市场景气活跃程度的综合指数。主要由小商品价格指数、小商品市场景气指数及若干单独监测指标指数构成。

② 义乌 90% 以上的小商品借宁波港出口。参见陶后夫《大物流带动商流人流集聚》，《浙中新报》2010 年 11 月 17 日第 8 版。

③ Heidi Ostbo Haugen and Jorgen Carling，"On the Edge of the Chinese Diaspora：the Surge of Baihuo Business in an African City"，*Ethnic and Racial Studies*，Vol. 28，Iss. 4，2005，p. 647.

丹港曾是世界货物吞吐量最大的港口[①]，又是西欧的商品集散中心，该港口吞吐的货物，80%的发货地或目的地都不在荷兰。[②] 非洲西南部纳米比亚北部小镇奥希坎戈（Oshikango）华商销售的义乌小商品，都是从迪拜港口转运的，迪拜成为20世纪90年代中期以来中国商品从纳米比亚流向邻近的安哥拉的重要节点。[③] 据统计，目前迪拜进口交易额中的75%转口非洲市场，20%转口周边海湾国家，只有5%直接在阿联酋销售。[④] 总之，借由荷兰、迪拜等这些中转口岸市场已经成为义乌小商品转往欧洲、非洲、西亚等地的中间节点。

　　部分义乌小商品经由中转口岸市场进入输入口岸市场，或直接从输出口岸市场进入输入口岸市场。输入口岸市场往往是著名的港口，如南非的德班港、意大利的那不勒斯港、西班牙的巴塞罗那港。有的输入口岸市场仅仅承担义乌小商品等中国商品的运转功能，有的则本身就是华商销售中国商品的聚集地。以南非为例。全南非90%的集装箱是从德班（Durban）港口拖出来和送进去的[⑤]，即德班港是义乌小商品的主要输入口岸市场。德班虽有销售义乌小商品的中国商城，但华商及中国商城的大量聚集地则位于南非南部的豪登省约堡市，那里聚集了十多个中国商品的批发、零售商城。

　　有时候，输入口岸市场并不具有最大的商品"集散"的功能。所以，在输入口岸市场之外，还往往存在一些具有商品较大辐射功能的城市及以"中国商城"为代表的商品集聚、扩散的销售市场，借由这些辐射力强的城市及销售平台进行商品的销售。处于该模型的外围层次的便是散布于移居国的以"中国商城"为代表的各类销售市场，它们是义乌小商品销售到全球各地的"终端市场"，成为华商网络构建的"终点"，即"第三重

---

　　① 世界第一大港口随着时间的变迁有过几次转换。荷兰鹿特丹在1986—2005年间，是欧洲最繁荣的贸易港，也是世界第一大港。自2005年起，上海的吞吐量超越世界其他大港口位列世界第一位。

　　② 王凌峰：《海内外主要港口物流发展简况》，《中国水运》2008年第11期。

　　③ Gregor Dobler, "From Scotch Whisky to Chinese Sneakers: International Commodity Flows and New Trade Networks in Oshikango, Namibia", *Africa*, Vol. 78, No. 3, 2008, p. 412.

　　④ 晓鸣：《迪拜转口贸易的含金量》，《进出口经理人》2006年第7期。

　　⑤ 《中国商人在南非》，http://www.onlylz.com/postcache/k8/page.html，2010年11月15日。

网络"。随着华商海外经营的扩展,具有族群经济特征的、销售义乌小商品等各类中国商品的"中国商城"纷纷出现,成为 21 世纪华商崛起的标志之一。在南非,仅仅约堡市,到 2012 年 8 月时,已经建成的,加上在建的"中国商城"就有 14 个。① 在欧洲,几乎每个国家都有"中国商品城"。其中,仅在匈牙利布达佩斯就有 6 个;② 在德国,共有中国商城 20 多家。③ 需要指出的是,"中国商城"类的销售市场在这里被称为"终端市场",是从市场的空间体系结构而言的,实质上它们是义乌小商品市场模式的"海外克隆",与义乌市场一样具有"集聚"与"发散"的双重功能。就"发散"来说,义乌小商品等中国商品经由这些"终端市场"的辐射而进一步深入移居国的穷乡僻壤乃至周边国家,如散布于移居国各个市镇、郊区的华商零售店铺便是"终端市场""向下"发散的真正终端。

此外,近些年来,随着海外华商实力的增强,原本在义乌市场采购而在移居国"中国商城"从事一级批发贸易的部分华商,发展到越过义乌市场而直接向市场背后的产地市场下单采购,这样便构建起从销售市场到产地市场之间的网络,即"第四重网络"。因为越过义乌市场平台而直接向产地市场下单,必须达到工厂下单生产的最小起订量(MOQ, Minimum Order Quantity),往往需要较大的资金,因而这部分人数只占华商群体中的一小部分(图中用虚线表示),却有助于扩大华商网络的涵盖面。

需要强调的是,上述所说的与义乌市场建立直接、间接关联的各类市场(节点),并不仅仅代表一个地理上的城市或交易场所,而应该视为某类网络,这些网络的功能存在不同:有的只辐射到所在国及周边国家,有的辐射到相隔遥远的国家,乃至跨越洲际;有的与义乌市场有着直接的关联,而有的则与义乌市场只存在着间接的关联。此外,这些市场(节点)之间不是孤立分离的,通过商品、资金、物流、信息乃至华商等的不断流动而有机地联结成一个整体。它们相互之间不存在上下等级之分,而是协力构建了义乌小商品的一个全球流动网络。每类市场(节点)之间或者内部都存在着各式各样的关联、网络,并且与义乌市场之间有着直接或间

---

①　张妍婷:《五千浙商闯南非,捅破中国制造低价"天花板"》,《钱江晚报》2012 年 8 月 9 日第 B8 版。

②　《海外中国商品城如何过冬》,《温州日报》2008 年 11 月 14 日第 17 版。

③　麦尚文:《欧洲华商热建"中国城"》,《侨务工作研究》2007 年第 5 期。

接的联系。也就是说，在华商网络结构模型中，网络的节点成为华商网络构建的关键点。构建起节点之间直接或间接关联的，依赖于华商的全球"散布"，并有赖于华商的人际关系及在此基础上培育的信任。而华商普遍运用的"流动"、转型等个人主义策略及组织化策略成为各个节点之间关系拓展即华商网络拓展的主要策略。

海外华商网络，实质上是由许许多多基于血缘、地缘、业缘等社会关系之上的小网交织而成的一面覆盖全球的大网。本研究是从义乌市场透视全球化时代的海外华商网络，在这个特定的网络里，义乌市场起了中心节点的作用。以义乌市场为中心的海外华商网络，是华商在环环相扣的空间节点之间构建起的商品、资金、信息乃至人员流通的网络。也即，从事中国商品贸易的海外华商构建起以义乌市场为中心的跨国界的经济网络之外，加上海外华商的人际关系网络、社会组织网络，等等，使海外华商网络成为一个包含众多网络形态的经济—社会复合网络。这一网络遵循着"市场挂帅"原则①，具有极大的灵活性和弹性。但即使作为"中心节点"的义乌市场，也只是一个从事义乌小商品贸易的华商构建的华商网络的中心而已，可以被视为全球华商网络中的一个次网络，与许许多多其他类型、其他地域的拥有自己中心节点的华商网络处于平行的位置（见图6.2中外围的三个小黑块），如与以广州市场为中心的海外华商网络、以国际大都会香港为中心的东南亚华人多重网络②等是平行的，相互补充而不是隶属。借助于义乌这个"中心节点"与其他"中心节点"的关联，华商网络得到了拓展，形成了若干多层次、多维度的华商网络复合体。正是通过这些次网络的相互关联，才得以打破民族国家和地域的限制，构建起一个全球性的华商网络。正是基于这一点，我们才可以立足于义乌小商品市场来研究海外华商网络，探讨华商网络构建的机制、模式及拓展的策略。这一网络模型有助于我们理解华商网络的范围和层次以及不同地方和层次的华商网络如何相互发生联系进而形成一个交叉相连的系统。

---

① ［美］约翰·奈斯比特：《亚洲大趋势》，外文出版社、经济日报出版社、上海远东出版社1996年版，第13—14页。

② 王苍柏：《华人网络的再认识：一个空间的视角》，《华侨华人历史研究》2006年第2期。

然而，需要指出的是，海外华商的经济活动总是受制于一定的文化环境，经济活动的运行机制往往由各种文化所定型和塑造。[①] 正如施坚雅研究所指出的，市场结构既是空间的和经济的体系，又是社会的和文化的体系。[②] 深受中国传统文化熏陶的、自改革开放之后出国的海外华商，在构建起以义乌小商品市场为中心的海外华商网络的过程中，选择什么样的商业网络建构机制、建构模式及网络拓展策略，并不取决于海外华商个人的选择，而是由中国社会的基本制度结构和历史、文化传统所决定。海外华商网络的构建、拓展过程中普遍运用血缘、地缘等人际关系的策略，以及运用"族群聚集区经济"的建构模式，便是受制于文化传统的影响，这既成为海外华商网络的独特建构机制，又有可能成为今后其进一步全球拓展的局限所在。

[①] 戴一峰：《近代环中国海华商跨国网络研究论纲》，《中国社会经济史研究》2002 年第 1 期。

[②] ［美］施坚雅：《中国农村的市场和社会结构》，史建云、徐秀丽译，中国社会科学出版社 1998 年版，第 40—70 页。

主要参考文献

一 中文专著编著

［德］贝克：《风险社会》，何博闻译，译林出版社 2004 年版。

［英］彼得·迪肯：《全球性转变——重塑 21 世纪的全球经济地图》，刘卫东等译，商务印书馆 2007 年版。

滨下武志：《香港大视野：亚洲网络中心》，马宋芝译，商务印书馆 1997 年版。

陈文寿主编：《华侨华人的经济透视》，香港社会科学出版社 1999 年版。

陈元金主编：《金华地区风俗志（下）义乌风俗简志》，浙江省金华地区群众艺术馆 1984 年版。

［美］大卫·费特曼：《民族志：步步深入》，龚建华译，重庆大学出版社 2007 年版。

单纯编：《海外华人经济研究》，海天出版社 1999 年版。

《2007 年海外华侨华人概述》编委会编：《2007 年海外华侨华人概述》，中国华侨出版社 2008 年版。

费孝通：《乡土中国》，上海人民出版社 2006 年版。

风笑天：《社会调查原理与方法》，首都经济贸易大学出版社 2008 年版。

高伟浓等：《国际移民环境下的中国新移民》，中国华侨出版社 2003 年版。

郝时远主编：《世界华商经济年鉴 2007—2008》，世界华商经济年鉴杂志社 2009 年版。

［德］何梦笔：《网络 文化与华人社会经济行为方式》，山西经济出版社 1996 年版。

景天魁主编：《社会学原著导读》，高等教育出版社 2007 年版。

李明欢：《欧洲华侨华人史》，中国华侨出版社 2002 年版。

李明欢：《国际移民政策研究》，厦门大学出版社 2011 年版。

李亦园：《一个移植的市镇：马来亚华人市镇生活的调查研究》，正中书局 1985 年版。

丽水市政协文史资料委员会、青田县政协文史资料委员会编：《华侨华人（丽水文史资料第 9 辑）》，团结出版社 2013 年版。

廖小健等：《全球化时代的华人经济》，中国华侨出版社 2003 年版。

林善浪、张禹东、伍华佳：《华商管理学》，复旦大学出版社 2006 年版。

刘国富：《移民法：出入境权研究》，中国经济出版社 2006 年版。

刘宏：《战后新加坡华人社会的嬗变：本土情怀 区域网络 全球视野》，厦门大学出版社 2003 年版。

刘娟：《福清赴阿根廷新移民研究》，硕士学位论文，厦门大学，2008 年。

刘泽彭主编：《世界华侨华人研究（第 3 辑）》，广西师范大学出版社 2010 年版。

龙登高：《跨越市场的障碍：海外华商在国家、制度与文化之间》，科学出版社 2007 年版。

罗红波编：《移民与全球化》，中国社会科学出版社 2006 年版。

陆立军等：《义乌商圈》，浙江人民出版社 2006 年版。

陆立军、王祖强、杨志文：《义乌模式》，人民出版社 2008 年版。

吕伟雄主编：《海外华人社会新透视》，岭南美术出版社 2005 年版。

茂春：《中国人在东欧：90 年代新热潮出国淘金纪实》，中国旅游出版社 1992 年版。

蒙英华：《海外华商网络与中国对外贸易：理论与证据》，博士学位论文，厦门大学，2008 年。

莫邦富：《拼着——在俄罗斯和东欧的新华侨》，世界知识出版社 2002 年版。

潘兴明、陈弘主编：《转型时代的移民问题》，上海人民出版社 2010 年版。

〔法〕皮埃尔·布尔迪厄：《实践理性：关于行为理论》，谭立德译，生活·读书·新知三联书店 2007 年版。

《青田》编委会编：《青田》，中国城市出版社 2003 年版。

《青田华侨史》编纂委员会编：《青田华侨史》，浙江人民出版社 2011 年版。

沈燕清：《生存与发展：海外华人社会新观察》，马来西亚：策略咨讯研究中心 2009 年版。

沈立新：《世界各国唐人街纪实》，四川人民出版社 1992 年版。

世界杰出华人年鉴编辑部：《世界杰出华人年鉴（2007 年版）》，世界杰出华人年鉴编辑中心 2008 年版。

世界杰出华人年鉴编辑部：《世界杰出华人年鉴（2008 年版）》，世界杰出华人年鉴编辑中心 2009 年版。

《世界侨情报告》编委会编：《世界侨情报告（2011—2012）》，暨南大学出版社 2012 年版。

［美］施坚雅（William Skinner）：《中国农村的市场和社会结构》，史建云、徐秀丽译，中国社会科学出版社 1998 年版。

世界银行编写组主编：《全球化、增长与贫困》，中国财政经济出版社 2003 年版。

王晓萍、刘宏主编：《欧洲华侨华人与当地社会关系：社会融合·经济发展·政治参与》，中山大学出版社 2011 年版。

王望波：《改革开放以来东南亚华商在中国大陆的投资研究》，博士学位论文，厦门大学，2004 年。

王延荣主编：《市场营销学》，河南人民出版社 2005 年版。

夏凤珍：《从世界看浙南非法移民》，南开大学出版社 2008 年版。

叶肖忠：《华侨九闽》，中国文化艺术出版社 2011 年版。

义乌市地方志编纂委员会、《义乌年鉴》编辑部编：《义乌年鉴2012》，上海人民出版社 2012 年版。

义乌市志编纂委员会、《义乌年鉴》编辑部编：《义乌年鉴2009》，上海人民出版社 2009 年版。

义乌市志（年鉴）编辑部编：《义乌年鉴2013》，上海人民出版社 2013 年版。

义乌县志编纂委员会编：《义乌县志》，浙江人民出版社 1987 年版。

云冠平、陈乔之主编：《东南亚华人企业经营管理研究》，经济管理出版社 2000 年版。

曾娓阳主编：《在海外的青田人》，作家出版社 2001 年版。

张国雄等主编：《国际移民与侨乡研究》，中国华侨出版社 2012 年版。

浙江省政协文史资料委员会编：《小商品 大市场——义乌中国小商品城创业者回忆》，浙江人民出版社 1997 年版。

郑一省：《多重网络的渗透与扩张：海外华侨华人与闽粤侨乡互动关系研究》，世界知识出版社 2006 年。

周敏：《唐人街——深具社会经济潜质的华人社区》，鲍霭斌译，商务印书馆 1995 年版。

二　中文期刊

A. T. 拉林：《在俄罗斯的中国人现状》，《西伯利亚研究》2009 年第 3 期。

鲍洪俊：《义乌模式：已有研究和新的解释框架》，《浙江学刊》2008 年第 5 期。

鲍中夫：《中国小商品城国际化发展历程》，《义乌方志》2008 年第 3 期。

卜长莉：《"差序格局"的理论阐释及现代内涵》，《社会学研究》2003 年第 1 期。

曹海东、纪莉：《温州人在欧洲》，《经济》2005 年第 3 期。

曹晶晶：《义乌专业市场国际化发展策略研究》，《生产力研究》2011 年第 2 期。

曹荣庆：《论专业市场的国际化模式及其创新——以中国义乌国际商贸城为例》，《经济理论与经济管理》2008 年第 2 期。

陈肖英：《民族聚集区经济与跨国移民社会适应的差异性——南非的中国新移民研究》，《开放时代》2011 年第 5 期。

陈衍德：《网络、信用及其文化背景——海外华人企业文化的初步探索》，《中国经济史研究》1997 年第 4 期。

代帆：《近三十年中国人移民菲律宾原因探析》，《华侨华人历史研究》2010 年第 1 期。

戴一峰：《近代环中国海华商跨国网络研究论纲》，《中国社会经济史研究》2002 年第 1 期。

戴一峰：《"网络"话语与环中国海华商网络的文化解读》，《学术月刊》2010 年第 11 期。

范可：《移民与"离散"：迁徙的政治》，《思想战线》2012 年第 1 期。

范可：《当代中国的"信任危机"》，《江苏行政学院学报》2013 年第 2 期。

弗拉基米尔·波尔加科夫：《俄罗斯中国新移民现状及其课题研究》，《华侨华人历史研究》2005 年第 2 期。

弗拉基米尔·波尔加科夫：《俄罗斯的中国新移民》，《国外社会科学文摘》2005 年第 6 期。

耿利敏、戴枫：《华商关系网在我国对外贸易和对外直接投资中的作用》，《东南亚纵横》2006 年第 11 期。

郭宏：《华商网络与中国经济转型》，《东南亚纵横》2008 年第 6 期。

郭梁：《辨析华商网络》，《东方企业文化》2005 年第 10 期。

郭玉聪：《经济全球化浪潮下的中国新移民》，《当代亚太》2004 年第 9 期。

何敏波：《非洲中国新移民浅析》，《八桂侨刊》2009 年第 3 期。

贺书锋、郭羽诞：《对外直接投资、信息不对称与华商网络》，《山西财经大学学报》2010 年第 2 期。

［新加坡］黄朝翰、杨沐：《国企改革、企业冗员和职工下岗》，《改革》1999 年第 5 期。

黄宗智：《中国发展经验的理论与实用含义——非正规经济实践》，《开放时代》2010 年第 10 期。

纪东东：《共生与发展——关于华商网络与中国"走出去"战略的探讨》，《世界民族》2006 年第 4 期。

郎咸平：《跳离产业链的最差位置》，《中国物流与采购》2008 年第 3 期。

李明欢：《当代海外华人社团领导层剖析》，《华侨华人历史研究》1994 年第 2 期。

李明欢：《构筑华人族群与当地国大社会沟通的桥梁——试论当代海外华人社团的社会功能》，《华侨华人历史研究》1995 年第 2 期。

李明欢：《20 世纪西方国际移民理论》，《厦门大学学报》2000 年第 4 期。

李明欢：《欧盟国家移民政策与中国新移民》，《厦门大学学报（哲学社会科学版）》2000 年第 4 期。

李明欢：《群体效应、社会资本与跨国网络——"欧华联会"的运作与功能》，《社会学研究》2002 年第 2 期。

李明欢：《"侨乡社会资本"解读：以当代福建跨境移民潮为例》，《华侨华人历史研究》2005 年第 2 期。

李明欢：《国际移民的定义与类别——兼论中国移民问题》，《华侨华人历史研究》2009 年第 2 期。

李明欢：《欧洲华人社会剖析：人口、经济、地位与分化》，《世界民族》2009 年第 5 期。

李明欢：《欧洲华人商城经济研究》，《世界民族》2013 年第 3 期。

李明欢：《罗马尼亚中国新移民研究：新侨商与新市场》，《华侨华人历史研究》2013 年第 4 期。

李生校、朱志胜、范羽佳：《全球价值链与专业市场嵌入模式——兼议专业市场国际化路径》，《未来与发展》2010 年第 4 期。

李伟民、梁玉成：《特殊信任与普遍信任：中国人信任的结构与特征》，《社会学研究》2002 年第 3 期。

李晓峰：《中国失业问题：现状、原因及治理对策》，《经济体制改革》2001 年第 5 期。

梁莉莉：《宁夏回族华侨华人社会与现状初探》，《回族研究》2012 年第 2 期。

廖小健：《世界华商网络的发展与潜力》，《世界历史》2004 年第 3 期。

刘宏：《海外华人社团的国际化：动力·作用·前景》，《华侨华人历史研究》1998 年第 1 期。

刘宏：《新加坡中华总商会与亚洲华商网络的制度化》，《历史研究》2000 年第 1 期。

刘宏：《社会资本与商业网络的建构：当代华人跨国主义的个案研究》，《华侨华人历史研究》2000 年第 1 期。

刘宏：《海外华人研究的谱系：主题的变化与方法的演进》，《华人研究国际学报》2009 年第 2 期。

刘宏：《当代华人新移民的跨国实践与人才环流——英国与新加坡的比较研究》，《中山大学学报（社会科学版）》2009 年第 6 期。

龙登高：《海外华商经营模式的社会学剖析》，《社会学研究》1998 年第 2 期。

龙登高：《论海外华商网络》，《学术研究》1998 年第 5 期。

刘俊义：《小商品市场之经营特点和运销区域浅析》，《义乌方志》2007 年第 3 期。

刘权：《经济全球化中的海外华商网络》，《东南亚研究》2005 年第 2 期。

刘权、董英华：《海外华商网络的深入研究及资源利用》，《东南亚纵横》2003 年第 7 期。

刘权、罗俊翀：《华商网络研究现状及其分析》，《暨南学报（人文科学与社会科学版）》2004 年第 2 期。

柳夕良：《挂靠——外贸体制改革面临的尴尬》，《对外经贸实务》2004 年第 9 期。

龙大为、张洪云、龙登高：《从边缘走向主流——新移民与北美华人经济发展新动向》，《华侨华人历史研究》2011 年第 2 期。

龙登高：《海外华商经营管理的探索——近十余年来的学术述评与研究展望》，《华侨华人历史研究》2002 年第 3 期。

龙登高：《论海外华商网络》，《学术研究》1998 年第 5 期。

骆小俊：《专业批发市场的国际化经营模式——义乌中国小商品城市场国际化发展的案例分析》，《中共宁波市委党校学报》2005 年第 3 期。

马本江：《经济学中信任、信用与信誉的概念界定与区分初探》，《生产力研究》2008 年第 12 期。

麻卓民：《巴塞罗那华人经济扫描》，《侨园》2006 年第 3 期。

蒙英华：《华商网络内部信息交流机制研究》，《南洋问题研究》2009 年第 2 期。

蒙英华、孔令强：《国际贸易与投资中的华商网络：文献综述》，《东南亚纵横》2009 年第 12 期。

密素敏：《试析巴西华侨华人的社会融入特点与挑战》，《南洋问题研究》2015 年第 2 期。

綦建红、鞠磊：《对外贸易与国际移民：以中国为例》，《山东大学学报（哲学社会科学版）》2008 年第 4 期。

史晋川：《温州模式的历史制度分析——从人格化交易与非人格化交易视角的观察》，《浙江社会科学》2004 年第 2 期。

宋全成：《欧洲的中国新移民：规模及特征的社会学分析》，《山东大学学报（哲学社会科学版）》2011 年第 2 期。

宋晓绿：《在俄罗斯走钢丝绳——1994—1999 年莫斯科的中国商人》，《中国乡镇企业》2000 年第 Z1 期。

王苍柏：《华人网络的再认识：一个空间的视角》，《华侨华人历史研究》2006 年第 2 期。

王苍柏：《 "归"的含义》，《读书》2007 年第 1 期。

王春光：《温州人在巴黎：一种独特的社会融入模式》，《中国社会科学》1999 年第 6 期。

王勤：《东亚区域经济整合与华商》，《亚太经济》2009 年第 2 期。

王望波：《中国—东盟自由贸易区中的东南亚华商》，《南洋问题研究》2007 年第 3 期。

王晓峰、杨金坤、陈楠烈：《义乌侨商与中国小商品城——关于"义乌侨商"的调查报告》，《浙江社会科学》2011 年第 1 期。

吴前进：《当代移民的本土性与全球化——跨国主义视角的分析》，《现代国际关系》2004 年第 8 期。

吴前进：《冷战后华人移民的跨国民族主义——以美国华人社会为例》，《华侨华人历史研究》2006 年第 1 期。

项飚：《跨国华人》，《读书》2004 年第 5 期。

谢良兵：《改革 30 年：曾经的"倒爷"成了今天的华商》，《致富时代》2008 年第 5 期。

星云：《东西方的跨越、游离与超越》，《华侨华人历史研究》2007 年第 4 期。

徐锋：《试论我国专业批发市场的国际化》，《国际商务》2004 年第 5 期。

徐锋：《我国专业市场国际化的基本模式和发展路径》，《商业经济与管理》2006 年第 11 期。

徐华炳：《区域文化与温州海外移民》，《华侨华人历史研究》2012 年第 2 期。

杨烨：《中国新移民在中东欧现状》，《侨务工作研究》2010 年第 6 期。

游仲勋、邱新华：《亚洲太平洋时代海外华人的经济发展》，《南洋资料译丛》1993 年第 1 期。

原晶晶：《当代非洲华商的发展战略探析》，《东北师大学报（哲学社会科学版）》2011 年第 2 期。

张丹虹：《浅析我国现阶段的边境贸易态势》，《广西大学学报（哲学社会科学版）》1997 年第 1 期。

张禹东：《海外华商网络的构成与特征》，《社会科学》2006 年第 3 期。

章志诚：《近 20 年来欧洲华侨华人经济的变化》，《八桂侨刊》2002 年第 3 期。

赵永亮：《移民网络与贸易创造效应》，《世界经济研究》2012 年第 5 期；

赵永亮、刘德学：《海外社会网络与中国进出口贸易》，《世界经济研究》2009 年第 3 期。

郑一省：《多重网络的渗透与扩张——华侨华人与闽粤侨乡互动关系的理论分析》，《华侨华人历史研究》2004 年第 1 期。

周敏、林闽钢：《族裔资本与美国华人移民社区的转型》，《社会学研究》2004 年第 3 期。

周敏：《少数族裔经济理论在美国的发展、共识与争议》，《思想战线》2004 年第 5 期。

周聿峨、郭秋梅：《跨国主义视角下的华人环流思考》，《八桂侨刊》2010 年第 3 期。

朱慧玲：《21 世纪上半叶发达国家华侨华人社会的发展态势》，《华侨华人历史研究》2002 年第 2 期。

朱凌峰：《意大利米兰地区侨情概况》，《侨务工作研究》2009 年第 2 期。

庄国土：《东亚华商网络的发展趋势——以海外华资在中国大陆的投资为例》，《当代亚太》2006 年第 1 期。

庄国土：《世界华侨华人数量和分布的历史变化》，《世界历史》2011

年第 5 期。

三 外文主要参考文献

Frank N. Pieke, Pál Nyíri, Mette Thuno and Antonella Ceccagno, *Transnational Chinese: Fujianese Migrants in Europe*, Stanford: Stanford University Press, 2004.

Henry Wai – chung Yeung, *Transnational Corporations and Business Networks: Hong Kong Firms in the ASEAN Region*, London: Routledge, 1998.

Li Minghuan, '*We Need Two Worlds*': *Chinese Immigrant Associations in a Western Society*, Amsterdam: Amsterdam University Press, 1999.

Pál Nyíri, *New Chinese Migrants in Europe: The Case of the Chinese Community in Hungary*, Aldershot: Ashgate Publising Ltd. , 1999.

Pál Nyíri, *Chinese in Eastern Europe and Russia: a Middleman Minority in a Transnational Era*, London: Routledge, 2007.

Alejandro Portes, Luis E. Guarnizo, Patricia Landolt, "The Study of Transnationalism: Pitfall and Promise of an Emergent Research Field", *Ethnic & Racial Studies*, Vol. 22, No. 2, 1999.

Arent Greve and Janet W. Salaff, "Social Network Approach to Understand the Ethnic Economy: A Theoretical Discourse", *GeoJournal*, Vol. 64, No. 1, 2005.

Dajin Peng, "Ethnic Chinese Business Networks and the Asia – Pacific Economic Integration", *Journal of Asian and African Studies*, Vol. 35, No. 2, 2000.

David Ley, Audrey Kobayashi, "*Back to Hong Kong: Return Migration or Transnational Sojourn?*", *Global Networks*, Vol. 5, Iss. 2, 2005.

Denice E. Welch, Lawrence S. Welch, Louise C. Young and Ian F. Wilkinson, "The Importance of Networks in Export Promotion: Policy Issues", *Journal of International Marketing*, Vol. 6, No. 4, 1998.

Gladys Nieto, "The Chinese in Spain", *International Migration*, Vol. 41, Iss. 3, 2003.

Gregor Dobler, "From Scotch Whisky to Chinese Sneakers: International Commodity Flows and New Trade Networks in Oshikango, Namibia", *Africa*,

Vol. 78, No. 3, 2008.

Heidi Ostbo Haugen and Jorgen Carling, "On the Edge of the Chinese Diaspora: the Surge of Baihuo Business in an African City", *Ethnic and Racial Studies*, Vol. 28, Iss. 4, 2005.

Hong Song, "Chinese Private Direct Investment and Overseas Chinese Network in Africa", *China & World Economy*, Vol. 19, No. 4, 2011.

Hongxin Zhao, Chin – Chun Hsu, "Social Ties and Foreign Market Entry: An Empirical Inquiry", *Management International Review*, Vol. 47, No. 6, 2007.

James E. Rauch, "Business and Social Networks in International Trade", *Journal of Economic Literature*, Vol. 39, No. 4, 2001.

John R. Logan, Wenquan Zhang, Richard D. Alba, "Immigrant Enclaves and Ethnic Communities in New York and Los Angeles", *American Sociological Review*, Vol. 67, Iss. 2, 2002.

Katherine. R. Xin, Jone L. Pearce, "Guanxi: Connections as Substitutes for Formal Institutional Support", *Academy of Management Journal*, Vol. 39, No. 6, 1996.

Linda Basch, Nina Glick Schiller and Cristina Szanton Blanc, "Nations Unbound: Transnational Projects, Postcolonial Predicaments, and Deterritorialized Nation – States", *American Ethnologist*, Vol. 22, No. 3, 1995.

Manying IP, "Returnees and Transnationals: Evolving Identities of Chinese (PRC) Immigrants in New Zealand", *Journal of Population Studies*, No. 33, 2006.

Markéta Moore and Czeslaw Tubilewicz, "Chinese Migrants in the Czech Republic", *Asian Survey*, Vol. 41, No. 4, 2001.

Pierre Bourdieu, "Social Space and Symbolic Power", *Sociological Theory*, Vol. 7, No. 1, 1989.

Robert W. Armstrong and Siew Min Yee, "Do Chinese Trust Chinese? A Study of Chinese Buyers and Sellers in Malaysia", *Journal of International Marketing*, Vol. 9, No. 3, 2001.

Alejandro Portes, and Leif Jensen, "Disproving the Enclave Hypothesis: Reply", *American Sociological Review*, Vol. 57, No. 3, 1992.

Rachel Laribee, "The China Shop Phenomenon: Trade Supply Within the Chinese Diaspora in South Africa", *Africa Spectrum*, Vol. 43, No. 3, 2008.

Stephen Castles, "The Factors that Make and Unmake Migration Policies", *International Migration Review*, Vol. 38, No. 3, 2004.

Tain – Jy Chen, Homin Chen and Ying – Hua Ku, "Foreign Direct Investment and Local Linkages", *Journal of International Business Studies*, Vol. 35, No. 4, Jul. 2004.

Yu Zhou and Yen – Fen Tseng, "Regrounding the 'Ungrounded Empires': Localization as the Geographical Catalyst for Transnationalism", Global Networks, Vol. 1, Iss. 2, 2001.

后　记

　　拙作是在博士论文的基础上修改而成。本书从构思到成稿，再到付梓，历时六年多，绝非一人力量所致，凝聚了很多人的关爱和帮助。在收笔之际，谨向给予我学术引路的师长、田野调查期间提供便利和帮助的亲朋好友表示衷心的感谢！

　　回望求学之路，最要感谢的是导师李明欢教授。我能有幸于2010年到厦门大学在职攻读人类学专业博士学位，完全得益于李老师不嫌学生愚钝而招于门下，从而开始了全新的学术研究生涯。也是在当年，借助导师的一项跨国课题获得了去南非约翰内斯堡为期两个月的针对华商的田野调查机会。在南非调查期间，导师不仅牵挂着我的安危，还不时指导我收集相关华商、中国商城的第一手资料，为我的博士论文奠定了扎实的资料基础。在厦门大学求学的三年期间，李老师渊博的学识、严谨的治学态度，时刻激励着我的学术追求；她开阔的思维、敏锐的洞见，不断拓宽了我的学术视野；她为人的谦逊、正直、豁达，也是我做人处事的楷模。拙作从选题、调查、写作到定稿，都倾注着导师大量的心血，正是她悉心地指导和不断地鼓励，带着我走入了国际移民研究的学术殿堂。

　　无法忘记众多的老师、同事和同学一直以来对我的帮助和支持。感谢在我博士论文开题报告会上提出诸多建设性意见的厦大社会学系胡荣教授、朱冬亮教授和易林教授。学习期间，曾旁听过社会学系、人类学系的课程，易林教授深厚的理论功底，余光弘教授严谨的治学态度及郭志超教授妙趣横生的谈吐，都使我受益匪浅。感谢浙江师范大学历史系的周望森、吴潮老师，正是在他们的引领下，让我初涉华侨华人研究领域，并参与了《浙江省华侨志》的编撰工作，为我开启了科研的新天地。感谢浙江师范大学国际学院的王逌老师，不时过问我的研究进展，并提供众多无私的指导。感谢我的同事鲍江权老师，为了让我安心做博士论文，在教学安排上尽可能地满足于我的要求。感谢荷兰乌特勒支大学梁慧娴副教授（Maggi W. H. Leung）在繁忙的工作之余抽出宝贵时间仔细阅读了我的拙稿，并提出了一些建设性的意见。难忘在厦大公共事务学院的课堂讨论中，吕云芳、孔结群、刘成明、陈凤兰、李虎、姚婷、武艳华、刘计峰、解彩霞等诸位同门的真知灼见，感谢关丙胜师兄对我的关心和鼓励。

　　感谢南非斯泰陵布什大学孔子学院赵丽霞院长为我在南非开展调查期间提供了住宿、交通等各种便利，感谢南非浙江商会李家鼎会长慷慨提供的无私帮助。感谢义乌调查期间，好友吕华提供生活上的便利，义乌市委统战部王瑞金副部长、义乌市侨联龚俊生秘书长、义乌市侨商会张正平秘书长给予的极大支持，义乌国际商贸城四区综合治理办公室黄元超主任提供的极大帮助，感谢接受我调查、访谈的各位华商以及义乌市场业主。

　　感谢多年来毫无怨言地帮忙照料我儿子的公公、婆婆，使我安心于学业和工作。感谢我的爱人，一直以来对我求学的理解和支持，并全身心地承担起了陪伴孩子的重任，给予我极大的精神安慰和鼓励。感谢我的爸爸妈妈，他们对于我研究进展的牵挂成为我奋发努力的强大动力。

　　感谢浙江省社科规划办以及浙江师范大学马克思主义理论学科的课题资助，感谢中国社会科学出版社宫京蕾等老师为本书如期出版付出的一切辛劳，一并致以最诚挚的谢意！

初稿：2013 年初夏于厦门大学丰庭公寓 1 – 1107 室
终稿：2017 年腊月于浙江师范大学丽泽花园寓所